21世纪经济管理新形态教材·金融学系列

量化投资从理论到实践

温 硕　陈婷秀 ◎ 编著

清华大学出版社

北京

内容简介

本书是一本专注于量化投资领域的教材，旨在为读者提供从理论到实践的全面指导，深入浅出地介绍量化投资的基础概念以及实战中如何以 Python 编程语言为工具，借助第三方量化交易平台构建有效的量化投资策略。

本书共分 8 章，从量化投资的基础知识讲起，内容包括量化交易平台介绍、金融投资基础知识的讲解、当下主流量化投资策略——因子策略、技术指标分析策略以及机器学习算法策略的详细介绍。本书将复杂的量化投资概念用通俗易懂的语言呈现，并且附有大量实战案例和代码示例，帮助读者快速掌握实际应用技巧，以达到理论结合实际的目的。

本书可作为高等院校金融、投资等专业的教学用书，也可作为金融机构的岗位培训和自学用书。

本书封面贴有清华大学出版社防伪标签，无标签者不得销售。
版权所有，侵权必究。举报: 010-62782989, beiqinquan@tup.tsinghua.edu.cn。

图书在版编目(CIP)数据

量化投资从理论到实践 / 温硕，陈婷秀编著．
北京：清华大学出版社，2024.8. -- (21世纪经济管理新形态教材). -- ISBN 978-7-302-66928-9
Ⅰ.F830.59
中国国家版本馆 CIP 数据核字第 2024WU4447 号

责任编辑: 徐永杰
封面设计: 汉风唐韵
责任校对: 王荣静
责任印制: 丛怀宇

出版发行: 清华大学出版社
网　　址: https://www.tup.com.cn, https://www.wqxuetang.com
地　　址: 北京清华大学学研大厦A座　　邮　编: 100084
社 总 机: 010-83470000　　邮　购: 010-62786544
投稿与读者服务: 010-84370000, c-service@tup.tsinghua.edu.cn
质量反馈: 010-62772015, zhiliang@tup.tsinghua.edu.cn
印 装 者: 三河市东方印刷有限公司
经　　销: 全国新华书店
开　　本: 185mm×260mm　　印　张: 26.5　　字　数: 458千字
版　　次: 2024年8月第1版　　印　次: 2024年8月第1次印刷
定　　价: 78.00元

产品编号: 100592-01

前 言

随着科技的飞速发展,量化投资作为金融领域的前沿方法,在当今全球的金融市场中扮演着越来越重要的角色。量化交易在国外已经有40多年的发展历程,然而在国内由于金融市场特别是衍生品市场发展不完善目前仍然处于起步阶段,对相关人才的需求也是越来越大。量化投资作为一门学科天然地具备综合性的特点,不仅需要了解金融学基础知识,还需要掌握数学、统计学、经济学以及计算机编程技术,因此对人才的综合素养要求非常高。然而目前在国内量化投资领域人才培养方面,以 Python 语言为基础、理论结合实际的教材仍然较为缺乏,本书正是为了满足这种需求而编写的。编者有多年的实战投资经验,因此在编写的过程中非常注重内容的实践性,不像传统教材一样仅仅偏向理论知识的讲解,算是对该领域教材编写的一次突破性的创新尝试。

本书的特点如下:首先内容深入浅出,尽量用通俗易懂的方式阐述量化投资的理论知识,并配有相应的知识图谱和图片,做到内容图文并茂,易于入门阅读;其次是系统性地呈现量化投资策略的构建与应用,包括策略原理、策略逻辑、策略模型的搭建以及策略的回测与绩效评估,形成完整的量化投资策略开发流程体系;最后本书的实战性非常强,有大量的公式、编程代码以及案例,每行代码都经过作者的调试与运行,确保每个案例都能正常实现。

全书共分 8 章。第 1 章为量化投资概述,包括量化投资的基本概念、主流策略以及发展历史,为后续内容奠定坚实基础。第 2 章为量化交易平台介绍,主要包括目前国内第三方主流量化交易平台的介绍,其中对点宽的 AT-edu 平台进行更为详尽的阐述。第 3 章为金融量化基础知识,主要从股票、期货和基金三个维度进行阐述,从而让读者对金融市场有更全面的了解。从第 4 章开始我们进入本书最重要的环节——量化投资策略的构建,分三大模块:因子策略模块、量化技术指标策略模块和人工智能模块。其中第 4 章和第 5 章为因子策略模块,我们从股票因子分析入手，帮助读者理解因子数据预处理、单因子有效性检验和多因子分析等重要内容，并探讨如何构建股票多因子选股策略。第 6 章和第 7 章为量化技术指标策略模块，我们将带领读者深入了解技术形态指标分析和实践，包括 K 线介绍、压力与支撑位、常用技术指标等，并展示技术形态指标在量化实践中的应用。随后我们将介绍量化交易技术指标策略的构建思路，详细阐述动量策略和均值回归策略的实现与优化。第 8 章为人工智能模块，该章是本书理论知识最难的部分，因此笔者将用通俗易懂的语言，配上生动的图片和案例，帮助读者更好地理解 AI 是如何赋能量化投资领域的。我们从人工智能与量化投资的概述入手，详细介绍机器学习基础知识，并重点讲解机器学习经典模型在量化投资中的应用。

本书的适用对象为量化投资初学者或者具有量化投资系统知识但对 Python 量化平台不熟悉的投资者，包括高校金融专业高年级本科生和研究生、个人投资者和金融机构相关人员。读者需要具备 Python 编程、数理统计和金融投资的基础知识，缺乏相关基础的读者可以先阅读相关书籍，也可以在阅读本书时有不懂的地方再查阅相关资料。

本书由三亚学院盛宝金融科技商学院温硕老师编写，特别感谢陈婷秀老师参与书稿的整理以及点宽学院毛朝选、吴皓茗和林华聪老师对第 2 章内容的支持。本书在编写过程中得到三亚学院领导以及深圳点宽网络科技有限公司的人力支持，清华大学出版社徐永杰编辑对本书编写给予帮助与指导，在此表示衷心的感谢。

回首往事，依稀记得笔者 10 多年前从澳大利亚学成回国，意气风发，怀揣着各种抱负与理想。10 多年过去，经历了各种坎坷与磨难，但仍不忘初心，希望在有限的人生当中能为社会作出力所能及的贡献。希望本书的出版能为我国量化投资人才的培养尽一点绵薄之力，希望通过对本书的阅读，读者能打开量化投资的大门并在该领域取得更大的成功，心愿足矣。

最后，在本书编写过程中，编者参阅了国内外量化投资领域的研究成果与著作，并借用了部分资料，特此说明。同时竭诚希望广大读者对本书提出宝贵意见，以促使我们不断改进。由于时间和编者水平有限，书中的疏漏和不足之处在所难免，敬请广大读者批评指正。

温硕

2024 年 2 月

目 录

第1章 量化投资概述 ········· 001
1.1 量化投资的基本概念 ········· 002
1.2 量化投资主流策略 ········· 007
1.3 量化投资发展历史 ········· 013

第2章 量化交易平台介绍 ········· 021
2.1 常用量化交易平台简介 ········· 022
2.2 AT-edu量化研究教学实践平台简介 ········· 027

第3章 金融量化基础知识 ········· 049
3.1 股票基础知识 ········· 051
3.2 期货基础知识 ········· 059
3.3 基金基础知识 ········· 068

第4章 股票因子分析 ········· 080
4.1 因子数据预处理 ········· 081
4.2 单因子有效性检验 ········· 112
4.3 多因子分析 ········· 139

第5章 股票多因子选股策略 ········· 170
5.1 股票多因子选股策略理论基础 ········· 172
5.2 CAPM策略 ········· 180
5.3 Fama三因子选股策略 ········· 204
5.4 简单多因子选股策略 ········· 215

第 6 章 技术形态指标分析和实践 ········· 223
6.1 K 线基础知识 ········· 224
6.2 技术指标基础知识 ········· 231
6.3 常用技术指标与形态的量化实现 ········· 237

第 7 章 量化交易技术指标策略 ········· 256
7.1 量化技术指标策略的构建 ········· 257
7.2 动量策略 ········· 268
7.3 均值回归策略 ········· 314

第 8 章 人工智能在量化投资中的应用 ········· 332
8.1 人工智能与量化投资概述 ········· 333
8.2 机器学习基础 ········· 342
8.3 机器学习经典模型介绍 ········· 365
8.4 机器学习算法策略实战 ········· 406

参考文献 ········· 414

第 1 章　量化投资概述

🔍 学习目标

1. 了解量化投资的基本概念。
2. 熟悉量化投资主流策略。
3. 了解量化投资在国内外的发展历程。

🔍 能力目标

1. 了解量化投资的基本概念,增强学生系统性分析问题的能力。
2. 熟悉量化投资主流策略,培养学生逻辑性思考问题的习惯。
3. 了解量化投资在国内外的发展历程,开阔学生视野。

🔍 思政目标

1. 了解量化投资的基本概念,培养学生独立思考的思辨能力。
2. 熟悉量化投资主流策略,增强学生风险管理和责任意识。
3. 了解量化投资在国内外的发展历程,建立学生唯物主义的道德观念。

思维导图

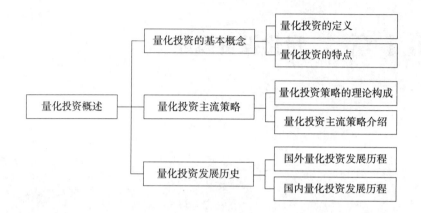

导语

欢迎来到量化投资概述的章节！从本章开始，我们将带你进入量化投资的世界，揭示这一领域的基本概念和核心原理。我们从量化投资的定义与特点入手，深入了解量化投资与传统投资的区别以及它的优、缺点。接着我们将视角聚焦到量化投资的主流策略，你将了解到量化投资策略的主要理论构成，以及每个主流策略的基本原理。最后我们将探索国内外量化投资的发展历程，包括从早期的期权套利到现代的高频交易与人工智能的应用。无论你是对量化投资感兴趣，还是希望了解更多关于金融领域的知识，本章都将为你打开量化投资的大门，帮助你进一步探索这个令人兴奋和快速发展的领域。请跟随温老师的脚步，让我们一起开始吧！

1.1 量化投资的基本概念

1.1.1 量化投资的定义

量化投资是指利用计算机技术，通过特定的数学模型和统计分析工具，制定并实施投资策略的过程。相比传统投资，量化投资以先进的数学模型替代人为的主观判断，利用计算机技术从庞大的历史数据中海选能带来超额收益的多种"大概率"事件以制定策略，用数量模型验证及固化这些规律，然后严格执行已固化的策略来指导投资，以求获得可以持续、稳定且高于平均收益的超额回报。量化投资极大地减小了投资者情绪波动的影响，避免在市场极度狂热或悲观的情况下作出非理性的投资决策。

那么，何为"量化"呢？通俗地讲，量化本质上就是把事物间抽象的逻辑关系与变化规律用精确的数学语言描述出来。举例说明，小喵同学在大家眼中是个很能吃的胖小伙，那么如何去量化"能吃"这个概念呢？首先我们需要量化小喵同学的饭量，假设小喵同学一顿能吃 10 碗饭，这是一个具体的数量表达；作为对比，他的同班同学平均的饭量只有 3 碗饭，这是数理统计上的表达。通过数字之间的比较，我们就能判断小喵同学的饭量要远远大于其他同学，进而说明小喵同学"能吃"，这就是量化的过程。

讲完了量化，我们再来聊聊"投资"，量化投资中的"投资"通常是指在二级市场进行的投资标的的交易。这里简单介绍一下一级市场（primary market）与二级市场（secondary market）的区别：一级市场，又称发行市场或初级市场，指的是发行者按照一定的法律规定和发行程序，向投资者出售新证券所形成的市场；

拓展阅读 1-1

相对应的二级市场，又称次级市场，是指对已经发行的有价证券进行买卖、转让和流通的场所，是有价证券所有权转让的市场。这里之所以要强调"二级市场"，是因为二级市场提供了量化投资中至关重要的因素："流动性"。没有了流动性，再完美的量化投资策略也无法有效地实施，也就失去了"量化"的意义。"投资标的"通常指的是股票（stock）、债券、外汇以及期货（futures）、期权等金融衍生品。量化投资的覆盖范围广泛，几乎囊括了市场上所有的交易品种。"交易"指的是供给方（卖方）与需求方（买方）在公开市场上进行配对、撮合成交的过程。市场上每分每秒都有交易的产生，而价格就在每一次的成交过程中形成。

由此我们可以看出，量化投资是一门交叉性学科，不仅包含金融学知识，还包括数学、物理、统计、计算机、会计、经济学等学科知识。这种交叉性的特点使得量化投资能够从不同角度来理解和解决投资问题，并提供更科学和系统的投资决策与管理方法。

1.1.2 量化投资的特点

1. 量化投资与传统投资的比较

投资策略从大类上分为主动性投资策略和被动型投资策略，而量化投资属于主动型投资策略的一种，即认为市场是非有效或弱有效的，从而试图战胜市场以获得超额收益，如图 1-1 所示。

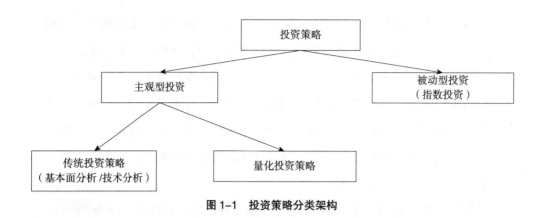

图 1-1 投资策略分类架构

然而，量化投资策略又区别于传统主动型投资策略。

（1）量化投资策略因为不受到人类思维和能力的局限，因此其投资范围远大于传统主动型投资。以捕鱼为例，传统主动型投资就像人拿着长矛往河里扎鱼，捕获的成功取决于人自身的捕鱼技能，而且捕鱼的环境也受到严苛的限制；量化投资就像渔夫拿着渔网工具去捕鱼，广撒网，其捕获的成功率自然就高了很多（图 1-2）。而且该方式不以渔夫的捕鱼技巧为主，更多的是依赖渔网工具的性能。此外，渔网捕鱼的环境相比前一种也宽松许多。

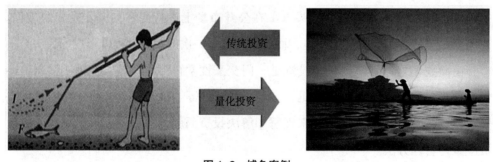

图 1-2 捕鱼案例

（2）传统主动型投资容易受到投资者个人偏好、自身情绪的干扰做出非理性的行为，进而影响最终的投资收益，主观影响较大；而量化投资是依靠计算机编程代码执行投资策略，因此可以避免个人因素扰动，属于客观的投资行为，如图 1-3 所示。

图1-3 主客观区别

（3）两者的研究与决策过程也不尽相同（图1-4）。传统主动型投资是通过收集各类政策、研报、新闻等数据，利用基本面或者技术面分析构建投资组合并进行风控，在进出场时通过手动下单和调仓进行操作；量化投资是通过对各类数据进行预处理，利用搭建的模型进行分析预测，在决策执行时通过程序化下单并自动调仓，达到实时监控投资标的的目的。

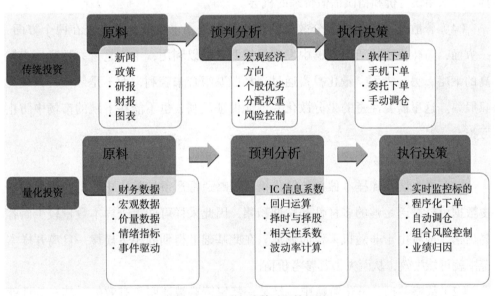

图1-4 研究与决策过程的区别

综上所述，传统主动型投资和量化投资的相同点在于两者的本质是相同的，都是基于市场非有效或者弱有效的理论基础，追求超额收益；不同点在于传统主动型投资更多地依赖于个人经验及主观判断，且投资范围有限；而量化投资依靠的是通过数理模型实现理性科学的投资理念。

2. 量化投资的优势

（1）严格的纪律性。传统投资在很大程度上受到贪婪和恐惧等人类情绪的影响，确保交易纪律有时是一件具有挑战性的事情；而量化投资是以纪律为基础的,严格执行量化投资模型给出的投资指令,不会随着投资者情绪的变化而随意变化。

(2)完备的系统性。量化投资的系统性特征主要包括多层次量化模型、多角度观察以及海量数据处理。多层次模型主要包括大类资产配置模型、行业精选模型和选股模型;多角度观察主要包括宏观周期分析、市场结构分析、企业估值分析、成长性与盈利质量分析、市场情绪分析等多个维度;而海量数据处理意味着量化投资可以通过计算机获得远远超出人脑的数据和信息处理能力,从而捕捉到更多潜在的投资机会。

(3)及时性。量化投资可以及时跟踪市场变化,不断发现导致超额收益的新统计模型,寻找新的交易机会。量化投资不断寻找估值洼地,通过全面系统的扫描,寻求错误定价和错误估值带来的机会。

(4)分散化。量化投资分散化的本质是以概率求投资,这表现在两个方面:一方面,量化投资从历史数据中发现规律并且加以利用,主要是过去盈利概率较高的策略;另一方面,量化投资通过选择股票组合来获利,而不是依赖一只或几只股票。这里需要注意的是分散化并不能保证盈利,也不能在下跌的市场中防止亏损。

3. 量化投资的劣势

(1)样本误差和样本偏差。量化投资策略通常严重依赖历史数据。然而,历史数据可能缺乏足够的多样性和长期积累,因此采样可能由于样本数量较少而容易出错,或者由于非随机采样而偏离。在此基础上得到的相关规律一旦离开样本范围就可能失效,从而失去其参考价值。

(2)战略共振。量化策略中一旦某一特定策略被证明是有效的,其有效性就会随着用户数量的增加而减弱,这就是所谓的战略共振。

(3)过拟合。多因子量化策略一般从已知数据结果中挖掘有效因子,而只要构建了足够多的因子(factor),就有可能达到特定的已知结果。然而,当基于这种多因子组合的量化策略在实际交易中使用时,可能会因为过拟合而失败,究其原因在于模型过度适应训练数据的特点,导致其在新数据上的泛化能力较差,从而导致预测失效。

(4)黑匣子。很多量化策略,包括高频交易、对冲或套利,往往没有内在的因果关系。这些策略的有效性主要是基于历史数据的强相关性,其逻辑在于,如果基于历史数据的有效概率超过一半或者更高，那么只要有足够的次数重复，获胜的概率就会累积。但由于只有相关性，没有对内在因果关系的理解，投资者无法预测历史何时能够指引未来。

1.2 量化投资主流策略

本节对量化投资策略的理论基础以及主流策略进行简单梳理，部分内容的详细介绍会在后面的对应章节中阐述。

1.2.1 量化投资策略的理论构成

1. 现代资产组合理论

现代投资组合理论（modern portfolio theory，MPT）由美国经济学家 Harry Markowitz 最早提出。MPT 认为不应单独看待任何给定投资的风险和回报特征，而是根据它如何影响整个投资组合的风险和回报来对其进行评估；也就是说，投资者可以构建多种资产的投资组合，从而在不承担更高风险的情况下获得更高的回报。MPT 的另一个好处是它可以降低波动性（volatility），做到这一点的最佳方法是选择具有负相关性的资产，如投资美国国债和小盘股就是一个很好的例子。

尽管 MPT 在理论上十分重要，但批评者质疑 MPT 是一种理想的投资工具，因为模型在许多方面与现实世界不匹配。例如 MPT 使用的风险、收益和相关性度量直接或间接基于期望值，这意味着这些度量是关于未来的统计描述，而这种方式通常无法捕捉风险和回报的真实统计特征（真实的统计特征通常遵循高度偏态分布，例如对数正态分布）。

针对上述质疑，有许多研究在改进 MPT 上进行了许多尝试，也有部分研究者试图从其他角度扩展 MPT 的适用性。例如，后现代投资组合理论通过采用非正态分布、不对称和肥尾风险度量来扩展 MPT；Black-Litterman 模型优化通过结合对风险和回报输入的相对和绝对"观点"，对无约束 Markowitz 优化进行扩展。

2. 资本资产定价模型

资本资产定价模型（capital asset pricing model，CAPM）是由美国学者 William Sharpe、John Lintner、Jack Treynor 和 Jan Mossin 等于 1964 年在资产组合理论和资

本市场理论的基础上发展起来的，主要研究证券市场中资产的预期收益率与风险资产之间的关系，以及均衡价格是如何形成的，是现代金融市场价格理论的支柱，广泛应用于投资决策和公司理财领域。

传统的 CAPM 假设所有投资者满足如下条件。

（1）旨在最大化给定资产数量时的经济效用。

（2）理性且厌恶风险的。

（3）追求投资的多样化（diversify）。

（4）是价格接受者，即不能影响价格。

（5）可以在无风险利率下无限制地借贷。

（6）没有交易或税收成本的交易。

（7）可以处理高度可分割成小块的证券（所有资产都是完全可分割和流动的）。

（8）有同质化的期望。

（9）所有投资者都可以同时获得所有信息。

在上述假设框架下，对于单只证券，传统的 CAPM 利用证券市场线（SML）及其与预期回报和系统风险（beta）的关系来展示市场如何根据证券的风险类别对单个证券进行定价，在理论界已经得到较为普遍的认可。投资专家用它来制定资本预算或其他决策，立法机构用它来规范基金界人士的费用率。对于传统 CAPM，批评的声音也同时存在，比如传统的 CAPM 使用历史数据作为输入来近似代替资产的未来回报，然而历史可能不足以用于预测未来，因此现代的 CAPM 方法使用依赖于未来风险估计的 Beta。

3. 套利定价理论

套利定价理论（arbitrage pricing theory，APT）是 CAPM 的拓展，它认为资产价格受到包括宏观经济变量或公司经营相关等因素在内的多种因子驱动，资产的预期收益与多因子呈线性相关。具体来说，假设因子模型能描述证券收益、市场上有足够的证券来分散风险且完善的证券市场不允许任何套利机会存在，那么风险资产的回报可以被表达成各系统因子的线性组合与常数项或者随机项之和。

当仅考虑收益率通过单一因子形成时，我们将发现 APT 形成了一种与 CAPM 相同的关系。因此，APT 可以被认为是一种广义的 CAPM，为投资者提供了理解市场风险与收益率间均衡关系的一种替代性的方法。

4. Black-Scholes 模型

Black-Scholes 模型是一种为期权定价的数学模型，由美国经济学家 Fischer Black 和 Myron Scholes 首先提出。Black-Scholes 模型假设金融市场存在最少一种风险资产（如股票）及一种无风险资产（现金或债券）。同时模型假设：

（1）无风险资产的投资回报是不变的（此回报率称作无风险利率）。

（2）股票价格遵从几何布朗运动（随机游走）。

（3）股票在选择权有效期内不分派红利。

（4）股票价格服从对数正态分布，即金融资产的对数收益率服从正态分布。

（5）金融市场不存在套利机会。

（6）投资者能以无风险利率借出或借入任意数量的金钱。

（7）投资者能买入及卖出（沽空）任意数量的股票。

（8）市场无摩擦，即不存在交易税收和交易成本。

在上述诸多假设框架下，对于有效期内不派发红利的欧式期权，Black-Scholes 模型导出了其价格遵从的偏微分方程。由于基础的 Black-Scholes 模型对派发股利的欧式期权并不适用，Robert C. Merton 随后修改了该模型的数学形式，使得模型在派发股利时同样适用。Merton 开发的新版模型被称为 Black-Scholes-Merton 模型。Black-Scholes-Merton 模型背后的关键思想是通过以正确的方式买卖标的资产来对冲期权，从而消除风险。这种类型的对冲被称为"连续修正的 delta 对冲"，是投资银行和对冲基金使用的复杂对冲策略的基础。现如今，Black-Scholes-Merton 模型及其变体已被期权交易商、投资银行、金融管理者、保险精算师等广泛使用。衍生工具的拓展使得国际金融市场更富有效率，同时也加强了市场与市场参与者的相互依赖。

1.2.2 量化投资主流策略介绍

1. CTA 策略

商品交易顾问（commodity trading advisor，CTA）早期主要用来指代专为客户提供商品期货（commodity futures）交易咨询服务的个人或组织，后逐渐被用来指代商品及衍生品策略。管理人以交易各类商品期货、股指期货为主，故又被称为管理期货策略（managed futures），部分产品也可能涉及包括外汇、期权或其他新型衍生品在内的各类资产。目前国内上市交易的股指期货标的包括沪深300、中证 500、上证 50 和中证 1000，主流的商品期货标的涉及工业品（PTA、甲醇、尿素）、农产品（白糖、棉花、苹果）、有色金属（铜、铝、锌）、贵金属（黄金、白银）、能源（原油、燃料油、沥青）等多个大类。

由于商品期货在交易时可以选择做多或做空，且仅需缴纳一定比例的保证金便可买卖期货合约，其自带杠杆的属性意味着持有单一品种期货合约的波动率通常会高于单只股票或债券，因此管理人在投资时往往会同时持有多个品种的商品期货，通过资产间低相关或负相关性实现分散投资，降低资产组合的整体风险。

2. 统计套利策略

统计套利是指将套利建立在对历史数据进行统计分析的基础之上，估计相关变量的概率分布，并结合基本面数据进行分析用以指导套利交易。相比于无风险套利，统计套利少量增加了一些风险，但是由此可获得的套利机会将数倍于无风险套利。

统计套利并非数理金融界最新的研究成果，这种交易策略早已被国外很多对冲基金所采用。对冲基金往往具有运营灵活和监管较松的特点，因此比较适合采用这种投资策略。统计套利特别适合作为对市场持中性态度的投资者，即统计套利代表了如下的投资理念：收益的稳定性、低波动率和市场中性（market neutral）。

统计套利的基本思路是运用统计分析工具对一组相关联的价格之间的关系的历史数据进行研究，寻找该关系在历史上的稳定性，并估计其概率分布，确定该分布中的极端区域，即否定域。当真实市场上的价格关系进入否定域时，则认为该价格关系不可长久维持，套利者有较高成功概率进场套利，如图 1-5 所示。

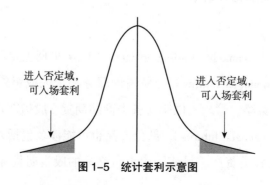

图 1-5　统计套利示意图

这里需要注意的是，在量化投资领域，统计套利是只针对有稳定性的价格关系进行的，那些没有稳定性的价格关系的套利风险是很大的。一组价格关系如果是稳定的，那么必定是存在某种均衡关系维持机制，一旦价格关系偏离均衡水平，维持机制就会起作用，将价格关系或快或慢地拉回到均衡水平。所以，要分析一组价格关系是否稳定，需要先定性分析是否存在这样的均衡关系维持机制，然后再对历史数据进行统计分析进行验证，以证实通过该定性分析得到的关系维持机制在历史上确实是在发挥作用。

3. 市场中性策略

市场中性策略也称 Alpha 对冲策略，Alpha 对冲策略中的 α 来源于资本资产定价模型中的 α 收益，该收益指的是投资组合超越市场的超额收益，由选股能力决定。市场中性策略通过在股票市场上做多头、在期货市场上做股指期货空头来对冲组合的系统性风险（systematic risk，β 收益），其目的是使投资组合的净值不随着市场整体的波动而发生改变，通俗地讲就是无论市场整体是熊市还是牛市我都可以赚钱，如图 1-6 所示。

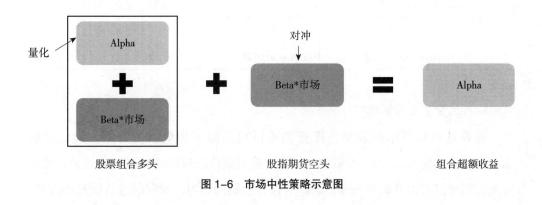

图 1-6　市场中性策略示意图

Alpha 对冲策略能否成功，主要包括以下几个要点。

（1）获取到的 Alpha 收益是否足够高，能否超过无风险利率以及指数。

（2）期货和现货之间的基差变化。

（3）期货合约的选择。

Alpha 对冲只是一种对冲市场风险的方法，在创建策略时需要结合其他理论一起使用，怎样获取到较高的 Alpha 收益才是决定策略整体收益的关键。

4. 多因子选股策略

多因子策略是最广泛应用的策略之一。虽然 CAPM 的提出为股票的收益提供了解释，但随着各种市场异象的出现，人们发现股票存在超额收益，这种收益不能被市场因子单独解释，因此出现了多因子模型（multiple-factor model，MFM）。多因子模型最早由 Fama-French 提出，包括三因子模型和五因子模型。Fama 认为，股票的超额收益可以由市场因子、市值因子和账面价值比因子共同解释。随着市场的发展，出现许多三因子模型难以解释的现象。因此，Fama 又提出了五因子模型，加入盈利水平和投资水平因子。市场上常用的多因子模型见表 1-1。

表 1-1　市场上常用的多因子模型

模型	出处	所含因子
Fama-French 三因子	Fama and Farench（1993）	市场、规模、价值
Carhart 四因子	Carhart（1997）	市场、规模、价值、动量
Novy-Marx 四因子	Novy-Marx（2013）	市场、规模、价值、盈利
Fama-French 五因子	Fama and Farench（2015）	市场、规模、价值、盈利、投资
Hou-Xue-Zhang 四因子	Hou et al.	市场、规模、盈利、投资
Stambaugh-Yuan 四因子	Stambaugh and Yuan（2017）	市场、规模、管理、表现
Daniel-Hirshleifer-Sun 三因子	Daniel et al.（2020）	市场、长周期行为、短周期行为

5. 人工智能交易策略

随着计算机技术的发展，投资者不再只局限于传统投资策略，人工智能（artificial intelligence，AI）在资本市场越来越得到广泛应用。AI 的核心是通过模仿人类的思考过程以及思维习惯，通过对现有数据的学习，对问题进行预测和决策。目前，AI 已经在人脸识别、智能投顾、自然语言处理等方面得到广泛应用。特别是在量化投资领域，AI 也成为目前最火的赛道。

虽然目前大多数的 AI 只擅长某一特定领域的问题，尚属于弱 AI，但是已经极大地改变了人们的生活，并且不少机构正在研究可以像人类一样听、说、读、写甚至具有情感与思考的强 AI。在这个互联网和大数据时代，AI 的蓬勃发展早已成为必然趋势。在未来，它也会在量化投资领域中不断创新，推动行业的不断前进，创造出无限可能。

1.3 量化投资发展历史

1.3.1 国外量化投资发展历程

量化交易在国外的发展已有数十年的历史，凭着稳定的投资业绩、不断扩大的市场规模和份额，量化交易获得了越来越多投资机构的青睐。下面就来简单梳理一下国外量化技术的发展与演变。

1. 量化思想的萌芽

量化交易的历史源远流长，古人的行为中早已蕴含量化交易的艺术。量化交易最早的记录可以追溯到公元前 624—前 547 年，Aristotle 在其《政治学》一书中记载："冬天时，Thales 凭着他对星星的观测就推衍出来年橄榄会大丰收。因此，Thales 先以低廉的价格租用希俄斯和米利都的所有橄榄榨油机，等到收获的时候再将收集的榨油机出让。Thales 因此有了轻松致富的途径。"实际上，在 2 500 多年前，Thales 交易的是一份对于春季橄榄收获的榨油机看涨期权合约。

在 Thales 诞生的 1 700 多年后，Leonardo Fibonacci 撰写了第一本金融工程相关的书籍——*Liber Abaci*（《计算之书》）。他的开创性著作不仅创建了投资回报的表达体系，计算了替代现金流的现值，还介绍了解决各种复杂利率问题的一般方法。在 Liber Abaci 之后，数学家 Girolamo Cardano 在 1565 年发表了论文 *Liber de Ludo Aleae*（《机会游戏书》），从而开创了赌博的基本理论，同时推导出了概率的基本规则。一个世纪之后，两位法国的数学家 Pascal 和 Fermat 在此基础上建立了概率论基础。

2. 量化理论的蓬勃发展

在量化思想逐渐萌芽之后，大量的数理理论如雨后春笋般破土而出，它们为日后量化理念的提出与改进打下了坚实的基础。

在 17 世纪末到 18 世纪初，来自瑞士的伯努利家族对概率论的发展作出了重要贡献。Jacob Bernoulli 在其书中证明了大数定律的第一个版本和其书籍 *Ars Conjectandi*（《猜想的艺术》）中关于期望值的核心结果。1738 年，Daniel Bernoulli 通过其论文 *Specimen theoriae novae de mensura sortis*（《风险测量新理论的阐述》）讨论了圣彼得堡悖论，从而向风险理论迈出了重要的一步。

此后在 1900 年 3 月 29 日，法国博士生 Louis Bachelier 通过了论文 *Theory of Speculation*（《投机理论》）的答辩，该论文在今日已被公认为现代数理金融的诞生证明，Louis Bachelier 也被认为是第一位推导出布朗运动数学原理并将其轨迹应用于模拟股票动态价格和计算期权价格的学者。

历史的车轮滚滚向前，转眼来到 1951 年，日本数学家 Kiyoshi Ito 在新发表的论文 On stochastic differential equations 中证明了伊藤引理。伊藤引理提供了对随机过程函数做微分的框架，对于衍生品定价理论的发展意义重大。大约在 Kiyoshi Ito 构建随机微积分基础的同时，Harry Markowitz 分别在 1952 年和 1959 年发表了重磅论文 Portfolio Selection 以及 Portfolio Selection: Efficient Diversification of Investments。上述论文为现代投资组合理论奠定了基础，也为 William Sharpe 的资本资产定价模型的形式化打开了大门。

基于投资组合理论，1964 年，William Sharpe 团队建立了现代金融学的基石——资本资产定价模型。资本资产定价模型对证券资产风险及其预期收益率之间的关系给出了简洁、精确的刻画，是现代金融市场价格理论的支柱，目前已被广泛应用于投资决策和公司理财领域。

CAPM 提出后不久，市场有效性理论登上历史舞台。1970 年，Eugene Fama 提出了有效市场假说（efficient markets hypothesis，EMH）。市场有效性理论深化了投资者对价格与信息关系的理解，Fama 也因此获得诺贝尔经济学奖。

市场有效性理论正式问世 3 年后，两篇论文的诞生给量化金融领域带来了新突破。1973 年，Fischer Black 和 Myron Scholes 发表论文 The Pricing of Options and Corporate Liabilities；同年，Robert Merton 发表论文 On the pricing of corporate debt: the risk structure of interest rates。上述论文引入一种新的金融工具估值方法，使得期权定价的 Black-Scholes 模型惊艳众人。在学术圈迎来突破的同时，行业界同样硕果累累：芝加哥期权交易所成为第一个上市期权的交易市场，市场对 Black-Scholes 模型的适应速度也超出众人想象。到 1975 年，几乎所有交易者都在使用他们计算器中内置的 Black-Scholes 模型对期权投资组合进行估值和对冲，衍生品市场的规模也不断壮大。

在 Black-Scholes 模型发展如火如荼之际，不少新理念也暗流涌动并蓄势待发。1976 年，美国学者 Stephen Ross 发表了经典论文 The Arbitrage Theory of Capital Asset Pricing，提出了一种新的资产定价模型——套利定价理论。现如今，人们将 APT 与 MPT、CAPM、Black-Scholes 模型等一同视作现代金融学的理论基础。在 APT 提出 7 年后，Morgan Stanley 任职的程序员 Gerry Bamberger 发现了统计套利策略，该策略不论市场运动方向如何都能够盈利，因此成为有史以来最强大的交易策略之一。

总体而言，20世纪是量化金融理论蓬勃发展的黄金时代，一套套重磅金融理论相继诞生，为如今量化策略百花齐放打下了坚实的基础。

3. 量化技术的百花齐放

进入21世纪，计算机技术（尤其是云计算、大数据、机器学习技术）的发展为人工智能深入量化领域奠定了良好的基石。在实际投研中，我们可以对财务、交易数据进行建模，从而分析数据的特征，也可以利用机器学习领域的各类分类与回归预测算法构建交易策略。除了将数值数据作为模型的信息输入，新闻、社交网络中丰富的文本数据也是我们分析市场变动线索的一大利器。此外，运用自然语言处理技术，我们可以学习非结构化文本数据的数值表示；运用知识图谱的相关技术，我们可以构建不同种类的实体连接所组成的关系网络，并根据关系网络辅助投资决策。2018年5月，巴克莱对冲（Barclay Hedge）对对冲基金专业人士进行了AI使用情况的调查，结果表明56%的对冲基金受访者使用过AI技术进行投资决策，相比于2017年调查的20%的数据，可以明显看出AI在投资领域较快的扩张速度和较大的应用潜力。

综上所述，我们对国外量化技术的发展史进行了细致梳理，并将量化技术发展史上的重要标志性事件陈列在表1-2中，以方便读者阅览。

表1-2 国外量化技术发展史上的标志性事件及其历史意义

时间	标志性事件	意义
公元前624—前547年	Thales通过交易春季橄榄收获的榨油机看涨期权合约而获利	量化交易最早的书面案例
1202年	Leonordo Fibonacci撰写了第一本金融工程相关的书籍：*Liber Abaci*（《计算之书》）	建立了投资回报的表达体系，计算了替代现金流的现值，还介绍了解决各种复杂利率问题的一般方法
1565年	Girolamo Cardano发表了论文*Liber de Ludo Aleae*（《机会游戏书》）	开创了赌博的基本理论
1654年	Blaise Pascal和Pierre De Fermat首次建立了概率论的基础	Pascal和Fermat被视为首次提出衍生品定价公式的数学家
17世纪末18世纪初	Jacob Bernoulli证明了大数定律的第一个版本和他在组合学与概率相关的书籍*Ars Conjectandi*（《猜想的艺术》）中关于期望值的核心结果	对概率论的发展作出了重要贡献

续表

时间	标志性事件	意义
1738 年	Daniel Bernoulli 通过其论文 *Specimen theoriae novae de mensura sortis*（《风险测量新理论的阐述》）讨论了圣彼得堡悖论	向风险理论迈出了重要的一步
1827 年	Robert Brown 发现布朗运动	基于布朗运动的对数正态随机游走理论是金融市场的经典框架
1900 年	Louis Bachelier 为论文 *Theory of Speculation*（《投机理论》）答辩	现代数理金融诞生，Louis Bachelier 也被认为是第一个推导出布朗运动数学原理并将其轨迹应用于模拟股票价格动态和计算期权价格的人
1951 年	Kiyoshi Ito 证明了伊藤引理	提供了对随机过程的函数做微分的框架，这对于衍生品的定价意义非凡
1952、1959 年	Harry Markowitz 发表了 *Portfolio Selection* 和 *Portfolio Selection: Efficient Diversification of Investments*	为现代投资组合理论奠定了基础
1964 年	William Sharpe 团队开发了现代金融学的基石——资本资产定价模型	CAPM 对证券资产风险及其预期收益率之间的关系给出了简洁精确的刻画
1970 年	Eugene Fama 提出了有效市场假说	市场有效性理论深化了投资者对价格与信息关系的理解
1973 年	Fischer Black、Myron Scholes 和 Robert Merton 建立了用于定价欧式看涨与看跌期权的 Black-Scholes 模型	公式问世后带来了期权市场的繁荣，同时也是在投资银行与对冲基金中被广为使用的基础模型
1976 年	Stephen Ross 提出了新的资产定价模型——套利定价理论	为投资者提供了一种 CAPM 的替代性方法，来理解市场中的风险和收益率间的均衡关系
1983 年	Gerry Bamberger 发现统计套利策略	被对冲基金等投资机构成功且广泛地运用，能为投资者带来巨额收益同时保持较低的风险
21 世纪	云计算、大数据、机器学习技术的发展，为人工智能深入量化领域奠定了良好的基石	推动量化策略向自动化、数据化、智能化方向发展

1.3.2 国内量化投资发展历程

国内量化投资起步较晚但发展迅速，根据 A 股量化市场的事件节点，国内量化投资发展历程大体可以划分为四个阶段：量化初期探索的 1.0 时代、以中低频策略为主的量化 2.0 时代、以高频策略为主的量化 3.0 时代以及策略多元精细化发展的量化 4.0 时代，如图 1-7 所示。

```
2002—2010年    2010—2015年    2015—2019年    2019年至今

量化1.0时代     量化2.0时代     量化3.0时代     量化4.0时代
（2002—2010年）（2010—2015年）（2015—2019年）（2019年至今）

·量化策略在国内登  ·量化选股策略   ·高频交易策略   ·量化策略多元化
 上舞台          ·量化对冲策略                  ·量化策略精细化
                ·期货策略（量化）                ·人工智能技术运
                ·期权策略（量化）                 用力度加大
                ·债券策略（量化）
```

图1-7 国内量化投资发展历程

下面就来对每个阶段的发展历程进行详细阐述。

1. 量化 1.0 时代

2002 年，国内第一只指数增强型量化基金——华安上证 180 指数增强型基金成立，开创了国内量化投资的新时代。两年之后，光大保德信量化核心基金成立，主动量化投资理念在国内基金市场生长开花。虽然上述基金运用了量化技术，但是当年国内量化市场仍处于初创期，对于量化投资尚处于摸索状态。此外，由于 2002—2010 年国内市场交易制度与投资工具不甚完善，量化技术难以发挥真正的威力。

2. 量化 2.0 时代

2010 年 4 月 16 日，中国第一只股指期货沪深 300 股指期货（IF）上市，标志着中国做空机制与杠杆交易的启蒙。自此，投资者无论在 A 股市场的上涨行情还是在 A 股市场的下跌行情都有赚钱的机会，量化交易的可行策略也得到了丰富，量化 2.0 时代的序幕徐徐拉开。

量化 2.0 时代的策略以中低频交易为主。此时的公募量化策略大致可被分为量化选股策略（利用数量化的方法选择股票组合，期望该股票组合能够获得超越基准收益率）和量化对冲策略（先用量化投资的方式构建股票多头组合，然后使用衍生品构造空头对冲市场风险，最终获取稳定的超额收益）；与公募相比，私募的量化策略更加丰富，除了如上所述三类策略，期货策略、期权策略、债券策略等也是私募量化的常用手段。在此阶段，私募量化迎来爆发式增长，量化也迎来了初始红利期，但随之带来的股指期货贴水使得对冲成本明显增加。而之后 2015 年发生的"股灾"使得监管收紧、流动性萎缩，红利期基本在 2015 年结束。

3. 量化 3.0 时代

2015 年 4 月 16 日，中证 500 股指期货上市。对比沪深 300 指数，中证 500 指数以中小盘股为主，电子、医药生物、计算机这些新兴行业占比高，指数整体表现出更强的成长性，投资弹性强。这意味着量化基金拥有更多的发挥空间，小盘股的对冲也更为便利，如图 1-8 所示。

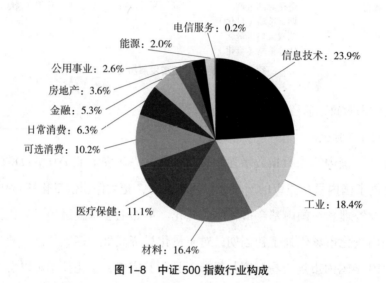

图 1-8 中证 500 指数行业构成

在量化 3.0 时代，量化基金对长线因子的依赖减少，量化策略逐步步入精细化和高频时代。一众私募相继建立从极为短暂的市场变化中寻求获利的自动交易系统，以增大超额收益。

高频交易目前尚无被广泛接受的权威定义，一般认为高频交易有如下几个特征。

（1）高频交易都是由计算机自动完成的程序化交易。

（2）高频交易的量大幅高于传统交易策略。

（3）高频交易的持仓时间很短，日内交易次数很多。

（4）高频交易的每笔收益率很低，但是总体收益稳定。

高频策略的速度很快且收益相对稳定，然而高频策略的缺陷也很明显，主要体现在以下两方面。

（1）策略容量的限制相对中低频策略更大，若策略规模达到市场容量上限，交易策略将发生拥堵，市场摩擦成本将显著增大，产品收益率将较难提升。

（2）高频策略主要关注市场的短期波动。如若市场结构发生变化，原有的因子可能失效，因此高频交易团队需要不断挖掘新的因子。

正因为高频交易的以上缺陷，早在 2018 年时就有部分量化私募主动减少高频交易，加大中低频交易策略的布局力度。此外，大量海归引进国外先进的算法、高频交易技术的成熟、规范化运作的管理也为国内量化私募走向正规化奠定了基础。这些海归在建立自己的私募或者团队之后，将海外大量已经比较成熟的模型框架引入 A 股市场，不断推动着国内量化对冲策略的发展。

4. 量化 4.0 时代

2019 年 6 月，中国证监会推动了公募基金转融通业务指引；同年 8 月，两融标的增加 650 只（不含科创板），中小板、创业板股票占比提升，同时科创板股票自上市首日起即可成为两融标的，也成为标的扩容的重要组成部分。融券的放开与应用，使得量化可以真正实现多空策略，这将大大丰富量化策略的种类和容量，将量化推入浩浩荡荡的 4.0 时代。在量化 4.0 时代，融券做空使股票多空和纯做空等策略成为进一步可能，极大地丰富了量化策略池。

在量化 4.0 时代，人工智能在量化策略的运用越来越广泛。人工智能是计算机科学的分支之一，它试图了解智能的实质并生产出一种以人类智能相似的方式进行感知、判别与决策的智能机器。近年来，人工智能技术正高速发展并逐渐向各行各业渗透，改善产业链结构并提升信息利用效率。相比传统量化交易策略，人工智能策略具有自动化优势与非线性优势，同时更有充分挖掘海量数据中隐藏规律的潜力。无论是在收益率预测、组合构建、资产定价、文本分析还是在交易执行环节，人工智能技术都有其用武之地。最近几年，国内头部私募相继大力招聘人工智能领域的优秀人才，同时投入巨额资金构建人工智能投研架构，可见该技术在国内量化领域方兴未艾。

本章小结

本章主要介绍的是量化投资的基本概念，分别从三个维度进行阐述：定义、主流策略以及发展历程。首先明确了量化投资的定义，包括对其特点的阐述。从中可以进一步弄清量化投资与传统投资的区别，以及它的优点和局限性；接着聚焦当前主流的量化策略，探讨其背后的理论框架和基本原理，包括 CTA 策略、统计套利、市场中性策略、多因子选股策略和人工智能交易策略等等；最后回顾了量化投资在国内外的发展历程,梳理了量化投资在不同时期的里程碑事件。通过本章的学习,同学们将对量化投资有了基本的了解,为后面的理论和实践的深入学习打下坚实的基础。

思考题

1. 简述量化投资的定义。
2. 量化投资与传统主动型投资策略的区别是什么?
3. 统计套利策略有效的前提条件是什么?
4. Alpha 对冲策略能否成功的要点有哪些?
5. 简述量化投资相比传统投资的局限性。
6. 简述国内量化投资的发展历程。

即测即练

第 2 章 量化交易平台介绍

🔍 **学习目标**

1. 了解常用第三方量化交易平台。

2. 熟悉 AT-edu 量化研究教学实践平台的使用。

🔍 **能力目标**

1. 了解常用第三方量化交易平台,培养学生系统性分析问题的能力。

2. 熟悉 AT-edu 量化研究教学实践平台的使用,增强学生独立思考问题的能力。

🔍 **思政目标**

1. 了解常用第三方量化交易平台,培养学生举一反三的思辨能力。

2. 熟悉 AT-edu 量化研究教学实践平台的使用,增强学生的唯物主义辩证观。

思维导图

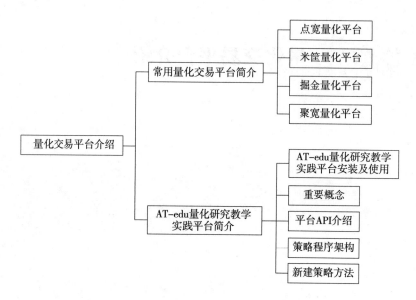

导语

本章聚焦量化交易平台，由于量化投资是个复杂的项目，因此在实现的过程中往往要借助第三方交易平台进行策略的开发与实践。本章分为两个部分，首先对市场上常用的第三方量化交易平台进行简单的介绍，读者可以对不同的平台之间进行相互比较，从而选择适合自己的开发平台；接着重点对点宽量化平台下的AT-edu进行详细的介绍，由于本书的代码与实践案例都是基于Auto-Trader平台实现的，因此对于该系统的熟悉与掌握是非常重要的事情。学习完本章将更好地帮助我们通过量化交易平台进行量化投资的操作与实践。

2.1 常用量化交易平台简介

拓展阅读 2-1

2.1.1 点宽量化平台

1. 平台简介

AT-edu（以下简称"AT"）量化研究教学实践平台是深圳点宽网络科技有限公司（以下简称"点宽"）推出的新一代策略研究教学系统，面向专业的量化研究学习者。AT提供强大的数据扩展功能，支持复杂的策略逻辑，让策略的研究并不局限于图表和技术指标；同时，采用开放性的接口方式，让研究员和策略师可以使用他们所熟悉的 Matlab 或 Python 语言完成研究和策略编写；通过 Matlab 或 Python 工具箱提供的简单易学的策略、绩效分析和下单 API（应用程序编程接口），无须用户编写复杂的接口程序和复杂的编程设计。AT 内置丰富的可视化分析和强大的回测功能，是一款真正意义上的强大策略研究实践平台。

2. 平台功能

（1）数据提取。AT 平台支持七大交易所以及能源中心的全部品种数据，包括各频率的分钟、日线数据与 tick 数据，以及各公司财务报表，市场舆情等基本面数据。

（2）回测功能。AT 的回测结构考虑到了用户使用的灵活性、多样性、快速上手等因素。使用完全自主研发的回测结构，实现并行运算，外部数据导入等高效个性化的操作。

（3）交易支持。AT 提供模拟交易所，支持全品种统一账户处理，更方便用户研究复杂策略。用户可在网站中对账户灵活地进行添加、删除、资金调整等管理操作。

（4）绩效报告展示。AT 量能可生成全方位的策略回测报告，从收益风险分析、调仓效果分析、持续性分析、归因分析等维度客观展示交易特点和评估绩效。

（5）策略池。可随时查看策略思路说明、策略源代码和业绩报告。

（6）交割单分析功能。可快速对自己或他人的交易风格和策略思路进行专业的评价和绩效分析。

（7）开放和扩展性。支持使用任意外部第三方库，使用任意外部数据，使用任意 IDE（适用于 Python）。

3. 平台特色

（1）全市场行情数据支持。支持上海证券交易所（以下简称"上交所"）、深圳证券交易所（以下简称"深交所"）、中国金融期货交易所（以下简称"中金所"）、上海期货交易所（以下简称"上期所"）、郑州商品交易所（以下简称"郑商所"）、大连商品交易所（以下简称"大商所"）、广州期货交易所（以下简称"广期所"）全部品种数据，包括各频率的分钟、日线与 tick 数据。

（2）支持模拟实盘。用户可通过模拟交易账户进行模拟交易。与实盘交易环境相仿，提供实时行情与模拟交易，后台每天会对每个交易账户进行资金清算。

（3）支持复杂系统架构。支持多品种、多周期、多账户、多交易市场、多策略等复杂系统架构，方便组合管理、风险控制和资产配置。

（4）策略云托管。支持云端运行托管策略，不受断电断网影响，完美模拟比赛场景。

（5）资源池管理。提供本地池以及私有云资源池以及点宽池，全方位管理策略。

（6）交割单分析。期货、股票交割单分析，全方位剖析交易行为，加深交易行为理解。

（7）策略信号发送和跟踪。支持策略信号转发到其他用户，支持通过ID（身份标识号）和密码关注跟踪其他用户的策略。

（8）多任务处理。支持多个策略同时回测，同时进行实时交易。

2.1.2 米筐量化平台

1. 平台简介

米筐专注于为用户提供快速便捷、功能强大的量化交易和分析工具。用户可以使用基于浏览器（网上回测平台）或本地化（RQAlpha）等项目的米筐产品，随时、随地开发自己的交易策略，验证自己的投资思路。米筐对数据质量、回测系统、模型算法、交互设计、用户界面和用户安全等方面进行了持之以恒的完善，务求使用户获得最佳的产品使用体验。米筐为专业机构提供包含准确且稳定的金融数据、高效且易用策略引擎、极速且安全的实盘终端在内的一站式量化解决方案，将机构从冗杂的数据录入和清洗工作当中解放出来，使之专注进行投研及策略开发。除此以外，米筐致力于将新兴科技助力与传统金融相结合，为专业投资者进行及时、有效的风险预测和归因分析。

2. 平台功能

目前，米筐已经提供了策略回测和实时模拟交易功能，在将来会进一步提供实盘交易支持，使用户在产品平台上能够一站式地完成交易策略的开发、测试和实盘执行。米筐在数据方面提供股票、ETF（交易所交易基金）、期货（股指、国债、商品期货）、现货的基本信息；股票、ETF自2010年以来每日市场数据，股票、ETF自2005年以来的分钟线数据；ETF自2000年以来的市场数据和财务数据；期货从1999年以来的每日行情数据；期货自2010年以来的分钟线数据；中国 50 ETF，商品期权的日、分钟数据；舆情大数据。在研究方面提供基于 Jupyter Notebook 的研究平台，支持 Python、Matlab、Excel；提供 API。在回测方面支持股票、ETF、期货等品种的回测，支持日、分钟级回测。在模拟交易方面支持日、分钟级别的股票、ETF、期货等品种的模拟交易。在实盘交易方面提供期货的实盘交易。在交流社区方面"米筐量化社区"活跃度较高。

2.1.3 掘金量化平台

1. 平台简介

掘金量化是一款致力于为专业量化机构和量化交易者保障策略安全性与实现策略高效研发，落地部署用户本地 PC（个人计算机）的量化交易软件平台，是为专业量化投资打造的一款功能齐备的落地式终端，集成了从策略开发到实盘的模块化功能，打通研究、仿真和绩效链路、兼容多种编程语言，易于使用、性能可靠，能够帮助量化投资者提高策略开发效率、减少 IT（信息技术）投入；产品覆盖量化业务全流程，集策略研发、回测、仿真、实盘于一体；覆盖所有主流开发语言，缩减用户的学习成本；覆盖全球主要市场，为用户提供广阔的量化交易平台。

2. 平台功能

掘金量化平台具有量化策略完整生命周期的功能链，其主要功能如下。

（1）量化数据。提供历史行情、实时行情、基本面、因子库。

（2）策略开发。丰富策略类型，多语言支持，提供策略模板、算法库。

（3）策略回测。平台支持高速回测，Tick 级回测。

（4）策略仿真。体现交易所全规则，包含佣金费、滑点、成交比率。

（5）实盘通道。支持股票、期货、期权实盘交易；支持多种柜台、PB 类型对接。

（6）风控系统。提供策略级风控、账户级风控、合规风控。

2.1.4 聚宽量化平台

1. 平台简介

聚宽（JoinQuant）成立于 2015 年，专注于金融量化工具和智能投顾技术，是国内最早创立的量化交易平台之一。2017 年，公司获得百度公司近亿元 B 轮融资。目前，公司的量化社区已拥有超过 15 万的注册用户，以及券商、私募基金等机构用户。聚宽的服务群体主要包括专业的个人策略开发者、金融机构的量化研究员以及高校金融工程等专业的学生。

公司提供的产品包括数据、量化云平台与金融终端。聚宽提供的量化金融数据库 JQData 覆盖了股票、期货、基金、宏观等市场数据，以及外部舆情数据等，旨在为个人策略开发者与机构客户提供最为干净可用的量化数据。公司的量化云平台与 JoinQuant 金融终端提供量化投研、策略编写、全品类回测、模拟交易、实盘交易与数据服务。

JoinQuant 致力于打造最高效、易用的量化交易平台；聚宽希望降低量化交易的门槛，让更多人有机会参与进来；聚宽坚信"人人皆为宽客"——任何人只要对量化交易感兴趣，就可以成为一名宽客。JoinQuant 目前主要支持沪深 A 股、ETF、LOF（上市型开放式基金）、分级基金、股指期货、商品期货、场外基金等，后续聚宽会逐步支持逆回购、现货、外汇等其他金融衍生品。

2. 平台功能

（1）获取行业及概念板块的行情数据及 PE、PB 等数据。概念板块目前可以通过 get_concept_stocks 获取某个概念板块包含哪些股票，可以通过 get_industry_stocks 获取某个行业有哪些股票，也可以通过 get_industry 查询股票属于哪个行业。

（2）模拟交易。模拟交易支持暂停、重启、重跑、关闭；模拟交易暂停后不会再执行策略代码，不会产生交易信号，收益曲线还会一直画；模拟交易重启后策略恢复执行，重启会从当前时间（执行重启操作的时间）开始执行，注意与重跑的区别；模拟交易运行失败后，可以通过重跑恢复；重跑会从模拟交易运行失败的时间开始执行；模拟交易关闭后，模拟交易将彻底结束，无法再次打开。

（3）回测系统。策略有效体现了使用者的交易思想，通过历史数据的回测可以检验策略的有效性。回测可以免费使用 JoinQuant 提供的所有数据。回测使用的交易数据有 1 天的延时，即当天的交易数据在第二天的 0:01 更新。延时的原因主要是回测使用的交易数据基于 Level-2 行情数据，Level-2 级别的完整交易数据需要收盘后才能获得，目前市场上没有权威的行情数据，为了保证数据的准确性，聚宽购买了多个数据提供商的数据，经过一系列处理后才投入使用。

2.2 AT-edu 量化研究教学实践平台简介

2.2.1 AT-edu 量化研究教学实践平台安装及使用

1. Auto-Trader 安装

进入点宽官网 https：//digquant.com/atMenus/at，单击"AT 相关"→"软件下载"，如图 2-1 所示。

图 2-1　AT 下载界面

直接双击下载的文件即可下载，下载过程中最好使用默认的路径。

安装完成，单击"立即体验"进入 AT 客户端，AT 登录账号密码与点宽网账号一致，如图 2-2 所示。

2. atrader 库安装

（1）从开始菜单 – 应用中找到 Anaconda 文件夹，单击 Anaconda Prompt（Anaconda3）打开，如图 2-3 所示。

（2）atrader 采用 pip 安装，输入命令 pip install atrader，如图 2-4 所示。

如果遇到安装超时的报错，输入命令改为 pip install –i https：//mirrors.aliyun.com/pypi/simple/ atrader，如图 2-5 所示。

在 Anaconda Prompt 窗口中输入命令 python，进入 python 编译，如图 2-6 所示。

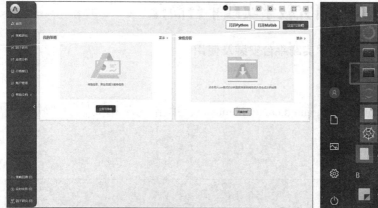

图 2-2　AT 登录端界面　　　　图 2-3　Anaconda 文件夹位置

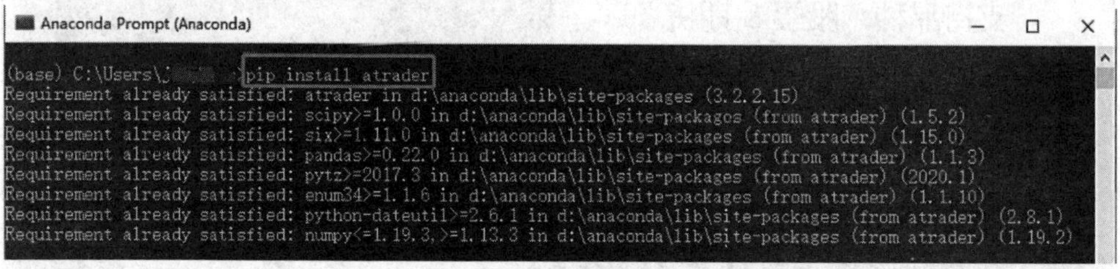

图 2-4　pip 命令行

图 2-5　安装命令行

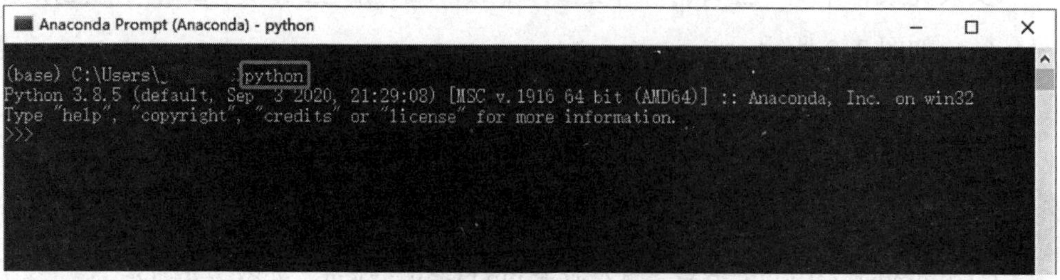

图 2-6　Python 编译框

在 Python 编译中，输入 from atrader import *，没有报错则说明安装成功，即环境配置成功，如图 2-7 所示。

图 2-7 环境配置命令

3. Auto-Trader 常用使用文档

（1）AT 软件的 Python API 文档：https：//digquant.com/document/12。

（2）策略框架介绍：https：//digquant.com/document/8。

（3）获取行情数据：https：//digquant.com/document/24、https：//digquant.com/document/15。

（4）AT 软件功能介绍：https：//digquant.com/document/33。

（5）AT 数据字典：https：//digquant.com/atMenus/document。

2.2.2 重要概念

1. code —— 标的代码

atrader 中对于交易标的有唯一的识别码：code，格式为：交易所市场代码：标的代码，如浦发银行的 code 为：SSE.600000

（1）交易所代码。目前 atrader 支持 6 家交易所以及上海国际能源交易中心，注意市场代码不严格区分大小写。交易所代码如表 2-1 所示。

表 2-1 交易所代码

市场中文名	市场代码
上交所	SSE
深交所	SZSE
中金所	CFFEX
上期所	SHFE
大商所	DCE
郑商所	CZCE
上海国际能源交易中心	INE

（2）证券标的代码。交易标的代码指的是交易所给出的交易标的代码，包括股票、期货、期权、指数、基金、行业等代码。具体的代码请参考各个交易所给出的证券标的代码定义。

2. 运行模式

策略运行支持两种模式：实时模式和回测模式，分别对应两个不同 API，用户在使用时按需选择。

1）实时模式

实时行情服务器推送的实时行情，只在交易时段提供，可以根据账户类型使用模拟账户进行模拟交易，或者使用实盘账户进行真实交易。

2）回测模式

注册指定时段，指定交易代码，指定数据类型的行情，行情服务器将按照指定条件全速回放对应的行情数据，适用于策略回测阶段，快速验证策略的绩效是否符合预期。为了更好地完成回测，atrader 提供了让回测更细化的设定函数 set_backtest，可以对滑点、手续费率、保证金率、初始资金以及限价单市价单的成交方式进行设定，实现更加精准的回测，杜绝未来函数。

3）context — 上下文对象

context 是策略运行过程中的上下文对象，该对象将在你的策略中在不同的函数之间传递；context 对象里包含很多系统生成的属性和方法，除此之外用户也可以根据自己的需求，自定义无限多种属性。

（1）context.account_list — 账户列表。

获取策略入口处定义的账户名以及账户的类型，回测没有该属性。

函数原型：context.account_list

返回值：dict

key	value 类型	说明
账户名称	str	账户类型

示例：

1. context.account_list

返回：

{'Acc1': '股票', 'Acc2': '期货'}

（2）context.target_list — 获取标的列表。

获取策略入口处定义的标的列表以及其顺序。

函数原型：context.target_list

返回值：list（str）

示例：

1. context.target_list

返回：

['sse.600000'，'szse.300021']

（3）context.backtest_setting —— 获取回测的设定参数。获取回测模式中，通过 set_backtest 设定的回测细节参数情况，实时模式没有该属性。

函数原型：context.backtest_setting

返回值：dict

回测参数说明见表 2-2。

表 2-2 回测参数说明

key	类型	说明
init_cash	float	初始资金
cost_fee_future	float	期货交易手续费倍数（相对于交易所而已）
cost_fee_stock	float	股票交易手续费率（单位万分之）
margin_rate	float	期货保证金率倍数（相对于交易所最低保证金率而已）
slide_price	int	滑点倍数（单位每个标的的最小变动单位）
price_loc	int	市价单成交位置设定
deal_type	int	市价单成交类型设定
limit_type	int	限价单成交方式设定
begin_date	datetime.datetime	回测开始日期
end_date	datetime.datetime	回测结束日期

示例：

1. context.backtest_setting

返回：

{'initial_cash': 1000000, 'cost_fee_future': 1.0, 'cost_fee_stock': 2.5, 'margin_rate': 1.0, 'rate': 0.02, 'slide_price': 0.0, 'price_loc': 1, 'deal_type': 0, 'limit_type': 0}

注意：

并非所有的字段都会出现，只有使用到对应的参数时，该字段才会出现。

（4）context.account —— 账户信息。通过这个函数获取指定账户的资金信息和持仓信息。

函数原型：context.account（account_idx=0）

参数：

参数名	类型	说明
account_idx	int	账户索引号

返回值：account —— 账户对象

示例：

1. # 获取索引号为 0 的账户的资金情况

2. context.account（account_idx=0）.cash

返回值：dataframe

（5）context.now —— 当前时间。实时模式返回当前本地时间，回测模式返回当前回测位置的时间。

函数原型：context.now

返回值：datetime.datetime

示例：

1. context.now

返回值：2018-06-08 13：45：00

（6）context.reg_kdata —— 记录 K 线的注册（系统用对象）。

由 reg_kdata 生成，记录在 context 当中，记录注册 K 线频率的动作，通过 get_reg_kdata 获取注册的 K 线频率数据时，作为参数之一。

函数原型：context.reg_kdata

返回值：ndarray

示例：

1. def init（context：Context）：

2.   # 注册行情数据

3.   reg_kdata（frequency='min', fre_num=5）

4.   reg_kdata（frequency='day', fre_num=1）

```
5. def on_data（context: Context）:
6.     # 获取注册的行情数据
7.     # 索引号 0 对应 reg_kdata 的使用顺序，即为 5 min 的注册频率
8.     data0 = get_reg_kdata（reg_idx=reg_kdata[0]）
9.     # 索引号 1 对应 reg_kdata 的使用顺序，即为 1 day 的注册频率
10.    data = get_reg_kdata（reg_idx=reg_kdata[1]）
```

（7）context.reg_factor — 记录因子的注册（系统用对象）。

与 context.reg_kdata 类似。

2.2.3 平台 API 介绍

1. 基本函数

1）init – 策略初始化函数

（策略结构中使用）初始化策略，在策略启动后会自动执行。在这里可以完成以下的操作。

（1）数据注册。其包括行情数据，因子数据，用户自建函数，以及用户数据的注册（用户自建函数和用户数据，见高级应用）。

（2）全局变量的定义。在策略中需要使用的参数，在 init 函数里定义。

函数原型：

```
1. def init（context）:
2.     pass
```

参数：

参数名	类型	说明
context	context 对象	上下文对象

示例：

```
1. def init（context）:
2.     # 注册 5 min 行情
3.     reg_kdata（frequency='min', fre_num=5）
4.     # 注册 15 min 行情
5.     reg_kdata（frequency='min', fre_num=15）
6.     # 注册 DQ 因子 'PE'
```

7. reg_factor（factor=['PE']）
8. # 获取浦发银行的 K 线数据
9. context.pfyh = get_kdata（code='SSE.600000', frequency='min', fre_num=5,
10. begin_date='2018-03-01', end_date='2018-04-30'）
11. # 自定义两个变量
12. context.m = 10
13. context.n = 20

注意：

（1）init 函数里不能执行下单等交易函数。

（2）init 函数不能设置返回值。

2）on_data – 行情推送事件函数

函数原型：

1. def on_data（context）:
2.   pass

参数：

参数名	类型	说明
context	context 对象	上下文对象

示例：

1. def on_data（context: Context）:
2.   # 获取注册的行情数据
3.   # 索引号 0 对应 reg_kdata 的使用顺序，即为第一个注册的 K 线频率
4.   data0 = get_reg_kdata（reg_idx=context.reg_kdata[0]）
5.   print（data0）
6.   # 获取账户的资金情况
7.   cash = context.account（account_idx=0）.cash
8.   print（cash）
9.   # 下单操作
10.   order_volume（0, 0, 1, 1, 1, 2）

输出：

{0: target_idx time open high low close volume amount open_interest 0 0 2018-06-01 15:00:00 10.6 10.69 10.53 10.68 1.8366e+05 1.9517e+08 0}

行情推送函数参数说明见表 2-3。

表 2-3 行情推送函数参数说明

currency	valid_cash	available_cash	market_value	margin	order_frozen
CNY	1.00E+07	0	0	0	0
total_asset	total_value	holding_pnl	realized_pnl	daily_pnl	daily_cost
1.00E+07	1.00E+07	0	0	0	0
cum_cashflow	last_amount	last_realized_pnl	last_cost	last_cash_flow	change_reason
0	0	0	0	0	0

注意：

（1）on_data 函数不能执行注册数据的命令。

（2）on_data 函数会根据策略入口处定义的 target_list 和 frequency 以及 fre_num，决定以怎样的频率来运行 on_data 函数。

3）run_backtest – 策略回测入口函数

函数原型：

1. run_backtest (strategy_name='', file_path='.', target_list=( ), frequency='day', fre_num=1, begin_date='', end_date='', fq=0)

参数：

回测函数参数说明见表 2-4。

表 2-4 回测函数参数说明

参数名	类型	说明
strategy_name	str	策略名
file_path	str	策略文件路径，默认为 '.'，表示当前文件
target_list	tuple or list	标的资产列表
frequency	str	策略刷新频率，仅支持以下频率： 'min', 'day', 'week', 'month'，默认为 'day'
fre_num	int	策略刷新频数，仅支持如下规则： 'day', 'week', 'month' 仅支持 1，默认为 1

续表

参数名	类型	说明
begin_date	str or datetime.datetime	回测开始日期，使用 yyyy-mm-dd 格式，或者 %Y-%m-%d 格式
end_date	str or datetime.datetime	回测结束日期，使用 yyyy-mm-dd 格式，或者 %Y-%m-%d 格式
fq	int	复权类型，取值参考 FQ，默认为不复权

返回值：str

示例：

1. run_backtest（strategy_name='example_test'，file_path='.'，target_list=['SSE.600000']，frequency='min'，fre_num=15，begin_date='2018-06-01'，end_date='2018-10-19'）

注意：

（1）strategy_name 会出现在 AT 的回测页面中，用于对不同策略进行区分；file_path 指具体运行的策略文件的具体路径，需要带文件的后缀名，如策略文件名为 test，则需要填写为 test.py。

（2）回测模式中不需要指定账户，回测账户支持混合品种（股票和期货）的交易和绩效分析。

4）set_backtest – 回测细节设定

（策略结构中使用，并且只能在 init 函数中使用）设置回测的细节。

函数原型：

1. set_backtest（initial_cash=1000000，future_cost_fee=1.0，stock_cost_fee=2.5，margin_rate=1.0，slide_price=0，price_loc=1，deal_type=0，limit_type=0）

参数：

回测细节函数参数说明见表 2-5。

表 2-5 回测细节函数参数说明

参数名	类型	说明
initial_cash	int	初始资金，默认为 1000000
future_cost_fee	float	期货手续费倍数，默认 1.0

续表

参数名	类型	说明
stock_cost_fee	float	股票手续费（单位：万分之），默认2.5，即万分之2.5
margin_rate	float	保证金倍数，默认1.0
slide_price	int	滑点设置，最小变动单位的倍数，默认为0
price_loc	int	市价单成交位置，默认为1，0- 当前 bar 收盘价；1- 下一个 bar 开盘价
deal_type	int	市价单成交类型，默认为0，0- 最新价成交
limit_type	int	限价单成交方式，默认为0，0- 直接成交；1- 下一个 bar 内没有该价格时，撤单处理

返回值：None

示例：

1. 设置初始资金为1百万元

2. 设置期货交易手续费为标准的1.0倍

3. 设置股票交易手续费为万分之2.5

4. 设置保证金比率为标准的1.0倍

5. 设置滑点为0个标的的最小变动单位（不设置滑点）

6. 设置市价单的成交位置为下一个 bar 的开盘价（tick 极为最新价）

7. 设置市价单成交类型为最新价成交

8. 设置限价单的成交方式为直接成交

1. set_backtest（initial_cash=1000000，future_cost_fee=1.0，stock_cost_fee=2.5，margin_rate=1.0，slide_price=0，price_loc=1，deal_type=0，limit_type=0）

注意：

（1）future_cost_fee 针对的倍数是普通期货账户的手续费率，该数字不能小于0.0。

（2）stock_cost_fee 是直接的费率。

（3）margin_rate 是保证金倍数，针对的是普通期货账户的保证金率，该数字不能小于0.0。

（4）slide_price 是滑点，代表每个标的的最小变动单位的倍数。

2. 数据注册

1）reg_kdata – 行情数据注册

（策略结构中使用，并且只能在 init 函数中使用）注册特定频率的 K 线数据。

函数原型：

1. reg_kdata（frequency=''，fre_num=0，adjust=False）

参数：

行情数据注册函数参数说明见表 2-6。

表 2-6　行情数据注册函数参数说明

参数名	类型	说明
frequency	str	数据注册频率，仅支持以下频率：'day'，'min'，'week'，'month'
fre_num	int	数据注册频数，其中 'day'，'week'，'month' 仅支持 1
adjust	bool	是否同时注册主力合约换月调整数据，默认为 False，True 为注册；False 为不注册

返回值：None

示例：

注册 5 min 的行情数据，并注册主力合约调整的数据

1. reg_kdata（frequency='min'，fre_num=5，adjust=True）

注意：

（1）允许在 init 函数中使用多次 reg_kdata 注册多种频率的 K 线数据。

（2）reg_kdata 注册动作的记录，会保存在 context.reg_kdata 中；调用时，根据注册语句的先后，记录对应注册的频率；调用时，按索引号，从 0 开始获取注册的数据，通过 get_reg_kdata 获取。

（3）adjust 为 True 时，表示会同时注册期货主力合约换月调整后的数据，此参数对股票数据没有影响；通过 get_reg_kdata_adj 获取注册的期货主力合约换月调整后的数据。

2）reg_factor – 因子数据注册

（策略结构中使用，并且只能在 init 函数中使用）注册因子数据。

函数原型：

1. reg_factor（factor=[]）

参数：

参数名	类型	说明
factor	list	因子 ID 列表，每个因子以字符串表示，因子名称见 DQ 因子

返回值：None

示例：

注册 PE，PB 和 MA10 这三个因子

1. reg_factor（['PE', 'PB', 'MA10']）

注意：

（1）允许在 init 函数中使用多次 reg_factor 注册多个因子，也允许在一个 reg_factor 语句中，输入多个因子 ID 注册。

（2）reg_factor 注册的记录，会保存在 context.reg_factor 中；调用时，根据注册动作的先后，记录对应注册的频率；调用时，按索引号，从 0 开始获取注册的数据，通过 get_reg_factor 获取。

（3）DQ 因子都是未经极值化、中性化、标准化处理的原始数据，用户需要构建多因子策略时，可以根据实际策略情况，对因子加工处理。

2.2.4 策略程序架构

1. AT 策略程序初始化

策略程序初始化是指通过 init 函数初始化策略，每次策略启动时都会先执行初始化的操作，且只会执行一次。通过初始化的操作，可以完成以下几个操作。

（1）定义全局变量。通过创建 context 包含的属性定义全局变量，如 context.m 可以在不同函数之间调用。

（2）设定回测细节。通过 set_backtest 可以设定回测的手续费率、保证金率、滑点以及市价单、限价单成交的位置。

（3）注册行情数据。通过 reg_kdata 注册指定频率的数据。

（4）注册 DQ 因子数据。通过 reg_facotr 根据 DQ 因子名称注册因子。

（5）使用数据查询函数。通过数据查询函数获取历史数据。

（6）注册外部数据和自建函数（高阶应用）。通过 reg_userdata 和 reg_userindi 实现外部数据和自建函数的注册。

2. 数据处理

数据处理是指根据策略入口处指定的刷新频率进行策略刷新时，执行的函数通过 on_data 实现策略主体逻辑，可以完成以下几个操作。

（1）获取注册数据。通过获取注册数据获取注册的行情数据、因子数据、自建函数和外部数据等，加入到策略整体逻辑的构建中。

（2）获取账户资金和持仓信息。通过 context.account().cash 以及 context.account().position() 或者 context.account.positions 分别获取账户的资金和持仓信息。

（3）下单交易。通过交易函数进行下单交易以及订单状况查询。

3. 自建函数

构建自建函数和一般策略里调用外部函数不一样，这里构建的自建函数，需要依赖行情数据在不同的回测时间返回不同的结果，通过 atrader 特有的回测结构，可以让自建函数与注册数据同时在策略初始化阶段准备好，无须在策略刷新运行后再反复调用该函数，从而提升回测速度。这部分属于高阶应用，普通用户无须使用。

4. 策略入口函数

run_backtest 和 run_realtrade 对应于两种模式的策略入口，分别为回测和实时模式（包括模拟交易和实盘交易），只有在提取数据做研究时不需要使用策略入口函数。

（1）刷新频率。刷新频率是 atrader 策略架构的核心，决定了策略以什么样的频率执行 on_data 函数，是控制多品种、多周期策略的时间轴的核心要素。刷新频率的触发与 K 线的频率是一致的，按照接收到的 K 线的时间作为刷新判断标准而不是根据时间的计算。

（2）标的资产。策略入口需要定义使用的标的资产，atrader 会在策略启动之后，进入策略初始化之前，按照刷新频率将标的资产的行情数据提前准备好，大幅节省准备数据的时间。标的资产的输入顺序会在策略中通过由 0 开始的索引号进行标记。

（3）交易账户（实时交易专用）。实时交易时，策略入口需要指定使用的实时交易账户。

2.2.5 新建策略方法

常见的策略结构主要包括三类：行情事件驱动策略、时间序列策略和多标的多周期策略。

1. 行情事件驱动策略

在策略初始化执行 init 函数时，指定特定频率的数据进行注册，所有策略入口处定义的标的都会准备该频率的数据。在策略根据刷新频率运行时，在 on_data 函数中可以获得已注册频率的数据，并且可以请求一定历史长度的数据，构建数据滑窗。

举例说明，投资标的为浦发银行，在 15 min 刷新的频率下，注册 1 min 频率的数据，并通过 get_reg_kdata 调用该数据：

1. # *_*coding：utf-8 *_*
2. from atrader import
3. def init（context：Context）：
4. 　　# 设置初始资金为 100 万
5. 　　set_backtest（initial_cash=1000000）
6. def on_data（context：Context）：
7. 　　# 买入开仓，市价委托
8. 　　order_volume（account_idx=0，target_idx=0，volume=1，side=1，position_effect=1，order_type=2）
9. if __name__ == '__main__'：
10. 　　# 设置回测区间为 2018-01-01 至 2018-06-30
11. 　　# 设置刷新频率为 15min
12. 　　# 设置策略需要的标的为螺纹钢主力连续合约
　　　run_backtest（strategy_name='example_test'，file_path='.'，target_list=['SHFE.RB0000']，frequency='min'，fre_num=15，begin_date='2018-01-01'，end_date='2018-06-30'）

2. 时间序列策略

在策略初始化执行 init 函数时，指定特定频率的数据进行注册，所有策略入口处定义的标的都会准备该频率的数据。当策略根据刷新频率运行时，在 on_data 函数中可以获得已注册频率的数据，并且可以请求一定历史长度的数据，构建数据滑窗。

举例说明，投资标的为浦发银行，在 15 min 刷新的频率下，注册 1 min 频率的数据，并通过 get_reg_kdata 函数调用该数据：

```
1.  # *_*coding: utf-8 *_*
2.  from atrader import *
3.  def init（context：Context）:
4.      # 设置初始资金为 100 万
5.      set_backtest（initial_cash=1000000）
6.      # 注册 1 min 的数据
7.      reg_kdata（frequency='min', fre_num=1）
8.  def on_data（context：Context）:
9.      # context.reg_kdata 根据注册的先后顺序标记，0 代表第一个注册的频率，为 1min
10.     # 获取 1min 注册的数据，并获取 50 个最新的 1 min 数据，并以 dataframe 的形式输出
11.     df_min = get_reg_kdata（reg_idx=context.reg_kdata[0], length=50, df=True）
12.     print（df_min）
13. if __name__ == '__main__':
14.     # 设置回测区间为 2018-01-01 至 2018-06-30
15.     # 设置刷新频率为 15 min
16.     # 设置策略需要的标的为浦发银行
        run_backtest（strategy_name='example_test', file_path='.', target_list=['SSE.600000'], frequency='min', fre_num=15, begin_date='2018-01-01', end_date='2018-06-30'）
```

3. 多标的多周期策略

通过订阅多个标的，注册不同周期的频率数据，可以实现多个标的多个周期的策略框架。

举例说明，订阅铁矿石主连和螺纹钢主连，以 15 min 的频率进行刷新，并注册 1 min 和 1 day 频率的数据，在行情事件 on_data 函数中分别获取铁矿石和螺纹钢不同频率，不同长度的数据，构建不同的数据滑窗：

```
1.  # *_*coding: utf-8 *_*
2.  from atrader import *
```

3. def init（context：Context）：
4. 　　# 设置初始资金为 100 万
5. 　　set_backtest（initial_cash=1000000）
6. 　　# 注册 1 min 的数据
7. 　　reg_kdata（frequency='min'，fre_num=1）
8. 　　# 注册 1 day 的数据
9. 　　reg_kdata（frequency='day'，fre_num=1）
10. def on_data（context：Context）：
11. 　　# context.reg_kdata 根据注册的先后顺序标记，0 代表第一个注册的频率，为 1min
12. 　　# 标的的顺序根据在入口函数的列表的顺序
13. 　　# 获取第一个标的，即铁矿石主连，50 个最新 1 min 注册的数据，并以 DataFrame 的形式输出
14. 　　df_min=get_reg_kdata（reg_idx=context.reg_kdata[0]，target_indices=[0]，length=50，df=True）
15. 　　# 同时获取铁矿石和螺纹钢，20 个最新的 1 day 数据，并以 DataFrame 的形式输出
16. 　　df_day = get_reg_kdata（reg_idx=context.reg_kdata[1]，target_indices=[0，1]，length=20，df=True）
17. 　　print（df_min）
18. 　　print（df_day）
19. if __name__ == '__main__'：
20. 　　# 设置回测区间为 2018-01-01 至 2018-06-30
21. 　　# 设置刷新频率为 15 min
22. 　　# 设置策略需要的标的为铁矿石主力连续和螺纹钢主力连续，并且铁矿石主连为第一个标的，螺纹钢主力为第二个标的
23. 　　target_list = ['DCE.I0000'，'SHFE.RB0000']
　　　　run_backtest（strategy_name='example_test'，file_path='.'，target_list=target_list，frequency='min'，fre_num=15，begin_date='2018-01-01'，end_date='2018-06-30'）

4. 回测模式

atrader 的策略运行提供两种模式：回测模式（backtest）和实时模式（realtrade），对应两个 API，分别是 run_backtest 和 run_realtrade。其中回测模式中使用的是系统的默认账户，指定开始时间和结束时间，并且可以在 init 函数中，通过 set_backtest 设定初始资金、手续费、保证金率等，案例代码如下：

1. # *_*coding: utf-8 *_*
2. from atrader import *
3. def init（context：Context）：
4. 　　# 设置初始资金为 100 万，期货交易手续费为交易所的 1.1 倍，股票交易手续费为万分之 2，保证金率为交易所 1.1 倍
　　set_backtest（initial_cash=1000000，future_cost_fee=1.1，stock_cost_fee=2，margin_rate=1.1）
5. def on_data（context：Context）：
6. 　　pass
7. if __name__ == '__main__':
8. 　　# 设置回测区间为 2018-01-01 至 2018-06-30
9. 　　# 设置刷新频率为 15 min
10. 　　# 设置策略需要的标的为螺纹钢主力连续合约
　　run_backtest（strategy_name='example_test'，file_path='.'，target_list=['SHFE.RB0000']，frequency='min'，fre_num=15，begin_date='2018-01-01'，end_date='2018-06-30'）

5. 实时模式

实时模式中必须指定具体的账户，账户的添加和管理在 AT 客户端的账户管理中进行。账户根据账户名称进行匹配跟踪，当实时行情被推送，就会执行 on_data 函数。实时模式不能对手续费等进行设置，按照账户的情况进行交易。实时模式需要指定开始日期，作为准备数据的时间边界。案例代码如下：

1. # *_*coding: utf-8 *_*
2. from atrader import *
3. def init（context：Context）：
4. 　　pass

```
5.def on_data(context: Context):
6.    pass
7.if __name__ == '__main__':
8.    # 设置刷新频率为 15min
9.    # 设置策略需要的标的为螺纹钢主力连续
10.   # 使用实时模式入口，设定数据准备的边界为 2018-01-01
      run_realtrade(strategy_name='example_test', file_path='.', target_list=['SHFE.RB0000'], account_list=['account1'], frequency='min', fre_num=15, begin_date='2018-01-01')
```

6. 提取数据研究

如果只想提取数据作研究所用，无须实时数据驱动策略或者使用回测模式，不用通过策略结构逻辑，在 AT 运行的前提下，直接使用查询类的函数就可以获取。注意：数据的提取与账户的权限有关。案例代码如下：

```
1. from atrader import *
2. # 获取浦发银行从 2018-01-01 至 2018-06-30 的日线数据
3. data=get_kdata(target_list=['SSE.600000'], frequency='day', fre_num=1, begin_date='2018-01-01', end_date='2018-06-30')
```

7. 构建多因子模型

atrader 里内嵌了大量经过清洗的因子数据（具体见因子介绍），用户可以通过因子 ID 直接调用。

以下是一个基本的多因子策略，在 init 函数中注册了 'PE'、'PB'、'MA10' 3 个因子，并在 on_datadata 中获取注册的因子情况。代码如下：

```
1. # *_*coding: utf-8 *_*
2. from atrader import *
3. def init(context: Context):
4.    # 注册三个因子，PE, PB, MA10
5.    reg_factor(factor=['PE', 'PB', 'MA10'])
6. def on_data(context: Context):
7.    # 获取注册的因子数据
8.    # context.reg_factor 根据注册的先后顺序标记，0 代表第一个注册的动
```

作，该动作包含了 3 个注册的因子

9. data = get_reg_factor（reg_idx=context.reg_factor[0]，df=True）
10. print（data）
11. if __name__ == '__main__'：
12. # 获取上证 50 的成分股
13. target = get_code_list（'sz50'）
14. target = list（target['code']）
15. # 设置回测区间为 2018-06-01 至 2018-06-30
16. # 设置刷新频率为 1 day
17. # 设置策略需要的标的为上证 50 指数的成分股
18. run_backtest（strategy_name='example_test'，file_path='.'，target_list=target，frequency='day'，fre_num=1，begin_date='2018-06-01'，end_date='2018-06-30'）

8. 获取回测完策略的绩效

atrader 提供专门的 API，可以让用户在策略回测完后提取回测绩效报告的字段。提取回测策略的绩效报告需要依赖策略回测 ID，方法如下：

1）回测语句完成后返回策略回测 ID

代码如下：

1. target_list = ['CZCE.FG000'，'SHFE.RB0000'] # 设置回测标的
2. frequency = 'min' # 设置刷新频率
3. fre_num = 1 # 设置刷新频率
4. begin_date = '2017-06-01' # 设置回测初始时间
5. end_date = '2017-09-01' # 设置回测结束时间
6. fq = 1 # 设置复权方式
7. # 将对应的参数放进策略回测入口函数
8. strategy_id = run_backtest（'海龟'，'.'，target_list=target_list，frequency=frequency，fre_num=fre_num，begin_date=begin_date，end_date=end_date，fq=fq）

通过回测入口函数 run_backtest 运行回测后返回策略 ID；只有回测完成才会返回策略 ID；回测中断，回测发生错误都不会返回策略 ID。

2）回测后获取 AT 里的策略回测 ID 列表

代码如下：

1. get_strategy_id（ ）

返回 [{'strategy_name'：'海龟'，'strategy_id'：'6489313123860738085'}]

代码解析：

（1）get_strategy_id 获取的策略回测 ID 是当前 AT 客户端中策略回测页面存在并且可以提取绩效报告的策略回测 ID。

（2）当 AT 客户端中策略回测中策略的 Tab 被关闭或者 AT 重启后，策略回测 ID 失效。

（3）通过此方式不必依赖策略回测入口函数 run_backtest 运行完毕获取策略回测 ID。

（4）只有回测成功结束，并且绩效计算完成的策略才会返回策略回测 ID。

3）通过策略回测 ID 获取回测的绩效报告信息字段

以下代码是通过策略 ID 获取策略回测报告信息：

1. result = get_performance（'6488216908083490844'）

注意：

（1）回测完成但是绩效没有计算完毕的策略获取绩效报告字段会返回空的 dict。

（2）策略回测 ID 可以通过上面两种方式获取。

本章小结

本章主要介绍的是量化交易平台，首先对目前国内主流的第三方量化交易平台从平台简介、平台功能和平台特色三个维度进行了简单的梳理，方便读者快速了解各家平台的特性与优缺点，从而寻找适合自己的开发平台。其次重点介绍了点宽平台旗下的 AT，并对平台的安装与使用、平台涉及的重要概念、平台 API、策略程序架构以及新策略方法的构建进行了详细的介绍。由于本书所有的代码与实践案例都是基于 Auto-Trader 平台，因此同学们需要熟悉该平台内的基本架构与策略方法的实现过程，才能更好地理解后面章节中各个策略的实践案例中的代码结构与逻辑，达到举一反三、融会贯通的目的。

思考题

1. AT-edu 的平台功能都有哪些?
2. AT-edu 的平台特色都有哪些?
3. AT-edu 平台的策略运行有哪些模式?
4. "context" 指的是什么?
5. 解释 "init" 函数。
6. AT-edu 是如何进行数据处理的?

即测即练

第 3 章　金融量化基础知识

学习目标

1. 了解股票的基础概念、交易分类、股票市场以及交易制度。
2. 了解期货的基础概念、交易分类、期货市场以及交易制度。
3. 掌握基金的基础概念、分类、基金净值以及常用评价指标。

能力目标

1. 了解股票的基础知识内容，培养学生分析和解决问题的思辨能力。
2. 了解期货的基础知识内容，学会自主查阅资料扩展知识维度。
3. 掌握基金的基础知识内容，培养学生在实践过程中解决问题的能力。

思政目标

1. 了解股票的基础知识内容，培养学生辩证的唯物主义的求知观。
2. 了解期货的基础知识内容，培养学生实事求是的工匠精神。
3. 掌握基金的基础知识内容，增强学生专业认同感与专业素养。

思维导图

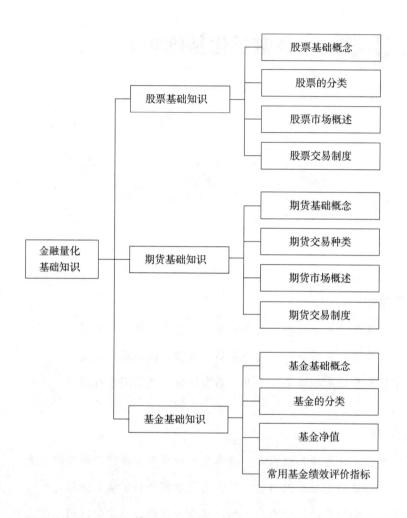

导语

从本章开始我们进入金融模块内容的学习，对于量化投资而言金融基础知识是必不可少的内容，本章将从三个维度对金融基础知识进行介绍：股票、期货和基金。对于金融投资标的而言种类有很多，着重对这三个投资标的进行介绍的原因在于目前常用的量化投资策略是以这三类投资标的为基础的，即因子回归分析对应股票，CTA策略对应期货以及大类资产配置（FOF）对应的基金。学习完本章可以更好地帮助我们对后面量化策略的知识内容的理解。

3.1 股票基础知识

3.1.1 股票基础概念

1. 股票的定义

股票是股份证书的简称,它是股份公司为筹集长期资金而发行给股东作为持股凭证并借以取得股利或股息的一种有价证券,股份公司将其所有权借由这种有价证券进行分配。每股股票都代表股东对企业拥有一个基本单位的所有权,而这种所有权是一种综合权利,如参加股东大会、投票表决、参与公司的重大决策、收取股息或分享红利等。同一类别的每一份股票所代表的公司所有权是相等的,而每个股东所拥有的公司所有权份额的大小,实际取决于其持有的股票数量占公司总股本的比重。股票是股份公司资本的重要组成部分,可以买卖、转让或作价抵押,是资本市场的主要长期信用工具,但不能要求公司返还其原始出资,其原因在于股东与公司之间的关系不是债权债务关系。股东是公司的所有者,以其出资份额为限对公司负有限责任,分享公司成长或交易市场波动带来的收益的同时也要承担公司运作错误所带来的风险。

拓展阅读 3-1

股票是社会化大生产的产物,已有 400 多年的历史。而世界第一张股票的出现是在 17 世纪的时候,由荷兰东印度公司所发行的。1606 年,专事荷兰与亚洲贸易的"东印度公司",以阿姆斯特丹为中心,发行 650 万荷兰盾股票,已具备现代股份公司的主要特征,其运作方式对后世产生重大深远的影响。当时该公司经营航海事业,由于航海事业在当时属于高风险行业,并且有着许多无法估量的风险,因此为了分摊风险,公司在每次出海前向众人集资,航程完成后即将各人的出资以及该航次的利润交还给出资者。1613 年起,该公司改为四航次才派一次利润,而这就是"股东"和"配息"的前身。

2. 股票的基本特性

(1) 收益性。由于投资者有权利凭借所持股票定期从公司领取派发的股息或红利,因此股票具有收益性。股息或者红利的多少与公司的盈利水平以及相应的盈利分配政策高度相关。

(2) 风险性。有收益自然就有相应的风险,对于股票而言也是如此。股票的风险主要体现在股票价格的波动性,股票在交易市场上作为交易对象,和商品一样，有自己的市场行情和市场价格。由于股票价格要受到诸如公司经营状况、供求关系、银行利率、大众心理等多种因素的影响，其波动有很大的不确定性。正是这种不确定性，有可能使股票投资者遭受损失。价格波动的不确定性越大，投资风险也越大。因此，股票是一种高风险的金融产品。

（3）流通性。股票的流通性是指股票在不同投资者之间的可交易性。流通性通常以可流通的股票数量、股票成交量以及股价对交易量的敏感程度来衡量。具体而言，可流通股数越多、成交量越大，价格对成交量越不敏感，变化弹性也就越小，股票的流通性就越好；反之就越差。股票的流通，使投资者可以在市场上卖出所持有的股票，取得现金。通过股票的流通和股价的变动，可以看出人们对于相关行业和上市公司的发展前景和盈利潜力的判断。

（4）参与性。由于股票是股份有限公司将其所有权借由这种有价证券进行分配，因此股东有权出席公司每年召开的股东大会，投票选举公司董事会，并且参与公司重大决策。股票持有者的投资意志和享有的经济利益，通常是通过行使股东参与权来实现的。

（5）不可偿还性。与债券不同的是，股票是一种无偿还期限的有价证券，投资者在市场上购买股票之后，就不能再要求退股，只能到二级市场卖给第三者。股票的转让只意味着公司股东的改变，并不减少公司资本。从期限上看，只要公司存在，它所发行的股票就存在，股票的期限等于公司存续的期限。

3.1.2 股票的分类

股票的种类很多，可谓五花八门、形形色色，而这些股票名称不同，形成和权益各异，因此对于股票的分类方法也是多种多样的。这里我们主要从三个不同维度对股票进行划分。

1. 按上市交易所和买卖主体划分

（1）A股。A股正式名称为人民币普通股票，它是由中国的公司发行，供境内机构、组织或个人以人民币认购和交易的普通股（common stock）股票。自2013年4月1日起，中国香港、澳门、台湾居民均可开立A股账户。

（2）B股。B股正式名称为人民币特种股票，它是以人民币标明面值，以外币认购和买卖，在境内（上海及深圳）证券交易所上市交易的股票。在2001年2月前，B股投资人仅限于：国外自然人、法人及其他组织，香港、澳门、台湾的自然人、法人和其他组织，定居在国外的中华人民共和国公民，以及中国证监会规定的其他投资人。2001年2月19日之后，中国证监会宣布对境内自然人开放B股市场，准许持有合法外汇的境内居民自由开户买卖B股。

（3）H股。H股为注册地在内地、上市地在香港的企业的股票。香港的英文是HongKong，取其字首，在港上市外资股就叫作H股。

2. 按股东权利划分

（1）普通股。普通股是指在公司的经营管理和盈利及财产的分配上享有普通权利的股份，代表满足所有债权偿付要求及优先股东的收益权与求偿权要求后对企业盈利和剩余财产的索取权，它构成公司资本的基础，是股票的一种基本形式，也是发行量最大、最为重要的股票。目前在上交所和深交所交易的股票，都是普通股。

（2）优先股。优先股（preferred stock）是拥有普通股所不具备的某些特征的一类公司股票，同时具有债务工具和权益工具的特征，通常被认为是一种混合工具。"优先"是相对于普通股而言，具体而言优先首先体现在公司资产清算的受偿顺序方面（即索偿权），排在债权之后，比普通股优先；其次在股息分配顺序方面比普通股优先，通常按事先约好的股息率发放；作为交换，优先股通常不具与普通股同级的表决权。优先股的条款通常记载于发行公司的公司章程中。与债券类似，优先股通常也由主要信用评级公司进行评级。优先股的评级通常比债券要低，因为优先股股息的分派并不像债券利息一样得到保证，且优先股股东在受偿顺序上劣后于债券持有人。

3. 按公司业绩划分

（1）蓝筹股。蓝筹股（blue chip），也叫绩优股，是指在某一行业中处于重要支配地位、业绩优良、交投活跃、营收获利稳定、市值大、红利优厚的大公司的股票，蓝筹股并不等于具有很高投资价值的股票，原因在于这类公司有实力抵抗经济衰退，但它们通常并不能给投资者带来超额或者超预期的利润，主要是因为这类公司业务较为成熟，不需要花很多钱来扩展业务，所以投资这类公司的目的主要在于拿股息从而获得高于存款的收益率并有效抵御通货膨胀。"蓝筹"一词源于西方赌场，在西方赌场中，有三种颜色的筹码，其中蓝色筹码最为值钱，红色筹码次之，白色筹码最差。投资者把这些行话套用到股票上，引申为最大规模或市值的上市公司。一般人将蓝筹股等同股票成分股，但事实上成分股不一定是最大或最佳的上市公司。

（2）成长股。成长股（growth stock）是指这样一些公司所发行的股票，它们的销售额和利润额持续增长，而且其速度快于整个国家和本行业的增长。这些公司通常有宏图伟略，注重科研，留有大量利润作为再投资以促进其扩张。由于公司再生产能力强劲，随着公司的成长和发展，所发行的股票的价格也会上升，股东便能从中受益。相比于蓝筹股，成长股的公司通常不愿意进行分红，而更愿意把留存利润重新投入业务扩张中获取更高的回报，因此投资人投资这类股票通常都是为了从股价的大幅上涨中获取利润而不是股息。

（3）垃圾股。垃圾股（junk bond）指的是业绩较差的公司的股票，与蓝筹股相对应。业绩较差的原因有很多，或者由于行业前景不好，或者由于经营不善等，有的甚至进入亏损行列。其股票价格在市场上的表现萎靡不振，股价走低，交投不活跃，年终分红也差。目前国内垃圾股可分为三个部分：一部分是ST股票，即连续两年亏损或净资产值低于1元的股票。一部分是PT股票，是指连续3年亏损的股票；还有一部分是指除去前面两类且业绩在0.10元以下的股票。

3.1.3 股票市场概述

1. 股票市场的概念

股票市场是指股票发行和流通的场所，也可以说是指对已发行的股票进行买卖和转让的场所。股票的交易都是通过股票市场来实现的。股票市场是上市公司筹集资金的主要途径之一。随着商品经济的发展，公司的规模越来越大，需要大量的长期资本。而如果单靠公司自身的资本化积累，是很难满足生产发展的需求的，所以必须从外部筹集资金。公司筹集长期资本一般有三种方式：①向银行借贷；②发行公司债券；③发行股票。前两种方式的利息较高，并且有时间限制，这不仅增加了公司的经营成本，而且使公司的资本难以稳定，因而有很大的局限性。而利用发行股票的方式来筹集资金，则无须还本付息，只需在利润中划拨一部分出来支付红利即可。把这三种筹资方式综合比较起来，发行股票的方式无疑是最符合经济原则的，对公司来说是最有利的，所以发行股票来筹集资本就成为发展大企业经济的一种重要形式，而股票交易在整个证券交易中因此而占有相当重要的地位，也凸显了股票市场在整个资本市场中占有的重要地位。股票市场的变化与整个市场经济的发展是密切相关的，股票市场在市场经济中始终发挥着经济状况晴雨表的作用。

2. 股票市场的职能

（1）筹集资本。上市公司通过股票市场发行股票来为公司筹集资本。上市公司将股票委托给证券承销商，证券承销商再在股票市场上发行给投资者。而随着股票的发行，资本就从投资者手中流入上市公司。

（2）转化资本。股市使非资本的货币资金转化为生产资本，它在股票买卖者之间架起了一座桥梁，为非资本的货币向资本的转化提供了必要的条件。股市的这一职能对资本的追加、促进企业的经济发展有着极为重要的意义。

（3）转让资本。股市为股票的流通转让提供了场所，使股票的发行得以延续。如果没有股票的流通与转让场所，购买股票的投资就变成了一笔死钱，即使持股人急需现金，股票也无法兑现。这样的话，人们对购买股票就会有后顾之忧，股票的发行就会出现困难。有了股票市场，股民就可以随时将持有的股票在股市上转让，按比较公平与合理的价格将股票兑现，使死钱变为活钱。

（4）价格赋予。股票本身并无价值，虽然股票也像商品那样在市场流通，但其价格的多少与其所代表的资本的价值无关。股票的价格只有在进入股票市场后才表现出来，股票在市场上流通的价格与其票面金额不同，票面金额只是股票持有人参与红利分配的依据，不等于其本身所代表的真实资本价值，也不是股票价格的基础。在股票市场上，股票价格有可能高于其票面金额，也有可能低于其票面金额。股票在股票市场上的流通价格是由股票的预期收益、市场利息率以及供求关系等多种因素决定的，但即使这样，如果没有股票市场，无论预期收益如何，市场利率有多大的变化，也不会对股票价格造成影响。所以，股票市场具有赋予股票价格的职能。

拓展阅读3-2

3. 股票市场的分类

（1）一级市场。一级市场是指发行新股票从规划到销售的全过程，股票发行市场是资金需求者直接获得资金的市场。新公司的成立，老公司的增资或举债，都要通过发行市场，都要借助新发、销售股票来筹集资金，使资金从供给者手里转入需求者手中，也就是把储蓄转化为投资，从而创造新的实际资产和金融资产，增加社会总资本和生产能力，以促进社会经济的发展，这就是一级市场的作用。

一级市场通常由三个主体因素相互连接而组成，这三者就是股票发行者、股票承销商和股票投资者。发行者的股票发行规模和投资者的实际投资能力，决定着发行市场的股票容量和发达程度；同时，为了确保发行事务的顺利进行，使发行者和投资者都能顺畅地实现自己的目的，承购和包销股票的中介代理发行者发行股票，并向发行者收取手续费用。这样，发行市场就以承销商为中心，一手联系发行者，一手联系投资者，积极在开展股票发行活动。

（2）二级市场。二级市场是指对已发行的股票按市场价实时进行买卖、转让和流通的市场。由于它是建立在发行市场基础上的，因此又称作二级市场。股票交易市场通常包括两部分：交易所市场和场外交易市场，交易所市场就是我们通常所说的证券交易所，场外交易市场（over-the-counter）是指通过大量分散的像投资银行等证券经营机构的证券柜台和主要电讯设施买卖证券而形成的市场，有时也称作柜台交易市场或店头交易市场。

股票二级市场包含股票流通的一切活动，其存在和发展为股票发行者创造了有利的筹资环境，投资者可以根据自己的投资计划和市场变动情况，随时买卖股票。由于解除了投资者的后顾之忧，它们可以放心地参加股票发行市场的认购活动，有利于公司筹措长期资金，股票流通的顺畅也为股票发行起了积极的推动作用。对于投资者来说，通过股票流通市场的活动，可以使长期投资短期化，在股票和现金之间随时转换，增强了股票的流动性和安全性。股票二级市场上的价格是反映经济动向的晴雨表，它能灵敏地反映出资金供求状况、市场供求，行业前景和政治形势的变化，是进行经济预测和分析的重要指标，对于企业来说，股权的转移和股票行市的涨落是其经营状况的指示器，还能为企业及时提供大量信息，有助于它们的经营决策和改善经营管理。可见，股票二级市场对于经济发展具有重要的作用。

3.1.4 股票交易制度

1. 股票交易规则

股票交易制度主要分为集合竞价和连续竞价，具体而言，证券经营机构在受理投资者的股票交易委托后，立即将信息按时间先后顺序传送到交易所主机，公开申报竞价。股票申报竞价时，可依有关规定采用集合竞价或连续竞价的方式进行，交易所将按"价格优先，时间优先"的原则自动撮合成交。

目前，沪、深两家证券交易所均存在集合竞价和连续竞价方式。9:15—9:25为集合竞价时间，其余交易时间为连续竞价时间。在集合竞价期间，交易所的自动撮合系统只储存而不撮合，当申报竞价时间一结束，撮合系统将根据集合竞价原则，产生该股票的当日开盘价，如图3-1所示。而深市稍微特殊一些，在接近收盘的时间14：57—15：00也会采用集合竞价而不是连续竞价形成收盘价，这个时间只能接受买进和卖出申报，不能撤单。

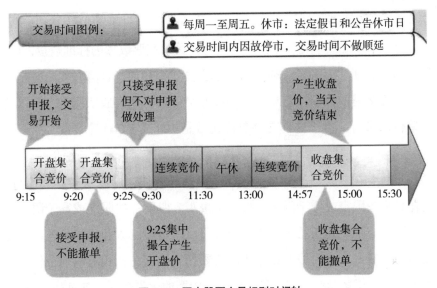

图3-1 国内股票交易规则时间轴

集合竞价结束后，就进入连续竞价时间，即9：30—11：30和13：00—15：00。投资者的买卖指令进入交易所主机后，撮合系统将按"价格优先，时间优先"的原则进行自动撮合，同一价位时，以时间先后顺序依次撮合。在撮合成交时，股票成交价格的决定原则如下。

（1）成交价格的范围必须在昨日收盘价的上下10%以内。

（2）最高买入申报与最高卖出申报相同的价位。

（3）如买（卖）方的申报价格高（低）于卖（买）方的申报价格，采用双方申报价格的平均价位。

交易所主机撮合成交的，主机将成交信息即刻回报到券商处，供投资者查询。未成交或部分成交的，投资者有权撤销自己的委托或继续等待成交，一般委托有效期为1天。

2."T+1"交易制度

国内A股市场遵循的是"T+1"交易制度，即当日买进的股票，要到下一个交易日才能卖出。这里的"T"指的是交易登记日，而"T+1"指的就是交易登记日的次日。投资者当日卖出股票的资金可以用来直接买入股票或其他金融产品，但不能在当日取现，需要等次日才能提取。我国的"T+1"制度起始于1995年1月1日，其设立的目的主要是保证股票市场的稳定，防止过度投机，但是这样的设定也在一定程度上影响了股市的流动性。

3. 交易单位和交易委托

（1）交易单位。股票交易单位指的是每次买卖股票数额的标准数量，以"股"为单位，100股=1手。各证券交易所为了提高效率和便于计算，规定一定数额的股票作为买卖交易的标准计量单位。凡证券交易所有此类股票交易，都以此或其倍数为单位来进行。由于这种交易单位通常是100或1 000等整数，故又称整数交易。

（2）交易委托。股票的交易委托一般有两种方式，即限价委托和市价委托。限价委托是指按限定或低于限定的价格申报买入股票；按限定或高于限定的价格申报卖出股票。限价委托的优点是投资者可以严格控制盈利或损失的范围，缺点是成交速度较慢。目前A股市场采用限价委托方式交易；相对应的市价委托是指按即时市场价格买卖股票。按市场价格买卖股票的优点是成交速度快、成交率高，缺点是在大幅震荡时可能造成较大亏损，因为它是按即时成交价成交的。股票停盘期间委托无效，买入委托不是整百股（配股除外）委托无效，委托价格超出涨跌幅限制委托无效。投资者发出交易委托后，没有成交之前可以随时撤销委托，部分已经成交的，剩余部分仍然可以撤销。

4. 涨跌停板制度

涨跌停板制度是指证券交易所为了抑制过度投机行为，防止市场出现过分的暴涨暴跌，而在每天的交易中规定当日的证券交易价格在前一个交易日收盘价的基础上，上下波动的幅度。也就是说，交易价格在一个交易日中的最大波动幅度为前一交易日收盘价上下百分之几，超过后停止交易。涨跌停板制度源于国外早期证券市场，是稳定市场的一种措施，而我国证券市场现行的涨跌停板制度是1996年12月13日发布、1996年12月26日开始实施的，旨在保护广大投资者利益、保持市场稳定、进一步推进市场的规范化。制度规定，除上市首日之外，股票（含A股、B股）、基金类证券在一个交易日内的交易价格相对上一个交易日收市价格的涨跌幅度不得超过10%，超过涨跌限价的委托为无效委托。相比于国外的涨跌停板制度，我国的涨跌停板制度与其主要区别在于股价达到涨跌停板后，不是完全停止交易，在涨跌停价位或之内价格的交易仍可继续进行，直到当日收市为止。股票价格上升到该限制幅度的最高限价为涨停板，而下跌至该限制幅度的最低限度为跌停板。国内各类不同场景下股票的具体涨跌幅限制如表 3-1 所示。

表 3-1 国内各类不同场景下股票的具体涨跌幅限制

分类	涨跌幅限制
主板沪深、中小板普通股票	−10% ~ +10%
S、ST、*ST 股票	−5% ~ +5%
创业板、科创板	−20% ~ +20%
北交所	精选层：首日无限制，次日连续竞价交易 −30% ~ +30%，动态申报有效价格范围 5% 或 0.1 元创新层 / 基础层：首日无限制，次日集合竞价交易 −50% ~ +100%
新股上市（主板沪深、中小板）	集合竞价：首日 −20% ~ +20%，次日后为 ±10% 连续竞价：首日 −44% ~ +44%，次日后为 ±10%
新股上市（创业板、科创板）	核准制：首日无限制，次日为 ±20% 注册制：首 5 日不设涨跌幅限制，第六个交易日开始为 ±20%
新债上市（沪市）	开盘集合竞价：无涨跌幅限制，首日有效报价 70% ~ 150%，非首日有效报价为 ±10% 连续竞价 / 收盘集合竞价：无涨跌幅限制，最新一笔成交价格 ±10%
新债上市（深市）	开盘集合竞价：无涨跌幅限制，首日有效报价 70% ~ 130%，非连续竞价 / 收盘集合竞价；无涨跌幅限制，最新一笔成交价格 ±10%

3.2 期货基础知识

3.2.1 期货基础概念

拓展阅读 3-3

1. 期货的定义

期货是包含金融工具或未来交割实物商品销售的金融合约，是一种跨越时间的交易方式，是金融衍生工具的一种。买卖双方通过签订期货合约，同意按指定的时间、价格与其他交易条件，交收指定数量的现货。通常期货集中在期货交易所，以标准化合约进行买卖，但亦有部分期货合约可通过柜台交易（over the counter，OTC）进行买卖，称为场外交易合约。期货交易的资产通常是商品或金融工具。双方同意购买和出售资产的预定价格被称为远期价格，而未来指定交付和付款发生的时间称为交货日期。

最初的期货交易是从现货远期交易发展而来，最初的现货远期交易是双方口头承诺在某一时间交收一定数量的商品，后来随着交易范围的扩大，口头承诺逐渐被买卖契约代替。这种契约行为日益复杂化，需要有中间人担保，以便监督买卖双方按期交货和付款，于是便出现了1571年伦敦开设的世界第一家商品远期合同交易所——皇家交易所。为了适应商品经济的不断发展，1848年，82位商人发起组织了芝加哥期货交易所（CBOT），目的是改进运输与储存条件，为会员提供信息；1851年，芝加哥期货交易所引进远期合同；1865年，芝加哥谷物交易所推出了一种被称为"期货合约"的标准化协议，取代原先沿用的远期合同。使用这种标准化合约，允许合约转手买卖，并逐步完善了保证金制度，于是一种专门买卖标准化合约的期货市场形成了，期货成为投资者的一种投资理财工具。1882年，交易所允许以对冲方式免除履约责任，增强了期货交易的流动性。

2. 期货的功能

（1）套期保值。期货交易的诞生与发展，为现货市场提供了一个回避价格风险的场所和手段，其主要原理是利用期、现货两个市场进行套期保值交易。具体而言，套期保值是在现货市场上买进或卖出一定数量现货商品的同时，在期货市场上卖出或买进与现货品种相同、数量相当但方向相反的期货合约，以一个市场的盈利来弥补另一个市场的亏损，从而达到规避价格风险的目的交易方式。在实际的生产经营过程中，为避免商品价格的剧烈波动导致成本上升或利润下降，可以利用期货交易进行套期保值，锁定企业的生产成本或商品销售价格，保住既定利润的同时又可以有效回避价格的波动风险。期货交易之所以能够保值，本质上是因为某一特定商品的期现货价格同时受共同的经济因素的影响和制约，两者的价格变动方向一般是一致的，由于有交割机制的存在，在临近期货合约交割期，期现货价格具有趋同性。

举例说明，某年7月份，大豆的现货价格为每吨2 100元，某农场对该价格比较满意，但是大豆9月份才能出售，农场担心到时现货价格可能下跌，从而减少收益。为了避免将来价格下跌带来的风险，该农场决定进行大豆套期保值，假设9月份大豆现货价格降为每吨2 000元，则具体操作行为与结果如表3-2所示。

表 3-2 期货套期保值案例表

时　间	现货市场	期货市场
7月份		开仓卖出 1 吨 9 月份大豆合约（2 100 元）
9月份	卖出 1 吨大豆（2 000 元）	平仓买入 1 吨 9 月份大豆合约（-2 000 元）
结果	+2 000 元	+100 元
合计	相当于农场 9 月份以 2 100 元每吨卖出大豆	

从表 3-2 中我们可以看出，期货合约有效地对冲了大豆现货价格下跌对农场造成的损失，使得农场收益被稳定地锁定在 2 100 元每吨，而这个价格是农场满意的价格水平。

（2）价格发现。由于期货交易是公开进行的对远期交割商品的一种合约交易，在这个市场中集中了大量的市场供求信息，不同的人、从不同的地点，对各种信息的不同理解，通过公开竞价形式产生对远期价格的不同看法。期货交易过程实际上就是综合反映供求双方对未来某个时间供求关系变化和价格走势的预期。这种价格信息具有连续性、公开性和预期性的特点，有利于增加市场透明度，提高资源配置效率。因此价格发现的过程本质上就是市场上供需双方公开讨价还价，通过激烈竞争，使商品价格水平不断更新，并且不断向周围传播，从而使该商品价格成为公允价格的过程。在这样的过程中，期货交易的参与者众多，成千上万的买家和卖家可以代表供求双方的力量，并且期货交易中的参与者大都熟悉某种商品行情，他们结合自己的生产成本、预期利润，对商品供需和价格走势进行判断、分析和预测，报出自己的理想价格，从而最终使得期货交易的透明度高，竞争公开化、公平化，有助于形成公允的价格。

举例说明，图 3-2 是沪深 300 指数与沪深 300 股指期货的走势对比，其中，紫色代表沪深 300 指数的走势，而浅蓝色代表沪深 300 股指期货的走势。

从图 3-2 中我们可以清晰地看出，沪深 300 股指期货的走势与沪深 300 指数的走势具有极强的相关性，因此具备很好的价格发现功能。

期货交易的两大功能使期货市场的运作模式有了运用的舞台和基础，价格发现功能需要有众多的投机者参与，集中大量的市场信息和充沛的流动性，而套期保值交易方式的存在又为回避风险提供了工具和手段。同时，期货也是一种投资工具，由于期货合约价格的波动起伏，交易者可以利用套利交易通过合约的价差赚取风险利润。

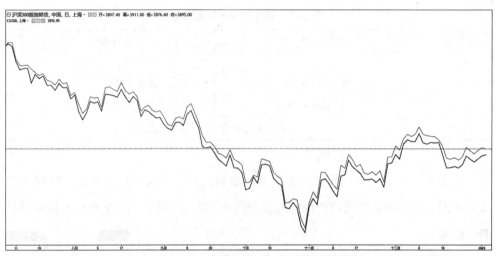

图 3-2　沪深 300 指数与沪深 300 股指期货的走势对比

3.2.2　期货交易种类

1. 商品期货

商品期货是标的物为实物商品的一种期货合约，是关于买卖双方在未来某个约定的日期以签约时约定的价格买卖某一数量的实物商品的标准化协议。商品期货交易，是在期货交易所内买卖特定商品的标准化合同的交易方式。商品期货是期货交易的起源品种，且商品期货交易的品种随着交易发展而不断增加，从传统的谷物、畜产品等农产品期货发展到各种有色金属、贵金属和能源等大宗初级产品的期货交易。具体而言，商品期货可分为如下三个重要种类。

（1）农产品期货。农产品期货是种植业产品期货的总称，主要包括谷物、肉类和热带作物三大类初级产品期货合约。同其他期货合约一样，农产品期货合约也对买卖双方将来必须履行的权利和义务作出了明确规定。例如，交易双方必须按预先给定的交割日期、产品质量标准、数量和交货地点进行农产品实货的交割。农产品期货是期货交易的起源性商品，它始终是商品期货的一个重要部分。目前，上市交易的农产品期货主要包括如下几个大类：谷物类，主要包括玉米、大豆、小麦、啤酒大麦、红小豆、油菜籽等；肉类，主要包括生猪、冷冻猪肉、活牛、小牛等；热带作物类，主要包括可可、咖啡、糖、棉花、橙汁、天然橡胶等。

（2）金属期货。金属期货一般也叫作有色金属期货，有色金属是指除黑色金属（铁、铬、锰）以外的所有金属，其中，金、银、铂、钯因其价值高被称为贵金属。有色金属质量、等级和规格容易划分，交易量大，价格容易波动，耐储藏，很适合作为期货交易品种。目前在国际期货市场上上市交易的有色金属主要有10种，即铜、铝、铅、锌、锡、镍、钯、铂、金、银，其中黄金、白银、铜、白金四类商品是金属期货的四大主要产品，而在这四大主要产品中，黄金是一个比较特殊的存在，它的主要用途是作为保值、央行储备及部分交易媒介，其余商品则是主要作为工业用金属，此外铜是金属期货中的领头产品，它也是第一个被设立的金属期货交易品种，具有100多年的历史。

有色金属是当今世界期货市场中比较成熟的期货品种之一。目前，世界上的有色金属期货交易主要集中在伦敦金属交易所、纽约商业交易所（NYMEX）和东京工业品交易所（TOCOM）。尤其是伦敦金属交易所期货合约的交易价格被世界各地公认为有色金属交易的定价标准。我国上海期货交易所的期货交易近年来成长迅速，特别是铜期货的成交量，目前已超过纽约商业交易所，居全球第二位。

（3）能源期货。能源期货是指包括原油及其附属产品的燃油、汽油等及其他能源如丙烷、天然气等期货。能源期货最早是1978年在纽约商业交易所交易，商品是热燃油，之后到1992年增加了其他商品。能源期货的市场参与者有许多是避险需求者，包括燃油经销商、炼油者等，因此价格极具参考性，甚至成为许多现货交易者的参考。

能源期货当中最重要的当属原油期货，原油是全世界使用率最高的能源，至少短期之内无任何能源可取代其地位。一般原油大部分的产量都集中在中东地区，所以原油价格波动极易受到石油输出国组织（OPEC）对于石油产量决议的影响。目前，世界三大原油期货分别是NYMEX的轻原油期货（WTI）、IPE（伦敦国际石油交易所）的布伦特（Brent）原油期货和东京工业品交易所的中东原油期货，其标的产品分别对应的是美国西得克萨斯中质原油、北海的布伦特原油和中东地区的原油。由于这3份合约已经取得了巨大的成功，因此吸引了大批套期保值者和机构投资者的参与。

2. 金融期货

金融期货（financial futures）是指以金融工具作为标的物的期货合约。金融期货交易是指交易者在特定的交易所通过公开竞价方式成交，承诺在未来特定日期或期间内，以事先约定的价格买入或卖出特定数量的某种金融商品的交易方式。金融期货交易具有期货交易的一般特征，但与商品期货相比，其合约标的物不是实物商品，而是金融商品，如外汇、债券、股票指数等。金融期货通常可分为如下三大类。

（1）外汇期货。外汇期货是交易双方约定在未来某一时间，依据现在约定的比例，以一种货币交换另一种货币的标准化合约的交易，也就是以汇率为标的物的期货合约，用来回避汇率风险，它是金融期货中最早出现的品种。自1972年5月芝加哥商业交易所推出第一张外汇期货合约以来，随着国际贸易的发展和世界经济一体化进程的加快，外汇期货交易一直保持着旺盛的发展势头。它不仅为广大投资者和金融机构等经济主体提供了有效的套期保值的工具，而且也为套利者和投机者提供了新的获利手段。目前，外汇期货交易的主要品种有美元、英镑、日元、瑞士法郎、加拿大元、澳大利亚元、欧元等。

（2）利率期货。利率期货是指以债券类证券为标的物的期货合约，其设立目的是回避银行利率波动所引起的债券价格变动的风险。由于各种债务凭证对利率极其敏感，利率的少许波动都会引起债券价格的大幅波动，给其持有者带来了巨大的风险。为了控制利率风险、减小利率波动的影响，人们创造出利率期货。利率期货合约最早于1975年10月由芝加哥期货交易所推出，在此之后利率期货交易得到迅速发展。虽然利率期货的产生比外汇期货晚了3年多，但其发展速度却比外汇期货快得多，其应用范围也远比外汇期货广泛。目前，在期货交易比较发达的国家和地区，利率期货都早已超过农产品期货而成为成交量最大的一个类别。在美国，利率期货的成交量甚至已占到整个期货交易总量的一半以上。

由于设计、需求等各方面的因素，并非所有推出的利率期货合约都获得成功。在现存的众多利率期货品种中，交易呈现集中的趋势。以美国为例，目前几乎所有重要的、交易活跃的利率期货都集中在两个交易所：芝加哥期货交易所和芝加哥商业交易所国际货币市场分部。这两个交易所分别以长期利率期货和短期利率期货为主。在长期利率期货中，最有代表性的是美国长期国库券期货和10年期美国中期国库券期货，短期利率期货的代表品种则是3个月期的美国短期国库券期货和3个月期的欧洲美元定期存款期货。

（3）股票指数期货。股票指数期货是指以股票价格指数作为标的物的金融期货合约。在具体交易时，股票指数期货合约的价值是用指数的点数乘以事先规定的单位金额来加以计算的，如标准普尔指数规定每点代表500美元，香港恒生指数每点为 50 港元等。股票指数合约交易一般以 3 月、6 月、9 月、12 月为循环月份，也有全年各月都进行交易的，通常以最后交易日的收盘指数为准进行结算。

股票指数期货交易的实质是投资者将其对整个股票市场价格指数的预期风险转移至期货市场的过程，其风险是通过对股市走势持不同判断的投资者的买卖操作来相互抵销的。股票指数期货交易的对象是股票指数，是以股票指数的变动为标准，以现金结算，交易双方都没有现实的股票，买卖的只是股票指数期货合约，而且在任何时候都可以买进卖出，非常方便。

3.2.3 期货市场概述

期货市场是交易双方达成协议或成交后，不立即交割，而是在未来的一定时间内进行交割的场所。广义上的期货市场包括期货交易所、结算所或结算公司、经纪公司和期货交易员；狭义上的期货市场仅指期货交易所。期货交易所是买卖期货合约的场所，是期货市场的核心。比较成熟的期货市场在一定程度上相当于一种完全竞争的市场，是经济学中最理想的市场形式。所以期货市场被认为是一种较高级的市场组织形式，是市场经济发展到一定阶段的必然产物。期货市场主要由如下四个部分组成。

1. 期货交易所

期货交易所是为期货交易提供场所、设施、服务和交易规则的非营利机构。交易所一般采用会员制，交易所经营运作等方面的重大决策由全体会员共同决定。交易所的入会条件是很严格的，各交易所都有具体规定。首先要向交易所提出入会申请，由交易所调查申请者的财务的资信状况，通过考核，符合条件的，经理事会批准，方可入会。交易所的会员席位一般可以转让。交易所的最高权力机构是会员大会。会员大会下设董事会或理事会，一般由会员大会选举产生，董事会聘任交易所总裁，负责交易所的日常行政和管理工作。

2. 期货结算所

期货结算所是负责对期货交易所内进行的期货合同进行交割、对冲和结算的独立机构。结算所是随期货交易的发展以及标准化期货合同的出现而设立的清算结算结构。在期货交易的发展中，结算所的创立完善了期货交易制度。保障了期货交易能在期货交易所内顺利进行，因此成为期货市场运行机制的核心。一旦期货交易达成，交易双方分别与结算所发生关联。结算所既是所有期货合同的买方，也是所有期货合同的卖方。通过结算所，期货合同的转让、买卖以及实际交割，可以随时进行，不用通知交易对方，由结算所负责统一的结算、清算以及办理货物交割手续，这就是结算所特殊的"取代功能"。

3. 期货经纪公司

期货经纪公司（或称经纪所）是代理客户进行期货交易并提供有关期货交易服务的企业法人，在代理客户期货交易时，收取一定的佣金。作为期货交易活动的中介组织，期货经纪公司在期货市场构成中具有十分重要的作用：一方面它是交易所与众多交易者之间的桥梁，拓宽和完善交易所的服务功能；另一方面，它为交易者从事交易活动向交易所提供财力保证。期货经纪公司内部机构设置一般有结算部、按金部、信贷部、落盘部、信息部、现货交收部、研究部等。一个规范化的经纪公司应具备完善的风险管理制度，遵守国家法规和政策，服从政府监管部门的监管，恪守职业道德，维护行业整体利益，严格区分自营和代理业务，严格客户管理，经纪人员素质高等条件。

4. 期货交易者

期货交易者是指承认并且遵守期货交易法规和规则，按照相关规定从事合法交易的人员的统称。根据参与期货交易的目的，期货交易者可大致上分为两类：套期保值者和投机者。具体而言，套期保值者从事期货交易的目的是利用期货市场进行保值交易，以减少价格波动带来的风险，确保生产和经营的正常利润。做这种套期保值的人一般是生产经营者、贸易者、实用户等；而投机者参加期货交易的目的与套期保值者相反，他们愿意承担价格波动的风险，其目的是希望以少量的资金来博取较多的利润。期货交易所的投机方式可以说是五花八门、多种多样，其做法远比套期保值复杂得多。在期货市场上，如果没有投机者参与，其回避风险和价格发现两大功能就不能实现。投机者参加期货交易显著地增加了市场的流动性，起到"润滑剂"的作用。

3.2.4 期货交易制度

1. 保证金制度

在期货交易中，任何交易者都必须按照其所买卖期货合约价值的一定比例（通常为5%～10%）缴纳资金，作为其履行期货合约的财力担保，然后才能参与期货合约的买卖，并视价格变动情况确定是否追加资金，这种制度就是保证金制度，所交的资金就是保证金。保证金制度既体现了期货交易特有的"杠杆效应"，同时也成为交易所控制期货交易风险的一种重要手段。

2. 涨跌停板制度

涨跌停板制度又称每日价格最大波动限制制度，是指期货合约在一个交易日中的交易价格波动不得高于或低于规定的涨跌幅度，超过该涨跌幅度的报价将被视为无效，不能成交。国内各交易所不同产品的涨跌停幅度如表 3-3 所示。

表 3-3 国内各交易所不同产品的涨跌停幅度

交易所	涨跌停幅度	品种名称
郑商所	上一个交易日结算价 ±4%	棉花、硬稻、晚籼稻、菜油、普皮、籼稻、菜籽粉、菜籽油、强麦、白糖、棉纱、甲醇、玻璃、PTA、硅铁、锰硅、动力煤
	上一个交易日结算价 ±5%	苹果
大商所	上一个交易日结算价 ±4%	玉米、玉米淀粉、豆一、豆二、豆粕、豆油、棕榈油、胶合板、鸡蛋、聚乙烯、聚氯乙烯、聚丙烯、焦炭、焦煤、铁矿石
	上一个交易日结算价 ±5%（目前暂时）	纤维板
上期所	上一交易日结算价 +3%	铜、铝、黄金、白银、螺纹钢、热轧卷板、石油沥青、天然橡胶
	上一交易日结算价 ±4%	锌、铅、镍、锡
	上一交易日结算价 ±5%	线材、燃料油
中金所	上一个交易日结算价的 ±10%	沪深 300 股指、中证 500 股指、上证 50 股指
	上一个交易日结算价的 ±0.5%	2 年期国债
	上一个交易日结算价的 ±1.2%	5 年期国债
	上一交易日结算价的 ±2%	10 年期国债
上海国际能源交易中心	上一个交易日结算价的 ±5%	原油
	上一个交易日结算价的 ±7%	20 号胶

注：涨跌停幅度并非固定不变，交易所会根据期货价格的波动剧烈程度、持仓量的变化而进行临时调整。

3. 每日结算制度

期货交易的结算是由交易所统一组织进行的。期货交易所实行每日无负债结算制度，又称"逐日盯市"。具体而言，每日期货交易结束后，交易所按当日结算价结算所有合约的盈亏、交易保证金及手续费、税金等费用，对应收应付的款项同时划转，相应增加或减少会员的结算准备金。期货交易的结算实行分级结算，即交易所对其会员进行结算，期货经纪公司对其客户进行结算。

4. 强行平仓制度

强行平仓制度是指当会员或客户的交易保证金不足并未在规定的时间内补足，或者当会员或客户的持仓量超出规定的限额，又或者当会员或客户违规时，交易所为了防止风险进一步扩大，实行强行平仓的制度，简单地说就是交易所对违规者的有关持仓实行平仓的一种强制措施。

5. 实物交割制度

实物交割制度是指交易所制定的、当期货合约到期时，交易双方将期货合约所载商品的所有权按规定进行转移，了结未平仓合约的制度。

6. 持仓限额制度

持仓限额制度是指期货交易所为了防范操纵市场价格的行为和防止期货市场风险过度集中于少数投资者，对会员及客户的持仓数量进行限制的制度。超过限额，交易所可按规定强行平仓或提高保证金比例。

7. 大户报告制度

大户报告制度是指当会员或客户某品种持仓合约的投机头寸达到交易所对其规定的头寸持仓限量80%以上（含80%）时，会员或客户应向交易所报告其资金情况、头寸情况等，客户须通过经纪会员报告。大户报告制度是与持仓限额制度紧密相关的又一个防范大户操纵市场价格、控制市场风险的制度。

3.3 基金基础知识

3.3.1 基金基础概念

1. 基金的定义

基金（fund）的定义有广义和狭义之分，从广义上说，基金是机构投资者的统称，包括信托投资基金、单位信托基金、公积金、保险基金、退休基金，各种基金会的基金。从会计角度透析，基金是一个狭义的概念，意指具有特定目的和用途的资金。

拓展阅读3-4

基金包含资金和组织两方面含义，从资金上讲，基金是用于特定目的并独立核算的资金，其中既包括各国共有的养老保险基金、退休基金、救济基金、教育奖励基金等，也包括国内特有的财政专项基金、职工集体福利基金、能源交通重点建设基金、预算调节基金等；从组织上讲，基金是为特定目标而专门管理和运作资金的机构或组织。这种基金组织，可以是非法人机构（如财政专项基金、高校中的教育奖励基金、保险基金等），可以是事业性法人机构（如中国的宋庆龄儿童基金会、孙冶方经济学奖励基金会、茅盾文学奖励基金会，美国的福特基金会、富布赖特基金会等），也可以是公司性法人机构。

2. 基金的运作主体及关系

从基金的定义我们可以看出基金的本质其实就是一种委托关系，即委托第三方专业人士帮助投资人进行投资，因此基金属于间接投资而不是直接投资。而与基金相关的主体通常有三个：投资人、基金管理公司以及基金托管公司，这三者的关系如图 3-3 所示。

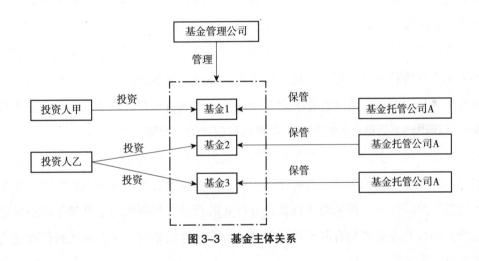

图 3-3 基金主体关系

从图 3-3 中我们可以很清晰地看出，投资人是资本的真正出资人，投资的钱可以购买多只基金，当投资者投资了某个基金管理公司旗下的基金时，其实就相当于投资者与该基金管理公司签订了一份委托协议，即投资人委托基金管理公司进行投资；而对于基金管理公司而言，其职责就是凭借专门的知识与经验，运用所管理基金的资产，根据法律、法规及基金章程或基金契约的规定，按照科学的投资组合原理进行投资决策，谋求所管理的基金资产不断增值，并使基金持有人获取尽可能多的收益。基金管理公司的角色就像管钱的管家一样，并从基金的管理运营中抽取管理费；对于基金托管公司，其职责是接受基金管理人的委托，代表基金持有人的利益，保管基金资产，监督基金管理人日常投资运作。基金托管人通常会独立开设基金资产账户，依据管理人的指令进行清算和交割，保管基金资产，在有关制度和基金契约规定的范围内对基金业务运作进行监督，并收取一定的托管费。

3.3.2 基金的分类

根据不同的标准，基金有很多种分类方式，这里按最基础的分类标准：投资标的进行分类，大致可以分成如下五种。

1. 货币型基金

货币型基金，又称货币市场基金（money market fund），是指投资于货币市场上短期（一年以内，平均期限120天）有价证券的一种投资基金。该基金资产主要投资于短期货币工具如国库券、商业票据、银行定期存单、政府短期债券、企业债券等短期有价证券。

货币市场基金的优点有很多，除具有收益稳定、流动性强、购买限额低、资本安全性高等特点外，还有其他一些优点，如可以用基金账户签发支票、支付消费账单。货币型基金通常被作为进行新的投资之前暂时存放现金的场所，这些现金可以获得高于活期存款的收益，并可随时撤回用于投资。

货币市场基金的风险来自其投资的短期债券与市场利率变化。当市场利率突然发生变化而短期债券的利息随之发生变化时基金没有作出及时的调整以致其整体收益下跌。还有一种风险来自其自身行业的竞争，其每天的七日年化收益率是以当天的收益曲线中最有利于基金公司的价格计算出来的，从而造成报价收益与实际收益的差异。

2. 股票型基金

股票型基金（equity fund）是指以股票为主要投资对象的投资基金，是投资基金的主要种类。股票型基金的80%以上的基金资产都是以股票为投资标的，包括普通股股票和优先股股票。股票型基金的主要功能是将大众投资者的小额投资集中为大额资金，投资于不同的股票组合，是股票市场的主要机构投资者。

相比其他类基金，股票型基金有如下几个特点。

（1）股票型基金的投资对象具有多样性，投资目的也具有多样性。

（2）从资产流动性来看，股票型基金具有流动性强、变现性高的特点，其投资对象是流动性极好的股票，基金资产质量高、变现容易。

（3）与投资者直接投资于股票市场相比，股票型基金具有分散风险、费用较低等特点。

（4）股票型基金具有在国际市场上融资的功能和特点。具体来说，各国的股票基本上在本国市场上交易，股票投资者也只能投资于本国上市或在当地上市的少数外国公司的股票。在国外，股票型基金则突破了这一限制，投资者可以通过购买股票型基金，投资于其他国家或地区的股票市场，从而对证券市场的国际化具有积极的推动作用。

3. 债券型基金

债券型基金（bond fund）是一种以债券为投资对象的证券投资基金，它通过集中众多投资者的资金，对债券进行组合投资，寻求较为稳定的收益。债券型基金80%以上的份额投资于债券资产。

债券型基金与利率的走势紧密相关。市场利率的波动会导致债券价格和收益率的变动，而由于债券型基金主要投资于债券，其收益水平当然会受到利率变化的影响，这一点在利率高度市场化的美国表现得尤为明显。例如，1985年由于美国当年利率下调，增加了债券投资的吸引力，当年流入美国政府公债基金的新增资金从74亿美元激增到428亿美元，比1984年增加了6倍；而1996年由于利率上调，债券投资的吸引力下降，当年流入政府公债基金的资金比上年减少138亿美元。债券基金的收益和所投资债券的信用等级也有密切关系，有的债券基金大量投资于信用等级较高的债券，风险较低但收益也不高；有的债券基金主要投资于垃圾债券（如标准普尔3B以下、穆迪Baa以下的债券），风险较大但收益也相对较高。

4. 混合型基金

混合型基金（commingled funds）是指同时以股票、债券以及货币市场工具为投资对象的基金，根据股票，债券投资比例以及投资策略的不同，混合型基金又可分为偏股型基金、偏债型基金、配置型基金等多种类型。

混合型基金设计的目的是让投资者通过选择一款基金品种就能实现投资的多元化，而无须去分别购买风格不同的股票型基金、债券型基金和货币市场基金。混合型基金会同时使用激进和保守的投资策略，其回报和风险要低于股票型基金，高于债券和货币市场基金，是一种风险适中的理财产品。一些运作良好的混合型基金回报甚至会超过股票基金的水平。

5. 指数型基金

指数型基金（index fund）是指以特定指数（如沪深 300 指数、标准普尔 500 指数、纳斯达克 100 指数、日经 225 指数等）为标的指数，并以该指数的成分股为投资对象，通过购买该指数的全部或部分成分股构建投资组合，以追踪标的指数表现的基金产品。

指数型基金起源于美国，世界上第一只指数基金是 1971 年由美国威弗银行向机构投资者推出的指数基金产品，当时所引起的反对远远多于支持和拥护。到了 20 世纪 70 年代后期，一些年金基金的推出，开始部分地改变人们对指数型基金投资的看法。进入 20 世纪 80 年代以后，美国股市日渐繁荣，指数型基金逐渐吸引一部分投资者的注意力。20 世纪 90 年代以后，指数型基金才真正获得了巨大的发展。1994—1996 年是指数基金取得成功的 3 年，1994 年标准普尔 500 指数增长了 1.3%，超过了市场上 78% 的股票基金的表现；1995 年标准普尔 500 指数取得了 37% 的增长率，超过了市场上 85% 的股票基金的表现；1996 年标准普尔 500 指数增长了 23%，又一次超过了市场上 75% 的股票基金的表现。三年加在一起，市场上 91% 的股票基金的收益增长率低于标准普尔 500 指数增长率，指数基金的概念开始在投资者的心中树立良好的形象，指数化投资策略的优势开始显现出来。

指数基金的特点主要表现在如下几个方面。

（1）费用低廉。由于采用被动投资，指数型基金管理费一般较低，美国市场的指数型基金平均管理费率约为 0.18%~0.30%；同时由于指数基金采取持有策略，不经常换股，交易佣金等费用远远低于积极管理型基金，这个差异有时达到了 1%~3%。虽然从绝对额上看这是一个很小的数字，但是由于复利效应的存在，在一个较长的时期里累积的结果将对基金收益产生巨大影响。

（2）分散和防范风险。一方面由于指数型基金广泛地分散投资，任何单只股票的波动都不会对指数基金的整体表现构成影响，从而分散风险；另一方面由于指数型基金所盯住的指数一般都具有较长的历史可以追踪，因此在一定程度上指数基金的风险是可以预测的。此外由于采取被动跟踪指数成分股的投资策略，指数型基金也能有效降低非系统风险和基金管理人的道德风险。

（3）延迟纳税。由于指数型基金采取了一种购买并持有的策略，所持有股票的换手率很低，只有当一只股票从指数中剔除或者投资者要求赎回投资的时候，指数型基金才会出售持有的股票，实现部分资本利得，这样每年所交纳的资本利得税很少，再加上复利效应，延迟纳税会给投资者带来很多好处，尤其在累积多年以后，这种效应就会愈加突出。

（4）监控较少。由于运作指数型基金不用进行主动的投资决策，所以基金管理人基本上不需要对基金的表现进行监控。指数型基金管理人的主要任务是监控对应指数的变化，以保证指数基金的组合构成与之相适应，从而达到"赚了指数就赚钱"的目的。

3.3.3 基金净值

1. 基金净值的定义

基金净值，也称基金单位净值，是指当前的基金总净资产除以基金总份额。对于开放式基金而言，其申购和赎回都是以基金净值为标准执行，而对于封闭式基金，其交易价格是买卖行为发生时已确认的市场价格。

2. 基金净值的估值

基金净值的估值是指根据相关规定对基金资产和基金负债按一定的价格进行评估与计算，进而确定基金资产净值与单位基金资产净值的过程，它是计算单位基金资产净值的关键。基金净值估值的目的是客观、准确地反映基金资产的价值，并与一定标准比较后，衡量基金是否贬值、增值。依据经基金资产估值后确定的基金资产净值而计算出的基金单位资产净值，是计算基金申购与赎回价格的基础。由于基金通常通过投资于证券市场上各种投资工具实现资金的分散配置，如股票、债券等，而这些资产的市场价格是不断变动的，因此只有逐日对单位基金资产净值重新计算，才能及时反映基金的投资价值。

基金净值的估值原则主要有如下几个。

（1）任何上市流通的有价证券，以其估值日在证券交易所挂牌的市价（平均价或收盘价）估值；估值日无交易的，以最近交易日的市价估值。

（2）未上市的股票应区分以下情况处理：配股和增发新股，按估值日在证券交易所挂牌的同一股票的市价估值；首次公开发行的股票，按成本估值。

（3）配股权证，从配股除权日起到配股确认日止，按市价高于配股价的差额估值；如果市价低于配股价，估值为零。

（4）未上市国债及未到期定期存款，以本金加计至估值日的应计利息额计算。

(5) 如有确凿证据表明按上述方法进行估值不能客观反映其公允价值，基金管理公司应根据具体情况与基金托管人商定后，按最能反映公允价值的价格估值。

(6) 如有新增事项，按国家最新规定估值。

3. 基金净值的算法

基金净值的计算基本公式如下：

$$基金单位净值 = \frac{(总资产 - 总负债)}{基金单位总数}$$

其中，总资产指基金拥有的所有资产，包括股票、债券、银行存款和其他有价证券等；总负债指基金运作及融资时所形成的负债，包括应付给他人的各项费用、应付资金利息等；基金单位总数是指当时发行在外的基金单位的总量。

基金净值的计算方法主要有以下两种。

(1) 已知价计算法。已知价又称事前价 (backward price)，或称历史计价 (historic price)，指的是上一个交易日的收盘价，而已知价计算法是指基金管理人根据上一个交易日的收盘价来计算基金所拥有的金融资产，包括股票、债券、期货合约、认股权证等的总值，加上现金资产，然后除以已售出的基金单位总额，得出每个基金单位的资产净值。采用已知价计算法，投资者当天就可以知道单位基金的买卖价格，可以及时办理交割手续。已知价计算法的公式如下：

$$基金净值 = \frac{(上一个交易日收盘价计算的基金的金融资产总值 + 现金)}{已售出的基金单位总数}$$

(2) 未知价计算法。未知价又称期货价、事后价 (forward price)，或称预约计价，是指当日证券市场上各种金融资产的收盘价，而未知价计算法指的是基金管理人根据当日收盘价来计算基金单位资产净值。

采用"未知价法"，是为了避免投资者根据当日的证券市场情况决定是否买卖，而对其他基金持有人的利益造成不利影响。举例来说明，如果开放式基金的买卖采用"已知价法"，即根据当日公布的前一日的基金单位资产净值来申购和赎回，那么，在当日证券市场价格上涨的情况下，基金单位净值会随之增加，而因为是按当日已公布的前一日的净值计价，投资者只需付出较少的资金就可实现当日上涨后的净值；而当证券市场下跌时，投资者赎回就会避免当日净值下跌的损失，这样有可能引起套利的行为，对基金的长期投资者不利，同时也不利于基金的稳定操作和基金单位净值的稳定，所以我国开放式基金的买卖都采用"未知价法",按次一日公布的基金单位净值计算申购赎回的价格。

3.3.4 常用基金绩效评价指标

1. 基金绩效评价的定义与发展

基金绩效评价指的是在剔除了市场一般收益率水平、基金的市场风险和盈利偶然性的前提下,对基金经理人投资才能的公正、客观的评价。基金绩效评价是一个复杂的问题。它不仅涉及衡量绩效的客观有效的度量方法,也关系到基金绩效的持续性和业绩归因分析等多方面的因素。

国外近几十年的理论研究和实践表明,数量分析的方法被大量地引入基金绩效评价。随着现代金融理论的不断发展,基金绩效评价在理论研究的指导下进行了许多实证分析,而实证分析的结果又反过来对相关的金融理论和假设进行了验证。事实上,许多在金融投资理论界存在争议的假设依然能够在基金绩效评价的领域发现其踪迹。

国外的绩效评价具有较长的历史。20世纪60年代资产组合理论、资本资产定价模型和股票价格行为理论,奠定了现代基金评价理论的基石,特别是Sharpe/Lintner的资本资产定价模型,更是基金绩效评价的基础。Treynor、Sharpe和Jensen几乎同时提出了经过风险调整后的基金绩效评价方法,这才使绩效评价能够在同样的风险水平上进行比较,尽管他们在衡量风险的指标选取上有所不同。此外,证券选择和时机选择、业绩归因、绩效的持续性、基金风格、绩效评估的一致性、基准组合的有效性和资产配置分析等方面,也是国外近期基金绩效评价研究的热点。

2. 基金绩效评价常用指标

1)夏普比率

(1)夏普比率概述。美国经济学家威廉·夏普于1966年发表《共同基金的业绩》一文,提出用基金承担单位总风险(包括系统风险和非系统风险)所带来的超额收益来衡量基金业绩,这就是夏普比率(Sharp ratio)。夏普比率通过一定评价期内基金投资组合的平均收益超过无风险收益率部分与基金收益率的标准差(standard deviation)之比来衡量基金的绩效。

夏普指数的核心思想是:理性的投资者将选择并持有有效的投资组合,即那些在给定的风险水平下使期望回报最大化的投资组合,或那些在给定期望回报率的水平上使风险最小化的投资组合；其理论依据是以资本资产定价模型为基础，以资本市场线（capital market line，CML）为评价的基点，如果基金证券组合的夏普指数大于市场证券组合的夏普指数，则该基金组合就位于 CML 之上，表明其表现好于市场；相反，如果基金投资组合的夏普指数小于市场证券组合的夏普指数，则该基金组合就位于 CML 之下，表明其表现劣于市场。因此可以认为，夏普业绩指数越大，基金绩效就越好；反之，基金绩效就越差。

（2）夏普比率的计算。夏普比率描述的是每承担 1 单位风险所获得的超额收益，其计算公式如下：

$$S_p = \frac{[E(R_p) - R_f]}{\sigma_p}$$

其中，S_p 为夏普比率；$E(R_p)$ 为投资组合预期回报率；R_f 为无风险利率；σ_p 为投资组合的标准差。

夏普比率代表投资人每多承担一份风险，获得的超额回报是多少。举例说明，假如国债（通常被视为无风险利率）的回报是 3%，而基金的投资组合预期回报是 15%，标准差是 6%，那么用 15%－3% 就可以得出基金的超额回报为 12%，再用 12%÷6%=2，这个数值代表投资者风险每增长 1%，换来的是 2% 的超额收益。

（3）夏普比率的缺陷。夏普比率在考虑风险因素时，不仅考虑了系统风险，还考虑了非系统风险，但是它仍然存在不合理性：首先，在衡量收益时，夏普比率没有考虑市场因素；其次，由于是相对指标，夏普比率只能用作比较和排序，而无法反映基金表现优于市场组合（market portfolio）的具体值究竟是多少。因此在实战运用中对夏普比率的适用性要注意以下几点。

①用标准差对收益进行风险调整，其隐含的假设就是所考察的组合构成了投资者投资的全部。因此只有在考虑在众多的基金中选择购买某一只基金时，夏普比率才能够作为一项重要的依据。

②夏普比率的有效性依赖于可以以相同的无风险利率借贷的假设。

③夏普比率没有基准点，因此其大小本身没有意义，只有在与其他组合的比较中才有价值。

④夏普比率是线性的，但在有效前沿上，风险与收益之间的变换并不是线性的。因此，夏普指数在对标准差较大的基金的绩效衡量上存在偏差。

⑤夏普比率未考虑组合之间的相关性，因此纯粹依据夏普值的大小构建组合存在很大问题。

⑥夏普比率与其他很多指标一样，衡量的是基金的历史表现，因此并不能简单地依据基金的历史表现进行未来操作。

⑦计算上，夏普指数同样存在一个稳定性问题：夏普指数的计算结果与时间跨度和收益计算的时间间隔的选取有关。

尽管夏普比率存在上述诸多限制和问题，但它仍以其计算上的简便性和不需要过多的假设条件而在实践中获得了广泛的运用。

2）特雷诺指数

（1）特雷诺指数概述。特雷诺指数（Treynor ratio）是以基金收益的系统风险作为基金绩效调整的因子，反映基金承担单位系统风险所获得的超额收益。指数值越大，承担单位系统风险所获得的超额收益越高；反之说明基金的绩效越差，基金管理者在管理的过程中所冒风险不有利于投资者获利。

杰克·特雷诺1965年发表《如何评价投资基金的管理》一文，认为足够的证券组合可以消除单一资产的非系统性风险（non-systematic risk），那么系统风险就可以较好地刻画基金的风险，即与收益率变动相联系的应为系统性风险。因此，特雷诺指数采用在一段时间内证券组合的平均风险报酬与其系统性风险对比的方法来评价投资基金的绩效。

（2）特雷诺指数的计算。特雷诺指数描述的是每承担一单位的系统风险所获得的超额收益，其计算公式如下：

$$T_p = \frac{[E(R_p) - R_f]}{\beta_p}$$

其中，T_p为特雷诺指数；$E(R_p)$为投资组合预期回报率；R_f为无风险利率；β_p为投资组合承担的系统风险。

通过与夏普比率比较可以发现，特雷诺指数的区别在于衡量风险的指标由投资组合的标准差换成了系统风险指标β，因此特雷诺指数在风险的度量上去掉了非系统风险部分而仅考虑了系统风险部分。其原因在于特雷诺认为，基金管理者通过投资组合应消除所有的非系统性风险，而足够分散化的组合没有非系统性风险，仅有与整个市场变动相关的系统性风险。因此特雷诺指数采用基金投资收益率的β系数作为衡量系统风险的指标并用单位系统性风险下所获得的超额收益率来衡量投资基金的业绩。

（3）特雷诺指数的缺陷。特雷诺指数的缺陷主要有以下两点。

①从计算公式中很明显可以看出，特雷诺指数中风险的衡量只考虑了投资组合的系统性风险，即假设已经将非系统风险完全分散掉。但在实战过程中，基金所选择的风险并非完全分散化，因而系统风险与总体风险并不能等同，而是有可能存在较大误差。

②特雷诺指数的收益部分采用的是基金的超额收益，没有排除市场状况的因素。然而人往往不能战胜市场，市场因素是有可能在收益中起很大作用的，而非由于基金管理人的运作能力。因此当市场的状况不同时，用特雷诺指数进行绩效评价就变得没有意义了。

3）詹森指数

（1）詹森指数（Jensen ratio）概述。詹森指数，又称阿尔法系数，是测定证券组合经营绩效的一种指标，是证券组合的实际期望收益率与位于证券市场线上的证券组合的期望收益率之差。

1968年，美国经济学家迈克尔·C.詹森（Michael C.Jensen）发表了《1945—1964年间共同基金的业绩》一文，提出了以资本资产定价模型为基础的业绩衡量指数，它能评估基金的业绩优于基准的程度，通过比较考察期基金收益率与由CAPM得出的预期收益率之差，即基金的实际收益超过它所承受风险对应的预期收益的部分来评价基金，此差额部分就是与基金经理业绩直接相关的收益。

（2）詹森指数的计算。詹森指数的计算公式如下：

$$J_P = (R_P - R_f) - \beta_P (R_m - R_f)$$

其中，J_P为詹森指数；R_P为基金投资回报率；R_f为无风险利率；R_m为市场投资组合收益率；β_P为基金投资组合承担的系统风险。

詹森指数反映了基金与市场整体之间的绩效差异，其实质是反映证券投资组合收益率与按该组合的β系数算出来的均衡收益率之间的差额。差额越大，也就是詹森系数越大，反映基金运作效果越好。如果为正值，则说明基金经理有超常的选股能力，被评价基金与市场相比高于市场平均水平，投资业绩良好；为负值则说明基金经理的选股能力欠佳，不能跑过指数，被评价基金的表现与市场相比较整体表现差；为零则说明基金经理的选股能力一般，只能与指数持平。

（3）詹森指数的缺陷。詹森指数的缺陷主要有以下两点。

①根据证券市场线分析，詹森指数衡量了证券组合获得的高于市场平均回报的风险溢价，即投资组合总收益与位于证券市场线上的证券组合收益之间的差额。然而詹森指数衡量的仅仅是投资组合的选择收益，而对市场时机把握能力未作出评价，因此它对基金收益的评价是不够全面的。

②由于以 SML 为研究的基点，詹森指数在评价基金整体效益时隐含了一个假设，即基金的非系统风险已通过投资组合彻底地分散掉，而实战过程中往往与之相悖，特别是对于那些采用积极管理策略的投资基金都是不适用的。

本章小结

本章主要介绍的是量化投资领域内所需要掌握的金融基础知识，分别从三种不同投资标的维度进行阐述：股票、期货以及基金。对于股票和期货的内容，本章从投资标的概念、分类、标的市场以及交易制度进行详尽的阐述，而对于基金在介绍其概念和分类的同时还对基金的净值以及常用评价指标进行了详尽的解析，学生们在掌握概念定义的同时要结合实际案例加深对相关知识点的理解。

思考题

1. 股票的基本特性都有哪些？
2. 简述 "$T+1$" 交易制度。
3. 期货的功能都有哪些？
4. 简述期货市场中的保证金制度。
5. 按投资标的为标准基金可以分为哪几类？
6. 在实战运用中对夏普比率的适用性要注意哪几点？

即测即练

第 4 章 股票因子分析

🔍 学习目标

1. 掌握股票因子的定义、分类、获取方式以及因子数据预处理方法。
2. 了解单因子有效性检验的原理、方法以及实战案例的运用。
3. 了解多因子分析的原理、处理步骤与实践方法。

🔍 能力目标

1. 掌握股票因子的基础知识内容,培养学生进行数据预处理的能力。
2. 了解单因子有效性检验的步骤和流程,学会自主查阅资料扩展知识维度。
3. 了解多因子分析的基本原理,培养学生在实践过程中解决问题的能力。

🔍 思政目标

1. 掌握股票因子基础知识内容,培养学生辩证唯物主义的求知观。
2. 了解单因子有效性检验的步骤和流程,培养学生实事求是的工匠精神。
3. 了解多因子分析的基本原理,增强学生专业认同感与专业素养。

🔍 思维导图

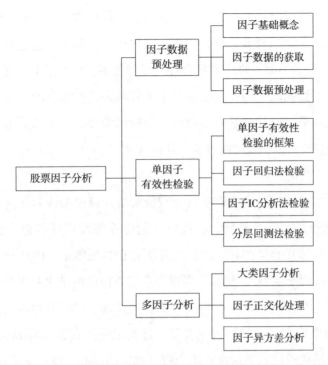

🔍 导语

从本章开始我们进入股票多因子策略模块内容的学习，但是在搭建多因子模型框架之前，我们需要对因子数据进行预处理、检验和分析，从而使多因子模型的运行更稳健、有效。本章将从三个维度对因子分析内容进行介绍：因子数据预处理、单因子有效性检验和多因子分析。学习完本章内容可以更好地帮助我们有效地、流程化地处理海量因子数据，为第 5 章股票多因子模型体系的构建打下坚实的基础。

4.1 因子数据预处理

4.1.1 因子基础概念

1. 因子的定义

在量化投资中，因子通常指那些可以解释证券或资产价格波动的关键变量或特征。具体而言，我们将证券或资产的价格变化视为由一些内在因素或变量的变化所引起的结果，而形成这些变化结果的关键因素或变量称为因子。

为什么量化交易要用因子呢？我们可以将投资决策因素看作营养对食物的影响。因子之于资产可以类比于营养之于食物，人们日常摄入各种食物，归根结底是在摄入食物所包含的营养成分，如水、蛋白质、脂肪等。这些营养成分就是食物的"因子"。与之类似，资产的组合形式虽然很多，但本质上也都可以归结为因子的不同组合。因此因子的特征挖掘对于了解特定资产组合的收益和风险的变化因素是不可或缺的。而找到这些驱动各类资产风险收益变化的关键特征，我们就可以更好地预测资产价格波动的趋势，从而获利。

2. 因子投资的发展历程

关于因子的研究最早来自资本资产定价模型，该模型认为任何投资组合的收益都来自承担市场风险的补偿，因此唯一能够系统性解释收益来源的因素就是"市场因子"，即市场整体回报，除此之外不存在其他因素，因此资本资产定价模型也被称为"单因子模型"。然而，资本资产定价模型的结论并不符合现实市场中的情形，Eugene Fama 和 Kenneth French 的研究发现，仅用股票市场整体回报不足以解释不同股票投资组合的回报率差异，除此之外还存在规模和估值两个因子，即小市值和低估值股票能够给投资组合带来稳定的超额收益，于是在 1993 年提出 Fama 三因子模型。在此基础上，后续研究者又陆续探索出价值、动量、质量等多个股票市场因子，以及信用、久期、流动性等解释其他资产类别收益来源的因子，推动单因子模型逐渐向多因子模型演进。其中包括对于 Fama 三因子模型的改良，2015 年，Fama 五因子模型出现，在原来的三因子基础上又增加了盈利能力和投资水平两个因子，具体如图 4-1 所示。

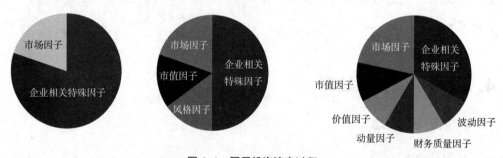

图 4-1 因子投资演变过程

3. 因子的分类

目前因子的种类有很多，但本质上可以分为如下两大类。

1）宏观经济类因子

宏观经济类因子（macroeconomic factors）主要是为了解释跨资产类别中具有的广泛风险特征，案例如图 4-2 所示。

经济增长因子　　　　　　实际利率因子　　　　　　通货膨胀因子

图 4-2　宏观经济类因子案例

（1）经济增长（economic growth）。经济增长是影响股票回报的重要因素之一，经济增长会对投资决策造成很大的影响。当经济正增长时，国内生产总值（GDP）会提高，这会促使更多的投资涌入金融市场，从而影响投资标的的价格。

（2）实际利率（real interest rates）或利率变动。实际利率或利率变动也是影响投资决策的重要因素之一。当央行开始上调利率时，借贷成本会变得更高，导致企业或贸易商的消费能力下降，从而减少投资行为，影响资产价格。相反，当利率下降时，借贷成本降低，贸易商或企业可以借入更多资金，从而增加投资和消费能力。

（3）通货膨胀（inflation）或价格变化。通货膨胀或价格变化对经济的影响是显著的。高通货膨胀会降低每单位货币的购买力，导致公众可用的资本减少；利率也会随之上升，借贷成本增加，从而导致投资减少；另外，由于高通货膨胀可能会导致一些金融资产价值上升（如房地产、土地、黄金等），因此一些投资者将其视为积极因素，原因在于他们认为未来标的资产价格会随着通胀的上升而上涨。而这种积极的投机行为会进一步增加市场波动性。

2）风格类因子

风格类因子（style factors）主要用于解释特定资产类别中的回报和风险，图 4-3 所示是一些风格类因子的案例。

 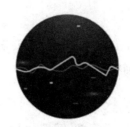 

价值因子　　　　　　最小波动率因子　　　　　　动量因子

图 4-3　风格类因子案例

（1）价值。价值是一种旨在反映标的资产基本或内在价值的因素。股票的价值通常使用市盈率、股息和自由现金流量指标来量化。投资者通过这些量化指标希望从价格低于其基本价值的股票中获得超额回报的股票。

（2）最小波动率。最小波动率意味着与波动率高的股票相比，波动率较小的股票可以获得更高的风险调整后的收益率（如更高的夏普比率）。因此，具有最小波动性的资产被认为有利于获取长期稳定的投资回报。

（3）动量。动量是另一个重要因素，它意味着过去表现出色的股票或金融资产在未来往往会继续表现良好。动量因子的有效性很大程度上取决于时间尺度的度量，这点会在后面章节中详细阐述。

4.1.2　因子数据的获取

1. 因子数据库介绍

本节因子数据的获取是基于点宽量化平台 Auto-Trader 软件，点宽股票因子包含九大类共计 197 个因子。同学们可以直接通过这些因子进行因子分析和研究，或者在策略回测中使用。因子库的类型具体如下。

（1）一致预期类。该指标基于各券商分析师调查的上市公司预期数据通过算法得出。

（2）收益风险类。该指标从股票收益、风险以及风险收益比三个角度来度量股票的表现。

（3）财务质量类。该指标反映了企业财务状况、经营成果。

（4）流动性类。该指标反映该股票在流通过程中的活动性质，通过换手率来计量这种特性。

(5)成长类。该指标反映了每家上市公司的成长性。

(6)常用技术指标类。该指标包含主流的技术指标,使用前复权价格计算,反映了股票的量价信息。

(7)动量类。该指标通过计算不同种类的价格动量,帮助投资者综合判断股价的变化趋势。

(8)估值类。该指标主要反映市场对上市公司的估值大小。

(9)每股指标类。该指标从每股角度展现股票的各种盈利能力,大多数因子的计算涉及财务报表数据。

查找因子库的链接如下:https://digquant.com/atMenus/document。

单击后呈现的内容如图4-4所示。

图4-4 点宽数据字典界面

单击图4-4中黑色框内的图标,会出现Python和Matlab两个版本,单击Python版本就能进入Python版因子库了,如图4-5所示。

因子库的内容非常丰富,其中有对各个因子详细说明,感兴趣的同学可以登录进一步查阅,如图4-6所示。

图 4-5 DQ 因子 Python 版

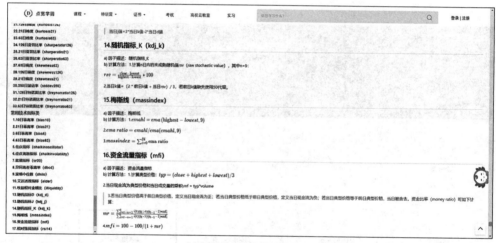

图 4-6 因子说明界面

2. 因子数据的获取

1）策略外因子数据的获取

策略外因子数据的获取指的是不采用平台的回测框架，可直接获取数据，主要是将获取的数据做相应的研究。获取的方法有以下三种。

（1）个股因子数据获取。个股因子数据获取法使用的是"get_factor_by_code"函数获取单个股票在一段时间内多个因子的数据。举例说明，假设我们想获取平安银行在 2016 年 1 月 1 日至 7 月 1 日这段时间 PE 和 PB 因子的数据，代码如下：

1. # 导入 atrader 库：
2. from atrader import *

3. # 方法一：获取平安银行 20160101 到 20160701 这段时间 PE、PB 因子数据（单个股票）：factor_data1=get_factor_by_code（factor_list=['pe', 'pb'], target='SZSE.000001', begin_date='2016-01-01', end_date='2016-07-01'）

4. # 打印输出结果：

5. print（factor_data1）

代码运行结果部分截图见图 4-7。

5	2016-01-11 00:00:00	7.04693	0.95330
6	2016-01-12 00:00:00	7.07968	0.95780
7	2016-01-13 00:00:00	7.01419	0.94890
8	2016-01-14 00:00:00	7.05348	0.95420
9	2016-01-15 00:00:00	6.85046	0.92670
10	2016-01-18 00:00:00	6.81771	0.92230
11	2016-01-19 00:00:00	7.01419	0.94890
12	2016-01-20 00:00:00	6.90285	0.93380
13	2016-01-21 00:00:00	6.75877	0.91430
14	2016-01-22 00:00:00	6.81116	0.92140
15	2016-01-25 00:00:00	6.79151	0.91880
16	2016-01-26 00:00:00	6.46405	0.87450

图 4-7 个股因子数据获取运行结果

（2）单日因子数据获取。单日因子数据获取法使用的是"get_factor_by_day"函数获取指定日期内（单日）多个股票多个因子的数据。举例说明，假设我们想获取平安银行和万科在 2016 年 6 月 1 日这一天 PE 和 PB 因子的数据，代码如下：

1. # 方法二：获取平安银行、万科在 20160601 这天的 PE、PB 因子数据（单天）：

2. factor_data2=get_factor_by_day（factor_list=['pe', 'pb'], target_list=['SZSE.000001', 'SZSE.000002'], date='2016-06-01'）

3. # 打印输出结果：

4. print（factor_data2）

代码运行结果部分截图见图 4-8。

	code	PE	PB
0	SZSE.000001	6.717808687751993	0.7995
1	SZSE.000002	10.257657388216671	2.6798

图 4-8 单日因子获取运行结果

（3）单因子数据获取。单因子数据获取法使用的是"get_factor_by_factor"函数获取一段时间内多个股票的单个因子的数据。举例说明，假设我们想获取平安银行和万科在 2016 年 1 月 1 日至 7 月 1 日这段时间 PE 因子的数据，代码如下：

1. # 方法三：获取平安银行、万科在 20160101 到 20160701 这段时间的 PE 因子数据：
2. factor_data3=get_factor_by_factor（factor='pe'，target_list=['SZSE.000001'，'SZSE.000002']，begin_date='2016-01-01'，end_date='2016-07-01'）
3. # 打印输出结果：
4. print（factor_data3）

代码运行结果部分截图见图 4-9。

	date	SZSE.000001	SZSE.000002
0	2016-01-04 00:00:00	7.42024	12.72273
1	2016-01-05 00:00:00	7.46608	12.72273
2	2016-01-06 00:00:00	7.55122	12.72273
3	2016-01-07 00:00:00	7.16482	12.72273
4	2016-01-08 00:00:00	7.28270	12.72273
5	2016-01-11 00:00:00	7.04693	12.72273
6	2016-01-12 00:00:00	7.07968	12.72273
7	2016-01-13 00:00:00	7.01419	12.72273
8	2016-01-14 00:00:00	7.05348	12.70836
9	2016-01-15 00:00:00	6.85046	12.70836
10	2016-01-18 00:00:00	6.81771	12.70836

图 4-9 单因子获取运行结果

2）策略内因子数据的获取

策略内因子数据的获取指的是采用平台的回测框架，以设定的频率不断刷新获取相应的因子数据，主要目的是用于策略回测。具体而言，策略框架内获取因子数据，是以一定的频率不断地刷新策略，即以循环向前的方式获取因子数据，可获取一段时间内、多个股票、多个因子的因子数据。举例说明，假设我们想获取沪深 300 指数内所有股票在 2016 年 1 月 1 日至 7 月 1 日这段时间 PE、PB 因子数据，代码如下：

1. from atrader import *
2. # 初始化函数：
3. def init（context）：
4.   # 注册因子数据
5.   reg_factor（['pe'，'pb']）
6.   # 每次获取因子数据长度参数设置

7.　　context.Len = 5
8. # 策略逻辑运行函数：
9. def on_data（context）：
10. 　　# 获取因子数据
　　　　factor_data=get_reg_factor（reg_idx=context.reg_factor[0]，length=context.Len，df=True）
11. 　　print（factor_data）
12. # 策略执行脚本：
13. if __name__ == '__main__'：
14. 　　# 沪深 300 股票：
15. 　　hs300code = get_code_list（'hs300'，date='2016-06-01'）
16. 　　target_list = list（hs300code['code']）
17. 　　run_backtest（strategy_name=' 策略内获取数据 '，file_path='.'，target_list=target_list，frequency='day'，fre_num=1，begin_date='2016-01-01'，end_date='2016-07-01'）

代码运行结果部分截图见图 4-10。

	target_idx	date	factor	value
0	0	2016-01-04 00:00:00	PE	7.42023532341633
1	0	2016-01-05 00:00:00	PE	7.46607967228121
2	0	2016-01-06 00:00:00	PE	7.55121917731600
3	0	2016-01-07 00:00:00	PE	7.16481680831197
4	0	2016-01-08 00:00:00	PE	7.282702277682167
5	0	2016-01-04 00:00:00	PB	1.0038
6	0	2016-01-05 00:00:00	PB	1.01
7	0	2016-01-06 00:00:00	PB	1.0215
8	0	2016-01-07 00:00:00	PB	0.969299999999999
9	0	2016-01-08 00:00:00	PB	0.985200000000000
10	1	2016-01-04 00:00:00	PE	12.72272618297341
11	1	2016-01-05 00:00:00	PE	12.72272618297341
12	1	2016-01-06 00:00:00	PE	12.72272618297341
13	1	2016-01-07 00:00:00	PE	12.72272618297341
14	1	2016-01-08 00:00:00	PE	12.72272618297341
15	1	2016-01-04 00:00:00	PB	2.695
16	1	2016-01-05 00:00:00	PB	2.695
17	1	2016-01-06 00:00:00	PB	2.695
18	1	2016-01-07 00:00:00	PB	2.695
19	1	2016-01-08 00:00:00	PB	2.695
20	2	2016-01-04 00:00:00	PE	67.0549983095049
21	2	2016-01-05 00:00:00	PE	63.90142165633519
22	2	2016-01-06 00:00:00	PE	66.2251097165655

图 4-10　策略内因子获取结果

4.1.3 因子数据预处理

因子数据预处理的目的主要是避免原始数据错误、异常、缺失、量纲不一致等现象对量化模型生成的结果产生不利影响，从而提高因子数据的质量和可用性。通过数据预处理得到的数据能使建模结果更稳定和更可靠。因子数据预处理的方法主要包括去极值处理、标准化处理和中性化处理，三种处理方式的代码实现基于点宽量化平台 Auto-Trader，下面将一一详细阐述。

1. 因子去极值处理

在处理金融时间序列的数据时，经常会遇到极值的情况存在，如长尾效应等。而极值的存在会影响数据的适用程度，如拉大标准差、造成统计偏见等问题。过大或过小的数据可能会影响到因子分析的结果，尤其是在做回归的时候，极值会严重影响因子和收益率之间的相关性估计结果。通常去极值的处理方法是调整因子中的极值至上下限（Winsorzation 处理），其中上下限由极值判断的标准给出，从而减小极值的影响力（图 4-11），具体步骤如下。

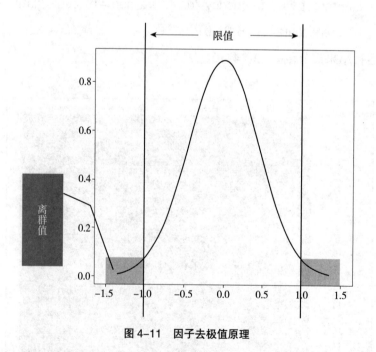

图 4-11　因子去极值原理

（1）确定因子的上下限。
（2）找出超出限值的数据。
（3）将极值改为限值。

极值的判断标准一般有三种，分别为 MAD 法（median absolute deviation，绝对值差中位数法）、3σ 法和百分位法。其中 MAD 法在实际处理中使用得较多，其处理效果也更稳健。下面将对这三类方法进行详细介绍。

1）MAD 法

MAD 法是通过计算所有因子与中位数之间的距离来检测极值。MAD 法的处理步骤如下。

（1）找出所有因子的中位数 F_{median}。

（2）计算每个因子与中位数的绝对偏差值 $|F_i-F_{\text{median}}|$。

（3）计算所有绝对偏差值 $|F_i-F_{\text{median}}|$ 的中位数 MAD。

（4）确定阈值参数 n，调整超出范围 $[F_{\text{median}}-n\cdot\text{MAD}, F_{\text{median}}+n\cdot\text{MAD}]$ 的因子值。

数学公式表达如下：

$$F'_i = \begin{cases} F_{\text{median}}+n\cdot\text{MAD} & F_i > F_{\text{median}}+n\cdot\text{MAD} \\ F_{\text{median}}-n\cdot\text{MAD} & F_i < F_{\text{median}}-n\cdot\text{MAD} \\ F_i & F_{\text{median}}-n\cdot\text{MAD} \leq F_i \leq F_{\text{median}}+n\cdot\text{MAD} \end{cases}$$

其中，F_{median} 是因子的中位数，MAD 是 $|F_i-F_{\text{median}}|$。MAD 法本质上是把数据控制在了以 F_{median} 为中线、$n\cdot\text{MAD}$ 为上下半径的区间内，如图 4-12 所示。

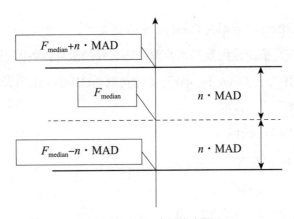

图 4-12　MAD 去极值法原理

清楚 MAD 法的原理后，下一步就是学习如何在 Python 环境中实践，这里以 2021 年 3 月 31 日沪深 300 指数股票截面数据为案例，看一下如何用 MAD 法来处理因子数据中的极值。

第一步是确定 MAD 法去极值函数，代码如下：

```
1. # MAD：中位数去极值
2. # 定义函数，输入参数为数据 dt，阈值默认参数 n
3. def extreme_MAD（dt, n=5.2）：
4.     # 找出中位数
5.     median = dt.quantile（0.5）
6.     # 偏差值的中位数
7.     new_median =（abs（（dt - median））.quantile（0.5））
8.     # 上限 n 这里可以调整 上下限的 n 可以不一样 根据数据分布来看
9.     dt_up = median + n * new_median
10.    # 下限
11.    dt_down = median - n * new_median
12.    # 超出上下限的值，赋值为上下限
13.    return dt.clip（dt_down, dt_up, axis=1）
```

这里需要注意的有如下几点。

（1）输入参数中 dt 为 DataFrame 数据类型，行标为标的，列标为因子，每列表示全部标的某日的某个因子的截面数据；n 为 float 类型，为上下限值的阈值参数，一般为 5.2。

（2）去极值后的输出数据为 DataFrame 数据类型。

（3）数据处理是按照截面数据来处理，即某日的全部标的因子数据。

第二步是利用 "get_factor_by_day" 函数获取 2021-03-31 当天沪深 300 指数的截面数据，代码如下：

```
1. from atrader import *
2. import numpy as np
3. import pandas as pd
4. import matplotlib.pyplot as plt
5. code_list = list（get_code_list（'hs300'）.code）
6. factor=get_factor_by_day（factor_list=['pb', 'pe', 'ps', 'roe', 'egro', 'revs21'], target_list=list（get_code_list（'hs300', date='2021-03-01'）.code）, date='2021-03-31'）
7. factors = factor.set_index（'code'）
```

8. factors

所得数据结果见图 4-13。

code	pb	pe	ps	roe	egro	revs21
SZSE.000001	1.4519	14.765	2.7818	7.9444	0.069146	0.016628
SZSE.000002	1.5524	8.3952	0.8315	18.492	0.17408	-0.098828
SZSE.000063	3.1242	31.754	1.3333	9.8385	NaN	-0.088025
SZSE.000066	5.5313	60.014	3.9012	9.2167	0.60635	-0.15712
SZSE.000069	1.0771	6.5884	1.0208	16.181	0.18838	0.26114
SZSE.000100	3.8683	29.864	1.709	12.866	0.16157	0.1199
SZSE.000157	2.3565	15.13	1.6918	15.576	0.70161	-0.17467

图 4-13 指数截面数据获取图

第三步是利用"extreme_MAD"函数去极值，但是在去极值前需要对缺失值进行处理，这里采用的是零值填充，也就是令缺失值等于 0，代码如下：

1. # 去极值后的数据
2. # 缺失值处理 零值填充
3. factors = factors.fillna（0）
4. extreme_MAD（factors，5.2）

所得结果见图 4-14。

code	pb	pe	ps	roe	egro	revs21
SZSE.000001	1.45190	14.76510	2.7818	7.94440	0.06915	0.01663
SZSE.000002	1.55240	8.39520	0.8315	18.49150	0.17408	-0.09883
SZSE.000063	3.12420	31.75440	1.3333	9.83850	0.00000	-0.08803
SZSE.000066	5.53130	60.01420	3.9012	9.21670	0.60635	-0.15712
SZSE.000069	1.07710	6.58840	1.0208	16.18090	0.18838	0.26114
SZSE.000100	3.86830	29.86390	1.7090	12.86560	0.16157	0.11990
SZSE.000157	2.35650	15.12950	1.6918	15.57570	0.70117	-0.17467

图 4-14 缺失值处理结果

因子极值处理后如何检验其效果呢？一种方法就是提取其中一个因子作为案例比较处理前后的核密度函数分布，这里我们以 PB 因子为例比较经 MAD 法处理前后的核密度函数分布，代码如下，生成结果见图 4-15。

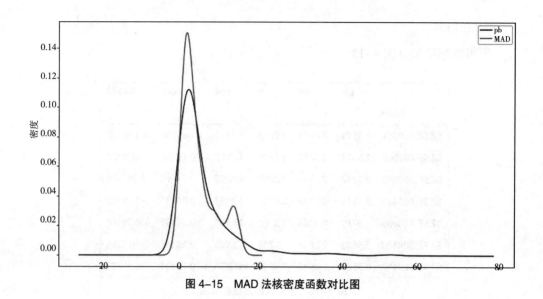

图 4-15　MAD 法核密度函数对比图

1. # 核密度分布画图
2. fig = plt.figure（figsize=（14，8））
3. factors.iloc[：，0].plot（kind = 'kde'，label='pb'）
4. extreme_MAD（factors，5.2）.iloc[：，0].plot（kind = 'kde'，label = 'MAD'）
5. plt.legend（）
6. plt.show（）

从图像结果来看，对比一下去极值前后的核密度函数分布，可以发现因子数据的取值范围明显缩小了，说明 MAD 法的效果不错。

2）3σ 法

3σ 法又称标准差法。标准差 σ 本身可以体现因子的离散程度，是基于因子的平均值 F_{mean} 而定的。在极值处理过程中，可通过用 $F_{mean} \pm n\sigma$ 来衡量因子与平均值的距离。标准差法处理的逻辑与 MAD 法类似，处理步骤如下。

（1）计算因子的均值 F_{mean} 与标准差 σ。

（2）确认阈值参数 n（默认为 3），调整超出范围 $[F_{mean}-n\sigma, F_{mean}+n\sigma]$ 的因子值，将极值改为限值。

因子调整公式如下：

$$F'_i = \begin{cases} F_{mean}+n\sigma & F_i > F_{mean}+n\sigma \\ F_{mean}-n\sigma & F_i < F_{mean}-n\sigma \\ F_i & F_{mean}-n\sigma \leq F_i \leq F_{mean}+n\sigma \end{cases}$$

其中，F_{mean} 为因子的均值，σ 为因子的标准差。3σ 法本质上与 MAD 法原理相同，且同样是对因子的截面数据进行处理，如图 4-16 所示。

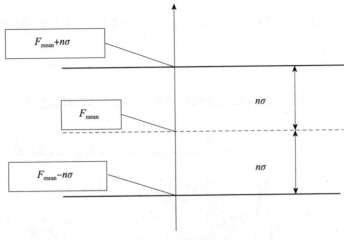

图 4-16 3σ 去极值法原理

3σ 法的 Python 环境中实践如下，这里我们仍以 2021 年 3 月 31 日沪深 300 指数股票截面数据为案例，唯一需要改动的是函数的定义，代码如下：

```
1. def extreme_3sigma（dt, n=3）:
2.     # 截面数据均值
3.     mean = dt.mean（）
4.     # 截面数据标准差
5.     std = dt.std（）
6.     # 上限
7.     dt_up = mean + n * std
8.     # 下限
9.     dt_down = mean - n * std
10.    # 超出上下限的值，赋值为上下限
11.    return dt.clip（dt_down, dt_up, axis=1）
```

下一步就是去极值并以 PB 因子为案例生成核密度函数对比图，代码如下，生成结果见图 4-17。

```
1. # 去极值后的数据
2. extreme_3sigma（factors, n=3）
```

```
3. # 核密度分布画图
4. fig = plt.figure（figsize=（14，8））
5. factors.iloc[：，0].plot（kind = 'kde'，label='pb'）
6. extreme_3sigma（factors，n=3）.iloc[：,0].plot（kind = 'kde', label = '3sigma'）
7. plt.legend（）
8. plt.show（）
```

从图4-17中可以看出 3σ 法也能很好地缩小因子值的取值范围。

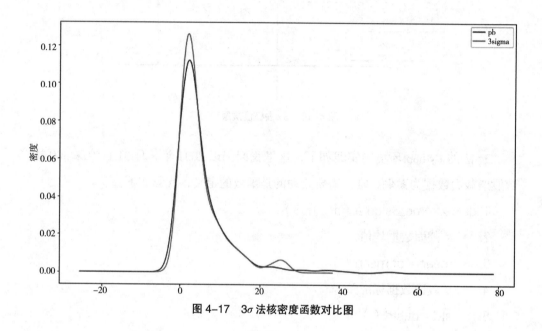

图4-17　3σ 法核密度函数对比图

3）百分位法

百分位法利用所有因子值的某个百分位作为因子的合理范围，超出范围的因子值按照上下限值处理。通常合理范围设为 2.5%~97.5% 之间。百分位法的计算逻辑是对因子值进行升序的排序，对排位百分位高于 97.5% 或排位百分位低于 2.5% 的因子值，按类似于 MAD 和 3σ 的方法进行调整，处理步骤如下。

（1）找到因子值的 97.5% 分位数和 2.5% 分位数。

（2）对大于 97.5% 分位数或小于 2.5% 分位数的因子值进行调整，将极值改为限值。

因子调整公式如下：

$$F'_i = \begin{cases} Q_{97.5} & F_i > Q_{97.5} \\ Q_{2.5} & F_i < Q_{2.5} \\ F_i & Q_{2.5} \leq F_i \leq Q_{97.5} \end{cases}$$

其中，$Q_{2.5}$ 是所有因子中 2.5% 的分位数；$Q_{97.5}$ 是 97.5% 分位数，百分位法本质上是把超出 95% 数据值外范围的值设定为极值，同时上下轨到最大最小值内的区间一致，都是 2.5%，如图 4-18 所示。

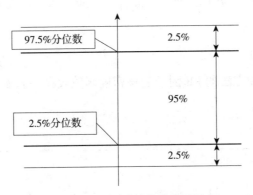

图 4-18　百分位去极值法原理

百分位法的 Python 代码如下，生成结果见图 4-19。

1. def extreme_percentile（dt，min=0.025，max=0.975）：
2. 　　# 得到上下限的值

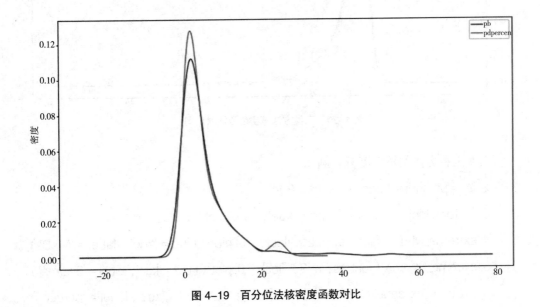

图 4-19　百分位法核密度函数对比

3. p = dt.quantile（[min，max]）

4. # 超出上下限的值，赋值为上下限

5. return dt.clip（p.iloc[0]，p.iloc[1]，axis=1）

6. # 核密度分布画图

7. fig = plt.figure（figsize=（14，8））

8. factors.iloc[：，0].plot（kind = 'kde'，label='pb'）

9. extreme_percentile（factors）.iloc[：,0].plot（kind = 'kde', label = 'percen'）

10. plt.legend（）

11. plt.show（）

最后我们把三种方法的 PB 因子的核密度函数放在一起做个对比，代码如下，生成结果见图 4-20。

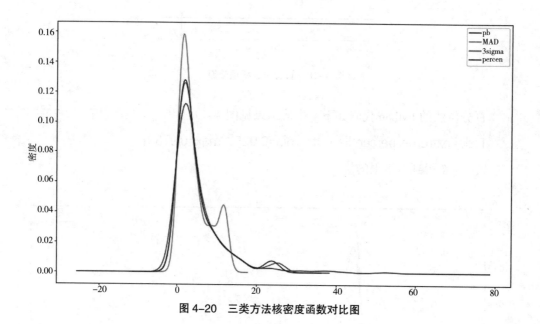

图 4-20 三类方法核密度函数对比图

1. # 三种方法的核密度分布画图

2. fig = plt.figure（figsize=（14，8））

3. factors.iloc[：，0].plot（kind = 'kde'，label='pb'）

4. extreme_MAD（factors，5.2）.iloc[：，0].plot（kind = 'kde'，label = 'MAD'）

5. extreme_3sigma（factors，n=3）.iloc[：，0].plot（kind = 'kde'，label = '3sigma'）

6. extreme_percentile（factors）.iloc[：,0].plot（kind = 'kde', label = 'percen'）

7. plt.legend()
8. plt.show()

从图4-20中可以明显看出,MAD法处理后的数据最为集中,效果最好;而后两种方法分布更加平滑,三种方法都能很好地处理极值问题。

2. 因子标准化处理

因子标准化处理是指将因子数据转化为一定标准范围内的数值,以便不同因子之间的比较和分析。在量化因子模型体系中,由于各评价指标的性质不同,通常具有不同的量纲和数量级。当各指标间的水平相差很大时,如果直接用原始指标值进行分析,就会突出数值较高的指标在因子分析中的作用,同时相对削弱数值水平较低指标的作用。因此,为了保证结果的可靠性,需要对原始指标数据进行标准化处理。

目前数据标准化原理有多种,归结起来可以分为直线型方法(如极值法、标准差法)、折线型方法(如三折线法)和曲线型方法(如半正态性分布)。数据标准化处理主要包括数据同趋化处理和无量纲化处理两个方面。具体而言,数据同趋化处理主要解决不同性质数据问题,由于对不同性质指标直接加总不能正确反映不同因子作用力的综合结果,因此须先考虑改变逆指标数据性质,使所有指标对因子模型的作用力同趋化,再加总才能得出正确结果;数据无量纲化处理主要解决数据的可比性。

在进行因子标准化处理后,原始数据从有量纲转换为无量纲化指标测评值,而且各指标值都处于同一个数量级别上,数据更加集中;不同的指标能够进行比较和回归,可以进行综合测评和因子分析。数据标准化的方法有很多种,常用的有 Z 值法和 R 值法,下面将详细阐述这两类方法。

1) Z 值法

Z 值法又称 Z-Score 标准化法,该方法可以将不同量级的数据转化为同一量度的 Z-Score 分值,并进行比较。Z 值法直接对因子数据原始值进行标准化,因此转化后的因子与原因子分布一致,即保留因子数据之间原始的分布关系。Z 值法的处理逻辑是基于原始数据的均值和标准差,也就是将因子值减去均值后,再除以标准差,计算公式如下:

$$F'_i = \frac{F_i - \mu}{\sigma}$$

其中，μ 是因子 F_i 的均值；σ 是因子的标准差。这里需要注意的是，首先，标准化处理的数据为因子值的截面数据；其次，在进行标准化前，需要对因子进行去极值处理，避免进行因子回归的时候受到极端值的影响。

Z 值法在 Python 环境中实践过程如下，这里我们以 2021 年 3 月 31 日沪深 300 指数股票截面数据为例。

第一步是确定 MAD 法去极值函数，代码如下：

```
1. # Z 值标准化
2. def standardize_z（dt）:
3.     # 截面数据均值
4.     mean = dt.mean（）
5.     # 截面数据标准差
6.     std = dt.std（）
7.     return（dt - mean）/std
```

这里需要注意的有如下两点。

（1）输入参数 dt 为 DataFrame 数据类型，获取的是因子的截面数据。

（2）在后续调用函数进行标准化前，必须先对因子数据进行去极值化处理，这里我们采用的是 3σ 法，函数定义同上，这里就不再展示。

第二步是利用"get_factor_by_day"函数获取 2021-03-31 当天沪深 300 指数的截面数据，代码如下：

```
1. from atrader import *
2. import numpy as np
3. import pandas as pd
4. import matplotlib.pyplot as plt
5. code_list = list（get_code_list（'hs300'）.code）
6. factor=get_factor_by_day（factor_list=['pb', 'pe', 'ps', 'roe', 'egro', 'revs21'], target_list=list（get_code_list（'hs300', date='2021-03-01'）.code）, date='2021-03-31'）
7. factors = factor.set_index（'code'）
8. factors
```

生成结果见图 4-21。

code	pb	pe	ps	roe	egro	revs21
SZSE.000001	1.4519	14.765	2.7818	7.9444	0.069146	0.016628
SZSE.000002	1.5524	8.3952	0.8315	18.492	0.17408	-0.098828
SZSE.000063	3.1242	31.754	1.3333	9.8385	NaN	-0.088025
SZSE.000066	5.5313	60.014	3.9012	9.2167	0.60635	-0.15712
SZSE.000069	1.0771	6.5884	1.0208	16.181	0.18838	0.26114
SZSE.000100	3.8683	29.864	1.709	12.866	0.16157	0.1199
SZSE.000157	2.3565	15.13	1.6918	15.576	0.70161	-0.17467

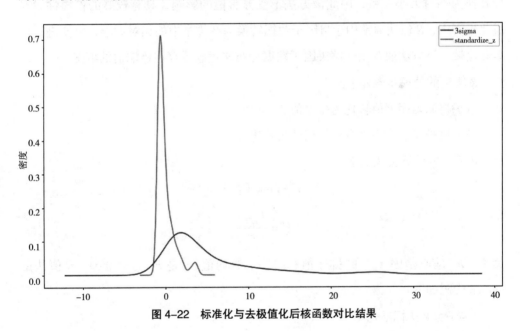

图 4-21　获取指数截面数据

第三步是利用“standardize_z”函数进行标准化，并以 PB 因子为例生成核密度函数对比图。这里需要注意的是，首先标准化之前需要用自定义的“extreme_3sigma”函数进行去极值化，其次核密度函数对比图采用的是标准化后以及仅去极值化后的因子核密度函数之间对比，代码如下，生成结果见图 4-22。

图 4-22　标准化与去极值化后核函数对比结果

```
1. # 核密度分布画图
2. fig = plt.figure（figsize=（14, 8））
3. new_dt = extreme_3sigma（factors, n=3）
4. new_dt.iloc[:, 0].plot（kind = 'kde', label = '3sigma'）
5. standardize_z( new_dt ).iloc[:,-6].plot( kind = 'kde',label = 'standardize_z' )
6. plt.legend（ ）
```

7. plt.show（）

从图 4-22 可以看出，标准化之后，由于数据被锁定在 [–1，1] 区间内，因子数据分布更为集中了，并且达到了无量纲化目的。

2）R 值法

R 值法是一种常用的数据标准化方法，也称排序标准化或 Rank 值标准化法。该方法先将原始序列值转换为排序值，再将排序值作为参数用 Z 值法做标准化。因此相比 Z 值法，R 值法仅仅多了排序一步，后面的逻辑和处理方式与 Z 值法无异。R 值法的优点是标准化之后的分布是标准正态分布，容易看出因子载荷和收益率之间的相关性的方向，并且只关注原始序列的排序关系，对原始变量的分布不做要求，适用范围相对更广。

R 值法将原始数据的大小关系转换为排名关系，将不同数据之间的绝对大小差异转换为相对大小关系，因此该方法不受异常值的影响，具有较好的鲁棒性。在量化投资中，R 值法通常用于将因子数据转换为在样本中的相对大小，以便进行排名和比较。该方法通常用于解决因子数据分布非正态或存在极端值的情况。

R 值法的处理步骤如下。

（1）将原始序列值转化为排序值。

（2）将排序值作为参数用 Z 值法做标准化。

R 值法的计算公式如下：

$$F_{r_i} = \text{rank}(F_i)$$

$$F'_i = \frac{F_{r_i} - \mu}{\sigma}$$

其中，F_{r_i} 是原始因子 F_i 的排序值；μ 是 F_{r_i} 的均值；σ 是 F_{r_i} 的标准差。R 值法的 Python 代码如下：

1. # Rank 法标准化
2. def standardize_r（dt）:
3. 　　# 因子截面数据排序值
4. 　　Frank = dt.rank（）
5. 　　# 排序值的均值
6. 　　mean = Frank.mean（）
7. 　　# 排序值的标准差

8.　　std = Frank.std（）

9.　　return（Frank - mean）/std

10. # 核密度分布画图

11. fig = plt.figure（figsize=（14，8））

12. new_dt = extreme_3sigma（factors，n=2）

13. new_dt.iloc[：, 0].plot（kind = 'kde'，label = '3sigma'）

14. standardize_r(new_dt).iloc[：,-6].plot(kind = 'kde',label = 'standardize_r')

15. plt.legend（）

16. plt.show（）

核密度函数对比结果见图4-23。

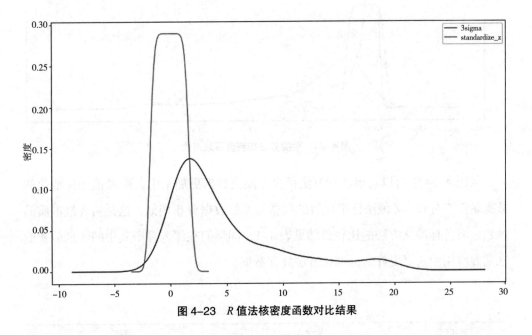

图4-23　R值法核密度函数对比结果

从对比图4-23中可以看出，经过R值法处理的因子的范围有明显的缩小，并且因子值呈现正态分布。我们把两种方法的核密度函数放在一起做个比较，代码如下，对比结果见图4-24。

1. # 两种方法核密度分布画图

2. fig = plt.figure（figsize=（14，8））

3. new_dt = extreme_3sigma（factors，n=2）

4. new_dt.iloc[：, 0].plot（kind = 'kde'，label = '3sigma'）

5. standardize_z（new_dt）.iloc[:,0].plot（kind = 'kde', label = 'standardize_z'）
6. standardize_r（new_dt）.iloc[:,0].plot（kind = 'kde', label = 'standardize_r'）
7. plt.legend（）
8. plt.show（）

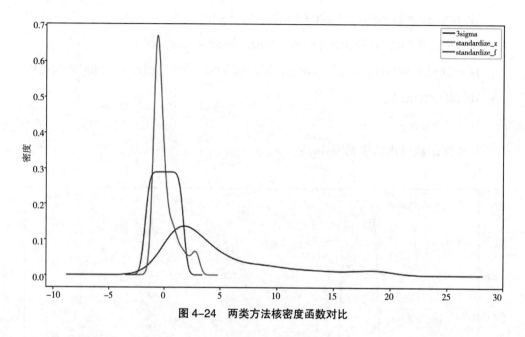

图 4-24　两类方法核密度函数对比

从图 4-24 中可以看出两种方法都很好地使数据更加集中。而 R 值法标准化的数据是正态分布，Z 值法标准化后的数据与原始数据分布相似，这是两者最本质的区别。两种标准化方法的比较总结见表 4-1，同学们在深入理解其中的区别后才能在实践应用中选择更好的标准化方法处理数据。

表 4-1　Z 值法与 R 值法的对比

项目	Z 值法	R 值法
优点	保留原始值的大小关系	对原变量分布不做要求，适用范围广
处理依据	原始值的大小关系	原始值的排序关系
处理后的因子分布	分布不变	正态分布

3. 因子中性化处理

1）因子中性化处理的定义与目的

在量化投资使用因子进行选股的过程中，当我们分析某个因子对于股票收益率的影响时，得到的结果可能包含我们不希望看到的因素所造成的影响，而这样的结果是有偏的。举例说明，市净率因子 PB 会与市值有很高的相关性，这时如果我们使用未进行市值中性化的市净率，选股的结果会比较集中，市值风险暴露就会增大；朝阳行业和夕阳行业的市盈率在大致上也有一定的特点，比如银行股的市盈率特别低，而互联网行业的市盈率就特别高，也就是说行业对估值因子也有影响。如果未进行行业中性化，那么我们得到的结果具有一些行业性的选股偏好，行业风险暴露就会增大；还有一些大类风格因素特征也会对选股产生影响，比如贝塔、动量、盈利、成长、杠杆等。总体而言，股票市场中不同市值、不同行业、不同风格的股票，对于因子的响应性不同，因此在进行因子策略构建前，我们必须对因子进行处理，剔除掉因子中可能包含的其他因素，处理方法也与计量中的方法类似：加控制变量，而这样的处理过程就叫作因子中性化处理。

2）因子中性化处理的方法

因子中性化处理的本质是为了消除因子中的偏差和剔除不需要的因素的影响（这里我们管形成这种影响的因素统称为风险因子），使得选出的股票更加分散；相比较而言，上文介绍的标准化处理则是用于多个不同量级指标之间互相比较，处理过的数据变得更加集中。风险因子类型有很多，主要有如下三类。

（1）市场风险因子。市场上共同变动趋势，如牛市和熊市所带来的风险暴露。

（2）行业风险因子。行业轮动，同行业股票股价轮番上涨或下跌所带来的风险暴露。

（3）市值风险因子。不同级别市值所带来的市值风险暴露，如小市值个股具有高波动、高收益等特性。

而中性化处理的过程主要是剔除上述三类风险因子所带来的风险暴露，通常采用的方法是线性回归法。具体而言，以原数据因子为因变量，风险因子为自变量构建线性回归模型，提取的残差作为中性化后的新因子。理论上回归后的残差序列与自变量序列均正交（相关性为 0），因此我们就可以利用线性回归得到与风险因子线性无关的新因子序列，从而剔除风险因子暴露所带来的影响。

自变量风险因子处理方式有如下两种。

（1）将市场因子和行业因子同时纳入回归模型。

（2）仅纳入行业因子，而将市场因子包含在行业因子中。

两种方式在本质上并没有什么区别，但用回归模型进行中性化时，前者模型带截距项，而后者是过原点。这里我们选择更加常用的第二种方法，即不考虑市场因子，只需考虑行业因子，回归模型过原点。因此本节所讨论的因子中性化本质上是市值和行业风险的中性化处理。

因子中性化回归模型如下：

$$F_i = \beta_M \times \ln(\mathrm{MktValue}_i) + \sum_{j=1}^{n} \beta_j \times \mathrm{Industry}_{j,i} + \varepsilon_i$$

其中，F_i是第i个股票的因子；$\mathrm{MktValue}_i$是第i个股票的总市值；$\mathrm{Industry}_{j,i}$是行业哑变量；ε_i是残差。模型的前半部分是以市值的对数为代表的市值风险因子暴露，后半部分是以行业的哑变量为代表的行业风险因子暴露。这里市值取对数的原因是防止市值过大的因子影响回归的效果，同时可以显著增加因子的平滑性；而行业的哑变量指的是如果股票i隶属于行业j，则暴露度（取值）为1，否则为0。举例说明，假设股票市场里只有两只股票：中国平安和贵州茅台，行业划分只有保险和白酒行业，中国平安隶属于保险行业，而贵州茅台隶属于白酒行业，因此我们就可以构建简单的行业哑变量矩阵，如表4-2所示。

表4-2 行业哑变量矩阵

股票	保险	白酒
中国平安	1	0
贵州茅台	0	1

对于中国平安而言，由于该股票隶属于保险行业，所以在保险对应的列维度上取值为1，而其他行业的列维度取值都为0，同理贵州茅台的哑变量是白酒行业列维度为1、其他行业列维度为0的向量。经过线性回归模型处理过的残差ε_i，由于与市值和行业因子线性无关，因此剔除了市值和行业因子风险暴露，从而达到因子市值和行业中性化的目的。

3）因子中性化处理的实现

因子中性化处理的实现以2021年3月31日沪深300指数股票截面数据为例，主要分三个步骤。

第一步是利用"get_factor_by_day"函数获取 2021 年 3 月 31 日因子的截面数据。这里的因子数据分为两种：一种是自变量市值因子的截面数据；另一种是因变量因子的截面数据，这里我们选择六种有代表性的因变量因子：'pb'、'pe'、'ps'、'roe'、'egro' 和 'revs21'，代码如下，生成结果见图 4-25。

1. # 获取截面因子数据
2. # 自变量市值因子数据
3. mkv=get_factor_by_day（factor_list=['mkv']，target_list=list（get_code_list（'hs300'，date='2021-03-01'）.code），date='2021-03-31'）
4. # 重设索引，标的代码为索引
5. mkv.set_index（'code'，inplace=True）
6. # 获取因变量因子数据
7. factor=get_factor_by_day（factor_list=['pb', 'pe', 'ps', 'roe', 'egro', 'revs21']，target_list=list（get_code_list（'hs300'，date='2021-03-01'）.code），date='2021-03-31'）
8. factor.set_index（'code'，inplace=True）
9. factor

code	pb	pe	ps	roe	egro	revs21
SZSE.000001	1.4519	14.765	2.7818	7.9444	0.069146	0.016628
SZSE.000002	1.5524	8.3952	0.8315	18.492	0.17408	-0.098828
SZSE.000063	3.1242	31.754	1.3333	9.8385	NaN	-0.088025
SZSE.000066	5.5313	60.014	3.9012	9.2167	0.60635	-0.15712
SZSE.000069	1.0771	6.5884	1.0208	16.181	0.18838	0.26114

图 4-25　截面数据获取图

第二步是构造行业哑变量矩阵，这里我们采用的是申万一级行业分类，总共有 28 个，具体如表 4-3 所示。

在 Python 环境中我们将这些行业放入"shenwan_industry"变量中，代码如下：

1. # 申万一级行业

表 4-3 申万一级行业分类

农林牧渔	商业贸易
采掘	休闲服务
化工	综合
钢铁	建筑材料
有色金属	建筑装饰
电子	电气设备
家用电器	国防军工
食品材料	计算机
纺织服装	传媒
轻工制造	通信
医药生物	银行
公用事业	非银金融
交通运输	汽车
房地产	机械设备

2. shenwan_industry={'SWNLMY1': 'sse.801010', 'SWCJ1': 'sse.801020', 'SWHG1':'sse.801030','SWGT1':'sse.801040','SWYSJS1':'sse.801050','SWDZ1':' sse.801080','SWJYDQ1':'sse.801110','SWSPYL1':'sse.801120','SWFZFZ1':'sse.801130','SWQGZZ1':'sse.801140','SWYYSW1':'sse.801150','SWGYSY1':'sse.801160', 'SWJTYS1': 'sse.801170', 'SWFDC1':' sse.801180', 'SWSYMY1':'sse.801200', 'SWXXFW1':'sse.801210', ' SWZH1':'sse.801230', ' SWJZCL1': ' sse. 801710', 'SWJZZS1': 'sse.801720', 'SWDQSB1': 'sse.801730', 'SWGFJG1': 'sse.801740', 'SWJSJ1': 'sse.801750', ' SWCM1':'sse.801760', 'SWTX1':' sse.801770', 'SWYH1':'sse.801780', 'SWFYJR1':'sse.801790', ' SWQC1':'sse.801880', 'SWJXSB1':'sse.801890'}

接着是对行业哑变量矩阵函数的定义，这里输入参数为股票代码列表，输出为 DataFrame 结构的行业哑变量矩阵。对于缺失值的处理采用零值填充，代码如下，输出结果部分截图见图 4-26。

1. def industry_exposure（target_idx）:
2. # 构建 DataFrame，存储行业哑变量
3. df=pd.DataFrame（index=[x.lower（）for x in target_idx], columns=shenwan_industry.keys（））
4. # 遍历每个行业
5. for m in df.columns:
6. # 行标签集合和某个行业成分股集合的交集

7.   temp=list（set（df.index）.intersection（set（get_code_list（m）.code.tolist（））))

8.   # 将交集的股票在这个行业中赋值为 1

9.   df.loc[temp，m] = 1

10. # 将 NaN 赋值为 0

11.   return df.fillna（0）

12. # 行业哑变量

13. ind = industry_exposure（factor.index.tolist（））

14. ind

	SWNLMY1	SWCJ1	SWHG1	SWGT1	SWYSJS1	SWDZ1	SWJYDQ1	SWSPYL1
szse.000001	0	0	0	0	0	0	0	0
szse.000002	0	0	0	0	0	0	0	0
szse.000063	0	0	0	0	0	0	0	0
szse.000066	0	0	0	0	0	0	0	0
szse.000069	0	0	0	0	0	0	0	0
szse.000100	0	0	0	0	0	1	0	0
szse.000157	0	0	0	0	0	0	0	0
szse.000166	0	0	0	0	0	0	0	0
szse.000333	0	0	0	0	0	0	1	0
szse.000338	0	0	0	0	0	0	0	0

图 4-26 行业哑变量输出结果

第三步是定义中性化函数，代码如下：

1. # 需要传入因子值和总市值

2. def neutralization（factor，mkv，industry = True）：

3.   # 缺失值填充为 0

4.   Y = factor.fillna（0）

5.   # raname 函数将股票代码转换为小写字母格式

6.   Y.rename（index = str.lower，inplace = True）

7.   # 构建输出矩阵

8.   df = pd.DataFrame（index = Y.index，columns = Y.columns）

9.   # 遍历每一个因子数据

```
10.   for i in range（Y.shape[1]）：
11.       if（type（mkv）== pd.DataFrame）|（type（mkv）== pd.Series）：
12.           # 市值变量索引代码转化为小写字母格式
13.           mkv.rename（index = str.lower，inplace = True）
14.           # 市值对数化
15.           lnmkv = mkv.iloc[：, 0].apply（lambda x：math.log（x））
16.           # 缺失值填充为 0
17.           lnmkv = lnmkv.fillna（0）
18.           # 行业、市值
19.           if industry：
20.               dummy_industry = industry_exposure（Y.index.tolist（））
21.               # 市值与行业合并
22.               X = pd.concat（[dummy_industry, lnmkv], axis = 1, sort = False）
23.           # 仅市值
24.           else：
25.               X = lnmkv
26.       # 仅行业
27.       elif industry：
28.           dummy_industry = industry_exposure（factor.index.tolist（））
29.           X = dummy_industry
30.       # 线性回归
31.       result = sm.OLS（Y.iloc[：,i].astype（float），X.astype（float））.fit（）
32.       # 每个因子数据存储到 df 中
33.       df.iloc[：, i] = result.resid.tolist（）
34.   return df
```

这里需要注意的是，首先，输入参数"factor"为标的因子数据，格式是 DataFrame 类型；"mkv"为标的市值因子数据；"industry"为布尔值参数，True 代表模型进行行业中性化，False 代表不进行行业中性化。这样设置的原因在于布尔型参数就像一个开关器，可以灵活地调节模型是否进行行业中性化处理，我

们在随后的模型对比中就可以更清晰地看出单独进行市值中性或行业中性或者两者皆有对因子的具体影响。模型的输出结果为中性化后的因子数据，与输入参数"factor"的结构大小一致。

最后就是把截面数据代入函数中进行中性化处理，这里为了对比因子数据的处理效果我们设计了四个场景。

（1）去极值和标准化场景。

（2）仅行业中性化场景。

（3）仅市值中性化场景。

（4）市值和行业中性化场景。

场景代码如下：

```
1. # 去极值和标准化
2. factor_S = standardize_z（extreme_3sigma（factor，3））
3. # 仅行业中性化
4. factor_ID = neutralization（factor_S，0）
5. # 仅市值中性化
6. factor_mkv = neutralization（factor_S，mkv，industry = False）
7. # 市值、行业中性化
8. factor_ID_mkv = neutralization（factor_S，mkv）
```

随后我们以PB因子为例，构建四个场景下因子数据处理后的核密度函数对比图，代码如下，生成结果见图4-27。

```
1. # 中性化画图
2. fig = plt.figure（figsize=（14，8））
3. factor_S.iloc[：，0].plot（kind = 'density'，label = 'factor_S'）
4. factor_ID.iloc[：，0].plot（kind = 'density'，label = 'factor_ID'）
5. factor_mkv.iloc[：，0].plot（kind = 'density'，label = 'factor_mkv'）
6. factor_ID_mkv.iloc[：，0].plot（kind = 'density'，label = 'factor_ID_mkv'）
7. plt.legend（）
8. plt.show（）
```

从图4-27中可以看出，未中性化和市值中性化后的因子数据的密度分布非常接近；而行业中性化和市值行业中性化后的因子数据的密度分布接近正态分布，数据更为集中，分布更为均匀，和前面两种结果的分布有比较大的差异性。这种差异性体现了行业中性化的必要性，而市值中性化效果不显著的重要原因在于标的因子的选择范围是沪深 300 指数对应的股票，该类型股票普遍都是大市值股票，造成市值中性化处理效果不显著。

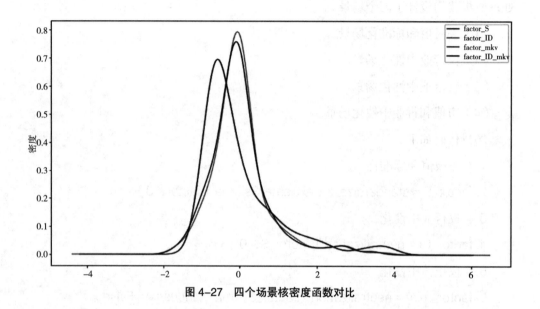

图 4-27　四个场景核密度函数对比

4.2　单因子有效性检验

4.2.1　单因子有效性检验的框架

量化投资者总是试图用数据构建一个个可以量化的指标，去衡量股票的状态和市场风格，并且认为具有某些量化特征的股票更容易获得超额收益。量化因子选股就是其中比较流行的方法，而该策略主要涉及一个核心的问题，那就是如何选出有逻辑意义并且能够有效地区分个股的因子，使得因子值对于个股未来收益有一定的预测能力，即该因子是否能够解释股票收益率的变化。用数学的语言描述就是如何检验单因子的有效性，也就是说，检验这个因子的大小和股票未来的收益是否有相关性。

因子相关性检验的方法主要有三种：因子回归法、因子 IC 分析法和分层回测法，对应的框架如图 4-28 所示。

下面章节将详细地阐述这三种检验方法的相关内容。

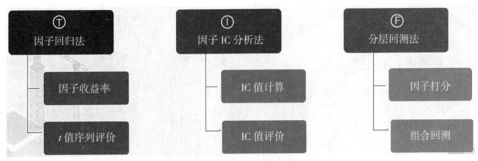

图 4-28 单因子有效性检验框架

4.2.2 因子回归法检验

1. 因子回归法的理论基础

单因子有效性检验的目的是想要回答一个核心问题：什么样的因子是好因子？而要评价因子好不好，我们要从因子定义和用法上出发。在构建量化因子模型过程中，我们将股票收益率解释为有效因子的线性组合，组合的权重就是因子相关系数。假设股票收益率受因子影响，那么一个好的因子就应该能较好解释股票收益率。从模型角度上来说，较好解释股票收益率的含义就是模型的拟合程度高，因子显著性高。从这一角度出发，我们就引出了因子的回归法检验。

回归法检验的具体做法是首先构建第 T 期的单因子暴露度与第 $T+1$ 期的股票收益率的线性回归模型，公式如下：

$$r_i^{T+1} = d_d^{T+1} X_{d,i}^T + u_i^{T+1}$$

其中，r_i^{T+1} 是股票 i 在第 $T+1$ 期的收益率；d_d^{T+1} 是第 $T+1$ 期的单因子 d 的回归系数（也称因子收益率）；$X_{d,i}^T$ 是股票 i 在第 T 期因子 d 上的暴露度；u_i^{T+1} 是股票 i 在第 $T+1$ 期的残差收益率。这里需要注意的是，因子的暴露度在做回归前需要对因子截面数据做预处理，即 4.1 节提到的因子去极值、标准化和中性化处理；其次回归模型本身不带截距项。

构建线性回归的目的是得到因子在第 $T+1$ 期的回归系数（因子收益率）序列，而该指标是衡量因子与股票收益率相关性的关键。检验其相关性就需要得到回归系数序列在本期回归中的显著度水平：t 值。t 值指的是单个回归系数 d_d^{T+1} 的 t 检验统计量，用来描述单个因子变量的显著性。当 t 值的绝对值大于某个临界值时，说明该变量是显著的，即该解释变量（T 期个股 i 在因子 d 的暴露度）是真正影响因变量（$T+1$ 期个股收益率）的一个因素。具体做法是在测试中对每一期截面数据的回归方程做零假设 t 检验：

零假设：H_0：$d_d^{T+1}=0$

备选假设：H_1：$d_d^{T+1} \neq 0$

t 统计量：

$$t=\frac{d_d^{T+1}}{SE(d_d^{T+1})}$$

其中，$SE(d_d^{T+1})$ 是回归系数 d_d^{T+1} 的标准差的无偏估计量。一般的 t 值绝对值大于 2，我们就认为本期回归系数 d_d^{T+1} 是显著异于零的，即本期因子 d 的截面数据对下期收益率的截面数据具有显著的解释作用。置信区间大致为 95%。

2. 因子回归法测试框架的构建

有了理论基础，我们就可以搭建因子回归法的测试框架，步骤如下。

1）数据获取

首先我们构建一个股票池，包含沪深 300 指数成分股的所有股票。这里需要剔除一些不正常上市公司的股票如 ST、PT 股票；回测区间设定为 20180101-20201231 总共 3 年；截面期选择月数据回归，即每个自然月的最后一个交易日计算因子暴露度，并与下一整个自然月的个股收益进行回归；自变量因子的选择这里以市值因子 PB 为案例，分别获取 PB 因子数据与行情数据。

2）数据处理

在获取完因子数据后，我们需要对原数据进行数据处理，方法如下。

（1）缺失值处理。零值补充法，即将因子暴露度缺失的地方设为 0。

（2）去极值。MAD 去极值法。

（3）标准化。Z 值法。

（4）中性化。市值和行业中性化。

3）回归模型的搭建

线性回归模型采用最常用的普通最小二乘（ordinary least squares，OLS）法进行参数拟合，从而使拟合之后的残差平方和（residual sum of squares，RSS）最小化。传统的最小二乘法可以更方便估计出一个线性回归系数，但其目标函数并不是一个稳健的统计量，容易受到异常样本值的影响。因为最小二乘法要求误差项相互独立、服从正态分布、以零为数学期望并有相同方差的随机变量。当实

拓展阅读 4-1

际的观测值包含异常值时，误差将不再服从正态分布，而是长尾分布（long-tailed distribution）。对这样的数据做回归分析时，回归直线将是主体数据与异常值之间的一个妥协，而与真实的回归线相差较远。

本案例由于选择的是沪深 300 指数成分股，该类股票基本都是大市值股票，所以出现极端值的概率较小，OLS 法较适用；如果股票池为全部 A 股，因为小盘股的估值因子出现极端值概率较大，且小盘股数目很多，但占全市场的交易量比重较小。这时候如果采用 OLS 法，则可能会夸大小盘股的影响。解决方法是采用加权最小二乘（weighted least square，WLS）回归，即为每个观测值分配一个权重，这个权重可以反映不同观测值的重要程度。例如，在存在异方差性（heteros-kedasticity）的情况下，方差大的观测值会得到较小的权重，以减小其对整个模型的影响。

4）回归法因子有效性评价指标

回归法因子的评价指标是整个框架的重点，主要分为以下四点。

（1）t 值序列绝对值平均值。因子显著性的重要判据；标准为平均值是否大于 2。

（2）t 值序列绝对值大于 2 的占比。判断因子的显著性是否稳定；占比越高，则该因子的显著性越稳定。

（3）回归系数（因子收益率）序列平均值，以及该均值零假设检验的 t 值。判断回归系数序列是否方向一致，并且显著不为零（更直观的方法是因子收益率累计曲线图）。

（4）t 值序列均值的绝对值除以 t 值序列的标准差。结合统计量的显著性和波动性，辅助判断因子是否有效、稳健；该指标越大，说明因子的显著性越高，同时也说明因子具有较好的稳健性。

前两点的逻辑比较好理解，关于第（3）点，该指标旨在衡量回归系数（因子收益率）序列的方向一致性和显著性。对于一个因子，其在不同时间段的回归系数可能存在正负变化，因此需要判断该序列是否有一个确定的方向（如总体为正或负），并且该方向是否显著不为零。

判断因子收益率序列方向一致性的根本原因在于确保因子与目标变量之间的关系是稳定的，并且在未来也能够维持这种关系。如果因子收益率序列的方向不一致，说明该因子与目标变量之间的关系可能是短期的，不具有长期的可靠性，因此不适合作为投资决策的因子。因此，在单因子有效性检验中，除了要判断因子的显著性和稳定性，还要注意因子与目标变量之间的方向是否一致。具体的做法是计算该因子收益率序列的平均值，如果平均值显著大于（或小于）零，则可以认为该因子总体上呈现出正（或负）收益。此外，我们还可以进行零假设 t 检验，检验该平均值是否显著不为零。综合以上两个指标的检验结果，我们可以得出因子收益率序列的方向一致性和显著性的结论。

关于第（4）点，由于不同因子的 t 值序列可能存在显著性和波动性不同的情况，因此我们需要对这些序列进行归一化，从而更好地相互比较。具体而言，计算因子 t 值序列均值的绝对值除以该序列的标准差，得到的结果越大，代表因子的显著性越高且波动性越小，越有可能成为有效、稳健的因子。

3. 因子回归法的实现

搭建好了模型框架，我们就可以对因子回归法检验进行实现了。本节案例的实现基于点宽量化平台 Auto-Trader，具体步骤如下。

1）数据获取

自变量因子数据获取的是沪深 300 指数成分股对应的 PB 因子，时间点为 2018 年 1 月 1 日至 2020 年 12 月 31 日；由于还需要对数据进行中性化处理，我们还需要获取股票的市值数据，使用的函数为"get_factor_by_factor"，代码如下，生成结果见图 4-29。

date	2018-01-02	2018-01-03	2018-01-04	2018-01-05	2018-01-08	2018-01-09	2018-01-10
SZSE.000001	1.1639	1.1325	1.1257	1.1300	1.1011	1.1113	1.1444
SZSE.000002	2.7091	2.6900	2.7557	2.8922	2.9945	2.9820	2.9679
SZSE.000063	4.7336	4.8608	4.8886	4.7747	4.7124	4.8158	4.7588
SZSE.000069	1.4031	1.4110	1.4252	1.5009	1.4961	1.4977	1.4772
SZSE.000100	1.7764	1.8128	1.7991	1.7810	1.7628	1.8309	1.8128
SZSE.000157	0.9437	0.9396	0.9354	0.9479	0.9665	0.9603	0.9582

图 4-29 因子数据获取

```
1. # 获取因子数据
2. factor=get_factor_by_factor(factor='pb', target_list=list(get_code_list('hs300', date='2018-01-01').code), begin_date='2018-01-01', end_date='2020-12-31')
```

3. mkv=get_factor_by_factor（factor='mkv'，target_list=list（get_code_list（'hs300'，date='2018-01-01'）.code），begin_date='2018-01-01'，end_date='2020-12-31'）

4. mkv = mkv.set_index（'date'）.T

5. # 设置行标签，然后转置

6. factor = factor.set_index（'date'）.T

由于因子数据是日数据，而回归模型需要的是月度数据，因此还需要对因子数据进行处理，首先是获取回测时间段内每月最后一个交易日的数据，并对该时间格式进行转换，从而满足数据处理需要，代码如下，生成结果见图 4-30。

1. # 每月最后一个交易日

2. days = get_trading_days（'SSE'，'2018-01-01'，'2020-12-31'）

图 4-30 时间格式转换结果

3. months = np.vectorize（lambda x：x.month）（days）

4. # 月末的日期序列

5. month_end = days[pd.Series（months）!= pd.Series（months）.shift（-1）]

6. # 将 datetime 时间格式转为 Timestamp 格式

7. month_end_Timestamp = [pd.Timestamp（x）for x in month_end]

8. month_end_Timestamp

有了月末交易时间，我们就可以获取月末的因子数据了，这里需要注意的是由于自变量因子的检索列是大写而因变量行情数据的检索列是小写（后面会展示），后面做回归时自变量与因变量的检索需要保持一致，因此这里需要把因子的检索列转化成小写，代码如下，生成结果见图 4-31。

1. # 获取月末的因子数据

2. # 通过列标签获取月末数据，并将行标签大写字母改为小写

3. factor = factor[month_end_Timestamp].rename（index = str.lower）

4. mkv = mkv[month_end_Timestamp].rename（index = str.lower）

5. factor

date	2018-01-31	2018-02-28	2018-03-30	2018-04-27	2018-05-31	2018-06-29	2018-07-31
szse.000001	1.1937	1.0238	0.9261	0.9158	0.8592	0.7672	0.7769
szse.000002	3.1252	2.7208	2.7699	2.3021	2.0743	1.9941	1.9084
szse.000008	3.2842	2.9986	2.7130	2.3778	2.2077	1.9624	1.9861
szse.000060	2.8548	2.4218	2.2291	2.2004	2.0537	1.6974	1.7242
szse.000063	4.1229	4.2713	3.9944	5.2795	5.2795	2.1971	2.7768
szse.000069	1.6314	1.3414	1.2988	1.1798	1.2011	1.1021	1.0299
szse.000100	1.6220	1.7037	1.5765	1.4121	1.3548	1.2633	1.3734

图 4-31 月末因子数据

接下来是获取因变量行情数据,时间维度为月度,生成的数据转化为数据透视表的形式。这里需要注意的是转化为数据透视表后生成的行标签排序与原数据不一致,为了回归的方便,这里需要重新排序,从而与原数据的行标签顺序一致,代码如下,生成结果见图 4-32。

time code	2018-01-31 15:00:00	2018-02-28 15:00:00	2018-03-30 15:00:00	2018-04-27 15:00:00	2018-05-31 15:00:00	2018-06-29 15:00:00	2018-07-31 15:00:00
szse.000001	13.11467	11.24781	10.17437	10.12770	9.50230	8.48486	8.93124
szse.000002	31.69887	27.59726	28.09519	23.96826	21.59675	20.76124	19.68098
szse.000008	8.14849	7.43992	6.73136	5.91454	5.49137	4.98013	4.98013
szse.000060	7.21462	6.12040	5.63341	5.68151	5.44347	4.49920	4.47142
szse.000063	30.38696	31.48057	29.43980	30.57248	30.57248	12.72307	14.25609
szse.000069	8.46394	6.95924	6.73844	6.32955	6.44404	5.91249	5.78606
szse.000100	3.13698	3.29515	3.04911	2.85580	2.82267	2.63207	2.72283

图 4-32 行情数据获取

1. # 获取行情数据
2. data=get_kdata(target_list=list(get_code_list('hs300',date='2018-01-01').code),frequency='month',fre_num=1,begin_date='2018-01-01',end_date='2020-12-31',fq=1,fill_up=True,df=True,sort_by_date=False)
3. # 数据透视,形成收盘价 dataframe
4. close = data.pivot_table(values='close',index='code',columns='time')
5. # 数据透视形成的行标签排序与前面不一致,将原始数据的排序去重复项后排序不变

6. code = sorted（set（list（data['code']）），key =list（data['code']）.index）
7. # 形成行标签与前面一致的 dataframe
8. stock_close = close.loc[code]
9. stock_close

2）数据处理

因子去极值、标准化和中性化的函数定义我们直接使用前文的内容，这里就不再赘述，代码如下，处理结果见图 4-33。

date	2018-01-31	2018-02-28	2018-03-30	2018-04-27	2018-05-31	2018-06-29	2018-07-31
szse.000001	-1.19452e-02	-3.61427e-02	-4.11937e-02	-3.23376e-02	-3.74018e-02	-4.71234e-02	-4.96558e-02
szse.000002	2.37613e-01	1.99958e-01	2.19886e-01	1.53918e-01	1.00219e-01	1.07680e-01	9.25685e-02
szse.000008	-9.34020e-02	-1.39035e-01	-2.20763e-01	-2.57035e-01	-3.52507e-01	-4.06989e-01	-4.61096e-01
szse.000060	-4.46583e-01	-6.32900e-01	-6.56337e-01	-5.51579e-01	-5.31336e-01	-5.60701e-01	-5.11407e-01
szse.000063	3.18893e-01	3.65577e-01	2.27145e-01	7.01164e-01	6.76318e-01	-1.17307e-01	4.23243e-02
szse.000069	-2.47437e-01	-2.34702e-01	-2.19044e-01	-2.29063e-01	-1.77454e-01	-1.89981e-01	-2.04182e-01
szse.000100	-1.41020e+00	-1.54224e+00	-1.46349e+00	-1.44377e+00	-1.41508e+00	-1.38208e+00	-1.40783e+00

图 4-33　数据处理图

1. # 去极值和标准化
2. factor_S = standardize_z（extreme_3sigma（factor，5.2））
3. factor_S
4. # 市值、行业中性化
5. factor_ID_MV = neutralization（factor_S，mkv）
6. factor_ID_MV

3）回归模型的搭建

首先是回归函数的构建，代码如下：

1. # 单因子测试 - 回归法
2. def factortest_regression（factor，stock）：
3. 　　# 构建列表，用来放因子收益率
4. 　　factor_return = list（）
5. 　　# 构建列表，用来放 t 值
6. 　　tvalue = list（）
7. 　　# 利用收盘价计算股票的月收益率

8.   stock_return = -stock.diff（-1，axis=1）.div（stock）
9.   factor = factor.fillna（0）
10.   # NaN 数据变为 0
11.   stock_return = stock_return.fillna（0）
12.   # 每个月的截面数据做回归
13.   for i in range（factor.shape[1]-1）：
14.   # 线性回归
15.   result = sm.OLS（stock_return.iloc[：，i]，factor.iloc[：，i]）.fit（）
16.   # 获取回归后的因子收益率
17.   factor_return.append（list（result.params））
18.   # 获取回归后的 t 值
19.   tvalue.append（list（result.tvalues））
20.   # 返回因子收益率和 t 值的数据
21.   return np.c_[np.array（factor_return），np.array（tvalue）]

这里需要注意如下几点。

（1）输入参数。"factor" 为 DataFrame 结构，行标签为标的代码，列标签为日期，值为标的因子暴露度；"stock" 为 DataFrame 结构，行标签为标的代码，列标签为日期，大小和 "factor" 一样，值为标的月收盘价。

（2）输出参数。因子收益率和回归 t 值的数组。

（3）缺失值采用零值填充法处理。

函数模型搭建好后，下一步就是做回归分析，获得因子收益率和 t 值序列，代码如下，生成结果见图 4-34。

date	factor_return	tvalue
2018-01-31	0.02536	4.77863
2018-02-28	0.02621	5.61132
2018-03-30	0.00000	0.09969
2018-04-27	0.02261	4.20825
2018-05-31	0.00110	0.16157
2018-06-29	-0.01631	-3.99882
2018-07-31	-0.00879	-1.51065
2018-08-31	-0.00595	-1.62868
2018-09-28	-0.03335	-4.63403

图 4-34 因子收益率与 t 值

1. # 回归分析，获得因子收益率和 t 值
2. fr = factortest_regression（factor_S，stock_close）
3. df=pd.DataFrame（data=fr，index=factor_S.columns[0：-1]，
   columns=['factor_return'，'tvalue']）
4. df

4）回归法因子有效性评价

因子评价基于前文框架构建内的四点评价指标，对于第（3）点的 t 值检验我们采用更加直观的因子收益率累计曲线图进行替代，代码如下：

1. # 因子评价
2. # t 值序列绝对值平均值
3. t_ma = df['tvalue'].abs（）.mean（）
4. print（'t 值序列绝对值平均值：', t_ma）
5. # t 值序列绝对值大于 2 的占比：
6. t_ratio = len（df[（df['tvalue'].abs（）>2）]）/len（df['tvalue']）
7. print（'t 值序列绝对值大于 2 的占比：', t_ratio）
8. # t 值序列均值的绝对值除以 t 值序列的标准差
9. t_div= abs（df['tvalue'].mean（））/df['tvalue'].std（）
10. print（'t 值序列均值的绝对值除以 t 值序列的标准差：', t_div）
11. # 因子收益率序列平均值
12. factor_ma = df['factor_return'].mean（）
13. print（'因子收益率序列平均值：', factor_ma）
14. # 因子收益率积累曲线
15. print（'因子收益率积累曲线：'）
16. fig = plt.figure（figsize=（14，8））
17. df['factor_return'].cumsum（）.plot（kind = 'line', label = 'factor_return'）
18. plt.legend（）
19. plt.show（）

生成结果如下：

t 值序列绝对值平均值：2.5658149861693977

t 值序列绝对值大于 2 的占比：0.45714285714285713

t 值序列均值的绝对值除以 t 值序列的标准差：0.387166028559472

因子收益率序列平均值：0.006865553397838405

因子收益率积累曲线见图 4-35。

生成结果分析：

（1）t 值序列绝对值平均值：2.565 8——因子显著。

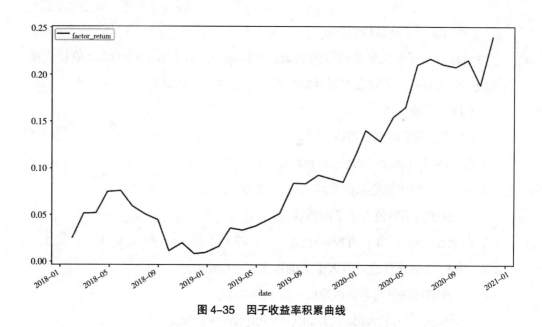

图 4-35 因子收益率积累曲线

（2）t 值序列绝对值大于 2 的占比：0.457 1——显著性稳定。

（3）因子收益率序列平均值：0.006 9——因子收益率方向为正。

（4）因子收益率积累曲线：累积值为正，且趋势明显向上，表明因子收益方向一致。

（5）t 值序列均值的绝对值除以 t 值序列的标准差：0.387 2——因子有效、稳健。

综上所述，通过因子回归法检验，我们得出 PB 因子与股票收益率存在明显的正相关性；该因子是有效因子并且是正向收益类因子。

4.2.3 因子 IC 分析法检验

1. 因子 IC 分析法的理论基础

1）因子 IC 值

因子的 IC 值（information coefficient，信息系数）是指因子在第 T 期的暴露度与 $T+1$ 期的股票收益的相关系数（correlation coefficient）。该相关系数反映的是自变量因子的暴露度与因变量股票收益的相关性，用于判断因子值对下期股票收益率的预测能力（即选股能力）。IC 值的取值范围为 [-1, 1]，绝对值越大，说明相关性越高，因子的预测能力就越好；IC 值大于 0，说明因子与股票收益率之间变化关系呈现正相关性，因子为正向因子；小于 0 则是负相关，因子为反向因子。

常见的 IC 值有两种：Normal IC 与 Rank IC（又称秩相关系数）。对于 Normal

IC，该指标需要满足强假设条件，那就是数据要服从正态分布，然而现实条件往往并不会严格满足该假设；而对于 Rank IC，假设条件就宽裕得多，因此实际中更多人采用 Rank IC 来判断因子的有效性。两者分别对应皮尔森相关系数（Pearson correlation coefficient）和斯皮尔曼相关系数（Spearman correlation coefficient），具体关系见图 4-36。

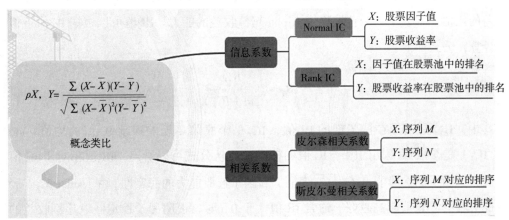

图 4-36　Normal IC 与 Rank IC 的关系

下面就详细介绍一下这两个 IC 指标。

（1）Normal IC。Normal IC 指的是在 T 时刻因子在股票的暴露值与 $T+1$ 时刻股票收益率的截面相关系数。该指标反映的是本期自变量因子与下期股票收益率的线性相关程度，代表了因子预测股票收益率的稳健性。Normal IC 的计算公式如下：

$$\text{Normal IC}_d^T = \text{corr}(\overrightarrow{R^{T+1}}, \overrightarrow{d^T})$$

其中，Normal IC_d^T 是因子 d 在第 T 期的 Normal IC 值；$\overrightarrow{R^{T+1}}$ 是个股在第 $T+1$ 期的收益率向量；$\overrightarrow{d^T}$ 是个股在第 T 期对于因子 d 上的暴露度。

（2）Rank IC。Rank IC 指的是 T 时刻因子在股票的暴露值排名与 $T+1$ 时刻股票收益率排名的截面相关系数。该指标与 Normal IC 的区别在于自变量因子暴露度与因变量股票收益率都换成了排名值，也就是使用变量的排序值计算相关系数，因此该指标侧重于考察变量之间的单调相关性，也就是自变量因子与因变量股票收益之间的秩相关关系。Rank IC 指标的计算是先获取因子暴露度与股票收益率各自的排序值，再通过这两组排序向量计算相关系数，公式如下：

$$\text{Rank IC}_d^T = \text{corr}(\overrightarrow{\text{rank\_}R^{T+1}}, \overrightarrow{\text{rank\_}d^T})$$

其中，Rank IC$_d^T$是因子d在第T期的Rank IC值；$\overrightarrow{\text{rank\_}R^{T+1}}$是个股第$T+1$期的收益率的排序向量；$\overrightarrow{\text{rank\_}d^T}$是个股第$T$期在因子$d$上的暴露度排序向量。

这里需要注意的是，无论是Normal IC还是Rank IC，指标的绝对值越大越好，意味着因子选股能力越强。通常绝对值大于2%则认为因子比较有效。

2）因子的IR值

因子的IR值（information ratio，信息比率）是股票超额收益的均值与其标准差的比值，代表了因子获取稳定Alpha超额收益的能力。IR值可以根据IC值近似计算，公式如下：

$$\text{IR}_T \approx \frac{\overline{\text{IC}_T}}{\text{std}(\text{IC}_T)}$$

其中，IR_T是因子在第T期的IR值，$\overline{\text{IC}_T}$是个股第T期的因子IC值的均值，std（IC_T）是个股第T期的因子IC值的标准差。从公式可以看出，IR值相对于IC值兼顾了因子的选股能力（由$\overline{\text{IC}_T}$表征）和因子选股能力的稳定性[由1/std（IC_T）表征]，因此IR值越高越好。通常IR值大于0.5时，说明因子稳定获取超额收益的能力较强，因子有效性较好。

3）因子IC值、因子收益率和t值的关系

因子收益率（相关系数）和t值，以及因子的IC值，这些指标在某种程度上都反映了自变量因子与因变量收益率之间的相关性，那么它们之间到底存在什么样的关系？要回答这个问题，首先要引进一个引理，内容如下。

设X、Y为两个向量，假设两者满足线性回归关系：$Y=\beta X+c$；如果[corr（X, Y）]$^2=R^2$，则R^2为线性回归方程的可决系数（其中β和c是待回归系数）。

根据引理，因子的Normal IC值的平方就等于单因子线性回归模型的R^2，即

$$\text{Normal IC}^2 = R^2$$

从该公式我们能看出如下几点。

（1）因子IC值等价于R^2的平方根，衡量了本期因子暴露度与下期收益率的线性相关程度，从而反映了模型整体线性拟合优度，因此该指标可以很好地反映因子预测收益率的稳健性。

（2）因子收益率从数学角度来看是线性函数的斜率，反映的是单位因子暴露度下可能获得的收益率的大小，因此该指标不能说明任何关于线性拟合优度的信息。

(3)回归法中的 t 值在线性回归中与 R^2 反映的信息本质上是一致的,但是由于在回归过程中我们对因子暴露值经过了行业中性化处理,所以 t 值仅代表被测因子对股票收益的解释能力。

综上而述,三个指标的关系总结如图 4-37 所示。

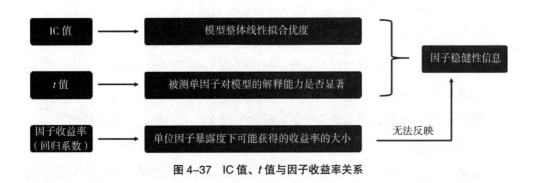

图 4-37　IC 值、t 值与因子收益率关系

2. 因子 IC 分析法测试框架的构建

因子 IC 分析法的框架与因子回归法的框架结构相同,步骤如下。

1)数据获取

数据获取方法同回归法:构建包含沪深 300 指数成分股的所有股票的股票池。这里需要剔除一些不正常上市公司的股票如 ST、PT 股票;回测区间设定为 20180101-20201231 总共 3 年;截面期选择月数据回归,即每个自然月的最后一个交易日计算因子暴露度,并与下一整个自然月的个股收益进行回归;自变量因子的选择这里以市值因子 PB 为案例,分别获取 PB 因子数据与行情数据。

2)数据处理

处理方式与回归法相同。

(1)缺失值处理。零值补充法,即将因子暴露度缺失的地方设为 0。

(2)去极值。MAD 去极值法。

(3)标准化。Z 值法。

(4)中性化。市值和行业中性化。

3)模型的搭建

模型指标采用 Pearson 相关系数与 Spearman 相关系数计算法,计算公式参照前文的内容。

4）IC 分析法因子有效性评价指标

IC 分析法因子有效性评价指标的逻辑与回归法评价指标逻辑大体相同，主要有以下几点。

（1）IC 值序列的均值大小。反映因子的显著性，大于 2% 则说明显著。

（2）IC 值序列的标准差。反映因子的稳定性。

（3）IC 值序列大于零的比例。因子作用方向是否稳定。

（4）IC 值累积曲线。反映因子随时间变化效果是否稳定。

（5）IR 值（IC 值序列均值与标准差的比值）。反映因子的有效性。

3. 因子 IC 分析法的实现

因子 IC 分析法的案例实现基于点宽量化平台 Auto-Trader，具体步骤如下。

1）数据获取

数据获取部分与因子回归法的实现部分相同，代码请参见前文的数据获取部分内容，这里只呈现最终输出结果，因子数据见图 4-38，行情数据见图 4-39。

date	2018-01-31	2018-02-28	2018-03-30	2018-04-27	2018-05-31	2018-06-29	2018-07-31	2018-08-31
szse.000001	1.1937	1.0238	0.9261	0.9158	0.8592	0.7672	0.7769	0.8355
szse.000002	3.1252	2.7208	2.7699	2.3021	2.0743	1.9941	1.9084	1.9682
szse.000008	3.2842	2.9986	2.7130	2.3778	2.2077	1.9624	1.9861	1.5616
szse.000060	2.8548	2.4218	2.2291	2.2004	2.0537	1.6974	1.7242	1.6456
szse.000063	4.1229	4.2713	3.9944	5.2795	5.2795	2.1971	2.7768	3.6307
szse.000069	1.6314	1.3414	1.2988	1.1798	1.2011	1.1021	1.0299	0.9568
szse.000100	1.6220	1.7037	1.5765	1.4121	1.3548	1.2633	1.3734	1.3047

图 4-38　因子数据

time code	2018-01-31 15:00:00	2018-02-28 15:00:00	2018-03-30 15:00:00	2018-04-27 15:00:00	2018-05-31 15:00:00	2018-06-29 15:00:00	2018-07-31 15:00:00	2018-08-31 15:00:00
szse.000001	13.34860	11.44844	10.35585	10.30835	9.67180	8.63621	9.09055	9.77572
szse.000002	31.69887	27.59726	28.09519	23.96826	21.59675	20.76124	19.68098	21.09061
szse.000008	8.14849	7.43992	6.73136	5.91454	5.49137	4.98013	4.98013	3.87675
szse.000060	7.21462	6.12040	5.63341	5.68151	5.44347	4.49920	4.47142	4.26776
szse.000063	30.38696	31.48057	29.43980	30.57248	30.57248	12.72307	14.25609	18.64033
szse.000069	8.46394	6.95924	6.73844	6.32955	6.44704	5.91249	5.78606	5.37521
szse.000100	3.13698	3.29515	3.04911	2.85580	2.82267	2.63207	2.72283	2.58669

图 4-39　行情数据

2）数据处理

数据处理部分与因子回归法的实现部分相同，代码请参见前文的数据处理部分内容，这里只呈现最终输出结果，因子数据预处理后的结果见图4-40。

date	2018-01-31	2018-02-28	2018-03-30	2018-04-27	2018-05-31	2018-06-29	2018-07-31	2018-08-31
szse.000001	-0.71844	-0.72535	-0.72495	-0.76311	-0.75450	-0.73489	-0.73965	-0.70322
szse.000002	-0.08662	-0.18764	-0.17242	-0.29063	-0.36559	-0.31898	-0.34627	-0.27329
szse.000008	-0.03461	-0.09962	-0.18947	-0.26483	-0.32289	-0.32973	-0.31926	-0.42762
szse.000060	-0.17507	-0.28238	-0.33448	-0.32529	-0.37218	-0.41956	-0.41031	-0.39574
szse.000063	0.23974	0.30364	0.19452	0.72413	0.66030	-0.25016	-0.04437	0.35772
szse.000069	-0.57526	-0.62471	-0.61326	-0.67314	-0.64507	-0.62136	-0.65169	-0.65718
szse.000100	-0.57834	-0.50992	-0.53004	-0.59396	-0.59587	-0.56672	-0.53227	-0.52513

图4-40　因子数据预处理

3）模型的搭建

首先是IC法函数的搭建，这里主要涉及的是Pearson相关系数与Spearman相关系数的设定，代码如下：

1. # 单因子测试 -IC 值法
2. def factortest_ICvalue（factor，stock）：
3. 　　# 构建列表，用来放Pearson相关系数和P值
4. 　　Normal_IC = list（）
5. 　　# 构建列表，用来放Spearman相关系数和P值
6. 　　Rank_IC =list（）
7. 　　# 利用收盘价计算股票的月收益率
8. 　　stock_return = -stock.diff（-1，axis=1）.div（stock）
9. 　　# NaN 数据变为0
10. 　　factor = factor.fillna（0）
11. 　　stock_return = stock_return.fillna（0）
12. 　　# 每个月的截面数据求相关系数
13. 　　for i in range（factor.shape[1]-1）：
14. 　　　　pearson = st.pearsonr（stock_return.iloc[：，i]，factor.iloc[：，i]）
15. 　　　　spearman = st.spearmanr（stock_return.iloc[：，i]，factor.iloc[：，i]）
16. 　　　　# 获取Pearson相关系数和P值

17.　　　Normal_IC.append（list（pearson））
18.　　　# 获取 Spearman 相关系数和 P 值
19.　　　Rank_IC.append（list（spearman））
20.　　# 将列表转为数组后进行合并
21.　　return np.c_[np.array（Normal_IC），np.array（Rank_IC）]

这里需要注意以下几点。

（1）输入参数。"factor"为 DataFrame 结构，行标签为标的代码，列标签为日期，值为标的因子暴露度；"stock"为 DataFrame 结构，行标签为标的代码，列标签为日期，大小和"factor"一样，值为标的月收益率。

（2）输出参数。Normal IC 和 Rank IC 值，以及各自 P 值的数组。

（3）缺失值采用零值填充法处理。

函数模型搭建好后，下一步就是获取 IC 值和 IR 值，以及相对应的 P 值。这里的 P 值用于衡量相关系数的显著水平，例如 P 值不显著，则说明相关性是由偶然因素引起的。P 值的取值范围在 [0，1] 区间，P 值越小越显著；通常来讲，P 值如果小于 0.1 说明两组数据显著相关。代码如下：

1. # 获取 IC 值
2. IC = factortest_ICvalue（factor_S，stock_close）
3. df=pd.DataFrame（data=IC，index=factor_S.columns[0：-1]，columns=['Normal_IC'，'Normal_pvalue'，'Rank_IC'，'Rank_pvalue']）
4. df

生成结果见图 4-41。

4）IC 分析法因子有效性评价

因子有效性评价基于前文框架构建内的评价指标，代码如下：

1. # IC 值序列均值大小
2. ma = df[['Normal_IC'，'Rank_IC']].mean（）
3. print（'IC 值序列均值：\n'，ma）
4. # IC 值序列的标准差
5. st = df[['Normal_IC'，'Rank_IC']].std（）
6. print（'IC 值序列的标准差：\n'，st）
7. # IR 比率

8. IR = df[['Normal_IC','Rank_IC']].mean（）/df[['Normal_IC','Rank_IC']].std（）
9. print（'IR 比率：\n'，IR）
10. # IC 值序列大于 0 的占比
11. NormalIC_ratio = len（df[（df['Normal_IC']>0）]）/len（df['Normal_IC']）
12. RankIC_ratio = len（df[（df['Rank_IC']>0）]）/len（df['Rank_IC']）
13. print（'Normal_IC 值序列大于 0 的占比：'，NormalIC_ratio）
14. print（'Rank_IC 值序列大于 0 的占比：'，RankIC_ratio）
15. # IC 的 P 值序列小于 0.1 的占比
16. Normal_pvalue_ratio = len(df[(df['Normal_pvalue']<0.1)])/len(df['Normal_pvalue'])
17. Rank_pvalue_ratio = len（df[（df['Rank_pvalue']<0.1）]）/len（df['Rank_pvalue']）
18. print（'Normal_IC 的 P 值序列小于 0.1 的占比：'，Normal_pvalue_ratio）
19. print（'Rank_IC 的 P 值序列小于 0.1 的占比：'，Rank_pvalue_ratio）
20. # IC 值积累曲线
21. fig = plt.figure（figsize=（14，8））
22. df['Normal_IC'].cumsum（）.plot（kind = 'line'，label = 'Normal_IC'）
23. df['Rank_IC'].cumsum（）.plot（kind = 'line'，label = 'Rank_IC'）
24. plt.legend（）
25. plt.show（）

date	Normal_IC	Normal_pvalue	Rank_IC	Rank_pvalue
2018-01-31	0.30442	0.00000e+00	0.27513	0.00000e+00
2018-02-28	0.31196	0.00000e+00	0.30104	0.00000e+00
2018-03-30	0.00664	9.08880e-01	-0.14635	1.11513e-02
2018-04-27	0.23651	0.00000e+00	0.25502	0.00000e+00
2018-05-31	0.01380	8.11800e-01	-0.03547	5.40537e-01
2018-06-29	-0.22644	0.00000e+00	-0.29136	0.00000e+00
2018-07-31	-0.10848	6.05582e-02	-0.23199	0.00000e+00
2018-08-31	-0.09826	8.93181e-02	-0.10197	7.78338e-02
2018-09-28	-0.31519	0.00000e+00	-0.40463	0.00000e+00
2018-10-31	0.08956	1.21648e-01	0.15844	5.95577e-03

图 4-41　IC 值获取

生成结果如下，IC 值积累曲线见图 4-42。

```
IC 值序列均值：
Normal_IC       0.06897
Rank_IC         0.03982
dtype：         float64
IC 值序列的标准差：
Normal_IC       0.18986
Rank_IC         0.20923
dtype：         float64
IR 比率：
Normal_IC       0.36327
Rank_IC         0.19030
dtype：         float64
Normal_IC 值序列大于 0 的占比：0.6285714285714286
Rank_IC 值序列大于 0 的占比：0.5428571428571428
Normal_IC 的 P 值序列小于 0.1 的占比：0.5714285714285714
Rank_IC 的 P 值序列小于 0.1 的占比：0.6857142857142857
```

生成结果分析见表 4-4。

表 4-4　IC 分析法有效性评价表

项目	Normal IC	Rank IC	结果分析
IC 值序列均值	0.068 9	0.039 8	均值大于 0.02，因子显著且为正向因子
IC 值序列的标准差	0.189 8	0.209 2	标准差在 0.2 附近，因子稳定
IR 比率	0.363 2	0.190 3	IR 比率值没有达到 0.5 以上，指标有效性较弱
IC 值序列大于 0 的占比	0.628 5	0.542 8	占比都超过 50%，因子作用是正向
P 值序列小于 0.1 的占比	0.571 4	0.685 7	占比都超过 50%，说明因子之间显著相关

另外从图 4-42 可以看出，随着时间的推移，PB 因子的 IC 值累积曲线震荡向上，变化趋势较为稳定。

综上所述，PB 因子是正向的有效因子，且因子稳定，除了 IR 值外，效果显著，与回归法测试结果一致；此外，如果对比两个指标的生成结果可以看出 Normal IC 值比 Rank IC 值的效果更显著。

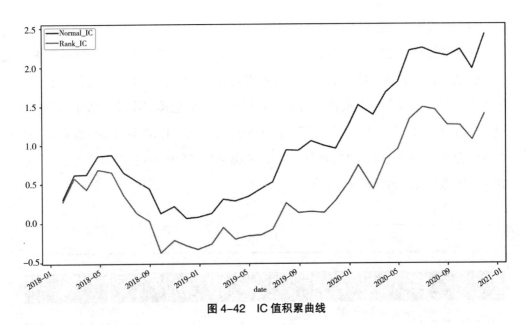

图 4-42 IC 值积累曲线

4.2.4 分层回测法检验

1. 分层回测法的理论基础

4.2.2 节和 4.2.3 节介绍的单因子检验法，无论是因子回归法还是因子 IC 分析法，本质上都是侧重于分析股票收益率与因子值之间的相关性，从而用因子解释收益，但这样考虑是不够的，相关性并不是因果性，而且即使过去有相关性，并不代表未来也有相关性，从而导致预测性不强。如果一个因子是好因子，那么基于因子值筛选出来的股票，也应该表现良好，这样更能说明因子可以解释股票收益，从这一角度出发，就得到了单因子检验的分层回测法。

分层回测法是一种依照因子值对股票进行打分，然后根据分数构建投资组合进行回测的因子测试方法，是最直观地衡量指标优劣的手段。相比另外两种单因子测试方法，该检验法的主要优势是可以区分因子单调性，而因子回归法和因子 IC 分析法都无法确定因子的单调性特征（例如某因子值排名在前 1/3 的个股表现比排名中间 1/3 和后 1/3 的个股表现要好）。此外分层回测法结果直观清晰、逻辑简单、操作方便，是接受度非常高的一种单因子检验方法。

分层回测法的具体操作方法如下。

（1）在某个截面期上，根据一个或几个因子值对个股进行打分。

（2）根据因子分数将所有个股分为 N 层。

（3）根据分层结果构建 N 个投资组合。

(4)对投资组合进行回测,分析结果。

这里最关键的是对分层的理解,我们先通过一个简单的案例理解分层的逻辑。

假设股票池有 300 只股票,首先我们将这 300 只股票按因子值大小排序,因子值小的对应的股票排在前面,大的排在后面,然后把排好序的股票池等分为 5 组,每组包含 60 只股票。也就是说,因子值排名最前面的 60 只股票为组合 1,接着在组合 1 后面的 60 只股票为组合 2,以此类推到最后的 60 只股票为组合 5,总共 5 个组合,具体如图 4-43 所示。

图 4-43　股票组合分层图

实际操作中,分层还要涉及行业权重等概念,逻辑更加复杂,但大致思想是不变的。例如我们以申万一级行业分类为基准,看一下分层回测法的操作步骤,具体如下。

(1)把股票池所有股票按申万一级行业分类标准进行分类,总共 28 种行业类别。

(2)在每一种行业类别内对所有个股按因子值大小进行排序,并且每个行业内均等分成 N 个分层组合。分层数量依据等分行业内个股权重累加值,例如:若 $N=5$,则每个组合占行业整体权重的 1/5。

(3)将所有行业中同一层组合结合在一起,累加时行业间的权重配比与基准组合(如沪深 300 指数中的行业权重配比)相同,从而实现所谓的"行业中性"。

举例说明,假设我们仍把股票池分为 5 组,行业分类以申万一级分类为准,权重配比参照沪深 300 指数的行业权重,具体如图 4-44 所示。

上述方法操作后的结果是得到 5 个组合,且每个组合中行业的占比权重与沪深 300 指数的权重一致。有了这 5 个组合后,我们就可以通过回测来验证不同的组合之间收益率是否有显著的区别,通常我们以累计收益率为准。如果区别显著

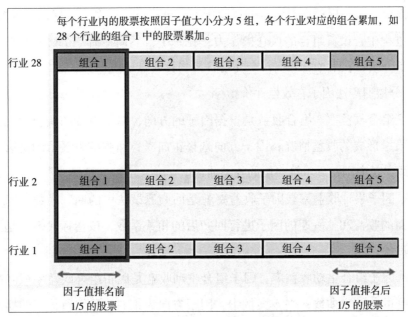

图 4-44　单因子分层法示意图

且层级顺序与组合顺序相关（这里正负相关都可以，正相关说明因子是正向因子，而负相关说明因子是负向因子），说明因子对股票的收益率的影响是显著的。

2. 分层回测法测试框架的构建

分层回测法的框架与前两种方法的框架结构相同，步骤如下。

1）数据获取

构建包含沪深 300 指数成分股的所有股票的股票池。这里需要剔除一些不正常上市公司的股票，如 ST、PT 股票；回测区间设定为 20180101-20201231 总共 3 年；单因子测试对象选择市值因子 PB 为案例。

2）数据处理

处理方式与上述两种方法相同。

（1）去极值。MAD 去极值法。

（2）标准化。Z 值法。

（3）中性化。市值和行业中性化。

3）模型的搭建

本案例将股票池分为 5 组，行业分类以申万一级分类为准，权重配比参照沪深 300 指数的行业权重。由于采用的是因子排序分组回测，因此模型的关键是换仓期的设定，该指标根据投资者的风险厌恶程度决定。本案例选择以周为换仓期，即回测过程中，投资组合的换仓操作为：在每个自然周最后一个交易日核算因子值，重新分组；在下个自然周首个交易日按当日收盘价换仓。

4）分层回测法因子有效性评价指标

（1）组合收益率。组合收益是根据因子的方向，以及设置的调仓周期，在回测时间段里形成的收益情况；因子方向选择正向时，回测结果展示的是第五组的收益曲线，反向则是展示第一组的收益曲线。

（2）因子累计收益率。因子收益率就是回归测试法中的回归系数，即将本期个股截面的收益和上一期的因子进行回归后的相关系数，该指标代表的是上一期的因子收益。

（3）因子组合主动收益率。因子组合主动收益是因子组合收益率减基准收益率后得到的收益率曲线；在本案例中，因子方向为正向，我们所输入的换仓周期为周，那么回测时每周对当天的因子进行分层操作，以收盘价买入且等权重持有各层的股票直至下一个换仓日，接着以开盘价卖出，计算各组合的收益情况，减去基准收益率后，就得到因子组合主动收益率曲线。分析结果时，如果所选因子为正向因子，当高分位层（分组）和低分位层（分组）的收益之间有较大的超额收益差时，说明此因子对未来收益有较好的解释性和预测性。这里需要注意的是该收益率曲线是累积收益曲线。

（4）因子多空组合收益率。因子多空组合收益率是把分组收益率进行多空配置后得到的收益率曲线。本案例中根据因子的方向，该收益率是通过做多第五组、做空第一组表现出来的累积收益曲线。

3. 分层回测法的实现

分层回测法的案例实现基于点宽量化平台 Auto-Trader，由于数据是在回测过程中产生的，因此数据的获取与处理被直接内嵌到策略回测执行脚本里，模型整体结构也极度简洁，具体步骤如下。

1）模型的实现

测试模型的实现是通过 Auto-Trader 自带的函数模块进行单因子分层回测，步骤如下。

（1）工具包导入。导入工具包，用 import 导入 atrader 中的因子分析工具"calcfactor"，代码如下：

```
1. from atrader.calcfactor import *
```

（2）初始化。定义上下文对象为"ContextFactor"的对象，并用"reg_factor"函数注册 PB 因子数据，代码如下：

```
1. def init（context：ContextFactor）：
2.     # 注册因子 PB
3.     reg_factor（['pb']）
```

（3）策略运行逻辑函数。这里我们直接引用 Auto-Trader 自带的因子计算主题函数"calc_factor"；此外用"get_factor_by_factor"函数获取之前注册的 PB 因子数据，再提取因子值并转换为列。代码如下：

```
1. def calc_factor（context：ContextFactor）：
2.     # 获取注册的因子 PE 的数值
3.     result = get_reg_factor（context.reg_factor[0], df=True）
4.     # 提取因子的数值
5.     result = result['value'].values
6.     # 将结果转换为列
7.     return result.reshape（-1，1）
```

（4）策略执行脚本。在这一部分，我们直接引用 Auto-Trader 自带的因子计算入口"run_factor"，输入参数中设置因子名为"pb"，因子计算的文件路径为用"."表示的当前文件，投资标的为沪深 300 指数成分股，开始日期为 2018 年 1 月 1 日，结束日期为 2020 年 12 月 31 日，复权类型为前复权。代码如下：

```
1. if __name__ == "__main__":
2.     # 投资域为沪深 300
       run_factor（factor_name='pb', file_path='.', targets='hs300', begin_date='2018-01-01', end_date='2020-12-31', fq=1）
```

在运行完上述代码后，回测结果界面的右上角有个"回测参数设置"按钮，如图 4-45 黑框所示。

单击该按钮后就可以进入回测参数设置对话框，方便地进行回测参数设置，图 4-46 为操作界面。

选项中：

（1）调仓周期规定多长时间对组合中的股票进行买入、卖出操作，Auto-Trader

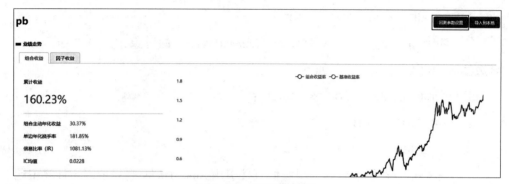

图 4-45 回测结果界面

目前支持自定义日、周、月和季。

（2）分位组数是股票需要的分组数量，目前 Auto-Trader 最多支持 10 组。

（3）因子方向分为正向和反向；正向时，因子值将从小到大排序。本案例中 PB 属于正向因子，因此选择正向。

（4）行业分类可选申万 1 级或证监会 1 级。

（5）信号处理是因子数据处理方式，包括去极值、中性化、标准化。

同学们可以根据自己的喜好，自行设定因子测试的参数设置，并观察一下反馈结果的区别，加深参数对回测结果影响的理解。

2）分层回测法因子有效性评价

下面我们来看一下模型的回测结果，首先是组合收益情况。在 PB 因子的测试中，我

图 4-46 回测参数设置界面

们选择的因子方向为正向，图 4-47 中的组合收益反映的就是第五组投资组合在回测期内的组合收益情况，而第五组也就是因子值排序最大的一组。图中的组合收益明显高于沪深 300 指数的基准收益，累计收益达到惊人的 160.23%。组合收益是因子分层回测中最直接，最直观判断因子回测收益的参考指标之一，具体结果见图 4-47。

接下来我们观察因子累积收益率，如图 4-48 所示。

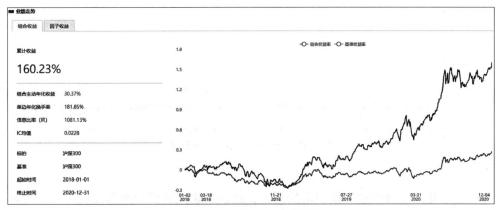

图 4-47　PB 因子组合收益图

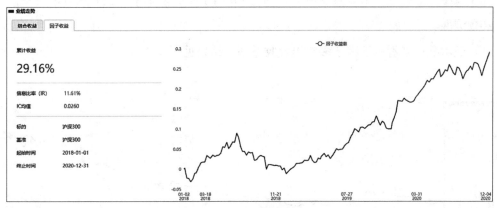

图 4-48　PB 因子累积收益图

这里需要注意的是，图 4-48 中的曲线不是因子收益率曲线，而是因子的累积收益曲线。当因子累积收益大于 0 时，过去 $N-1$ 期的因子对个股收益的累积反馈是正向的；而当因子的累积收益率小于 0 时，说明过去 $N-1$ 期的因子对个股的收益的累积反馈是反向的。此外我们还可以通过曲线的变化，了解当前分析因子对于个股的收益的反馈方向是否长期稳定。图 4-48 中的因子收益率累计值大于 0，且稳定上升，累计收益达到 29.16%，说明 PB 因子对于个股的收益有长期稳定的正向反馈。

下一步我们看一下最重要的因子组合主动收益图，注意这里的收益率曲线仍然都是累积收益曲线。结果见图 4-49。

图 4-49 中，组合 5 的股票收益是震荡向上的，而组合 1 的股票收益是震荡向下的，说明因子值较大的股票组合收益高，因子值小的股票组合收益低，甚至是

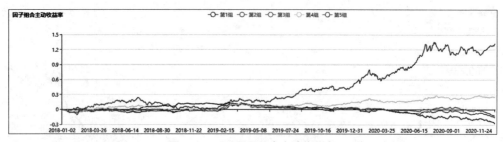

图 4-49 PB 因子组合主动收益率

负收益；此外随着收益率累积值的增加，组和组之间分层效果愈发明显，并且随着分组层级的增加，组合累积主动收益率也呈现明显的单调性，即组合级别越高，因子值越大，股票收益表现就越好，因此 PB 因子对股票未来收益有较好的解释性和预测性。

最后我们来看一下因子多空组合收益率，结果见图 4-50。

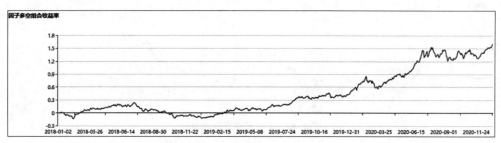

图 4-50 PB 因子多空组合收益率

在 PB 因子测试中，我们将股票池分为 5 组，那么因子多空组合收益率就是组合 5 的收益率减去组合 1 的收益率，然后取累积收益。图 4-50 中的曲线为因子多空组合的累积收益曲线，可以看出曲线呈现明显震荡向上的趋势，说明因子均值最高的组合 5 和因子均值最低的组合 1 之间收益率之差是累积增加的，从另外一个层面表明了不同层级之间收益率存在明显的差距。

综上所述，PB 因子是正向的有效因子，且因子稳定，与之前因子回归法和因子 IC 分析法的测试结果一致；此外，通过分层回测法可以更好地检验 PB 因子的单调性，而这是前两种检验法所无法比拟的。同学们在实战过程中，可以灵活运用上述介绍的三种方法，综合评价因子的有效性以及对于投资标的收益率的解释能力，使得测试结果更加可靠。

4.3 多因子分析

4.2 节主要介绍了如何在因子集合中进行有效性检验，排除和收益率相关性不高的因子，从而识别单个有效因子。然而在构建多因子回归模型之前，仅仅筛选出有效单个因子是不够的，我们还需要对因子和因子之间的关系进行处理，如因子合成、因子正交化处理和异方差分析等。本节将从多因子之间的关系处理方面展开讨论，为第 5 章的多因子模型构建打下基础。

4.3.1 大类因子分析

1. 大类因子分析的理论基础

大类因子是指在逻辑上具有一定相似性的因子，或者是经济含义类似的同类型因子。由于多因子模型本身强调因子的经济含义和实证有效性两个方面，因此在因子收集的时候我们会根据因子的具体经济含义对因子进行大类划分，而经济含义类似的同类型因子通常会存在明显的相关性，因此在进行多元线性回归的时候会造成多重共线性（multicollinearity）。多重共线性是指回归模型中的解释变量之间由于存在精确相关关系或高度相关性而使模型估计失真或者难以估计准确。所以在有效因子筛选出来之后，为尽量多地保留有用信息，在回归之前我们需要根据因子所属大类对其进行处理，如将共线性比较严重的因子合成，或者尽量挑选效果显著并且相关性不高的因子集合进行保留，从而提升多元线性回归的准确性。

大类因子分析的方法步骤如图 4-51 所示。

图 4-51　大类因子分析步骤

（1）有效因子筛选出来之后，根据因子的具体经济含义对因子进行大类划分。

（2）根据大类对因子的相关性进行 t 检验。

（3）对于相关性较高的因子，为尽可能多地保留因子信息，要么舍弃显著性较低的因子，要么进行因子合成。

2. 因子相关性检验

我们结合具体的例子来看如何进行同类型因子的相关性检验。假设有同类型的 K 个候选因子，我们向前选取 M 个月的标的截面数据作为样本，进行因子的相关性检验，步骤如下。

步骤一：按月计算出因子载荷之间的相关系数矩阵和每个因子的因子收益率，得到 K 行 K 列的相关系数矩阵：

$$\rho^t = \begin{bmatrix} 1 & \rho^t_{12} & \cdots & \rho^t_{1K} \\ \rho^t_{21} & 1 & \cdots & \vdots \\ \vdots & \vdots & & \vdots \\ \rho^t_{K1} & \cdots & \cdots & 1 \end{bmatrix}$$

其中，ρ^t_{ij} 为因子 i 和因子 j 的相关系数。

步骤二：根据 M 个月的相关系数进行检验，检验方法包括相关系数绝对值的均值、中位数或 t 检验等方法。具体而言，对于某个因子的相关系数绝对值的均值为 M 个月里它与 K 个因子的 $M \times K$ 个相关系数的均值；中位数同理，是 $M \times K$ 个相关系数的中位数。这里需要注意的是，取均值和取中位数等操作都是对于相关系数的绝对值而言的；最后 t 检验用于检验相关系数 ρ 是否显著，即利用求得的 M 个月中某一因子与另一因子的 M 个相关系数，检验这两个因子的相关系数 ρ 是否非零（$\rho \neq 0$）。三类检验法的计算公式如下。

（1）均值。$\mathrm{MA}_i = \dfrac{\sum_{j=1}^{K} \sum_{t=1}^{M} \left| \rho^k_{ij} \right|}{K}$，$i = 1, 2, \cdots, K$

（2）中位数。$\mathrm{Med}_i = \mathrm{median}\left(\left| \rho^k_{ij} \right| \right)$，$k = 1, 2, \cdots, M; i, j = 1, 2, \cdots, K$

（3）t 检验。$t_{ij} = \dfrac{\overline{\left| \rho^k_{ij} \right|}}{\sigma / \sqrt{M-1}}$，$k = 1, 2, \cdots, M; i, j = 1, 2, \cdots, K$

下面我们以动量类因子中的 10 个因子为案例，来看一下上述步骤是如何在 Python 环境中实现的。10 个动量类因子分别为：变化率指数均值（arc）、阿隆指标（aroon）、20 日顺势指标（cci20）、估波指标（coppockcurve）、12 个月动量（momentum12m）、3 个月动量（momentum3m）、126 日价格动量（revs126）、1 个月收益排名（rank1m）、钱德动量摆动指标（cmo）以及方向标准离差指数（ddi）。

1）获取动量因子的因子载荷之间的相关系数矩阵

首先，我们将 10 个因子的名称保存到列表"names"中，并用"get_factor_by_

day"函数分别获取 2020 年 2 月到 5 月这 4 个月最后一个交易日沪深 300 成分股的各因子的值。代码如下，生成结果见图 4-52。

1. # 获取因子数据
2. # 单日多标的多因子
3. names=['arc','aroon','cci20','coppockcurve','momentum12m','momentum3m', 'revs126', 'rank1m', 'cmo', 'ddi']
4. factors1=get_factor_by_day（factor_list=names，target_list=list（get_code_list（'hs300', date='2020-02-01'）.code），date='2020-02-28'）
5. factors2=get_factor_by_day（factor_list=names，target_list=list（get_code_list（'hs300', date='2020-02-01'）.code），date='2020-03-27'）
6. factors3=get_factor_by_day（factor_list=names，target_list=list（get_code_list（'hs300', date='2020-02-01'）.code），date='2020-04-30'）
7. factors4=get_factor_by_day（factor_list=names，target_list=list（get_code_list（'hs300', date='2020-02-01'）.code），date='2020-05-29'）
8. factors4

	code	arc	aroon	cci20	coppockcurve	momentum12m	momentum3m
0	SZSE.000001	0.88796	53.846	-95.476	89.74	0.098007	-0.0994
1	SZSE.000002	0.89399	53.846	-25.446	94.456	-0.016527	-0.14048
2	SZSE.000063	0.94963	57.692	-141.97	90.152	0.36316	-0.23749
3	SZSE.000069	0.91371	53.846	-96.338	80.952	-0.055152	-0.026906
4	SZSE.000100	0.91604	-38.462	101.06	88.292	0.2522	-0.3579
5	SZSE.000157	1.0244	-26.923	-87.93	86.784	0.26489	-0.025316

图 4-52 因子数据获取

接着我们定义计算相关系数矩阵的函数 factor_corr。首先将因子数据的行标签设为标的股票代码，然后将因子数据依次进行取极值、标准化处理，再用 0 填补处理后的因子数据的缺失值，最后用 corr 函数取得相关系数矩阵并返回结果。去极值与标准化的函数定义与前面因子数据预处理章节内容一致，这里就不再赘述，代码如下：

1. # 计算因子的相关系数矩阵函数
2. def factor_corr（factors）：

```
3.  factors = factors.set_index（'code'）
4.  factors_process = standardize_z（extreme_3sigma（factors.fillna（0）））
5.  result = factors_process.fillna（0）.corr（）
6.  return result
```

最后我们依次对 4 个月的因子数据调用定义的相关系数矩阵函数，并求四个相关系数矩阵的均值。代码如下，生成结果见图 4-53。

```
1. # 获取相关系数矩阵
2. factors_corr1 = factor_corr（factors1）
3. factors_corr2 = factor_corr（factors2）
4. factors_corr3 = factor_corr（factors3）
5. factors_corr4 = factor_corr（factors4）
6. # 矩阵均值检验，4 个月的相关性做均值
7. factors_corr =（factors_corr1+factors_corr2+factors_corr3+factors_corr4）.div（4）
8. factors_corr
```

	arc	aroon	cci20	coppockcurve	momentum12m	momentum3m
arc	1.00000	-0.28768	0.07211	0.44531	0.64739	0.87391
aroon	-0.28768	1.00000	-0.57107	-0.56607	-0.19131	-0.12342
cci20	0.07211	-0.57107	1.00000	0.41220	0.07058	-0.02002
coppockcurve	0.44531	-0.56607	0.41220	1.00000	0.42585	0.25553
momentum12m	0.64739	-0.19131	0.07058	0.42585	1.00000	0.50002
momentum3m	0.87391	-0.12342	-0.02002	0.25553	0.50002	1.00000

图 4-53 相关系数矩阵

2）因子相关性检验

有了因子之间的相关系数矩阵，我们就可以进行因子相关性检验了，这里我们以相关系数绝对值的均值和中位数作为参考，并且借助相关系数热力图来更直观展示因子之间的相关性，代码如下，生成结果见图 4-54。

```
1. # 相关系数检验
2. mean_abs = abs（factors_corr）.mean（）
3. print（'相关性均值绝对值：\n', mean_abs）
4. median_abs = abs（factors_corr）.median（）
5. print（'相关性中位数绝对值：\n', median_abs）
```

均值			中位数	
arc	0.46236		arc	0.35980
aroon	0.51811		aroon	0.56798
cci20	0.46953		cci20	0.49335
coppockcurve	0.52425		coppockcurve	0.50289
momentum12m	0.38485		momentum12m	0.30503
momentum3m	0.34584		momentum3m	0.18532
revs126	0.53191		revs126	0.45773
rank1m	0.52913		rank1m	0.62443
cmo	0.54170		cmo	0.66659
ddi	0.49036		ddi	0.53397

图 4-54 相关系数检验结果

1. # 相关系数热力图（图 4-55）
2. # 设置画面大小
3. fig = plt.figure（figsize=（12，8））
4. sns.heatmap（factors_corr, annot=True, vmax=1, vmin=-1, square=True, cmap='CMRmap_r',）
5. plt.show（）

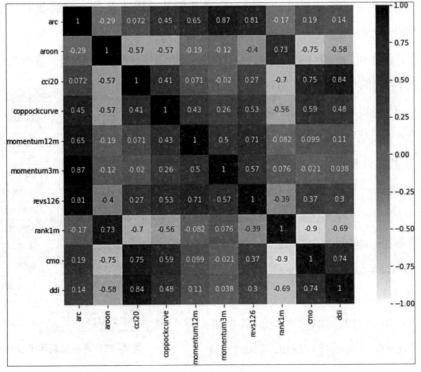

图 4-55 相关系数热力图

从结果来看，我们认为这 10 个动量因子都具有较高的相关性。

3. 因子取舍与合成

在进行因子相关性检验后，对于相关性较高的因子集合通常采取两种方式处理。

1）因子取舍

因子取舍指的是根据因子本身的有效性进行排序，挑选最有效的因子进行保留，删除其他因子。取得因子有效性的方法参照 4.2 节讲的因子回归法、因子 IC 分析法与分层回测法等，这里不再赘述。

2）因子合成

因子合成指的是对相关性较高的因子集合进行合成处理，从而形成新的复合因子。由于在进行因子取舍的时候需要删除部分因子，可能会造成信息丢失，相比较而言因子合成可以尽可能多地保留有效因子信息，避免信息丢失对模型的回归造成负面影响。因子合成的方法主要有四种，具体如下。

（1）等权法。等权法指的是所有相关性很高的因子等权重进行合成，即按照每个因子载荷等权重的方式合成新的因子载荷。以之前的 10 个动量因子为例，动量因子的因子载荷各占 1/10 的权重，合成新的动量因子载荷，然后我们会根据需要再对新的动量因子载荷进行标准化处理。在 Python 中，我们先将相关性较高的 10 个因子名称列为一个 list，并利用这个 list 取出这 10 个因子的因子载荷数据，然后将它们进行简单的加权平均就可得到新的因子载荷。代码如下，生成结果见图 4-56。

```
1. # 等权法
2. # 数据处理
3. factors = factors4.set_index（'code'）
4. factors_process = standardize_z
   （extreme_3sigma（factors.fillna（0）））
5. result = factors_process.fillna（0）
6. # 等权法合成因子
7. composite_factor = result.mul（1/
   （result.shape[1]））.sum（axis=1）
```

SZSE.000001	-0.19847
SZSE.000002	0.00213
SZSE.000063	-0.10963
SZSE.000069	-0.29109
SZSE.000100	0.21705
SZSE.000157	-0.10643
SZSE.000166	-0.47448
SZSE.000333	0.39445
SZSE.000338	-0.17249
SZSE.000413	-0.58673
SZSE.000415	-0.24894
SZSE.000423	0.53379
SZSE.000425	0.30209

图 4-56 等权法新因子载荷图

8. pd.DataFrame（composite_factor）

（2）历史收益率加权法。历史收益率加权法是指所有相关性很高的因子，按照各自的历史收益率作为权重对因子载荷进行合成。该方法可以获得最大解释力的大类因子，但是由于共线性问题通过回归计算出的因子收益率非常不稳定。操作步骤如下。

①计算各因子的收益率，方法同 4.2 节因子回归法中的内容，即将个股的截面因子暴露值与个股收益率做回归，回归系数即为因子收益率。

②以各因子的收益率为权重加权合成新因子。

我们还是以 10 个动量因子为例看一下如何通过 Python 实现历史收益率加权法。

步骤一：获取因子的历史收益率。

首先用 "get_kdata" 函数以月为频率获取沪深 300 成分股的第 2—6 月总共 5 个月的历史行情数据，这里由于计算的股票收益率是到 5 月底，因此股票数据需要向后多取一期数据（也就是计算 T 期的股票收益率需要 $T+1$ 期的股票价格数据）；然后用 "pivot_table" 函数建立数据透视表，该表以股票代码为索引，以日期作为列标，收盘价作为值填充。由于数据透视表形成的行标签排序与原始数据不一致，需要设置变量 "code" 为原始数据中股票代码的排序，并用 "loc" 将数据透视表的数据重新排序后赋值到 "stock_close" 中，即为收盘价行情数据。接着用取得的后一个交易日的收盘价除以前一个交易日的收盘价再减去 1，得到股票的月收益率。最后利用 for 循环，将每一个因子的因子载荷数据与标的行情数据做回归，将回归系数作为该因子的因子收益率。代码如下：

1. # 获取行情数据
2. data=get_kdata（target_list=list（get_code_list（'hs300'，date='2020-02-01'）.code），frequency='month'，fre_num=1，begin_date='2020-02-01'，end_date='2020-06-30'，fq=1，fill_up=True，df=True，sort_by_date=False）
3. # 数据透视，形成收盘价 dataframe
4. close = data.pivot_table（values='close'，index='code'，columns=' time'）
5. # 数据透视形成行标签排序与前面不一致，将原始数据的排序去重复项后排序不变
6. code = sorted（set（list（data['code']）），key =list（data['code']）.index）
7. # 形成行标签与前面一致的 dataframe

8. stock_close = close.loc[code]
9. # 求股票收益率
10. stock_return = stock_close.diff（axis=1）.div（stock_close）
11. # 因子数据处理
12. factors = factors4.set_index（'code'）.rename（index = str.lower）
13. factors_process = standardize_z（extreme_3sigma（factors.fillna（0）））
14. # 求因子收益率
15. factor_return= list（）
16. for i in range（factors_process.shape[1]）：
17.   X = factors_process.iloc[：，i]
18.   # 股票收益率和因子数据回归
19.   result=sm.OLS（stock_return.iloc[：,-1].astype（float），X.astype（float））.fit（）
20.   factor_return.append（result.params[0]）
21. factor_return

生成结果见图 4–57。

步骤二：以因子收益率为权重加权合成新的因子载荷。

首先以各因子的因子收益率除以因子收益率的绝对值总和，并取绝对值作为各个因子的权重；然后将各因子的因子载荷值乘以权重，并代替原来的因子载荷，从而形成加权过后的因子载荷矩阵；最后矩阵按行求和得到每只股票对应的新的因子载荷值。代码如下：

```
[0.01562307608918123,
 -0.008781117534588443,
 -0.004179596796268297,
 0.02344757364188049,
 0.04312981139630347,
 -0.0033340888523621763,
 0.027863789650225297,
 -0.004434402388664299,
 -0.002099006831265503,
 -0.0013914785185029509]
```

图 4–57　因子收益率生成结果

1. # 根据因子收益率加权合成因子
2. weight = [x/sum（map（abs，factor_return））for x in factor_return]
3. # 按因子收益率的占比计算各因子值
4. for i in range（factors_process.shape[1]）：
5.   factors_process.iloc[：,i] = factors_process.iloc[：,i].mul（abs（weight[i]））
6. # 因子值合成，每行的结果相加
7. composite_factorreturn = factors_process.sum（axis=1）
8. pd.DataFrame（composite_factorreturn）

生成各共线因子加权后合成的新因子值部分结果见图 4-58。

（3）历史信息比例加权法。历史信息比例加权法是指所有相关性很高的因子，按照各自的历史 IC 值计算权重并对因子载荷进行加权合成。这里的 IC 值采用的是 Normal IC 值，对应的是 Pearson 相关系数，计算方法参照因子 IC 分析法检验部分内容。假设有 N 个相关性很高的因子，则历史信息比例加权法的合成步骤如下。

code	
szse.000001	-0.20327
szse.000002	-0.04860
szse.000063	0.40898
szse.000069	-0.41398
szse.000100	0.51400
szse.000157	0.17822
szse.000166	-0.47201
szse.000333	0.30936

图 4-58　历史收益率加权法新因子载荷图

① 计算 N 个因子在过去 K 个截面期上的历史 IC 值，得到一个 $N \times K$ 维矩阵 A。

② 对矩阵 A 的每一行求均值，也就是 N 个因子的历史 IC 值的均值，得到 $N \times 1$ 维向量 b。

③ 求 A 的 N 个行向量，即 N 个因子的协方差矩阵，得到 $N \times N$ 维矩阵 V。

④ 将协方差逆矩阵与行均值的乘积 $V^{-1}b$ 归一化后得到 $sV^{-1}b$ 作为因子在本期的权重，其中 s 是归一化常数。

⑤ 合成新的因子载荷。

这里需要注意的是历史信息比例加权法与历史收益率加权法的主要区别是：历史收益率加权法只考虑因子历史的收益率，而历史信息比例加权法同时考虑了因子的历史收益率和波动率，因此更加稳健。

我们通过前面提到的 10 个动量因子为例来看一下历史信息比例加权法是如何通过 Python 实现的。

步骤一：IC 值的计算。

我们首先要定义 IC 值计算函数，从而求出矩阵 A。函数的定义方法参照因子 IC 分析法检验部分内容，这里省略带过，函数名称保持一致，这里我们直接对 4 个月中的每个月截面数据调用 IC 值计算函数，得到每个月各因子的 IC 值，然后将它们放入同一个 dataFrame 数据结构中，并转置，最后得到的 DataFrame 格式的 IC 值即为矩阵 A，代码如下，生成结果见图 4-59。

	0	1	2	3
0	-0.37576	0.26826	-0.07592	0.17646
1	0.17898	0.09854	-0.09356	-0.09970
2	0.01642	-0.01407	0.04023	-0.04377
3	-0.24008	0.17210	0.17127	0.26617
4	-0.20024	0.44797	0.01368	0.47386
5	-0.38690	0.29708	-0.10298	-0.03153

图 4-59　IC 值矩阵截面图

```
1. # 各期的因子 IC 值
2. IC1 = factortest_ICvalue（factors1，stock_return.iloc[：，1]）
3. IC2 = factortest_ICvalue（factors2，stock_return.iloc[：，2]）
4. IC3 = factortest_ICvalue（factors3，stock_return.iloc[：，3]）
5. IC4 = factortest_ICvalue（factors4，stock_return.iloc[：，4]）
6. # N 个因子在过去 K 个截面期上的历史 IC 值
7. # IC 值的矩阵
8. IC = pd.DataFrame（data=[IC1，IC2，IC3，IC4]）.T
9. IC
```

步骤二：根据 IC 值求因子权重。

我们先根据 IC 值矩阵 A 求出行均值向量 b，再求协方差矩阵的逆 V^{-1}，相乘之后归一化处理，得到因子权重，这里的归一化常数我们取 1。代码如下，生成结果见图 4-60。

```
matrix([[  3.17396604e+16],
        [ -3.92390443e+16],
        [  1.35143064e+17],
        [ -6.89423106e+16],
        [  2.48955141e+15],
        [ -2.90301011e+16],
        [  3.81625002e+16],
        [  3.06615087e+16],
        [  2.60223914e+16],
        [ -7.41539262e+15]])
```

图 4-60 动量因子权重图

```
1. # 矩阵行均值
2. b = IC.mean（axis=1）
3. # N 个行向量的协方差矩阵
4. IC_V = np.cov（IC）
5. # 矩阵的逆
6. IC_inv = np.linalg.inv（IC_V）
7. # 协方差的逆和行均值的矩阵相乘
8. f = np.mat（IC_inv）* np.mat（b）.T
9. f
```

步骤三：合成新因子。

最后我们根据求得的权重，对因子值进行加权平均，得到新的因子值。代码如下，生成结果见图 4-61。

```
1. # 按照 IC 值加权合成因子
2. weight = [x/sum（map（abs，f））for x in f]
3. for i in range（factors4.shape[1]）：
4.    # 按历史信息比例权重计算各因子值
```

code	
szse.000001	-12.22642
szse.000002	12.03487
szse.000063	-27.47765
szse.000069	-15.25848
szse.000100	47.13829
szse.000157	-16.28261
szse.000166	-28.89422
szse.000333	40.06601

图 4-61 合成的新因子值

5.   factors4.iloc[：, i] = factors4.iloc[：, i] * float（abs（weight[i].A））
6. # 因子值合成
7. factor_synthwsis_IC = factors4.sum（axis=1）
8. pd.DataFrame（factor_synthwsis_IC）

（4）主成分分析（principal component analysis，PCA）法。主成分分析法是对相关性高的因子进行主成分分析，结合收益率排序，选取一个或几个主成分的组合系数作为权重合成大类因子。此种做法本质上是数据降维的过程，且较偏重技术分析，组合出来的指标可能不具有特殊的经济学含义，可根据实际情况适度采用。

PCA法是数据降维的常用方法，由Pearson在1901年提出。PCA将一组相关性较高的N维数据投影到新的K维坐标上（$K<N$），这K维特征称为主成分，并且主成分之间是不相关的，以达到数据降维的目的。

PCA法与前面所有方法的不同点在于，PCA法只关注因子值矩阵本身的性质，与因子收益、因子IC值等无关。从理论上来讲，它的优势在于，如果因子值矩阵的性质在不同截面期比较稳定，则PCA法求解出的因子权重也会比较稳定，意味着合成后因子稳定性比较好；它的劣势在于，由于合成过程不涉及因子收益等信息，合成后因子不具备明显的经济学含义，其在未来表现也不一定会优于待合成的几个单因子。

我们仍以10个动量因子为例看一下PCA法是如何实现的。

步骤一：因子数据处理。

我们首先需要对因子进行预处理，截面数据取2020年5月最后一个交易日的数据；接着需要对数据做去极值和标准化，代码如下：

因子数据处理

1. factors4=get_factor_by_day（factor_list=names, target_list=list（get_code_list（'hs300', date='2020-02-01'）.code）, date='2020-05-29'）
2. factors = factors4.set_index（'code'）.rename（index = str.lower）
3. factors_process = standardize_z（extreme_3sigma（factors.fillna（0）））

步骤二：PCA法合成因子。

对预处理好的数据，我们调用PCA函数对数据进行降维处理，维度设为1度，降维后的数据集就是新合成的因子值，我们再把该数据集转化为Dataframe格式，方便阅览和做进一步的处理，代码如下，生成结果见图4-62。

```
1. from sklearn.decomposition import PCA
2. # 建立模型
3. x = factors_process
4. pca = PCA（n_components = 1）.fit（x）
5. x_transform = pca.transform（x）
6. # 数据整理为 DataFrame 格式
7. factor_pca = pd.DataFrame（x_transform, index = 
   factors_process.index）
8. factor_pca
```

code	
szse.000001	-1.64803
szse.000002	-0.40016
szse.000063	-1.95045
szse.000069	-2.71482
szse.000100	3.12264
szse.000157	0.12589
szse.000166	-0.74069
szse.000333	3.50448

图 4–62　PCA 法合成的新因子值

4.3.2　因子正交化处理

1. 因子正交化理论基础

1）因子正交化的原因

4.3.1 节我们讲了大类因子的合成，本节我们聚焦因子的正交化处理。因子的正交化与因子合成的本质目标都是一致的，即避免最终的回归过程中出现多重共线性问题，进而导致加权后的投资组合整体在某些因子上的重复暴露，从而影响组合收益的长期表现。因此正交化目的是消除因子间的相关性，并保持因子对应收益的解释度不变。用数学语言描述就是假设在多元线性回归模型 $y=Xb+\varepsilon$ 中，y 是下一期的股票收益率向量，X 是当期因子暴露载荷矩阵，ε 是残差向量。正交化就是对于 X 矩阵中的任一变量 x_i，当消除了其他元素 $x_j(i \neq j)$ 对 x_i 的影响后其对应的回归系数 b_i 等于 x_i 对因变量 y 产生的增量贡献。如果 x_i 和其他解释变量高度相关，且不进行正交化处理，则它的回归系数 b_i 会有很大的估计误差，而这对于多因子模型中评价因子收益非常不利。关于该结论的详细阐述参考拓展阅读资料"为什么要进行因子正交化处理"，这里不再赘述。

拓展阅读 4–2

2）正交的数学定义

（1）向量的正交。

对于两个向量 $\boldsymbol{a} = [a_1, a_2, \cdots, a_n]^T$, $\boldsymbol{b} = [b_1, b_2, \cdots, b_n]^T$，若 $\boldsymbol{a}$, $\boldsymbol{b}$ 满足：

$$\langle \boldsymbol{a}, \boldsymbol{b} \rangle = \boldsymbol{a}^T \boldsymbol{b} = a_1 b_1 + a_2 b_2 + \cdots + a_n b_n = 0$$

则称 $\boldsymbol{a}$, $\boldsymbol{b}$ 正交，记 $\boldsymbol{a} \perp \boldsymbol{b}$。

（2）正交矩阵。

矩阵 A 为正交矩阵当且仅当 A 的所有列向量两两正交且各列模长为1，即

$$A^\mathrm{T}A = E$$

其中，A^T 是 A 的转置矩阵；E 是单位矩阵。

有了这些概念，我们就可以进一步去了解因子的正交化。

3）因子正交化的统一框架

假设在任一时间截面上，投资组合标的的股票数量为 N，因子集合中的因子数为 K，第 K 个因子在每个股票上的暴露度为 $\boldsymbol{f}^k = [f_1^k, f_2^k, \cdots, f_N^k]^\mathrm{T}$，其中每个因子都进行了 Z 值归一化，即 $\overline{f^k} = 0$，$\|f^k\| = 1$。标准化的意义在于，正交跟不相关的概念本来是不等价的，即正交不一定不相关，但加上 Z 值标准化之后，正交等价于线性相关系数为0。此外我们设初始因子矩阵 $\boldsymbol{F}_{N\times K} = [f_1, f_2, \cdots, f^k]$；正交化后的因子矩阵为 $\widetilde{\boldsymbol{F}}_{N\times K} = [\tilde{f}_1, \tilde{f}_2, \cdots, \tilde{f}^k]$，为了表示方便，后面所有的矩阵省略下标维度。

因子正交化本质上是对原始因子（通过一系列线性变换）进行旋转，旋转后得到一组两两正交的新因子，它们之间的相关性为零，并且对于收益的解释度（即整体的方差）保持不变。相关性为零保证了旋转后的因子之间没有共线性，而解释度保持不变保证了原始因子包含的信息能够被保持。旋转后的矩阵也为正交阵，数学公式表达如下：

$$\forall i, j,\ i \neq j,\ (\tilde{f}^i)^\mathrm{T}(\tilde{f}^j) = 0,\ \mathrm{Var}(\boldsymbol{F}) = \mathrm{Var}(\widetilde{\boldsymbol{F}})$$

此外，因子的旋转过程也可以用过渡矩阵来定义，设过渡矩阵为 S，且满足：

$$\widetilde{\boldsymbol{F}} = \boldsymbol{F}\boldsymbol{S}$$

该公式表达的含义是正交后的因子矩阵等于初始因子矩阵乘以过渡矩阵 S，因此，正交化实质上是在给定的准则下确定出满足条件的过渡矩阵 S。过渡矩阵 S 的计算步骤如下。

（1）计算因子矩阵 $\boldsymbol{F}$ 的协方差矩阵 $\boldsymbol{\Sigma}$，则 $\boldsymbol{F}$ 的重叠矩阵（overlap matrix）$\boldsymbol{M}$ 满足

$$\boldsymbol{M} = (N-1)\boldsymbol{\Sigma} = \boldsymbol{F}^\mathrm{T}\boldsymbol{F}$$

（2）旋转后的 $\widetilde{\boldsymbol{F}}$ 是正交矩阵，则有

$$\boldsymbol{E} = \widetilde{\boldsymbol{F}}^\mathrm{T}\widetilde{\boldsymbol{F}} = (\boldsymbol{F}\boldsymbol{S})^\mathrm{T}(\boldsymbol{F}\boldsymbol{S}) = \boldsymbol{S}^\mathrm{T}\boldsymbol{F}^\mathrm{T}\boldsymbol{F}\boldsymbol{S} = \boldsymbol{S}^\mathrm{T}\boldsymbol{M}\boldsymbol{S}$$

$$\therefore \boldsymbol{S}^\mathrm{T}\boldsymbol{S} = \boldsymbol{M}^{-1}$$

（3）根据 M 的对称性和正定性，可知 $S^TS=M^{-1}$ 在实数范围内一定有解。令 C 为任意 K 阶正交矩阵，则解的形式为

$$S=M^{-\frac{1}{2}}C$$

（4）令 U，D 分别为 M 的特征向量矩阵和特征根对角矩阵，则 $M^{-\frac{1}{2}}$ 的一个特解为

$$M^{-\frac{1}{2}}=UD^{-\frac{1}{2}}U^T$$

（5）综上，过渡矩阵表示为

$$S=UD^{-\frac{1}{2}}U^TC$$

从过渡矩阵 S 的数学表达式可知，因子矩阵的正交化只需要确定正交矩阵 C 即可。

2. 因子正交化的方式

因子正交化有多种方式，目前应用最多的有四种（图 4-63）：施密特（Schimidt）正交化、规范（canonical）正交化、对称（symmetry）正交化和回归取残差。其中，前面三种都是通过因子旋转的方式来消除因子间的相关性，因此适用于上文所讲的因子正交化统一框架；而回归取残差是通过回归法来消除因子间的相关性，本质上跟施密特正交化是一致的。由上文内容可知，因子矩阵的正交化可以归结为正交矩阵 C 的确定，而对于施密特正交化，C 为任意一个上三角阵；对于规范正交化，$C=U$；而对于对称正交化，$C=I$。下面将对这些正交化方法进行详细阐述。

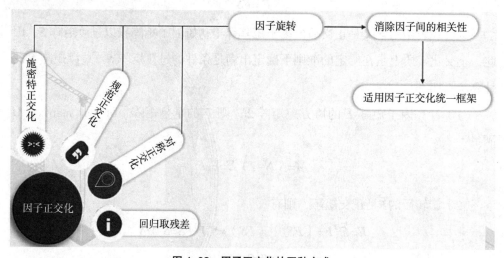

图 4-63　因子正交化的四种方式

1)施密特正交化

施密特正交化就是高等代数教科书上的方法,即给定一组向量后,分如下两步操作。

(1)按照一定顺序把每个向量与之前所有向量进行正交。

(2)对于正交后的向量进行归一化,最终得到的所有向量两两正交且模为1,正交后的因子暴露矩阵为正交阵。

施密特正交化的正交矩阵 C 为任意一个三角阵,该方法的主要问题在于需要确定因子正交顺序,正交顺序不同,最终得到的因子不同。另外,如果想要保持正交前和正交后因子的一一对应关系,正交顺序要保持一致,不能随时间变化。

2)规范正交化

规范正交化本质上和主成分分析思路是一样的,但主成分分析在截面数据上应用是合适的,如果用在时间序列上,就会出现对应关系不一致的问题,而这也是规范正交化的主要问题。

规范正交化的正交矩阵 C 满足:$C=U$,因此过渡矩阵 $S=UD^{-\frac{1}{2}}U^{T}C=UD^{-\frac{1}{2}}U^{T}U=UD^{-\frac{1}{2}}$;正交后因子暴露矩阵 $\tilde{F}=FS=FUD^{-\frac{1}{2}}$。$\tilde{F}$ 在的表达式中,U 为 F 的协方差的特征向量矩阵,因此 $F \times U$ 实际上得到的是主成分分析法中的所有主成分,该因子乘以 $D^{-\frac{1}{2}}$ 可以视为对因子的缩放。由于主成分分析法的第一主成分是根据方差最大的方向确定的,这就导致规范正交化前后因子对应关系在时间上是变化的,因此不稳定,而这也是规范正交化问题的主要来源。

3)对称正交化

对称正交化的正交矩阵 $C=I$,此时过渡矩阵 $S=UD^{-\frac{1}{2}}U^{T}$ 是一个对称矩阵,因此称为对称正交化。对称正交有一些很好的性质,具体如下。

(1)对称正交前后因子一一对应且关系稳定,并且与因子正交的顺序无关。原因在于从过渡矩阵 S 的表达式可以看出,因子顺序变化后,对应的 U 和 D 列向量也相应发生调整,但最终各因子对应的列的乘积是不变的。

(2)对称正交是所有正交化方法中使用旋转前后因子间距离最小的正交化方法,这就保证了正交化前后因子的相似性依然很高,信息损失小。

4)回归取残差

回归取残差的方法过程类似施密特正交化,操作步骤是按照一定的顺序将每个向量和之前的所有向量回归取残差代替原值。而施密特正交化与最小二乘法下的回归取残差是一致的,差别仅在于施密特正交化多了一步归一化。同学们可以尝试自己去证明一下上述结论,证明过程也放入后面的思考题答案中供大家参阅。

最后我们将上述前三种因子正交化方式进行分析对比,由于回归取残差法与施密特正交法本质相同,因此就不在对比范围内,具体内容如表4-5所示。

表4-5 因子正交化方式汇总

正交方法	C, S 定义	旋转前后对应关系	是否需要确定正交顺序	其他优缺点
施密特正交化	$S=UD^{-\frac{1}{2}}U^T C$ C 为任意三角阵	一一对应	是	初始因子不被正交
规范正交化	$S=UD^{-\frac{1}{2}}$ $C=U$	对应关系在时间上不稳定	是	—
对称正交化	$S=UD^{-\frac{1}{2}}U^T$ $C=E$	一一对应	否	正交前后因子相似性最高

从表4-5中我们可以看出,三种方法的本质都是因子旋转,只是对旋转用到的过渡矩阵的定义不同,而过渡矩阵的不同又源于正交矩阵 C 的定义不同。具体而言施密特正交化中 C 为任意三角阵;规范正交化中,C 等于 U;对称正交化中,C 为单位矩阵。由此导致了三种方法因子旋转的效果不同。

此外施密特正交化方法下,旋转前后因子一一对应,在操作时需要确定正交顺序,不同顺序会导致不同的正交化结果。另外该方法还存在不会被正交的初始因子;规范正交化法下,旋转前后因子的对应关系在时间上不稳定,在操作时也需要确定正交顺序;最后对称正交化法下,旋转前后因子一一对应,在操作时不需要确定正交顺序,并且正交前后的因子相似度最高,因此三种方法中对称正交化的效果最优,在后面的Python实现中我们也以对称正交化方法为例。

3. 对称因子正交化的实现

我们来看一下如何在Python中实现对称因子正交化,因子类型还是以之前的10个动量因子为基准,在数据获取部分需要使用点宽量化平台Auto-Trader,具体步骤如下。

1) 数据获取与处理

首先我们获取10个动量因子值,对应的股票是沪深300指数成分股,时间截面为2020年5月最后一个交易日,然后对数据进行去极值化和标准化处理,缺失数据采用零值填充法,代码如下,生成结果见图4-64。

code	arc	aroon	cci20	coppockcurve	momentum12m	momentum3m	revs126	rank1m
SZSE.000001	-0.72851	0.82929	-0.54915	0.03225	0.05946	-0.13372	-0.87640	0.63660
SZSE.000002	-0.66500	0.82929	0.15267	0.53889	-0.24483	-0.44743	-0.16793	0.09716
SZSE.000063	-0.07853	0.89540	-1.01507	0.07658	0.76389	-1.18811	0.74222	1.13534
SZSE.000069	-0.45712	0.82929	-0.55779	-0.91178	-0.34744	0.41981	-0.72345	1.42958
SZSE.000100	-0.43253	-0.75745	1.42045	-0.12327	0.46910	-2.10749	2.46443	-1.75487
SZSE.000157	0.71007	-0.55910	-0.47352	-0.28523	0.50281	0.43195	0.25865	-0.63948
SZSE.000166	-0.26027	-0.55910	-0.82455	-0.83655	-0.39234	-0.36049	-0.39007	-0.34576

图 4-64　动量因子数据

1. # 动量类因子
2. names=['arc','aroon','cci20','coppockcurve','momentum12m','momentum3m', 'revs126', 'rank1m', 'cmo', 'ddi']
3. factors=get_factor_by_day（factor_list=names，target_list=list（get_code_list（'hs300'，date='2020-02-01'）.code），date='2020-05-29'）
4. # 因子数据去极值标准化处理
5. factors = factors.set_index（'code'）
6. factors_process = standardize_z（extreme_3sigma（factors.fillna（0）））
7. factors_process

2）对称因子正交化

我们首先根据公式计算得到矩阵 M 后，调用线性代数函数 eig 获取 M 的特征根和特征向量，并将特征向量转换为矩阵，求特征根的 -0.5 次方。然后代入公式计算得到过渡矩阵 S，正交化后的矩阵等于原始矩阵乘以过渡矩阵。最后，将正交化后的矩阵转化为 DataFrame 数据结构类型，列标为因子名称，行标为标的股票代码。代码如下，生成结果见图 4-65。

code	arc	aroon	cci20	coppockcurve	momentum12m	momentum3m	revs126	rank1m
SZSE.000001	-7.05232e-02	0.04199	-0.01229	0.03177	0.03159	0.03142	-0.04293	0.00816
SZSE.000002	-5.73404e-02	0.07152	0.01068	0.05631	-0.01448	-0.01315	0.01689	-0.01748
SZSE.000063	4.74271e-02	0.02500	0.00766	0.03820	0.01284	-0.12843	0.06155	0.09947
SZSE.000069	-4.84276e-02	-0.01254	0.03468	-0.02183	-0.01298	0.04883	-0.00964	0.06562
SZSE.000100	-4.53593e-02	0.01864	0.03379	-0.05799	0.00436	-0.13954	0.20643	-0.05597
SZSE.000157	4.61433e-02	-0.03237	-0.01239	-0.03774	0.03803	0.03428	-0.02730	-0.07282
SZSE.000166	3.14790e-03	-0.05211	-0.05678	-0.05775	-0.00466	0.00380	-0.02436	-0.04507

图 4-65　动量因子正交化结果

```
1. # 正交化计算过程
2. M =（len（factors_process）-1）* np.cov（factors_process.T.astype（float））
3. D，U = np.linalg.eig（M）
4. U = np.mat（U）
5. d = np.mat（np.diag（D**（-0.5）））
6. S = U * d * U.T
7. # 获取对称正交矩阵
8. factors_orthogonal_mat = np.mat（factors_process）* S
9. # 矩阵转为 dataframe
10. factors_orthogonal=pd.DataFrame（factors_orthogonal_mat,
    columns=names，index=factors_process.index）
11. factors_orthogonal
```

3）因子相关性分析

首先我们看一下因子之间的相关性对比，为了更直观地观察对称因子正交化的效果，我们分别求出正交化前后的因子值的相关系数矩阵，并画出热图。代码如下，生成结果见图4-66。

```
1. # 因子之间相关性
2. F = factors.fillna（0）.corr（）
3. F_o = factors_orthogonal.fillna（0）.corr（）
4. # 相关性画图
```

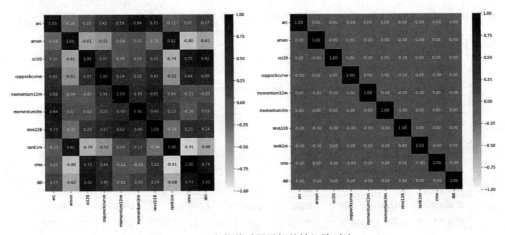

图4-66 正交化前后因子相关性矩阵对比

```
5. fig = plt.figure（figsize=（10，8））
6. sns.heatmap（F，annot=True，vmax=1，vmin=-1，square=True，
   cmap='CMRmap_r'，fmt='.2f'）
7. plt.show（）
8. fig = plt.figure（figsize=（10，8））
9. sns.heatmap（F_o，annot=True，vmax=1，vmin=-1，square=True，
   cmap='CMRmap_r'，fmt='.2f'）
10. plt.show（）
```

图 4-66 中左图是正交化之前的相关性矩阵热图，图中显示各因子的相关性有正有负，部分因子之间的相关性较高；右图即正交化之后的因子相关性矩阵的热图，可以看出经过对称因子正交化后，各因子的相关性都为 0，因此说明对称因子正交可以很好地消除因子之间的相关性。

接着我们看一下对称正交化前后因子自身的相关性，以此来观察正交化过程中的信息损失程度。代码如下，生成结果见图 4-67。

```
1. # 正交化前后的因子相关性
2. corr = list（）
3. for i in range（factors.shape[1]）：
       c=factors_process.iloc[：，i].astype（float）.
       corr（factors_orthogonal.iloc[：，i].astype
       （float））
4.     corr.append（c）
5. corr_df = pd.DataFrame（np.asarray（corr）.T，
index=names，columns=['corr']）
6. corr_mean = corr_df.mean（）
7. print（'相关系数平均值：'，corr_mean）
8. corr_df
```

```
相关系数平均值: corr    0.79472
dtype: float64

              corr
arc         0.71497
aroon       0.80090
cci20       0.78461
coppockcurve 0.88264
momentum12m 0.88671
momentum3m  0.84513
revs126     0.82221
rank1m      0.70534
cmo         0.70933
ddi         0.79535
```

图 4-67 正交化前后因子自身相关性

从图 4-67 中可以看出，各因子在对称正交化之后的因子值，与正交化之前的因子值的相关性都比较高，相关系数平均值达到 79.5%，说明因子对称正交化前后的相似性较高，信息损失小。

4.3.3 因子异方差分析

因子异方差分析主要是为了处理多因子模型中因子之间存在异方差（方差不相等）的情况。如果在多因子模型中使用传统的 OLS 回归分析，就会出现方差不同的问题，因为 OLS 回归假设所有的自变量方差相等，但在实际应用中，由于各因子的数据来源、计算方法不同，以及因子本身的特性等因素，各因子的方差有时可能存在很大的差异，这样就不能满足 OLS 回归的假设。因此，在多因子模型中，通过因子异方差分析，将原始数据转化为新的因子组合，使得各因子之间的方差大致相等。这样就能更准确地估计因子的贡献和影响，提高模型的预测精度和稳定性。而这就是本节所要讨论的内容。

1. 异方差的简介

设线性回归模型公式为

$$y_t = b_0 + \sum_{j=1}^{k} b_j x_{jt} + \varepsilon_t, \quad t=1, 2, \cdots, n$$

其中，y_t 是因变量；x_{jt} 是自变量；b_j 是回归系数；ε_t 是误差项。

经典回归分析中的同方差假定指的是回归函数中的随机误差项满足同方差性，也就是 ε_t 的方差相同，即

$$\mathrm{var}(\varepsilon_t) = \sigma^2 = 常数, \quad t=1, 2, \cdots, n$$

如果随机误差项的方差不是常数，则称随机项具有异方差性，即

$$\mathrm{var}(\varepsilon_t) = \sigma_t^2 \neq 常数, \quad t=1, 2, \cdots, n$$

异方差性的几何直观表示可以借助观测值的散布图来表示（图 4-68）。以最简单的一元线性回归为例，异方差性在散布图上呈现的就是样本的随机误差项 ε_t 随解释变量 X 的变化而变化。

产生异方差性的原因有如下几点。

（1）模型中遗漏了某些解释变量。如果模型中只包含几个主要因子，而其他被省略的因素对被解释变量的影响都归入随机误差项，则可能产生异方差性。

（2）模型结构的不合理设定。当解释变量与被解释变量之间的关系是比较复杂的非线性关系时，在构造模型的过程中，为了简化模型，用线性模型代替了非线性关系，或者用简单的非线性模型代替了复杂的非线性关系，造成了模型关系不准确的误差。

（3）样本数据的测量误差。一方面，样本数据的测量误差常随时间的推移而

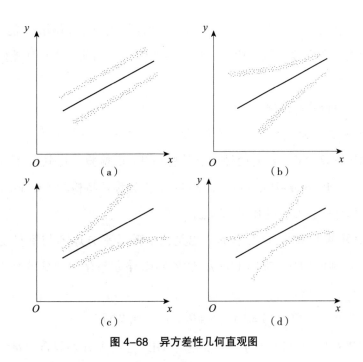

图 4-68 异方差性几何直观图

逐步积累，从而会引起随机误差项的方差增加；另一方面，随着时间的推移，抽样技术和其他收集资料方法的改进，样本的测量误差也逐步减少，从而引起随机误差的方差减小。因此，在时间序列资料中，由于在不同时期测量误差的大小不同，从而随机项就不具有同方差性。

（4）随机因素的影响。经济与金融变量本身受很多随机因素影响（比如政策变动、自然灾害或金融危机等），具有天然的不确定性；同时，经济与金融问题涉及人的主观行为因素的干扰，具有很多不确定因素。

异方差性对于 OLS 线性回归模型的影响有如下几点。

（1）参数估计值无偏性的影响。回归系数的 OLS 估计量仍然是无偏的、一致的，并且不影响 R^2 和调整的 R^2。

（2）参数估计值有效性的影响。OLS 参数估计量非有效。虽然 OLS 的估计量仍然具有无偏性，但不再具有有效性。

（3）参数估计值显著性检验的影响。变量的显著性检验失去意义。例如以 t 检验为例，参数方差会出现偏误，导致变量不再服从 t 分布，因此 t 检验失去意义；其他检验也是如此。

（4）模型预测的影响。模型的预测会失效。当出现异方差性时，估计值的变异程度增大，造成对结果的预测误差变大，降低预测精度，预测的功能便失效。

综上所述，在构建多因子模型并进行多个因子回归前，进行残差的异方差分析是非常有必要的。

2. 异方差的检验与处理

1）异方差的检验

常见的异方差检验方法有两种：BP 检验与 White 检验，其中 BP 检验又称布伦斯 – 帕甘检验（Breusch–Pagan test），White 检验又称怀特检验（White test）。下面将分别对这两种检验方法展开详细阐述。

（1）BP 检验。BP 检验的基本思想是构造残差平方序列与解释变量之间的辅助函数，得到回归平方和（ESS），然后判断异方差存在的显著性。设回归模型为

$$Y=\beta_0+\beta_1 X_1+\beta_2 X_2+\cdots+\beta_k X_k+\mu$$

对因子进行回归可以得到一组残差 $\hat{\mu}$。OLS 法要求方差与自变量无关，这时方差可以由残差平方和的平均值估计得到。但如果这个前提不成立，如方差与自变量线性相关，就可以通过下列辅助回归，即残差平方对自变量进行回归检验出来：

$$\hat{\mu}^2=\alpha_0+\alpha_1 X_1+\alpha_2 X_2+\cdots+\alpha_k X_k+\gamma$$

以上就是 BP 检验的一个场景，其本质上是卡方检验，检验统计量渐进于 nX^2，自由度与除常数项外的解释变量数相等。如果得到的 P 值小于一定阈值（如 0.05）就可以拒绝零假设并认为异方差存在。

具体而言，BP 检验的步骤如下。

①根据回归模型用 OLS 法估计残差序列 $\hat{\mu}$。

②以 $\hat{\mu}^2$ 为因变量，因子为自变量进行线性回归，得到残差平方回归模型的可决系数 R^2。

③计算检验残差回归模型的 F 统计量的显著性，或者构造统计量 LM（Lagrange multiplier，拉格朗日乘数）满足

$$LM=nR^2 \sim X^2(K)$$

如果 F 统计量或者 LM 统计量是显著的，则拒绝原假设，说明多因子回归模型存在异方差。

下面我们来详细讲解上述假设检验的过程。首先是假设检验，具体如下：

$$H_0: a_1=0, a_2=0, \cdots, a_k=0; H_1: a_1, a_2, \cdots, a_k \text{ 不完全为 } 0$$

如果采用 F 统计量进行判断，常见的有两种方法。

方法 1：比较 F 统计量与 α 分位下的临界 F_α 值，F 统计量如下：

$$F=\frac{R^2/K}{(1-R^2)/(n-K-1)}$$

$F > F_\alpha(K-1, n-K)$，说明残差回归模型是显著的，因此拒绝原假设，即多因子回归模型存在异方差；$F < F_\alpha(K-1, n-K)$，则说明残差回归模型不显著，因此接受原假设，即多因子回归模型不存在异方差，如图 4-69 所示。

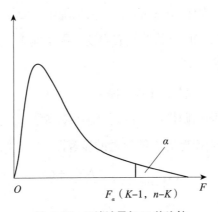

图 4-69　F 统计量与 F_α 值比较

方法 2：通过 F 统计量获取检验的 P 值（F 检验统计量大于所求 F 值时的概率），与置信水平比较。这里假设是在 1‰ 的置信水平下检验，则有：

$P < 0.001$，模型显著，拒绝原假设，多因子回归模型存在异方差。

$P > 0.001$，模型不显著，接受原假设，多因子回归模型不存在异方差。

另外我们也可以用 LM 统计量进行判断，操作方法是用构造的 LM 统计量与自由度为 K 的临界 X^2 值进行比较。LM 统计量如下：

$$\text{LM}=nR^2$$

检验方法如下：

$\text{LM} > X^2(K)$，则残差回归模型显著，拒绝原假设，多因子模型存在异方差。

$\text{LM} < X^2(K)$，则残差回归模型不显著，接受原假设，多因子模型不存在异方差。

（2）White 检验。White 检验的基本思想是通过构建一个辅助回归模型构造 X^2 统计量进行异方差检验。这种方法不需要对观测值排序，也不依赖于随机误差项服从正态分布。设回归模型为

$$Y=\beta_0+\beta_1X_1+\beta_2X_2+\cdots+\beta_kX_k+\mu$$

对因子进行回归得到一组残差平方 $\hat{\mu}^2$，然后对残差平方 $\hat{\mu}^2$ 构建辅助回归模型：

$$\hat{\mu}^2=\alpha_0+\alpha_1X_1+\alpha_2X_2+\cdots+\alpha_kX_k+\alpha_{k+1}X_1^2+\cdots+\alpha_{2k}X_k^2+\alpha_{2k+1}X_1X_2+\cdots+\alpha_{\frac{k^2+k+2}{2}}X_{k-1}X_k$$

如果比较一下 White 检验法的辅助回归模型和 BP 检验法的辅助回归模型，就可以发现两者的检验原理本质上是一致的，即利用辅助回归模型获得可决系数 R^2，从而构造服从 X^2 分布的 LM 统计量，然后通过假设检验判断辅助回归模型的参数是否显著为 0；最大的区别在于 White 检验法的辅助回归模型包含自变量因子的平方项 X_i^2 与内积项 $X_{i-1}X_i$，而 BP 检验只有自变量因子项 X_i。

White 检验法的步骤如下。

① 根据回归模型用 OLS 法估计残差序列 $\hat{\mu}$。

② 构建残差平方辅助回归模型，得到可决系数 R^2。

③ 计算检验残差回归模型的 F 统计量的显著性，或者构造统计量 LM 满足

$$\text{LM}=nR^2\sim X^2\left(\frac{K^2+K+2}{2}\right)$$

对于原假设 H_0，$\alpha_1=0$，$\alpha_2=0$，$\cdots$，$\alpha_k=0$，如果 F 统计量或者 LM 统计量是显著的，则拒绝原假设，说明多因子回归模型存在异方差。

使用 F 统计量与 LM 统计量进行判断的过程与 BP 检验中所讲的内容相同，这里就不再赘述。如果 BP 结果与 White 检验结果出现矛盾，建议以 White 检验结果为准，因为它对异方差的形式没有限制，而且也可以同时检验高阶异方差问题。但是在实际应用中，还是要根据具体情况选择合适的检验方法，并综合考虑多个检验结果。

2）异方差的处理

如果检验发现回归模型存在异方差，就需要对其进行处理，从而消除异方差所带来的模型回归的不稳定性。异方差的处理有很多种方法，这里介绍其中比较经典的方法：WLS 回归。WLS 回归法的思路是通过赋予不同样本不同的权重来调整数据的异方差性。首先假设回归模型满足

$$Y_i = \beta_0 + \beta_1 X_{1i} + \beta_2 X_{2i} + \cdots + \beta_k X_{ki} + \mu_i$$

其中，下标 i 指的是第 i 个因变量对应的元素。WLS 回归法有以下两种场景。

（1）方差形式已知。如果回归模型的方差形式已知，可以采用简单的加权最小二乘法进行处理。举例说明，假设回归模型的方差为一个与解释变量 X_i 无关的常数 σ^2 和一个与解释变量有关的函数 h_i 的乘积，满足如下公式：

$$\mathrm{Var}=(\mu_i | X_{1i}, X_{2i}, \cdots, X_{ki}) = E(\mu_i^2 | X_{1i}, X_{2i}, \cdots, X_{ki}) = \sigma_i^2 = \sigma^2 \cdot h(\mu_i^* | X_{1i}, X_{2i}, \cdots, X_{ki}) \sigma^2 \cdot h_i$$

可以通过将回归模型整体除以函数 h_i 的平方根的方法得到新的回归模型：

$$\frac{Y_i}{\sqrt{h_i}} = \frac{\beta_0}{\sqrt{h_i}} + \frac{\beta_1}{\sqrt{h_i}} X_{1i} + \frac{\beta_2}{\sqrt{h_i}} X_{2i} + \frac{\beta_k}{\sqrt{h_i}} X_{ki} + \frac{\mu_i}{\sqrt{h_i}}$$

令新模型的残差为 μ_i^*，则 $\mu_i^* = \frac{\mu_i}{\sqrt{h_i}}$，此时的 μ_i^* 的条件方差满足

$$\mathrm{Var} = (\mu_i^* | X_{1i}, X_{2i}, \cdots, X_{ki}) = E(\mu_i^{*2} | X_{1i}, X_{2i}, \cdots, X_{ki}) = \frac{\sigma^2 \cdot h_i}{h_i} = \sigma^2$$

从公式中可以看出，经过权重调整后的回归模型的残差的条件方差是常数 σ^2，与解释变量 X_i 无关，说明新的模型不存在异方差性。在实战当中通常以个股流通市值的平方根作为权重进行 WLS 回归，经检验在大部分截面期上可以消除异方差的影响。

（2）方差形式未知。若方差形式未知，就需要先对异方差的函数形式做估计，然后再采用加权最小二乘法进行回归，这种方法叫作可行广义最小二乘（feasible generalized least squares，FGLS）法。对于回归模型：

$$Y_i = \beta_0 + \beta_1 X_{1i} + \beta_2 X_{2i} + \cdots + \beta_k X_{ki} + \mu_i$$

假设自变量的方差满足

$$\sigma_i^2 = \sigma^2 \cdot \exp(\alpha_0 + \alpha_1 X_{1i} + \alpha_2 X_{2i} + \cdots + \alpha_k X_{ki}) = \sigma^2 \cdot h_i$$

首先根据回归模型得到残差序列的估计值：$\hat{\mu}_i^2$，然后根据方程：

$$\ln=(\hat{\mu}_i^2) = \alpha_0 + \alpha_1 X_{1i} + \alpha_2 X_{2i} + \cdots + \alpha_k X_{ki} + \gamma_i$$

计算 $\ln(\hat{\mu}_i^2)$ 的估计值 $\hat{\varepsilon}_i^2$，满足

$$\hat{\varepsilon}_i^2 = \hat{\alpha}_0 + \hat{\alpha}_1 X_{1i} + \hat{\alpha}_2 X_{2i} + \cdots + \hat{\alpha}_k X_{ki}$$

接着对 $\hat{\varepsilon}_i^2$ 取指数就得到了 h_i 的估计值，满足

$$\hat{h}_i = \exp(\hat{\varepsilon}_i^2)$$

最后，和上一种方法一样将回归模型整体除以$\hat{h}_i$的平方根得到新的回归模型，公式如下：

$$\frac{Y_i}{\sqrt{\hat{h}_i}} = \frac{\beta_0}{\sqrt{\hat{h}_i}} + \frac{\beta_1}{\sqrt{\hat{h}_i}} X_{1i} + \frac{\beta_2}{\sqrt{\hat{h}_i}} X_{2i} + \frac{\beta_k}{\sqrt{\hat{h}_i}} X_{ki} + \frac{\mu_i}{\sqrt{\hat{h}_i}}$$

新的模型的方差与解释变量无关，因此不存在异方差。

3. 异方差分析实例

下面看一下如何在 Python 中实现异方差的分析，案例的实现基于点宽量化平台 Auto-Trader，具体步骤如下。

1）数据的获取

首先需要获取基于沪深 300 成分股的 10 个动量因子数据，截面日期仍然设为 2020 年 5 月最后一个交易日，然后对该数据进行去极值和标准化处理，得到自变量数据；接着对于因变量数据需要获取 2020 年 2 月至 6 月底总共 5 个月的沪深 300 指数的行情数据，并用当月收盘价除以上个月的收盘价得到上个月的股票收益率。代码与本节之前的案例一致，这里不再赘述，仅呈现结果，图 4-70 是处理后的因子数据与股票收益率数据。

code	arc	aroon	cci20	coppockcurve	momentum12m	momentum3m
szse.000001	-0.72851	0.82929	-0.54915	0.03225	0.05946	-0.13372
szse.000002	-0.66500	0.82929	0.15267	0.53889	-0.24483	-0.44743
szse.000063	-0.07853	0.89540	-1.01507	0.07658	0.76389	-1.18811
szse.000069	-0.45712	0.82929	-0.55779	-0.91178	-0.34744	0.41981
szse.000100	-0.43253	-0.75745	1.42045	-0.12327	0.46910	-2.10749
szse.000157	0.71007	-0.55910	-0.47352	-0.28523	0.50281	0.43195
szse.000166	-0.26027	-0.55910	-0.82455	-0.83655	-0.39234	-0.36049

time code	2020-02-28 15:00:00	2020-03-31 15:00:00	2020-04-30 15:00:00	2020-05-29 15:00:00	2020-06-30 15:00:00
szse.000001	NaN	-0.13281	0.08112	-0.05357	-0.01562
szse.000002	NaN	-0.15361	0.04291	-0.04280	0.01683
szse.000063	NaN	-0.16822	-0.04162	-0.13981	0.10167
szse.000069	NaN	-0.02191	0.01994	-0.11644	0.08289
szse.000100	NaN	-0.42029	0.12841	0.11111	0.15806
szse.000157	NaN	-0.10369	0.11094	-0.00471	0.00933
szse.000166	NaN	-0.06122	-0.00915	-0.01157	0.14455

图 4-70 股票因子与收益率数据获取

2）回归获取残差

"add_costant" 函数在因子数据中加入常数项作为解释变量 X，然后调用 OlS 函数做股票收益率与 X 的回归，并求出残差的均值和方差。代码与生成结果如下：

1. # 回归获取残差
2. # 增加常数项
3. X = sm.add_constant（factors_process）
4. X = X.fillna（0）
5. # 收益率和因子数据多元回归
6. result = sm.OLS（stock_return.iloc[:,-1].astype（float），X.astype（float））.fit（）
7. # 残差的均值
8. u_mean = np.mean（result.resid）
9. print（'残差的均值：', u_mean）
10. # 残差的方差
11. u_var = np.var（result.resid）
12. print（'残差的方差：', u_var）

残差的均值：1.1948775302528246e-16

残差的方差：0.00526676331960344

为了更直观地分析残差，先画出残差的密度分布图，再画出残差的整体分布图，代码如下：

1. # 残差密度分布图
2. plt.figure（figsize=（12，8））
3. result.resid.plot.density（）
4. plt.title（'残差密度分布图'）
5. plt.show（）
6. # 残差分布图
7. plt.figure（figsize =（12，8））
8. plt.scatter（factors.iloc[:, -1], result.resid）
9. plt.axhline（0.05）
10. plt.axhline（-0.05）

11. plt.xlabel（'factors value'）

12. plt.ylabel（'resid'）

13. plt.title（'残差分布图'）

14. plt.show（）

生成结果见图 4-71，左图是残差密度分布图，右图是残差分布图。

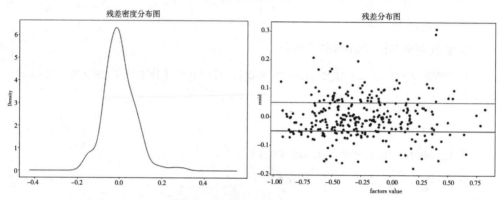

图 4-71　残差密度与残差分布图

从残差密度分布图可以清晰地看出，残差集中在 0 值附近，并且呈现明显的正态分布；在残差分布图中，残差没有随着因子值的增加而增加或减小的趋势，但残差的分布并不集中。因此，模型是否存在异方差，还需要进一步讨论。

3）异方差检验

我们用 BP 法来检验回归模型是否存在异方差，实现方法有两种。

第一种是用上文介绍的推导公式来实现。代码如下：

1. # 按照推导过程计算布伦斯 - 帕甘检验

2. # 残差的平方作为自变量进行回归

3. u_result = sm.OLS（（result.resid*result.resid）.astype（float），X.astype（float））.fit（）

4. k = factors.shape[1]

5. n = factors.shape[0]

6. # 计算 F 统计量

7. F =（u_result.rsquared/k）/（（1-u_result.rsquared）/（n-k-1））

8. # 计算对应的统计量

```
9. F_biao = f.isf ( 0.001, k, n )
10. # 计算 F 统计量下的 p 值
11. F_p = f.sf ( F, k, n )
12. # 计算 LM 统计量
13. LM = n * u_result.rsquared
14. # LM 统计量下的 p 值
15. LM_p = chi2.sf ( LM, k )
16. # 相应自由度下对应的卡方值
17. LM_ka = chi2.isf ( 0.001, k )
18. print ( 'LM 统计量：', LM )
19. print ( 'LM 统计量下的 p 值：', LM_p )
20. print ( 'F 统计量：', F )
21. print ( 'F 统计量下的 p 值：', F_p )
22. print ( '相应自由度下对应的卡方值：', LM_ka )
23. print ( 'F 统计量查表：', F_biao )
```

生成结果如下：

LM 统计量：20.795276919194617
LM 统计量下的 p 值：0.02256721838268395
F 统计量：2.1524832973215577
F 统计量下的 p 值：0.02066297142637624
相应自由度下对应的卡方值：29.58829844507442
F 统计量查表：3.0672019477193064

首先我们用 F 统计量与临界 F 值进行比较，从上面结果可以得知，$F=2.15$，$F_{biao}=3.07$，因此 $F < F_{biao}$，不显著，接受原假设，不存在异方差；其次我们还可以通过 p 值进行判断，从上面可知，$p_F=0.02$，因此 $p_F > 0.001$，不显著，接受原假设，不存在异方差。两类统计量彼此验证了回归模型不存在异方差。

第二种是直接第三方包 "statsmodels" 做检验分析，代码如下：

```
1. import statsmodels
2. breushpagan=statsmodels.stats.diagnostic.het_breuschpagan ( result.
   resid, exog_het=result.model.exog )
```

3. breushpagan

生成结果为:LM=20.795,p_{LM}=0.02,F=2.15,p_F=0.02,与上一种方法结果一致,说明模型不存在异方差。

4)异方差处理

异方差处理采用FGLS法求出各投资标的的权重,代码如下,部分结果见图4-72。

1. # 异方差处理
2. # 根据估计出残差的平方
3. ln_u =（result.resid*result.resid）.apply（lambda x：math.log（x））
4. ln_u_result = sm.OLS（ln_u.astype（float），X.astype（float））.fit（）
5. e =（ln_u_result.params * X）.sum（axis=1）
6. # 求出各标的权重
7. h =（np.exp（e））** 0.5
8. pd.DataFrame（h）

图4-72为在FGLS法下每一投资标的对应的权重,最后将各投资标的的线性回归模型除以各自对应的权重,形成新的回归模型,从而消除异方差因素带来的影响。由于本案例中的10个因子在检验时并不存在异方差,因此这里不需要再对模型进行处理,仅仅是展示如何实现异方差处理过程。

code	
szse.000001	0.02673
szse.000002	0.03234
szse.000063	0.05337
szse.000069	0.02103
szse.000100	0.05628
szse.000157	0.03530
szse.000166	0.02837

图4-72　FGLS法下各因子权重

本章小结

本章主要介绍的是股票因子数据的处理与分析,属于股票多因子选股策略框架中最前端也是最基础的部分,分别从三个维度进行阐述:因子数据预处理、单因子有效性检验以及多因子分析。特别在单因子有效性检验和多因子分析章节中,学生们会接触大量的数学公式以及统计学理论知识,内容比较枯燥,因此学生们需要结合实战案例加深相关知识点的理解。对于因子数据预处理、检验以及分析的步骤与流程,学生们需要重点关注并加以熟悉,并尝试运用于实战案例中,为后面股票多因子模型体系的学习打下良好的基础。

思考题

1. 证明施密特正交化与回归取残差法结果一致。
2. 因子的种类从大类分有哪几类?
3. 策略外因子数据获取的方法有哪些?
4. 因子数据预处理的目的是什么?方法主要有哪些?
5. 什么是因子标准化处理?目的是什么?
6. 简述因子 IC 分析法的定义与常见的 IC 值种类。

即测即练

第 5 章　股票多因子选股策略

学习目标

1. 掌握股票多因子选股策略的理论基础,包括股票多因子选股策略的构建框架与执行步骤。

2. 掌握 CAPM 的基本概念,了解如何通过 Python 来实现 CAPM 策略并进行股票选股。

3. 了解 Fama 三因子模型的基本概念和 Python 实现的方法。

4. 了解如何使用 Python 构建简单多因子选股策略。

能力目标

1. 掌握股票多因子选股策略的理论基础,培养学生逻辑化、系统化思考问题的能力。

2. 掌握 CAPM 的基本原理,学会举一反三地分析问题。

3. 了解 Fama 三因子模型的实现过程,增强学生的实践能力。

4. 了解简单多因子选股策略的构建流程,培养学生总结问题、分析问题的洞察力。

思政目标

1. 掌握股票多因子选股策略的理论基础,培养学生实事求是的唯物主义世界观。

2. 掌握 CAPM 的基本原理,增强学生主动思考和分析问题的能力。

3. 了解Fama三因子模型的实现过程，加强学生逻辑化处理实战问题的能力。

4. 了解简单多因子选股策略的构建流程，增强学生实战能力与专业素养。

思维导图

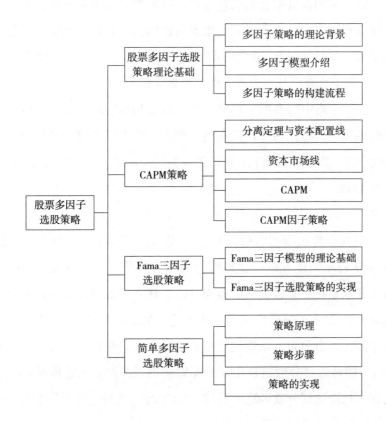

导语

股票多因子选股策略是量化投资领域应用中最广泛也是最成熟的量化选股模型之一，在量化投资策略的发展过程中起到举足轻重的作用。多因子选股的核心思想在于，市场影响因素是多重的并且是动态的，但是总会有一些因子在一定的时期内能发挥稳定的作用。而多因子选股策略就是挖掘这些有效因子，从而构建能实现超额收益的投资组合。在量化实践中，由于不同市场参与者或分析师对于市场的动态、因子的理解存在较大差异，因此构建出各种不同的多因子模型。通过本章的学习，同学们能够了解更多关于股票多因子选股策略的理论基础，并掌握构建简单多因子选股策略的方法。

5.1 股票多因子选股策略理论基础

5.1.1 多因子策略的理论背景

股票多因子策略是指通过综合考虑多个影响股票收益率的因子，构建一个风险可控、收益稳定的投资组合的投资策略。在股票多因子策略中，不同的因子具有不同的权重和影响力，投资者需要根据自己的投资目标和风险承受能力，选择合适的因子来构建投资组合。股票多因子策略通常是基于历史数据和统计模型来实现的，需要借助计算机技术进行大规模的数据挖掘和分析。

股票多因子策略中的多因子模型是量化投资领域应用中最广泛也是最成熟的量化选股模型之一，建立在现代投资组合理论、资本资产定价模型以及套利定价理论等现代金融投资理论基础上。该理论的发展经历了大致三个阶段。

1. MPT 阶段

1952 年，H.M.Markowitz 在 *The Journal of Finance* 上发表了《证券组合选择》论文，开了现代证券投资组合管理理论的先河。不同于以往将不同股票分别对待，Markowitz 将不同证券的收益风险特征综合量化考虑，并且开创性地引入均值和方差来分别量化股票投资的收益与风险，建立了确定最佳资产组合的基本模型。这就是被广为人知的现代投资组合理论。Markowitz 假定各类证券间的收益率服从一个多元正态分布。该理论的核心结论是，只要给定的各类资产之间的相关性不为 1，即可通过分散投资比例的配置使得资产组合的整体风险低于各类资产风险之和，从而达到分散风险的目的。MPT 的提出为量化交易策略，特别是多因子选股策略的发展奠定了重要基础。

2. CAPM 阶段

资本资产定价模型是现代金融市场价格理论的支柱，由美国学者 William Sharpe 等于 1964 年在 MPT 的基础上发展起来。该模型开启了资产风险分类的研究进程，不仅提供了评价收益与风险相互转换特征的可运作框架，也为投资组合分析与基金绩效评价提供了重要的理论基础。在 CAPM 下，任何投资组合的预期收益只与其 Beta 有关，即预期超额收益率与投资组合的 Beta 成正比（此处超额收益率是指超越市场无风险利率的收益率）。投资组合的 Beta 定义为投资组合的超额收益率与市场组合（由市场上所有的股票组成的组合）超额收益率之间的协方差除以市场组合超额收益率的方差，如图 5-1 所示。

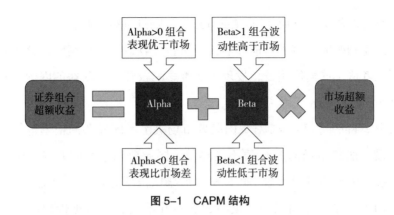

图 5-1 CAPM 结构

Beta 的提出是 CAPM 最重要的贡献之一，它将任意的超额收益率分解为市场和非市场（残差）两个部分。在此之前，收益率仅仅是股票价格涨跌而已，投资者仅凭直觉或者财务报表进行投资决策，而所谓的组合投资不过是挑选一些"好"的股票组合在一起。CAPM 还开创性地提出了所有股票的收益率都受到共同的风险因素的影响：系统性风险，开启了对于股票或者组合风险的细分研究，即对于影响股票市场的"共同风险因素"进行识别和分类，同时也使对组合进行定量的风险管理和控制成为可能。在此之前，对于投资组合而言，风险只是标准差或者半方差这样一个简单的数字而已。

3. MFM 阶段

CAPM 认为所有证券的收益率都仅与唯一的公共因子，即市场证券组合的收益率存在线性关系。然而 20 世纪 70 年代，投资者意识到具有某些相似特征的股票在市场上会有相似的走势，而该特征无法仅凭市场风险因子来解释，因此利用 CAPM 仅通过单因子解释市场存在不足。1976 年，针对 CAPM 存在的缺陷，Stephen Ross 提出了套利定价理论，该理论认为，套利行为是现代有效市场（即市场均衡价格）形成的一个决定因素，如果市场未达到均衡状态的话，市场上就会存在无风险套利机会，套利行为会使市场重新回到均衡状态。APT 模型用多个因素来解释风险资产的收益，并根据无套利原则，得到风险资产均衡收益与多个因素之间存在（近似的）线性关系，而这组因子代表投资组合收益率的一些基本因素。事实上，当收益率仅通过单一因子（市场组合）形成时，将会发现 APT 构成了与 CAPM 相同的关系。因此，APT 本质上是一种广义的 CAPM，把影响股票预期收益率的因素从 CAPM 中的单一因素扩展到多个因素，而该理论也成为多因子模型的重要理论基础。然而 APT 并没有指出影响投资组合收益的具体因素，在应用中需要预先判断哪些因素可能影响投资组合的收益，并使用统计分析方法进行验证。研究者从不同角度出发，发现了各类影响投资组合收益的因子，其中比较经典的有 Fama-French 三因子模型。

1992 年，Fama 和 French 对美国股票市场决定不同股票回报率差异的因素的研究时发现，股票市场的 Beta 值不能解释不同股票回报率的差异，而上市公司的市值、账面市值比以及市盈率可以解释股票回报率的差异，于是建立了 Fama-French 三因子模型。然而三因子模型的建立并不代表资本定价模型的完结，模型中还有很多未被解释的部分，如动量、波动率、流动性等因素，于是最后诞生出了利用多个因子刻画股票未来收益率与风险的多因子模型（MFM），如图 5-2 所示。

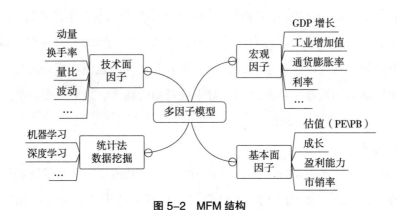

图 5-2　MFM 结构

5.1.2　多因子模型介绍

1. 均值方差模型

Markowitz 的均值方差组合模型是金融学中最著名的投资组合模型，模型想回答的问题是：当投资者需要进行投资决策时，对于市场上存在的证券，他该如何在这些证券上分配资金，简要叙述如下：

设

$$S_i(i=1,2,\cdots,n)$$

为市场上的 n 只证券，各证券期望收益率分别为

$$r = (r_1, r_2, \cdots, r_n)$$

投资者在各证券上的投资权重为

$$\boldsymbol{\omega} = (\omega_1, \omega_2, \cdots, \omega_n)^{\mathrm{T}}$$

收益率的协方差矩阵为

$$\boldsymbol{\Sigma} = (\sigma_{ij})_{n \times n}$$

则组合的期望收益率为

$$r = \omega_1 r_1 + \omega_2 r_2 + \cdots + \omega_n r_n = \boldsymbol{\omega}^{\mathrm{T}} r$$

各资产的风险可以用资产收益的标准差衡量，则组合的风险可以表示为

$$\sigma = \boldsymbol{\omega}^{\mathrm{T}} \boldsymbol{\Sigma} \boldsymbol{\omega}$$

因此投资者的最优决策为在一定风险水平下最大化期望收益或者在一定的期望收益水平下最小化风险，即

$$\min \sigma = \boldsymbol{\omega}^{\mathrm{T}} \boldsymbol{\Sigma} \boldsymbol{\omega}$$

$$\mathrm{s.t.} \begin{cases} \boldsymbol{\omega}^{\mathrm{T}} r = r_p \\ \omega_1 + \omega_2 + \cdots + \omega_n = 1 \end{cases}$$

理论上来说，上述最优化问题是有解析解的，但实际应用中存在很多问题。首先，实际情况下，预期收益率是不可知的，因此只能采用历史收益率代替期望收益率，每一期需要进行投资时，需要利用上一期的各证券收益率估计组合风险，从而求解优化问题得到最优组合的权重，进行当期投资。而这样做的误差会很大，因为用历史数据直接求协方差阵作为未来组合风险的估计量很不准确。其次，模型中投资组合的风险计算需要估计组合中每个股票的波动率和两两相关系数，假设股票个数为 N，那么模型需要估计的参数总个数为

$$\frac{N(N-1)}{2}$$

以国内股票市场为例，A 股市场有超过 3 000 只股票，如果采用上述方法计算，需要估计的参数会非常多，运行速度很慢的同时最终结果精度会很低，因此需要新的方法来优化这一模型。

2. 结构化风险因子模型

根据 Markowitz 提出的 MPT 构建的均值方差模型存在诸多问题，因此需要进一

步优化。而对于均值方差模型的优化有多种方法，最广为人知的是结构化风险因子模型，也就是之前提到的多因子模型。多因子模型利用一组共同因子和一个特质因子解释各股票收益率的波动，共同因子对各个股票都有影响，特质因子只对特定股票有影响。多因子模型将因子收益率分解为各因子收益率的线性组合：

$$r_j = \sum_{i=1}^{K} x_i f_i + u_j$$

其中，r_j 是第 j 个股票的预期收益率；f_i 是第 i 个因子的因子收益率；x_i 是第 i 个因子在股票上的因子暴露值；u_j 是股票的残差收益率。将上述公式代入均值方差模型中，可以得到

$$r = \sum_{i=1}^{n} \omega_i \left(\sum_{j=1}^{K} x_{ij} f_{ij} + u_j \right)$$

假设 u_j 之间不相关且 u_j 与 f_{ij} 亦不相关，则投资组合的协方差可以表示为

$$\sigma = \sqrt{\omega^{\mathrm{T}}(XFX^{\mathrm{T}} + \Delta)\omega}$$

其中，X 为 n 只股票在 K 个因子上的因子暴露矩阵；F 为因子收益率协方差阵；Δ 为股票残差收益率协方差阵。在上述假设下，Δ 为对角阵。至此，把股票收益率协方差阵的计算转化到对因子协方差阵的计算上，从而大幅简化模型的复杂性和计算难度。多因子模型本质上是将对于 N 只股票的"收益—风险"的预测转变成对于 K 个因子的"收益—风险"的预测。对于一个使用多因子模型的投资经理而言，其原本面对的操作对象是 N 只股票，而通过多因子模型的转化，其操作对象转换成了 K 个因子。

多因子模型极大地减少了股票收益率预测的工作量。举例说明，以一个 1 000 只股票和 20 个因子组成的系统而言，MFM 将 1 000 只股票的预期收益和风险的预测转换为对 20 个因子的预期收益和风险的预测。随着预测复杂程度的降低，预测的精度大幅提升，特别是对于投资组合风险的预测。前面已经提到过，若对 1 000 只股票估计协方差矩阵，我们需要预测 $N(N-1)/2 = 4\ 950$ 个相关系数。协方差矩阵包含的独立参数太多，如果采用历史数据的样本方差和协方差，估计值既不稳定也不合理。因为采用历史数据进行估计，假设采样时间长度为 T，则 T 需满足 $T > N$（即 $T > 1\ 000$）。按照多因子模型通常使用的月度频率，需要的数据的时间跨度超过 80 年，这显然不现实，同时也不合理，因为公司基

本面数据是在不断发生变化的。

最后多因子模型并不是一个因果关系的模型，即所谓的因子只是在统计上和收益率存在相关关系，是试图解释股票"收益—风险"的维度，事实上多因子模型并不关心它们是否存在因果关系，这点需要学生们在深入学习 MFM 时多加注意。

3. 多因子模型的表现形式

多因子模型的表现形式主要有以下三类。

（1）宏观经济因子模型。宏观经济因子模型使用可观察到的宏观经济数据序列，如通货膨胀率、利率等指标，作为股票市场收益率变动的主要解释变量。宏观经济因子模型的主要思想是：股票市场和外部经济之间存在关联，并且试图利用外部经济指标对股票市场收益率进行刻画。

宏观经济因子模型在实际操作中遇到的主要问题是数据问题，假设一个包含 10 个宏观经济因子和 1 000 只股票的模型，如果每个月进行分析，需要进行 1 000 次的回归。每个月的回归可能要用 60 个月的数据来估计 10 个宏观经济因子的载荷，这可能会导致严重的估计偏差，因为这些因子载荷并非静态，即使能够在统计意义下精确地描述过去，这些估计值也很难反映当前的情况。

（2）基本面因子模型。基本面因子模型使用可观察到的股票自身的基本属性，如分红比例、估值水平、成长性、换手率等指标，作为股票市场收益率变动的主要解释变量。基本面因子主要是进行横截面分析，确定股票收益率对因子的敏感性（Beta 值），基本面因子一般可以归纳为基本面类、估值类或市场类等。

（3）统计因子模型。统计因子模型则从股票收益率的协方差矩阵中提取统计因子，作为股票市场收益率变动的主要解释变量。常见的统计分析方法有主成分分析、最大似然分析（maximum likelihood analysis）和预期最大化分析（expectations maximization analysis）等。统计因子模型的主要缺点是因子很难有直观的含义，并且因子的估计过程很容易受到"伪相关性"的影响。

以上三类多因子模型中，基本面因子模型效果总体来讲要明显好于其他两类模型，而现在的多因子模型的主流研究也是集中在基本面多因子模型的研究上。基本面多因子模型最基本的假设是：具有类似"属性"的股票，在市场上应该有相似的收益率。这些类似的属性可以是相同的行业、相似的交易属性（如交易价格、交易量、市值大小、波动率等）、相似的财务属性（来自三张财务报表的各种比例或者增长率等)、相似的估值属性(PB、PE、PS、PCF等)。多因子模型识别这些共同的基本面因子,并且估计收益率对这些因子的敏感性,得出股票或者组合的预期收益率,最后通过风险模型,根据投资者的"收益—风险"偏好挑选合适的股票并进行权重分配。

5.1.3 多因子策略的构建流程

多因子模型的构建主要包括如下四个主要步骤。

1. 准备工作(数据预处理)

(1)基础数据采集。首先需要确定原始因子集合,然后按照原始因子集合逐个进行因子原始数据的采集和计算工作。

(2)数据标准化。由于原始数据的量纲不一致,为保证数据之间的可比性和可叠加性,要对原始数据进行标准化、去量纲的工作。

(3)识别有效因子。原始因子集合是在逻辑上被认为与股票收益率存在关联性的因素,实证中并不是每个原始因子和股票收益率都存在相关性,因此需要对原始因子进行有效性检验,排除和收益率相关性不高的因子。

2. 收益模型的搭建

(1)大类因子分析。大类因子是指在逻辑上具有一定相似性的因子,在实证中这些因子之间也很有可能表现出很强的相关性,即共线性问题。为尽量多地保留有用信息,需要根据因子所属大类对其进行处理,比如进行因子合成,或者尽量挑选效果显著并且相关性不高的因子集合进行保留。

(2)因子共线性分析(因子正交化)。如果因子之间存在明显的多重共线性,那么进行多元线性回归时,会使模型的估计失真或者难以估计准确,所以在进行多元线性回归之前需要进行因子共线性分析,剔除相对不重要但是会对模型造成共线性干扰的因子。

(3)残差异方差分析。如果回归的残差项具有不同的方差,则称回归模型存在异方差。如果存在异方差,则传统的最小二乘回归得到的参数估计量不是有效估计量,所以在进行多元线性回归之前必须进行残差的异方差分析。具体而言,可以采用个股流通市值的平方根作为权重进行加权最小二乘法回归,经实践,在大部分截面期上可以消除异方差的影响。

(4)多元线性回归。通过多元线性回归计算每一期的因子收益。

（5）估计因子预期收益。由于因子每期收益或多或少存在不稳定性，为保证模型的稳定性，需要对因子历史收益序列进行分析，给出下一期因子收益的合理预期值。因为很多因子存在明确的经济含义和投资逻辑，所以因子收益的方向（±）需要进行约束。

（6）计算股票预期收益。根据因子收益和每个股票的因子载荷计算出个股的预期收益率。

3. 风险模型的搭建

（1）计算因子收益率协方差矩阵。根据因子收益率的历史序列，计算出因子的协方差阵。

（2）残差风险估计。计算出个股的残差风险。

4. 模型优化

（1）确定组合的收益目标。可以是两种，一种是确定目标收益，然后最小化风险；另一种是确定风险目标，然后最大化收益。

（2）确定组合的风险目标。方法与确定组合的收益目标相同。

（3）行业权重约束。根据风险目标确定行业风险的暴露。如果组合存在基准组合，则需要根据基准组合在各个行业的权重分布，确定行业偏离约束。

（4）因子暴露约束。多因子模型本身是一个追求宽度的模型，所以为避免在某些因子上暴露过大导致风险过高，需要对因子暴露进行一定的约束。

（5）个股上下限约束。因为卖空约束以及避免在个股上暴露过高的风险，所以需要对个股权重的上下限进行约束。

（6）二次规划求解组合权重分配。根据前两个步骤中获取的个股预期"收益—风险"数据集，以及前面几点确定的约束条件，采用二次规划的方式，计算组合中的个股权重。

（7）模拟业绩回溯。根据每期确定的组合成分股及权重分配，对模型进行模拟业绩回溯。

上述步骤的流程如图 5-3 所示。

从图 5-3 中可以看出，第 4 章股票因子分析的内容本质上是为多元线性回归模型的搭建步骤做准备，也就是本章所讲的重点内容。当然模型搭建完成并求出结果后并不是终点，还需要对模型的风险进行评估，并且要根据结果的反馈优化模型的结构和参数，从而得出更加满意的结果。

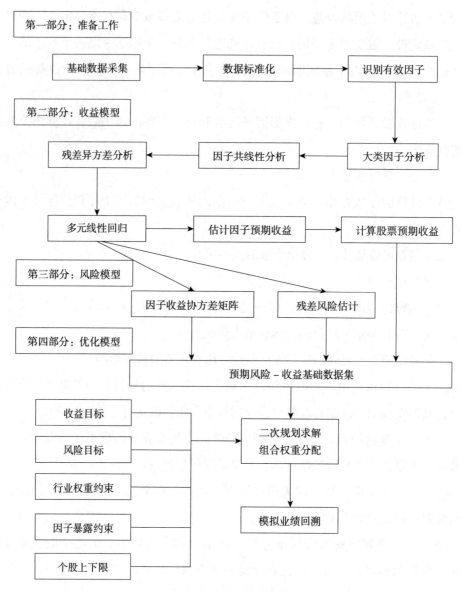

图 5-3 MFM 构建流程

5.2 CAPM 策略

5.2.1 分离定理与资本配置线

1. 两基金分离定理

从本节开始学习 CAPM。CAPM 基于 Markowitz 的现代投资组合理论，在此基础上加入市场均衡（market equilibrium）思想，主要研究证券市场中资产的预期收益率与风险之间的关系,以及均衡价格是如何形成的,是现代金融市场价格理论的支柱。而 CAPM 成立的充分条件是两基金分离定理。这里的两基金指的是风险基金和无风险基金,无风险基金投资于无风险资产,而风险基金则投资于全部风险资产。两基金分离定理是指在投资组合中假设以无风险利率自由借贷的情况下,投资人选择投资组合时都会选择无风险资产和风险投资组合的最优组合点,因为这一点相对于其他的投资组合在风险上或是报酬上都具有优势。投资人对风险的态度,只会影响投入的资金数量,而不会影响最优组合点,即最佳风险资产组合的确定独立于投资者的风险偏好。

具体而言,在 Markowitz 模型中,我们用单个资产的加权期望收益率表示组合的期望收益,用标的之间的协方差构成整个组合的风险。假定市场上只有两种可投资资产 A 和 B,其中,A 为风险资产,B 为无风险资产。则由这两种资产构成的投资组合的收益率和风险度量为

$$E(R_P) = \omega_A E(R_A) + \omega_B E(R_B)$$

$$\sigma_P = \left(\omega_A^2 \sigma_A^2 + \omega_B^2 \sigma_B^2 + 2\omega_A \omega_B \sigma_A \sigma_B \rho_{AB}\right)^{0.5}$$

其中,$E(R_P)$、$E(R_A)$ 和 $E(R_B)$ 分别为投资组合、资产 A 和 B 的收益率;σ_P、σ_A 和 σ_B 分别为投资组合、资产 A 和 B 的标准差;ω_A 和 ω_B 是资产 A 和 B 的分配权重。由于资产 B 是无风险资产,所以 $\sigma_B=0$,$E(R_B)=r_f$,,其中 r_f 为无风险收益率(risk-free rate of return)。此时 $\sigma_P = (\omega_A^2 \sigma_B^2)^{0.5} = \omega_A \sigma_A$。

两基金分离定理的意义在于复杂的资产市场可以简化为由无风险资产和有风险资产两种类别资产组成,且该风险资产由所有风险资产复合而成,而相互权重与投资者的风险偏好无关,只与风险资产的分布性质有关。因此,使用两基金分离定理可以极大地简化投资组合模型,从而使模型求解变得更加容易。

2. 资本配置线

由前面的内容可知,投资组合的期望收益为:$E(R_P) = \omega_A E(R_A) + \omega_B E(R_B)$,风险度量为 $\sigma_P = \omega_A \sigma_A$,因此 $\omega_A = \sigma_A/\sigma_P$,代入前面期望收益的公式可得

$$E(R_P) = \frac{(E(R_A) - r_f)}{\sigma_A} \sigma_P + r_f$$

该式即为资本配置线(capital allocation line,CAL)的表达式,斜率为夏普比率。如果以投资组合的标准差 σ_P 为自变量,预期收益 $E(R_P)$ 为因变量,则上述

函数表达式描绘的是一条直线，该直线的截距为无风险收益率 r_f，由于 r_f 唯一，所有的 CAL 都将经过纵轴上的同一点。由于风险资产 A 可以为任意现有风险资产的组合，所以给定不同的 A，可以绘制出不同斜率的 CAL。

如何在 Python 中绘制 CAL 呢？首先需要调入 Matplotlib 库中的 pyplot 可视化函数模块。接着需要对初始参数进行设定，这里假设 $E(R_A)=15\%$，$r_f=4\%$，$\sigma_A=20\%$，ω_A 为范围为从 0 到 1，区间间隔为 0.01 的数组。代码如下：

```
1. import numpy as np
2. import matplotlib.pyplot as plt
3. # 无风险资产期望回报率
4. mean1 = 0.04
5. # 风险资产期望回报率
6. mean2 = 0.15
7. # 无风险资产标准差
8. std1 = 0
9. # 风险资产标准差
10. std2 = 0.2
11. # 生成无风险资产在投资组合中的权重，范围为从 0 到 1，步长为 0.01
12. w1 = np.arange（0, 1, 0.01, dtype=float）
13. # 生成无风险资产在投资组合中的权重
14. w2 = 1- w1
15. # 生成投资组合的期望回报率
16. mean = w1 * mean1 + w2 * mean2
17. # 生成投资组合的标准差
18. std = w2 * std2
19. plt.figure（figsize=（16, 9））
20. # 绘制资本配置线
21. plt.plot（std, mean）
22. plt.xlim（[0, 0.3]）
23. plt.ylim（[0, 0.2]）
24. plt.xlabel（'risk'）
```

25. plt.ylabel('return')

生成的 CAL 图像见图 5-4，从图中我们可以看出，投资组合的期望收益率和标准差为线性关系。在不允许做空的情况下，当风险资产的权重为 1 时，风险和收益同时达到最大。如果允许做空，那么投资组合的最优解在图像权重为 1 的右边的延长线上。

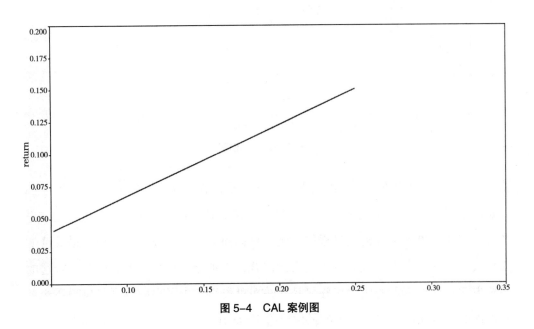

图 5-4　CAL 案例图

5.2.2　资本市场线

1. 资本市场线的定义

假设市场上只有一种无风险资产，那么市场上有多少个风险资产组合，就有多少条 CAL，这些线是由无风险资产对应的点（截距）发出的一簇射线。在投资者一致性预期的前提假设下（当投资者面对同一条有效前沿时），与有效前沿相切的资本配置线就是资本市场线。因此资本市场线指的是表明有效组合的期望收益率和标准差之间的一种简单的线性关系的一条射线，该射线是沿着投资组合的有效边界，由风险资产和无风险资产构成的投资组合。如图 5-5 所示。

图 5-5 中射线与有效边界的切点所对应的组合 P 称为最优风险组合（optimal risky portfolio）。由于 CAPM 假设市场均衡，因此该组合即为市场组合（market portfolio）。市场组合中所有资产是按照一定的比例权重（例如资产市值 / 总市值的比率）构成的，其中每一种资产的价格都是均衡价格（市场供需平衡时的价

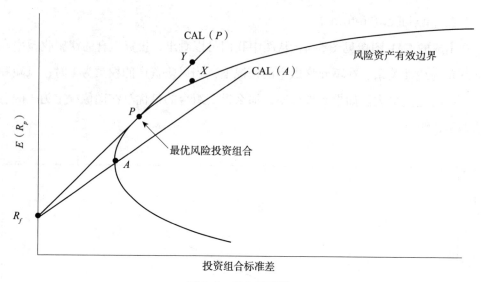

图 5-5 CML 案例图

格）。在一致性预期条件下，市场中任一投资者的最优资本配置线 [CAL（P）] 都是资本市场线。当市场允许做空时，组合点在 CAL（P）的延长线上。上述结论的意义在于对投资组合构建过程的简化。具体而言，对于投资者来说，最关键的工作就是找到切点 P 所代表的风险资产组合，再加上无风险资产，就是最合适的投资方案，而投资者的风险偏好只是反映在投资组合中无风险资产与风险资产各自所占的比重而已，并不会影响最优风险组合的确定。CML 的表达式如下：

$$E(R_P) = \frac{[E(R_M) - r_f]}{\sigma_M}\sigma_P + r_f$$

其中，$E(R_P)$ 是投资组合预期收益率；r_f 是无风险利率；$\frac{E(R_M) - r_f}{\sigma_M}$ 是市场组合的夏普率。我们将上述公式做一下变形：

$$E(R_P) = r_f + \frac{\sigma_P}{\sigma_M}(E(R_M) - r_f)$$

其中，$E(R_M) - r_f$ 为市场预期回报率中超过无风险利率的部分，我们称之为股权风险溢价（equity risk premium，ERP）。

2. 资本市场线的绘制

本案例基于点宽量化平台 Auto-Trader，选取招商银行（sse.600036）、比亚迪（szse.002594）和贵州茅台（sse.600519）3 只股票作为投资组合标的，绘制的步骤如下：

1）生成投资组合的协方差矩阵

首先我们需要获取投资组合标的从 2015 年 1 月 1 日至 2020 年 12 月 31 日总共 6 年的股票月收盘价截面数据，并以此分别计算 3 只股票的月收益率。最后我们根据投资标的的月收益率计算 3 只股票的月收益率均值以及协方差矩阵。代码如下：

```
import scipy.optimize as opt
from atrader import *
import numpy as np
import pandas as pd
import matplotlib.pyplot as plt
# 获取标的资产 2015-2020 年的年化收益率及协方差矩阵
# 获取月收盘价
data=get_kdata（['sse.600036', 'szse.002594', 'sse.600519'], 'month', fre_num=1, begin_date='2015-01-01', end_date='2020-12-31', fill_up=True, df=True）['close']
# 处理数据形式
data = pd.DataFrame（np.array（data）.reshape（3, -1））.T
returns = data.iloc[1：, ：] / data.shift（1）.iloc[1：, ：] - 1 # 计算三个标的的月收益率
print（'三个标的月收益率前 5 条展示：\n', returns.head（））
# 获取三个标的月平均收益率
means = returns.mean（）
print（"三个标的月平均收益率：\n", means）
# 生成协方差矩阵
covs = returns.cov（）
print（'协方差矩阵：\n', covs）
```

生成结果见图 5-6。

```
三个标的月收益率前5条展示:
         0        1        2
1  0.02510  0.32201  0.07828
2  0.05918  0.03598  0.02570
3  0.17020  0.14504  0.28715
4 -0.00823  0.26667  0.04599
5  0.03597 -0.27329 -0.02342
三个标的月平均收益率:
0    0.01813
1    0.03163
2    0.03847
dtype: float64
协方差矩阵:
         0        1        2
0  0.00461  0.00140  0.00258
1  0.00140  0.01843  0.00156
2  0.00258  0.00156  0.00765
```

图 5-6　协方差矩阵结果

2）绘制风险投资组合的有效边界

模型的原理是在满足目标收益率的前提下求组合方差的最小值，即

$$\min \sigma = \boldsymbol{\omega}^{\mathrm{T}} \boldsymbol{\Sigma} \boldsymbol{\omega}$$
$$\text{s.t.} \begin{cases} \boldsymbol{\omega}^T r = r_p \\ \omega_1 + \omega_2 + \cdots + \omega_n = 1 \end{cases}$$

其中，$\boldsymbol{\Sigma}$ 是投资组合的协方差矩阵，结果已经由模型生成；$\boldsymbol{\omega}$ 是投资组合的权重，也就是模型当中的输入参数，限制条件需要满足两个：权重向量与组合标的收益率向量的内积为目标收益率；其次标的权重和为 1。而有效边界的实现过程就是基于上述模型的结构以及约束条件，具体步骤如下。

（1）设定最小风险目标函数。目标函数的结构参照公式中的 $\sigma=\boldsymbol{\omega}^{\mathrm{T}}\boldsymbol{\Sigma}\boldsymbol{\omega}$ 制定，这里采用 numpy 中的 .dot 函数来计算向量之间的内积，代码如下：

1. # 设定最小风险目标函数
2. def portfolioVar（w）：
3. 　　return np.dot（w.T，np.dot（covs，w））

（2）初始参数设定。以组合标的收益率的最小值和最大值为边界范围，步长为 0.001 生成等差序列数组作为目标收益率向量，初始权重设定为等权重，代码如下：

1. # 设定最优化问题的约束条件、权重的取值范围
2. # 设定希望得到的收益率
3. mean = np.arange（min（means），max（means），0.001，dtype=float）
4. std = [ ]
5. # 设定初始权重
6. w = [1/len（means）] * len（means）

（3）循环计算目标收益率下的最小函数值。这里使用 opt.minimize 函数模块来求解在特定目标收益率下组合方差的最小值的问题。"opt.minimize" 是 SciPy 库中的一个优化模块，可以用来求解给定约束条件下的目标函数最小值的问题。约束条件采用元组形式，元组在定义后不可修改，符合约束条件不可更改的特点，因此很适合用来表示约束条件。由于函数生成的结果是方差的格式，因此还需要对生成结果开方得出组合的标准差，并加入 "std" 的数组序列中。代码如下：

1. for target in mean：
2. 　　# 设定约束条件
3. 　　constrain=（{'type'：'eq'，'fun'：lambda w：np.sum（w）-1}，
   　　　　{'type'：'eq'，'fun'：lambda w：np.dot（w.T，means）-target}）

4. result = opt.minimize（portfolioVar，w，constraints=constrain）

5. std.append（np.sqrt（result['fun']））

（4）绘制有效边界并计算全局最小风险投资组合。最后一步就是根据遍历结果绘制有效边界，并且我们还可以求出这3只股票构成的所有投资组合中的最小标准差以及对应的目标收益率，代码如下：

1. # 绘制有效边界

2. plt.figure（figsize=（16，9））

3. plt.plot（std，mean，color='blue'）

4. plt.xlabel（'σ'，loc='right'）

5. plt.ylabel（'E（R）'，loc='top'，rotation=0）

6. plt.grid（）

7. # 找出全局最小风险投资组合

8. constrain =（{'type': 'eq', 'fun': lambda w: np.sum（w）- 1}）

9. result = opt.minimize（portfolioVar，w，constraints=constrain）

10. std_min = np.sqrt（result['fun']）

11. mean_min = np.dot（means.T，result['x']）

12. print（'最小风险投资组合:\n',' 收益率: ', round（mean_min, 3）, '\n', ' 标准差: ', round（std_min, 3））

生成结果见图 5-7，其中蓝色曲线为投资组合的有效边界，最小风险投资组合的目标收益率为 0.025，对应的标准差为 0.061。

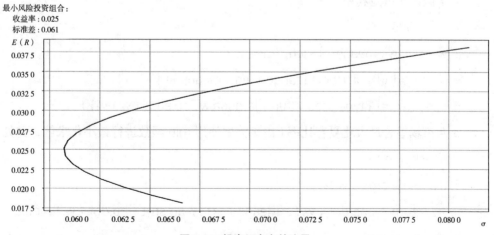

图 5-7 投资组合有效边界

3）绘制资本市场线

有了有效边界就可以绘制资本市场线了，根据定义 CML 是与有效边界上沿线相切的射线，切点就是市场组合并且此时组合的复普率为最大值。根据上述特点就可以找到绘制 CML 的方法，具体步骤如下。

（1）绘制有效边界上沿线。对于有效边界上的投资组合，如果其收益率低于投资组合所有配置中的最小值，那么这样的组合是没有意义的，因此对于有效边界还需要加上限制条件：mean>=mean_min，即投资组合的收益率需要满足高于最小风险投资组合的收益率。代码如下：

1. # 标注最小风险点 标注有效前沿线
2. plt.scatter（std_min, mean_min, color='purple', marker='*', s=50）
3. plt.plot（pd.Series（std）[mean>=mean_min], pd.Series（mean）[mean>=mean_min], color='red'）

（2）确定市场组合权重、均值已经标准差。假设无风险利率为 0.5%，绘制 CML 的关键是确定市场组合 M 的权重，而市场组合的特点是满足在有效边界上所有投资组合中夏普率最大的组合。因此只要求出所有投资组合配置中夏普率的最大值以及对应的组合权重，就能找到市场组合 M 并进而求出市场组合的收益率以及标准差，从而确定该点在有效边界上的位置。而求出夏普率的最大值这里又用到了"opt.minimize"函数模块，只不过由于该模块是求目标函数的最小值，因此需要取夏普率的相反数作为目标函数，进行最小化求解。此外还需要对约束条件做一些设定，对于权重的取值只能在（0，1）范围内求解，不能超过这个范围。代码如下：

1. # 假设无风险利率
2. rf = 0.005
3. w = [1/len（means）] * len（means）
4. bound = [（0，1）for i in range（len（means））]
5. constrain =（{'type': 'eq', 'fun': lambda w: np.sum（w）- 1}）
6. # 市场组合最大化夏普比率（由于需要使用 min 函数进行最小化求解，此处取 -sharpe）
7. def minSharpe（w）:
8.   return -（np.dot（w.T, means）- rf）/ np.sqrt（np.dot（w.T, np.dot（covs, w）））

9. result = opt.minimize（minSharpe，w，constraints=constrain，bounds = bound）

10. sharpe = -result['fun']

11. weights = result['x']

12. std_market = np.sqrt（np.dot（weights.T，np.dot（covs，weights）））

13. mean_market = np.dot（weights.T，means）

14. print（'市场组合：\n'，'收益率：'，round（mean_market，3），'\n'，'标准差：'，round（std_market，3））

15. # 标注市场组合的位置

16. plt.scatter（std_market，mean_market）

（3）绘制 CML。当市场组合 M 确定后，由于纵轴的截距是无风险利率值，这样我们就有了两个确定的点，而两点确定一条直线，就可以画出 CML 的图像了。代码如下，最终生成结果见图 5-8。

1. # 绘制资本市场线

2. axes = plt.gca（）

3. # 根据当前图像大小获取合适的横坐标范围

4. x_vals = np.array（axes.get_xlim（））

5. y_vals = rf + sharpe * x_vals

6. plt.plot（x_vals，y_vals）

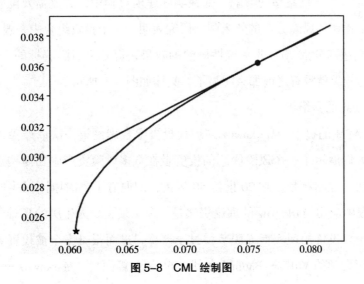

图 5-8　CML 绘制图

5.2.3 CAPM

1. CAPM 理论基础

1）系统性风险和非系统性风险

系统性风险是指影响市场上所有公司的因素导致的风险。也可以说是由于全局性的共同因素引起的投资收益的可能变动，这种因素以同样的方式对所有证券的收益产生影响。系统性风险是由公司外部因素引起的，如战争、政权更迭、自然灾害、经济周期、通货膨胀、能源危机、宏观政策调整等。虽然不同的公司对系统性风险的敏感程度不一样，但系统性风险是公司自身无法控制的，因此系统性风险无法通过投资组合的多样化配置进行有效的分散和消除。

非系统性风险是指只对某个行业或个别公司的证券产生影响的风险，它通常由某一特殊的因素引起，与整个证券市场的价格不存在系统的、全面的联系，而只对个别或少数证券的收益产生影响，是发生于个别公司的特有事件造成的风险。例如，新产品开发失败、失去重要的销售合同、诉讼失败或宣告发现新矿藏、取得一个重要合同等。由于非系统性风险是由投资标的内部因素引起的，因此它可以通过投资的多样化和分散投资来规避，这点是非系统性风险与系统性风险之间最关键的区别，也是 CAPM 定价原理的根基。

对于单个资产或者某一投资组合而言，总风险 = 系统性风险 + 非系统性风险；而对于市场组合来说，由于它包含市场上所有的风险资产，是一个完全分散化的投资组合，因此所有的风险都来自系统性风险，而这类风险无法通过组合本身的配置来消除对资产收益率的影响。那在实际建模过程中，究竟需要配置多少只股票才能达到预期的风险分散的效果呢？研究表明，一个投资组合中一般含有 12~18 只股票就能达到分散 70% 非系统性风险的效果，但是之后随着标的个数的增加，风险衰减的效果就没有之前那么明显了，具体如图 5-9 所示。

2）CAPM 的介绍

（1）CAPM 的提出。Markowitz 的现代投资组合理论第一次以严谨的数理工具为手段向人们展示了一个风险厌恶的投资者在众多风险资产中如何构建最优资产组合的方法。但问题是，在 20 世纪 50 年代，即便有了当时刚刚诞生的电脑的帮助，在实践中应用 Markowitz 的理论仍然是一项烦琐、令人生厌的高难度工作；或者说，理论与投资的现实世界脱节得过于严重，进而很难完全被投资者采用。美国普林斯顿大学的 William Baumol 在其 1966 年一篇探讨 "Markowitz — Tobin" 体

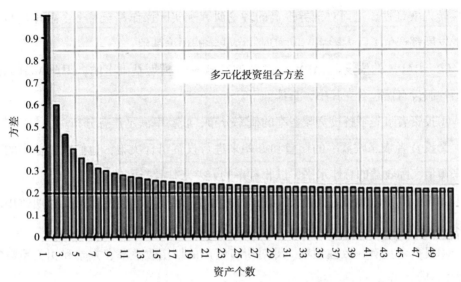

图 5-9　投资标的个数对应的风险分散效果图

系的论文中就谈到，按照 Markowitz 的理论，即使从简化的模型出发，要从 1 500 只证券中挑选出有效率的投资组合，当时每运行一次电脑需要耗费 150~300 美元，而如果要执行完整的 Markowitz 运算，所需的成本至少是前述金额的 50 倍；而且所有这些必须有一个前提，就是分析师能够持续且精确地估计标的证券的预期报酬、风险及相关系数，否则整个运算过程将变得毫无意义。

正是由于这一问题的存在，从 20 世纪 60 年代初开始，以 W.Sharpe，J. Lintner 和 J. Mossin 为代表的一些经济学家开始从实证的角度出发，探索证券投资的现实，即 Markowitz 的理论在现实中的应用能否得到简化？如果投资者都采用 Markowitz 资产组合理论选择最优资产组合，那么资产的均衡价格将如何在收益与风险的权衡中形成？或者说，在市场均衡状态下，资产的价格如何依风险而确定？

上述学者的研究直接导致了资本资产定价模型的产生。作为基于风险资产期望收益均衡基础上的预测模型之一，CAPM 阐述了在投资者都采用 Markowitz 的理论进行投资管理的条件下市场均衡状态的形成，把资产的预期收益与预期风险之间的理论关系用一个简单的线性关系表达出来了，即认为一个资产的预期收益率与衡量该资产风险的一个尺度 β 值之间存在正相关关系。应该说，作为一种阐述风险资产均衡价格决定的理论，单一指数模型，或者以此为基础的 CAPM 不仅大大简化了投资组合选择的运算过程，使 Markowitz 的投资组合选择理论朝现实世界的应用迈进了一大步，而且也使证券理论从以往的定性分析转入定量分析，从规范性转入实证性,进而对证券投资的理论研究和实际操作甚至整个金融理论与实践的发展都产生了巨大影响,成为现代金融学的理论基础。

(2) CAPM 的假设。CAPM 是建立在 Markowitz 模型基础上的,因此 Markowitz 模型的假设自然包含在其中,具体如下。

①投资者事先了解投资收益率的概率分布,收益率满足正态分布。

②投资者依靠收益率的期望和方差来进行投资组合决策,他们以收益率的期望来衡量实际收益的总体水平,以收益率的方差来估计投资的风险。

③理性投资者假设,即所有投资者为风险厌恶型。他们的目标是单期效用最大化,其效用函数呈现边际递减,即投资者的效用函数是二次函数。

④投资者具有一致性预期,即对所有资产的期望收益率、方差和相关系数的预期都是相同的。

⑤完全有效市场假设。

CAPM 的附加假设条件如下。

①市场允许做空。

②市场上只存在一种无风险资产。

③不存在通胀,折现率不变。

④投资者没有多样化投资的成本。

⑤所有投资者都有相同的投资期限,而且只有一期。

上述假设表明:首先,投资者是理性的,而且严格按照 Markowitz 模型的规则进行多样化的投资,并将从有效边界的某处选择投资组合;其次,资本市场是完全市场,没有任摩擦阻碍投资。尽管以上假设常与实际情况相悖,但它作为现代金融领域最重要的基础模型之一,对量化投资模型的发展有重要的指导意义。

(3) CAPM 公式。假设资产的收益和风险仅由该资产和市场组合的联动性决定,这里用 β 来表示两者之间的"联动性",则某一资产或者某一资产组合 i 的预期回报率(expected return)$E(R_i)$ 满足

$$E(R_i) = r_f + \beta_i \left[E(R_M) - r_f \right]$$

其中,r_f 为无风险利率;$E(R_M)$ 为市场组合预期回报率;β_i 为 Beta 系数,满足 $\beta_i = \dfrac{\mathrm{Cov}(R_i, R_M)}{\mathrm{Var}(R_M)}$。CAPM 表明风险资产 i 的收益由两部分构成:无风险资产部分带来的收益 r_f 以及市场风险溢价所带来的收益 $[E(R_M) - r_f]$。这表明:

①风险资产的收益率须高于无风险资产的收益率。

②只有系统性风险需要补偿，非系统性风险可以通过投资多样化减少甚至消除，因而不需要补偿。

③系统性风险补偿实际获得的市场风险溢价收益取决于 β_i 的大小，该值越大，则风险贴水就越大；反之则风险贴水就越小。

基于 CAPM 公式，可以构建资产 i 的证券特征线（security characteristic line, SCL）。SCL 用于描述资产的实际收益率的走势，该线以市场组合超额回报为横坐标，证券超额回报为纵坐标，是一条以 Beta 值为斜率、无风险收益率为截距的直线，具体如图 5-10 所示。

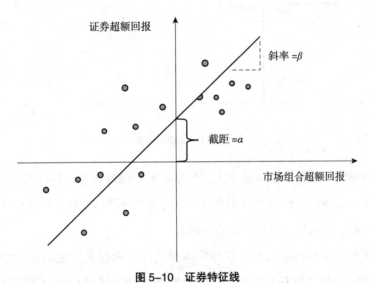

图 5-10 证券特征线

3）β 系数

按照 CAPM 的规定，β 系数是用以度量一项资产系统风险的指针，是用来衡量一种证券或一个投资组合相对总体市场的波动性的一种风险评估工具。也就是说，如果一个股票的价格和市场的价格波动性是一致的，那么这个股票的 β 值就是 1。如果一个股票的 β 是 1.5（大于 1），就意味着当市场上升 10% 时，该股票价格则上升 15%；而市场下降 10% 时，股票的价格亦会下降 15%，因此市场价格的波动作用于该股票价格的波动影响被放大了。对于 β 系数，我们通常有如下解读。

（1）$\beta>1$，标的为"攻击型证券"，能够放大市场的涨跌变化的影响。

（2）$\beta<1$，标的为"防御性证券"，能够缩小市场的涨跌变化的影响。

（3）$\beta=1$，标的为"中立性证券"，与市场波动一致，适用于被动投资策略。

4）证券市场线

CAPM 的图示形式称为证券市场线，主要用来阐述投资组合收益率与系统性风险指标 β 系数之间的关系。SML 揭示了市场上所有风险性资产的均衡期望收益率与风险之间的关系，具体如图 5-11 所示。

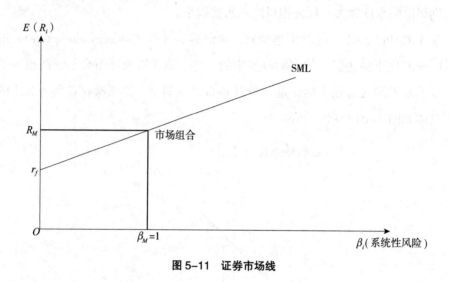

图 5-11 证券市场线

证券市场线与资本市场线是学生们经常容易弄混的概念，两者的区别如下。

（1）证券市场线的横轴是 β 系数（只包括系统风险）；资本市场线的横轴是标准差（既包括系统风险，又包括非系统风险）。

（2）证券市场线揭示的是"证券的本身的风险和报酬"之间的对应关系；资本市场线揭示的是"持有不同比例的无风险资产和市场组合情况下"风险和报酬的权衡关系。

（3）证券市场线中的"平均股票的要求收益率"与资本市场线中的"风险组合的期望报酬率"含义不同。

（4）证券市场线表示的是"要求收益率"，即投资"前"要求得到的最低收益率；而资本市场线表示的是"期望报酬率"，即投资"后"期望获得的报酬率。

（5）证券市场线的作用在于根据"必要报酬率"，利用股票估价模型，计算股票的内在价值；资本市场线的作用在于确定投资组合的比例。

虽然两者概念不同，但是本质上都是把标的收益率分解为无风险收益（时间补偿）+ 风险溢价（风险补偿），因此两者本质上都是两基金分离定理的反映，只是表述形式不同。

2. CAPM 的应用

在实践过程中通常选择短期国债收益率作为无风险收益率,以上证综指作为市场组合回报率的标的,以下是几种 CAPM 应用的案例。

1)资产配置的确定

由上文可知,β 值反映的是投资标的与市场组合之间价格波动的"联动性",根据这一特性,可以根据对市场走势的不同预期来选择不同级别的 β 值的股票或者投资组合从而获得较高的收益或者规避市场风险。举例说明,假设以沪深 300 指数为市场组合,则过去 300 天市场组合日均收益率为

$$\mu_m = \frac{1}{300}\sum_{t=1}^{300} r_m(t)$$

其中,$r_m(t)$ 为市场组合在 t 时刻的收益率;μ_m 为市场组合日均收益率。对于任一股票 i,其日均收益率满足

$$\mu_i = \frac{1}{300}\sum_{t=1}^{300} r_i(t)$$

其中,$r_i(t)$ 为股票 i 在 t 时刻的收益率;μ_i 为股票 i 的日均收益率。股票 i 的 β 系数满足

$$\beta_i = \frac{\text{Cov}(R_i, R_m)}{\text{Var}(R_m)} = \frac{\sum_{t=1}^{300}[r_m(t) - \mu_m][r_i(t) - \mu_i]}{\sum_{t=1}^{300}[r_m(t) - \mu_m]^2}$$

假设当前投资标的里有 3 只股票 A、B、C,根据以上公式分别计算出股票 β 的值为 2、1、0.2。如果对大盘最近的预期是上涨趋势,则应该持有股票 A,原因在于股票 A 的 β 值大于 1,说明股票 A 放大了市场组合价格波动的影响,因此在市场上涨阶段可以获得更高的收益;当认为大盘最近趋势不明朗,则应该持有股票 B,从而使组合的收益与大盘持平;当对大盘的预期是下跌趋势时,则应该持有股票 C,这样会减少市场整体波动带来的个股价格下跌的损失,或者直接选择空仓。

2)非均衡水平定价证券的识别

CAPM 给出了一个判断有价证券或其他金融资产的市场价格是否处于均衡水平的标准,即当已知市场组合期望收益率和无风险收益率时,资产价格的均衡水平位于 SML 上。如果证券的价格偏离这个标准,那么投资者就可以据此进行套利活动。举例说明,在市场均衡状态条件下,对于每一个证券 i,根据 CAPM 可知该证券的要求回报率(required return)为

$$E(R_i)_{rr} = r_f + \beta_i \left[E(R_M) - r_f \right]$$

在企业估值层面，根据未来现金流估值的定义，股票 i 的预测回报率（forecast return）为

$$E(R_i)_{fr} = \frac{E(D_i + P_n)}{P_0} - 1$$

其中，D_i 是股票 i 派发的股息；P_0 和 P_n 是股票 i 的期初和期末价格。由于市场对于该证券在股息和期末价格的现金流已经有了一个期望值，所以在均衡状态下，上面两个等式应该相等，即

$$E(R_i)_{rr} = E(R_i)_{fr}$$

如果该等式不成立，则市场上存在套利机会，套利的过程使得两者的价格重新回到均衡状态。举例说明，假设 A、B、C 三点为以下三种不同场景。

（1）当 $E(R_i)_{rr} < E(R_i)_{fr}$ 时（A 点场景），此时该证券价格被低估（underpriced），因此应该购买该证券。

（2）当 $E(R_i)_{rr} > E(R_i)_{fr}$ 时（C 点场景），此时该证券价格被高估（overpriced），应该卖出该证券，并将资金转向其他被低估的证券。

（3）当 $E(R_i)_{rr} = E(R_i)_{fr}$ 时（B 点场景），此时无套利机会，市场价格为均衡状态。

3）基金绩效的衡量

在第 3 章中曾经提到，夏普比率是衡量基金绩效表现的常用指标。从 CAPM 计算公式就能够看出，夏普比率衡量的是每单位投资组合风险上的超额收益，它是风险调整后的收益率，因此该指标同时衡量了风险和收益的因素。在讲解 CML 时提到过，市场组合的夏普比率为

$$\text{Sharp}(M) = \frac{(R_M - R_f)}{\sigma_M}$$

该比率即为资本市场线的斜率。而单只股票 i 的夏普比率为该标的 SML 的斜率：

$$\text{Sharp}(i) = \frac{[E(R_i) - R_f]}{\sigma_i} = \frac{\beta_i \left[(R_M - R_f)\right]}{\sigma_i} = \frac{\text{Cov}(R_i, R_M)}{\sigma_M \sigma_i} \times \frac{(R_M - R_f)}{\sigma_M} = \text{corr}(R_M, R_i) \times \text{Sharp}(M)$$

从上述公式可以看出，单个资产的夏普比率为市场组合的夏普比率乘以该标

的与市场组合的相关系数，因此该比率取决于投资标的与市场组合的相关性。需要注意的是，夏普比率包含了标的的总风险 σ_i（系统性风险 + 非系统性风险），而并非只有系统性风险。M-squared（M2）测度方法也同样具有夏普比率的衡量效果，具体的计算公式为

$$\left[E(R_i) - R_f\right]\frac{\sigma_M}{\sigma_i} - \left(R_M - R_f\right)$$

若要衡量基于系统性风险 β_i 调整后收益，可以使用特雷诺指数。该指标把夏普比率中衡量总体风险的指标 σ_i 替换成了系统性风险指标 β_i，可以理解为每单位系统性风险上的超额收益。

5.2.4 CAPM 因子策略

1. CAPM 因子策略原理

回顾一下 CAPM 的原理，其中心思想是利用指数模型简化了 Markowitz 边界条件，推导出系统风险可以用股票与市场的相关系数和市场风险表示，即 $\sigma_S = \beta \times \sigma_M$，并由此计算在正确定价的情况下股票 i 的收益率与市场组合收益率的关系为

$$E(R_i) = r_f + \beta_i \left[E(R_M) - r_f\right]$$

当一只股票的价格被正确定价的时候，它的风险溢价与市场组合的风险溢价是呈现完全的线性关系，将这样的股票收益率和市场组合的收益率做线性回归，得到的应该是一条斜率为 β、截距为 r_f 的拟合直线。现实中，每只股票的收益率与市场组合的收益率进行回归的时候，截距都不会严格地等于 r_f，此时定义：

$$\alpha = \left[E(R_i) - r_f\right] - \beta_i \left[E(R_M) - r_f\right]$$

α 被称作超额收益，意为股票除了承担系统风险所获得的收益之外的额外收益。按照 CAPM 公式，当正确定价时，股票的 α 值应该为零，所有 α 值不为零的股票都可以认为被错误地定价了。被错误定价的股票可以分为两类：

$$\begin{cases} \alpha < 0, \text{股票的价格被低估} \\ \alpha > 0, \text{股票的价格被高估} \end{cases}$$

假设 CAPM 是成立的，这些错误定价的股票都会最终回到正确的定价上去，因此，在选股时应该买入 α 更低的股票、卖出 α 更高的股票，这就是策略构造的基础。

2. CAPM 因子策略的实现

首先是市场组合的选择，本策略以上证综指为市场组合标的，原因在于上证综指成分股包含在上交所上市的全部 A 股股票，其类型包含大、中、小市值与各类经营能力的公司，具有高度的普遍性及适应性。其次是选股范围，选择沪深 300 指数中的成分股。沪深 300 指数中包含沪市与深市 300 只代表性强、流通性高的股票，质地较为优异，因此适合作为选股池。

对于 CAPM 因子策略，由于策略盈利原理为购买 α 值小的低估股票并卖出 α 值大的高估股票，因此验证策略有效性的关键在于不同 α 值下的投资组合收益率之间是否有明显差异，并且随着 α 值的减小呈现单调递增的变化趋势，即 α 值越小的投资组合回报率就越高。策略的实现思路如下。

（1）计算每个月市场组合当月的所有日收益率并构成一个序列。

（2）计算每个月沪深 300 所有成分股当月的所有日收益率，并为每只股票构建一个序列。

（3）每个月对指数所有成分股用市场组合因子进行回归，计算个股的 α 值。

（4）将沪深 300 所有成分股根据 α 值由小到大排序，分别将 α 值排名前 60 位、排名 120~180 位和排名后 60 位的股票按流通市值加权构建为一个投资组合。因此总共构建了 3 个投资组合，分别对应低、中、高三个不同级别的 α 值，且每个组合内的标的池容量为 60 只股票。

（5）对于每一个投资组合，每个月成分股的 α 值的排序会发生变化，导致投资组合内的股票成分发生改变，因此需要每个月对投资组合内的股票进行调仓，购买当月投资组合中出现的新的投资标的，并且平仓所有不在当月投资组合中的股票。另外由于首月投资组合都是空仓，因此只需买入投资组合中的全部标的即可。

（6）对比三个投资组合的净值变化情况。

策略的完整代码查询请扫二维码"完整代码 5-1"，其中代码仅计算了 α 值排名前 60 位的投资组合情况，其他两组仅需将 α 值判断条件进行相应修改即可。回测时间为 2018-01-01 至 2020-12-31，回测结果如图 5-12、图 5-13 和图 5-14 所示。

为了更清晰地展示三条净值曲线的变化，导出 Auto-Trader 中的回测数据并将三条均值曲线绘制在同一张图 5-15 中，代码如下：

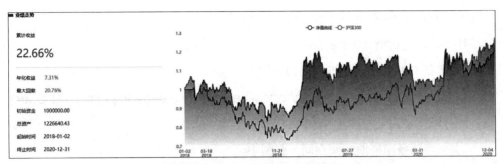

图 5-12　净值曲线（1）α 值最小的 60 只股票（第 1 组）

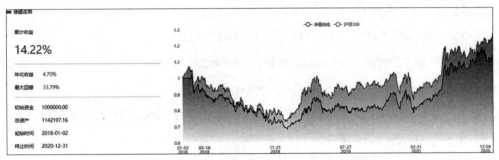

图 5-13　净值曲线（2）α 值位于第 121- 第 180 名的 60 只股票（第 2 组）

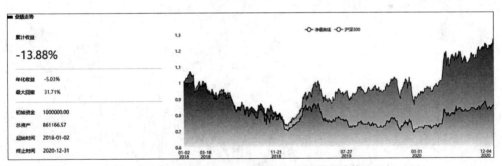

图 5-14　净值曲线（3）α 值最大的 60 只股票（第 3 组）

1. # 获取上述三个投资组合的净值曲线
2. import matplotlib.pyplot as plt
3. # 获取策略回测板块中所有回测策略的名称和 id
4. ids = get_strategy_id（）
5. # 获取每个策略的净值曲线
6. net_value = [0]*len（ids）
7. for i in range（len（ids））：
8. 　　performance = get_performance（ids[i]['strategy_id']）['net_value_arr'][0]

9.　net_value[i] = performance['nvalue']
10. time = performance['date']
11. # 获取沪深 300 基准的净值曲线
12. net_value_index = get_performance（ids[i]['strategy_id']）['net_value_arr']
　　[1]['nvalue']
13. # 将四条净值曲线画在同一张图中
14. plt.figure（figsize=（16，9））
15. for i in range（len（ids））：
16.　　plt.plot（time，net_value[i]，linewidth=0.8）
17. plt.plot（time，net_value_index，linewidth=1.5）
18. plt.rcParams['font.family'] = ['SimHei']
19. plt.legend（['第 1 组'，'第 2 组'，'第 3 组'，'沪深 300']，loc = 'best'）

生成结果如图 5-15 所示。

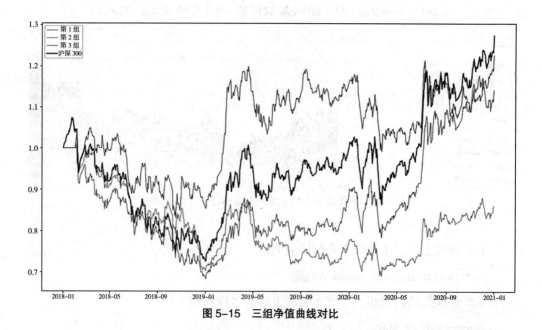

图 5-15　三组净值曲线对比

从图 5-15 中我们可以清晰地看出，不同 α 值所构成的投资组合虽然拥有相似的净值走势，但组合间净值的差异较大。同时，每月换仓持续购买 α 值最小的 60 只投资标的所带来的收益在大部分时间内跑赢 α 值更大的投资组合以及沪深 300 基准指数。

然而第 2 组与第 3 组的净值走势在 2019 年 5 月发生了反转，此后第 3 组的净值上涨幅度较高，第 1 组与第 2 组的收益情况开始下降，这可能与市场情绪及风格变化有关，即市场呈现出总体追涨杀跌的趋势，导致已经拥有较高超额收益的高估值股票的收益持续增加，拉动值较大的投资组合净值增长。

从 3 年的总体收益情况来看，购买 α 值较小的投资标的所构建的投资组合尽管出现收益波动，但仍是较为有效的，因此 CAPM 因子策略仍有较大实践探究价值。

3. 策略问题的讨论与验证

1）CAPM 因子策略问题的讨论

（1）模型有效性基于严苛的假设条件。如果回顾一下 CAPM 的假设，会发现假设条件非常苛刻，如投资者拥有均值方差偏好、资产收益率服从正态分布、市场达到供需均衡等，在真实世界中，这些假设并不那么容易被满足。或许在某些回测时间内，某些假设会得到更好的满足（如 2019 年的资产回报率更加服从正态分布），从而使模型的解释性大大加强；而某些时间内这些假设不够具有说服力（如 2020 年资本市场波动很大，多数资产回报率的分布情况相比正态分布呈现长尾的特点），导致 CAPM 的准确性受到较大的影响。

（2）市场组合因子无法全部解释资产收益率。在 CAPM 公式中，认为投资标的在市场中的敞口：β，可以全部解释资产的收益率。而实际情况中，资产收益率可能依赖于除市场之外的更多因子。如果将其他因子全部归因于公司的可分散风险中，这些因子对于资产回报率的贡献将被忽略。因此，在某些时间段内，假如被忽略的因子对于资产回报率的贡献较大，那么使用 CAPM 所得出的结果将会有较大的误差。

（3）市值加权在不同市场行情下的有效性。假设在当前市场行情下，大盘指数上升是由于资金大量流入高市值股票所导致的，那么以市值加权的方式设定仓位将是有效的；相反，如果主要资金流入市值较小的中小盘股票导致行情上升，那么市值加权的方式不仅可能错过此次上涨行情，甚至由于高市值股票回调而产生亏损。此种情况下使用平均权重设定仓位，甚至用市值反向加权（小市值股票的权重更大）构建投资组合可能有更好的效果。

2）CAPM 因子策略问题的验证

对于前文"CAPM 因子策略问题的讨论"提到的三个问题，可以通过之前 2018 年至 2020 年回测的数据进行验证。对于第二个问题我们将在多因子模型策略中进行验证，因此这里先验证第一个问题和第三个问题。

（1）问题1的验证。对于问题1，由于均值方差偏好、市场供需平衡等假设较难验证，因此选择验证资产收益率是否服从正态分布。具体而言，分别计算沪深300指数的所有成分股在2018—2020年的日回报率并对每只成分股构成的收益率序列使用Jarque-Bera检验，计算每只股票对应的JB值及相应的P值，以此判断该股股价是否大致服从正态分布。代码如下，生成结果见图5-16。

```
P值最大的前5支股票代码及其P值：
 sse.600104    0.66982
 sse.600887    0.65459
 sse.600066    0.64757
 szse.002081   0.57319
 sse.600019    0.55416
dtype: float64
JB检验P值大于0.05的成分股数量：    14
```

图5-16 问题1验证结果

1. from atrader import *
2. import pandas as pd
3. from scipy.stats import *
4. import numpy as np
5. # 计算成分股日回报率并构建回报率序列
6. # 获取沪深300成分股代码
7. stocks = get_code_list（'hs300'，'2018-01-01'）['code'].tolist（）
8. # 获取个股日收盘价
9. close_price=get_kdata（stocks，frequency='day'，fre_num=1，begin_date='2018-01-01'，end_date='2020-12-31'，fill_up=True，df=True）['close']
10. # 重新排列
11. close_price = pd.DataFrame（np.array（close_price）.reshape（300，-1））.T
12. # 计算个股日回报率
13. daily_return = close_price.iloc[1：，：] / close_price.shift（1）.iloc[1：，：] - 1
14. JB=len（daily_return）*（pow（skew（daily_return.iloc[：，：]），2）/6+pow（kurtosis（daily_return）-3，2）/24）
15. p_value=pd.Series（(1-chi2.cdf（JB，df=2)），index=stocks）.sort_values（ascending=False）
16. print（'P值最大的前5只股票代码及其P值：\n'，p_value.head（），'\n'）
17. # 统计P值大于0.05的股票数量

18. print('JB 检验 P 值大于 0.05 的成分股数量：', sum(p_value > 0.05))

通过生成的结果统计发现，300 只成分股中仅有 14 只通过了 JB 检验，只有不到 5% 的股票（4.67%）的收益率大致服从正态分布，因此 CAPM 假设并不十分有效，而这是影响 CAPM 因子策略在 2018—2020 年净值表现的重要原因。

（2）问题 3 的验证。为了验证该问题，将代码中的市值加权：

weights = [context.max_position * mkv / np.sum(targets_mkv) for mkv in targets_mkv]

改为等权重构建仓位，即

weights = [context.max_position / len(targets) for i in range(len(targets))]

更改加权方式后，以第一组投资组合的净值曲线为例，回测结果对比见图 5-17 和图 5-18。

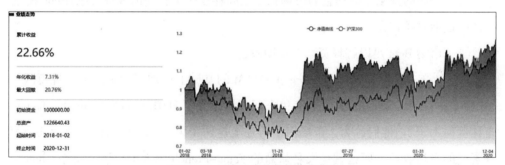

图 5-17　组合 1 市值加权收益曲线

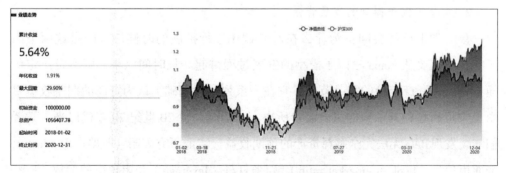

图 5-18　组合 1 平均加权收益曲线

从图 5-17 和图 5-18 可以看出，等权重构建仓位的效果比市值加权构建仓位的效果要差很多，尤其是从 2019 年开始至 2020 年末，市值加权所获得的收益明显高于等权重所获得的收益。这与 A 股市场近年来资金逐步由小盘股流入大市值白马股的趋势是一致的。

通过对问题 1 与问题 3 的分析，发现 CAPM 假设无法得到充分满足是 CAPM 因子策略表现不佳的主要原因。在这种情况下，应该尝试使用其他策略（如 MFM 策略）来获取 α 超额收益，或者使用市场中性、指数增强等策略来获取更高的收益。

5.3　Fama 三因子选股策略

5.3.1　Fama 三因子模型的理论基础

1. Fama 三因子模型的定义

Fama 三因子模型是对 CAPM 的一个扩展。具体而言，CAPM 认为：

（1）资产的预期收益和它的市场 Beta 之间存在一个正向的线性关系，Beta 越大，资产的预期收益越大。

（2）市场 Beta 足以解释资产的预期收益。

Eugene Fama 和 Kenneth French 在 CAPM 的基础上增加了两个因子：规模因子 SMB（size factor，也称市值因子）和账面市值比因子 HML（book-to-market factor，也称价值因子）。他们认为，市场因子再加上这两个因子三者可以很好地持续地解释资产的平均收益。而这就是大名鼎鼎的 Fama-French 三因子模型（简称 Fama 三因子模型）。

2. Fama 三因子模型的发展背景

有的学生可能会问：为什么在对 CAPM 进行扩展的时候加入的是这两个因子？这就需要从 Fama 三因子模型的发展过程讲起。长时间以来，资本资产定价模型一直是资产定价的第一范式，它在一系列假设基础上认为资产的期望收益率由无风险利率和其承担的风险溢价所决定。但是，自 20 世纪 70 年代以来，学者们陆续发现 Beta 无法完全解释资产的预期收益。实证研究表明，股票市值（size）、账面市值比（book-to-market ratio）、财务杠杆（leverage）和市盈率的倒数（E/P）等指标可以很好地解释股票收益，而 CAPM 却无法解释这些异象。于是，Fama 和 French 在 1992 年发表了一篇文章，研究 1963—1990 年在 NYSE、AMEX 和 NASDAQ 交易的股票（除金融类股票）的平均收益和这些因子的关系。在横截面回归（cross-section regression）后发现，当独立检验四者对平均收益的影响时，这些因子都表现出了很强的解释能力；而在进行多变量回归时，市值和账面市值比这两个因子吸收了另两个因子的解释能力，成为解释资产平均收益的决定性变量。

1993 年，Fama 和 French 的论文 *Commom risk factors in returns on bonds and stocks* 正式标志着三因子模型的建立。在该论文中，他们不仅研究了影响股票收益的因子模型，还研究了对债券收益影响的因子模型；更重要的是，不同于以往的横截面回归，该论文使用了 Black，Jensen 和 Scholes 的时间序列回归方法，对影响股票收益的市场超额收益，规模和账面市值比三个因子进行了实证研究。结果表明，三因子的回归分析的截距接近于 0（α 接近于 0），这意味着市场因子、规模因子和账面市值比因子三者一起可以很好地解释股票市场中的平均收益。

3. Fama 三因子模型的公式

Fama 三因子模型认为，一个投资组合（包括单只股票）的收益率可以由它对三个因子的暴露程度来解释，这三个因子分别是市场组合超额收益（$R_m - R_f$）、市值因子（SMB）、账面市值比因子（HML）。模型的定价公式表示为

$$E(R_{it}) = R_{ft} + \beta_i \left[E(R_{mt}) - R_{ft} \right] + s_i \left(\text{SMB}_t \right) + h_i \left(\text{HML}_t \right)$$

其中，R_{ft} 为 t 时刻无风险利率；$E(R_{mt})$ 为 t 时刻市场组合期望收益率；$E(R_{mt}) - R_{ft}$ 为市场风险溢价；SMB_t 为 t 时刻市值因子的加权收益率；HML_t 为 t 时刻账面市值比因子的加权收益率；$E(R_{it})$ 是投资标的 i 在 t 时刻的预期收益率；β_i、S_i 和 h_i 为各自因子的回归系数。

为了构建市值和价值因子，Fama 和 French 选择市值和 BM（book-to-market value ratio）两个指标进行双重排序，然后进行分组，把每组的平均收益率进行加权求和算出最终的因子暴露值。具体而言，首先把市场中所有的股票按市值进行排序，然后根据市值的中位数等分成两份，中位数以上的为大市值组 B（big group），中位数以下的为小市值组 S（small group）；接着对于每个市值组我们再按照 BM 值以 30% 和 70% 分位数为界分成 3 组，70% 分位数以上的为 H 组（high group），30% 分位数以下的为 L 组（low group），中间的为 M 组（middle group）。至此，市场中的所有股票就被分为 $2 \times 3 = 6$ 组集合，对于每组集合我们按市值加权计算其股票组合的收益率，具体如表 5-1 所示。

表 5-1 市值与 BM 分组表

分组类别		BM 分组		
		H	M	L
市值分组	B	B/H	B/M	B/L
	S	S/H	S/M	S/L

其中 B/H 表示的是大市值且高 BM 值组中所有股票的市值加权平均收益率，其他指标同理。至此，就可以定义市值和价值因子：

$$\text{SMB} = \frac{1}{3}(S/H + S/M + S/L) - \frac{1}{3}(B/H + B/M + B/L)$$

$$\text{HML} = \frac{1}{2}(S/H + B/H) - \frac{1}{2}(S/L + B/L)$$

从公式中可以看出，规模因子是三个小市值组合的等权平均减去三个大市值组合的等权平均，即小市值股票加权组合与大市值股票加权组合收益率之间的差值；价值因子是两个高 BM 组合的等权平均减去两个低 BM 组合的等权平均，即高 BM 值股票加权组合与低 BM 值股票加权组合收益率之间的差值。BM 分组比市值分组更多的原因在于 BM 因子相比市值因子有更强的解释作用，因此分得更细。

如何更直观地理解 Fama 三因子模型呢？可以通过 Fama 和 French 1992 年发表的文章中的部分内容来加深理解。具体而言，文章研究了 1963—1990 年在 NYSE、AMEX 和 NASDAQ 交易的股票（除金融类股票）。作者首先将股票按市值大小分成 10 组，再将每一个市值组合按 β 大小分成 10 组，这样等于一共有 10×10=100 组的股票组合，具体如图 5-19 所示。

	All	Low-β	β-2	β-3	β-4	β-5	β-6	β-7	β-8	β-9	High-β
				Panel A: Average Monthly Returns (in Percent)							
All	1.25	1.34	1.29	1.36	1.31	1.33	1.28	1.24	1.21	1.25	1.14
Small-ME	1.52	1.71	1.57	1.79	1.61	1.50	1.50	1.37	1.63	1.50	1.42
ME-2	1.29	1.25	1.42	1.36	1.39	1.65	1.61	1.37	1.31	1.34	1.11
ME-3	1.24	1.12	1.31	1.17	1.70	1.29	1.10	1.31	1.36	1.26	0.76
ME-4	1.25	1.27	1.13	1.54	1.06	1.34	1.06	1.41	1.17	1.35	0.98
ME-5	1.29	1.34	1.42	1.39	1.48	1.42	1.18	1.13	1.27	1.18	1.08
ME-6	1.17	1.08	1.53	1.27	1.15	1.20	1.21	1.18	1.04	1.07	1.02
ME-7	1.07	0.95	1.21	1.26	1.09	1.18	1.11	1.24	0.62	1.32	0.76
ME-8	1.10	1.09	1.05	1.37	1.20	1.27	0.98	1.18	1.02	1.01	0.94
ME-9	0.95	0.98	0.88	1.02	1.14	1.07	1.23	0.94	0.82	0.88	0.59
Large-ME	0.89	1.01	0.93	1.10	0.94	0.93	0.89	1.03	0.71	0.74	0.56

图 5-19 股票市值分组收益图

从图 5-19 中可以看出，横向，β 从左到右，越来越大，从"Low"到"High"；纵向，从上到下，市值越来越大，从"Small"到"Large"；表格中的数字代表每一个股票组合的月度收益率。然而看到一个和 CAPM 相矛盾的现象，那就是对于每一组 β，也就是每一列，股票组合的收益率是不相等的（但 CAPM 认为，β 是解释股票回报的唯一因子，也就是说，如果 β 相等，股票的收益率就应该相等），而且随着市值越来越小，股票收益越来越高。也就是说，对于同一组 β，小市值的股票回报优于大市值的股票。

接着看一下账面市值比因子，如图 5-20 所示。

Portfolio	0	1A	1B	2	3	4	5	6	7	8	9	10A	10B
Panel A: Stocks Sorted on Book-to-Market Equity (BE/ME)													
Return		0.30	0.67	0.87	0.97	1.04	1.17	1.30	1.44	1.50	1.59	1.92	1.83
β		1.36	1.34	1.32	1.30	1.28	1.27	1.27	1.27	1.27	1.29	1.33	1.35
ln(ME)		4.53	4.67	4.69	4.56	4.47	4.38	4.23	4.06	3.85	3.51	3.06	2.65
ln(BE/ME)		-2.22	-1.51	-1.09	-0.75	-0.51	-0.32	-0.14	0.03	0.21	0.42	0.66	1.02
ln(A/ME)		-1.24	-0.79	-0.40	-0.05	0.20	0.40	0.56	0.71	0.91	1.12	1.35	1.75
ln(A/BE)		0.94	0.71	0.68	0.70	0.71	0.71	0.70	0.68	0.70	0.70	0.70	0.73
E/P dummy		0.29	0.15	0.10	0.08	0.08	0.08	0.09	0.09	0.11	0.15	0.22	0.36
E(+)/P		0.03	0.04	0.06	0.08	0.09	0.10	0.11	0.11	0.12	0.12	0.11	0.10
Firms		89	98	209	222	226	230	235	237	239	239	120	117

图 5-20　股票 BM 值分组收益图

同样地将股票按账面市值比分成 10 组，然后对比它们的股票收益率。横向来看，从左到右，账面市值比越来越大，股票回报（return）也是越来越大，说明高账面市值比的股票回报更高。但怎么知道这不是由 β 导致的呢？事实上，看 β 这一行，并没有显著的差异，也就是说，在 β 没有显著差异的情况下，账面市值比越高的股票收益越高，这又和 CAPM 的结论相矛盾。

最后，先将股票按市值大小分成 10 组，再按账面市值比大小划分成 10 组，将二者放到一起进行比较，如图 5-21 所示。

	All	Low	2	3	4	5	6	7	8	9	High
Book-to-Market Portfolios												
All	1.23	0.64	0.98	1.06	1.17	1.24	1.26	1.39	1.40	1.50	1.63
Small-ME	1.47	0.70	1.14	1.20	1.43	1.56	1.51	1.70	1.71	1.82	1.92
ME-2	1.22	0.43	1.05	0.96	1.19	1.33	1.19	1.58	1.28	1.43	1.79
ME-3	1.22	0.56	0.88	1.23	0.95	1.36	1.30	1.30	1.40	1.54	1.60
ME-4	1.19	0.39	0.72	1.06	1.36	1.13	1.21	1.34	1.59	1.51	1.47
ME-5	1.24	0.88	0.65	1.08	1.47	1.13	1.43	1.44	1.26	1.52	1.49
ME-6	1.15	0.70	0.98	1.14	1.23	0.94	1.27	1.19	1.19	1.24	1.50
ME-7	1.07	0.95	1.00	0.99	0.83	0.99	1.13	0.99	1.16	1.10	1.47
ME-8	1.08	0.66	1.13	0.91	0.95	0.99	1.01	1.15	1.05	1.29	1.55
ME-9	0.95	0.44	0.89	0.92	1.00	1.05	0.93	0.82	1.11	1.04	1.22
Large-ME	0.89	0.93	0.88	0.84	0.71	0.79	0.83	0.81	0.96	0.97	1.18

图 5-21　股票市值 BM 值二维分组图

横向来看，从左到右，账面市值比越来越大，从"Low"到"High"；纵向来看，从上到下，市值越来越大，从"Small"到"Large"。可以很明显地看到，右上角的股票组合收益相对于其他组合更高，而这些组合分别具有什么特征呢？小市值，高账面市值比。因此，从统计数据来看，至少可以认为β这个单一因子不足以解释股票收益率之间的差异性，而市值、账面市值比有可能是两个具有很强解释能力的因子。接下来，作者用回归的方法来验证上述想法，也就有了Fama-French三因子模型。

4. Fama三因子模型的影响

从20世纪60年代到80年代后期，CAPM是金融学的主导模型，而Sharpe也因为这个理论获得了1990年的诺贝尔经济学奖。从20世纪90年代初期开始，Fama-French三因子模型代替CAPM成为金融学的主导模型，而Eugene Fama因此于2013年获得了诺贝尔经济学奖，三因子模型也被评选委员会评为金融学过去25年最重大的成就之一。

拓展阅读5-1

Fama三因子模型对投资界亦有深远的影响，比如将股票按市值和账面市值比这样的特征进行划分就是其中一例。股票按照市值大小划分为小盘股、中盘股和大盘股；按账面市值比划分为价值型、平衡型和成长型，这些耳熟能详的类别都起源于Fama三因子模型的创立。另外，衍生的股票指数的编制方式、基金持股风格的划分也是受到这篇文章的影响。

Fama-French在1993年提出三因子模型之后，Carhart在1997年提出了动量因子（Momentum）得到四因子模型；接着Fama-French于2015年在三因子的基础上继续增加两个因子：盈利能力因子（RMW）和投资因子（CMA），得到五因子模型。三因子模型开启了人们对多因子模型（MFM）的研究，随着对因子认识的不断扩展，MFM领域的研究也越来越完善，并成为量化投资领域里最重要的模型策略之一。

5.3.2 Fama三因子选股策略的实现

1. 策略原理

Fama三因子选股策略的原理与CAPM因子策略的本质是一样的，即将自变量三因子与因变量股票收益率做线性回归，得到超额收益参数α，如果$\alpha<0$，说明股

票的价格被低估,买入该股票;如果 α>0,则股票价格被高估,卖出该股票。

2. 策略步骤

(1)计算因子序列。首先需要获取投资组合内每个成分股对应的自变量三因子的序列值,对于市场组合收益率 $E(R_m)$,只需要计算大盘指数(例如沪深 300 指数)在 $t+1$ 和 t 时刻之间的比值即可求出 t 时刻大盘指数的收益率,用作市场组合收益率;而对于市值因子和账面市值比因子,首先需要获取投资组合成分股的市值和 PB 值作为分类的参照物,接着对每个成分股进行分类并分别计算不同分组集合内的市值加权收益率,然后根据公式计算投资组合内每个成分股在 t 时刻的 SMB 和 HML 的最终值。最后用上述方法可以获取投资组合内每个成分股在 N 期内的三因子时间序列。

对于因变量首先获取每个成分股在 N 期内的收盘价序列,接着根据 $t+1$ 和 t 时刻之间收盘价的比值计算成分股在 t 时刻的收益率,并形成 N 期收益率序列。

(2)线性回归获取 α。对于投资组合内每个成分股,以三因子序列为自变量、股票收益率序列为因变量,使用 OLS 法进行回归得到未被 Fama 三因子解释的超额收益 α,并构成一组 α 序列。

(3)根据 α 级别构建投资组合。对上一步得到的 α 序列进行排序,选中前 M 只 α 值最小的股票构建股票池,每只股票的仓位为等权建仓(即投资资金 /M)。接着从下个月开始每月初对所有成分股重新计算 α 值并排序,选出新的股票池。

3. 策略实现

本案例基于点宽量化平台 Auto-Trader 使用 Python 语言进行编写,策略选取沪深 300 指数成分股为投资标的,回测时间跨度为 2019-01-01 至 2022-12-31。主要步骤完整代码查询请扫二维码"完整代码 5-2"。

完整代码 5-2

1)计算因子序列

首先是市值因子和账面市值比因子的获取,由于按值的大小 SMB 被分成了两类,而 HML 被分成了三类,因此在初始参数部分需要对类别进行量化定义,分别用数字 1、2、3 来代表不同级别,数字越大,说明级别越高。有了类别的设置,我们就可以定义不同级别下股票集合的市值加权收益率函数,代码如下:

```
1. # 账面市值比的大 / 中 / 小分类
2. context.BM_BIG = 3.0
```

3. context.BM_MID = 2.0
4. context.BM_SMA = 1.0
5. # 市值大 / 小分类
6. context.MV_BIG = 2.0
7. context.MV_SMA = 1.0
8. # 计算市值加权的收益率，MV 为市值的分类，BM 为账目市值比的分类
9. def market_value_weighted（stocks, MV, BM）：
10.   select = stocks[（stocks.neg_mkv_Class == MV）&（stocks.BM_Class == BM）]
11.   market_value = select['neg_mkv'].values
12.   mv_total = np.sum（market_value）
13.   mv_weighted = [mv / mv_total for mv in market_value]
14.   stock_return = select['return'].values
15.   # 返回市值加权的收益率的和
16.   return_total = [ ]
17.   for i in range（len（mv_weighted））：
18.   return_total.append（mv_weighted[i] * stock_return[i]）
19.   return_total = np.sum（return_total）
20.   return return_total

下一步是获取成分股的市值与 PB 数据，用于计算 SMB 与 HML 中的分位数，其中 SMB 为 50% 的分位点，而 HML 为 30% 和 70% 的分位点，用于后面的数据分类。代码如下：

1. factor = get_reg_factor（context.reg_factor[0], target_indices=[x for x in range（context.TLen）], length=1, df=True）
2. pb = factor[factor['factor'] == 'pb'].rename（columns={'value'：'pb'}）.drop（'factor', axis=1）.set_index（'target_idx'）
3. neg_mkv = factor[factor['factor'] == 'neg_mkv'].rename（columns={'value'：'neg_mkv'}）.drop（'factor', axis=1）.set_index（'target_idx'）
4. # 计算账面市值比，为 P/B 的倒数
5. pb['BM'] = 1 / pb.pb

6. # 计算市值的 50% 的分位点，用于后面的分类

7. size_gate = neg_mkv['neg_mkv'].quantile（0.50）

8. # 计算账面市值比的 30% 和 70% 分位点，用于后面的分类

9. bm_gate = [pb['BM'].quantile（0.30），pb['BM'].quantile（0.70）]

有了因子的分位数就可以对调取的因子数据进行分类，类别与初始参数设定保持一致，然后每一行按照"股票代码、股票收益率、账面市值比的分类、市值的分类和流通市值"的顺序排好。在上述过程中顺带获取了因变量的数据序列。代码如下：

1. kdatalist = [kdata[kdata['target_idx'] == x] for x in np.arange（context.TLen）]

2. x_return = [ ]

3. for target in kdatalist：

4.   # 计算收益率

5.   stock_return = target.close.iloc[-1] / target.close.iloc[0] - 1

6.   target_idx = target.target_idx.iloc[0]

7.   BM = pb['BM'].loc[target_idx]

8.   market_value = neg_mkv['neg_mkv'].loc[target_idx]

9.   # 获取 [股票代码．股票收益率，账面市值比的分类，市值的分类，流通市值]

10.   if BM < bm_gate[0]：

11.   if market_value < size_gate：

12.   label = [target_idx，stock_return，context.BM_SMA，context.MV_SMA，market_value]

13.   else：

14.   label = [target_idx，stock_return，context.BM_SMA，context.MV_BIG，market_value]

15.   elif BM < bm_gate[1]：

16.   if market_value < size_gate：

17.   label = [target_idx，stock_return，context.BM_MID，context.MV_SMA，market_value]

18.   else：

19.   label = [target_idx, stock_return, context.BM_MID, context.MV_BIG, market_value]
20.   elif market_value < size_gate：
21.   label = [target_idx, stock_return, context.BM_BIG, context.MV_SMA, market_value]
22.   else：
23.   label = [target_idx, stock_return, context.BM_BIG, context.MV_BIG, market_value]
24.   if len（x_return）== 0：
25.   x_return = label
26.   else：
27.   x_return = np.vstack（[x_return，label]）
28. stocks=pd.DataFrame(data=x_return,columns=['target_idx','return','BM_Class','neg_mkv_Class','neg_mkv']）
29. stocks.set_index（'target_idx', inplace=True）

对成分股的因子数据分好类后就可以代入之前定义好的市值加权收益率函数中，并根据公式定义计算 SMB 与 HML 的因子值，代码如下：

1. ## 获取规模因子、估值因子、市场因子
2. # 获取小市值组合的市值加权组合收益率
3. smb_s=（market_value_weighted（stocks, context.MV_SMA, context.BM_SMA）+market_value_weighted（stocks, context.MV_SMA, context.BM_MID）+market_value_weighted（stocks, context.MV_SMA, context.BM_BIG））/ 3
4. # 获取大市值组合的市值加权组合收益率
5. smb_b=（market_value_weighted（stocks, context.MV_BIG, context.BM_SMA）+market_value_weighted（stocks, context.MV_BIG, context.BM_MID）+market_value_weighted（stocks, context.MV_BIG, context.BM_BIG））/ 3
6. # 获取大账面市值比组合的市值加权组合收益率
7. hml_b=（market_value_weighted（stocks, context.MV_SMA, context.BM_BIG）+

market_value_weighted（stocks, context.MV_BIG, context.BM_BIG））/ 2

8. # 获取小账面市值比组合的市值加权组合收益率
9. hml_s=（market_value_weighted（stocks, context.MV_SMA, context.BM_SMA）+market_value_weighted（stocks, context.MV_BIG, context.BM_SMA））/ 2
10. # 获取规模因子
11. smb = smb_s - smb_b
12. # 获取估值因子
13. hml = hml_b - hml_s

最后一步是获取市场因子，这里采用的是沪深 300 指数的收益率作为市场组合收益率，代码如下：

1. # 获取市场因子
2. market_close=get_reg_kdata（context.reg_kdata[0], length=context.date+1, fill_up=True, df=True）.close
3. market_return = market_close.iloc[-1] / market_close.iloc[-21] - 1

2）线性回归获取 α

根据上一步获取的自变量与因变量序列，采用 OLS 法对数据进行线性回归，得到每只成分股的超额收益 α，代码如下：

1. ## 获取每只股票的 alpha 值
2. coff_pool = []
3. # 对每只股票进行回归获取其 alpha 值
4. for stock in stocks.index：
5.   x_value = np.array（[[market_return], [smb], [hml], [1.0]]）
6.   y_value = np.array（[stocks['return'][stock]]）
7.   # OLS 估计系数
8.   result = sm.OLS（x_value.T.astype（float）, y_value.astype（float））.fit（）
9.   # 获取每一个股票的 alpha
10.   coff_pool.append（result.params[0, -1]）
11. # 获取 alpha 最小的 number 只的股票进行操作
12. stocks['alpha'] = coff_pool

3）构建投资组合

将上一步获取的 α 值序列从小到大进行排序，并获取前 20 名股票建立股票池，等权建仓。每月月初进行换仓操作，代码如下：

```
1. ## 筛选股票并下单交易
2. # 按照 alpha 值大小，筛选排名靠前的股票
3. stocks_select = stocks.sort_values（by='alpha'）.head（number）
4. # 将筛选出来的股票放入股票池
5. symbols_pool = stocks_select.index.tolist（）
6. positions = context.account（）.positions
7. # 平不在标的池的股票
8. for target_idx in positions.target_idx.astype（int）：
9.     if target_idx not in symbols_pool：
10.        if positions['volume_long'].iloc[target_idx] > 0：
               order_volume（account_idx=0，target_idx=target_idx,
               volume=int（positions['volume_long'].iloc[target_idx]），side=2，
               position_effect=2，order_type=2，price=0）
11. # 获取股票的权重
12. percent = context.ratio / len（symbols_pool）
13. # 买在标的池中的股票
14. for target_idx in symbols_pool：
        order_target_percent（account_idx=0，target_idx=int（target_idx），
        target_percent=percent，side=1，order_type=2，price=0）
```

策略的回测结果见图 5-22。

从图 5-22 中可以看出，三因子模型策略的年化收益接近 9%，回测为 20% 左右，表现比较中规中矩。但是如果对比大盘指数，发现该策略只有在 2022 年以后收益超过大盘，其他时间都是跑输大盘的表现，这在主动策略里是不太合格的。究其原因在于 Fama 三因子模型已经是较为成熟的模型，很难在市场中长时间维持超额收益的表现。但是作为金融学中最重要的模型之一，Fama 三因子模型在资产定价的合理性判断上提供了重要的参考依据，特别是策略执行过程中投资标的的入场价格可以作为判断该标的短期内"合理价位"的重要指标。

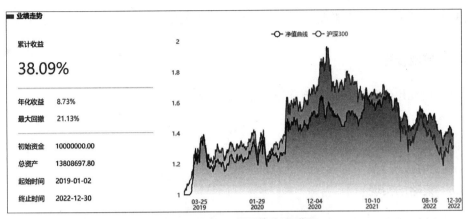

图 5-22　FF 三因子策略回测图

5.4　简单多因子选股策略

5.4.1　策略原理

从 Fama-French 三因子模型开始，因子选股策略开始从单因子（以 CAPM 为代表）模型进化到多因子模型阶段。从 5.1.2 节可知，多因子模型的公式如下：

$$r_j = \sum_{i=1}^{K} x_i f_i + u_j$$

其中，r_j 是第 j 只股票的预期收益率；f_i 是第 i 个因子的因子收益率；x_i 是第 i 个因子在股票上的因子暴露值；u_j 是股票的残差收益率。多因子模型本质上是将对于 N 只股票的"收益—风险"的预测转变成对于 K 个因子的"收益—风险"的预测（$K < N$），因此大大降低了模型的复杂度，并使得计算的结果更加稳定。多因子模型的表现形式有三种，这里采用最常用的基本面因子模型，因此所选的因子标的都属于基本面因子类型。

关于选股标准 MFM 通常有两种计算方法：回归法和打分法。回归法在之前的因子策略中已经采用过了，即将股票多因子的当期取值与下期的股票收益率进行回归分析，以此为依据进行选股；而打分法是目前量化投资基金实际运用中更加广泛的方法，其原理是将股票按照其在各个因子的暴露值大小进行排序然后分组打分，再按照权重加权得到一个总分，根据总分排名再对股票进行筛选。打分法比回归法更加简单、直观，且两种方法从本质上来讲逻辑类似，都是找出有效因子，计算因子对股价的影响能力，最终将各因子有机结合，从而对股票未来的收益率作出合理预测。本策略选用打分法建立分析模型。

5.4.2 策略步骤

（1）选出 N 个基本面因子并进行相关性分析。
（2）等权因子合成。
（3）因子排序并用打分法进行股票筛选。

5.4.3 策略的实现

本案例基于点宽量化平台 Auto-Trader 使用 Python 语言进行编写，策略选取沪深 300 指数成分股为投资标的，选用因子为 5 个基本面因子：预期营收增长率（'rev_grow_f3'）、权益回报率（'roe'）、市净率（'pb'）、每股营业利润（'operating_profit_ps'）和基本每股收益（'basic_eps'）；回测时间跨度为 2020-01-01 至 2022-12-31。完整代码查询请扫二维码"完整代码 5-3"，

主要步骤代码如下：

1. 因子选择与相关性分析

首先需要调取 5 个因子连续 4 个月的数据用于检测因子间的相关性，时间跨度为 2020-12-30 至 2021-03-26，代码如下：

```
1. names = ['rev_grow_f3', 'roe', 'pb', 'operating_profit_ps', 'basic_eps']
2. factors1=get_factor_by_day（factor_list=names, target_list=list（get_code_list（'hs300', date='2020-12-30'）.code）, date='2020-12-30'）
3. factors2=get_factor_by_day（factor_list=names, target_list=list（get_code_list（'hs300', date='2020-12-30'）.code）, date='2021-01-29'）
4. factors3=get_factor_by_day（factor_list=names, target_list=list（get_code_list（'hs300', date='2020-12-30'）.code）, date='2021-02-26'）
5. factors4=get_factor_by_day（factor_list=names, target_list=list（get_code_list（'hs300', date='2020-12-30'）.code）, date='2021-03-26'）
```

接下来是定义计算因子相关系数矩阵的函数，由于在检验相关性前需要对数据进行预处理，即缺失值处理、去极值以及数据标准化，因此还需要定义去极值和标准化函数。本案例的缺失值处理采用零值法，去极值采用 3σ 法，标准化采用

Z值法。代码如下：

去极值函数：

```
1. # 3sigma 法去极值
2. def extreme_3sigma（dt，n=3）:
3.     # 截面数据均值
4.     mean = dt.mean（）
5.     # 截面数据标准差
6.     std = dt.std（）
7.     # 上限
8.     dt_up = mean + n*std
9.     # 下限
10.    dt_down = mean - n*std
11.    # 超出上下限的值，赋值为上下限
12.    return dt.clip（dt_down，dt_up，axis=1）
```

标准化函数：

```
1. # Z 值标准化
2. def standardize_z（dt）:
3.     # 截面数据均值
4.     mean = dt.mean（）
5.     # 截面数据标准差
6.     std = dt.std（）
7.     return（dt - mean）/std
```

相关系数矩阵函数：

```
1. def factor_corr（factors）:
2.     factors = factors.set_index（'code'）
3.     factors_process = standardize_z（extreme_3sigma（factors.fillna（0）））
4.     result = factors_process.fillna（0）.corr（）
5.     return result
```

最后把 4 个月的数据代入相关系数矩阵函数中，计算 5 个因子的相关系数矩阵，代码如下，生成结果见图 5-23。

	rev_grow_f3	roe	pb	operating_profit_ps	basic_eps
rev_grow_f3	1.00000	0.28882	0.58228	0.08299	0.10709
roe	0.28882	1.00000	0.50174	0.56487	0.58616
pb	0.58228	0.50174	1.00000	0.21455	0.24736
operating_profit_ps	0.08299	0.56487	0.21455	1.00000	0.98470
basic_eps	0.10709	0.58616	0.24736	0.98470	1.00000

图 5-23 相关系数矩阵图

1. # 获取相关系数矩阵
2. factors_corr1 = factor_corr（factors1）
3. factors_corr2 = factor_corr（factors2）
4. factors_corr3 = factor_corr（factors3）
5. factors_corr4 = factor_corr（factors4）
6. # 矩阵均值检验
7. factors_corr =（factors_corr1+factors_corr2+factors_corr3+factors_corr4）.div（4）
8. factors_corr

为了更直观地观察因子间的相关性，还可以画出相关系数热力图，并计算相关性系数的均值和中位数的绝对值用于参考，代码如下，生成结果见图 5-24 和图 5-25。

```
相关性均值绝对值:
 rev_grow_f3         0.41224
roe                  0.58832
pb                   0.50919
operating_profit_ps  0.56942
basic_eps            0.58506
dtype: float64
相关性中位数绝对值:
 rev_grow_f3         0.28882
roe                  0.56487
pb                   0.50174
operating_profit_ps  0.56487
basic_eps            0.58616
dtype: float64
```

图 5-24 相关性均值绝对值

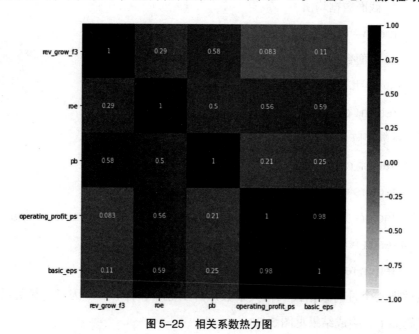

图 5-25 相关系数热力图

```
1. # 相关系数热力图
2. # 设置画面大小
3. fig = plt.figure（figsize=（12, 8））
4. sns.heatmap（factors_corr, annot=True, vmax=1, vmin=-1, square=True, cmap='CMRmap_r',）
5. plt.show（）
6. # 相关系数检验
7. mean_abs = abs（factors_corr）.mean（）
8. print（'相关性均值绝对值：\n', mean_abs）
9. median_abs = abs（factors_corr）.median（）
10. print（'相关性中位数绝对值：\n', median_abs）
```

从结果中可以看出，无论是热力图还是统计数据，结果都表明5个因子之间的相关性较高，并且相关性方向一致，都属于正向因子。

2. 因子合成

基于上一步的结果，可以对5个因子进行等权法因子合成，形成大类因子，并根据该因子值的排序对成分股打分，用于股票的筛选。代码如下：

```
1. ## 因子数据
2. factors = get_reg_factor（context.reg_factor[0], target_indices=[], length=1, df=True）
3. factor=factors.pivot_table（values='value', index='target_idx', columns='factor', aggfunc='min'）
4. # 因子转成正向因子
5. factor = factor * context.factor_direction
6. # 因子数据处理
7. factor_process = standardize_z（extreme_3sigma（factor.fillna（0）））
8. # 等权法因子合成
9. composite_factor = factor_process.mul（1/（factor_process.shape[1]））.sum（axis=1）
10. # 因子排序，打分
11. # 因子值降序排序
```

12. factor_sort = composite_factor.sort_values（ascending=False，axis=0）

3. 股票筛选与回测

把排序好的股票利用切片操作取因子值最大的前 1/10 部分作为股票池，并且按月进行换仓操作，即每个月月初对成分股进行重新排序，形成新的股票池，如果原有的投资组合中的股票不在新的股票池中，则按市价卖出；如果新的股票池中的股票不在原有的投资组合中，则按等权仓位法进行建仓，从而达到及时换仓的目的。代码如下：

1. # 股票池
2. # 排名最大前 1/10 股票选入股票池
3. symbols_pool = factor_sort.index.tolist（）[：int（factor.shape[0] / 10）]
4. # 仓位数据查询
5. positions = context.account（）.positions
6. # 等权法构建每只股票的仓位
7. percent = 1 / len（symbols_pool）
8. # 策略下单交易：
9. # 市价平不在标的池的股票
10. for target_idx in positions.target_idx.astype（int）：
11.   if target_idx not in symbols_pool：
12.   if positions['volume_long'].iloc[target_idx] > 0：
            order_target_volume（account_idx=0，target_idx=target_idx，target_volume=0，side=1，order_type=2，price=0）
13. # 买在标的池中的股票
14. for target_idx in symbols_pool：
        order_target_percent（account_idx=0，target_idx=int（target_idx），target_percent=percent，side=1，order_type=2，price=0）

策略的回测结果如图 5-26 所示。

从图 5-26 中可以看出，策略的年化收益率达到 10.45%，然而最大回撤接近 40%，因此夏普比率不高，仅有 0.36。另外，该策略的信息比率达到了 1.2，并且从图中的收益曲线的对比中可以清晰地看出该策略在回测期间内表现都超过基准指数，因此该策略的绝对收益虽然比较平庸，但是相对收益却非常亮眼。此外，

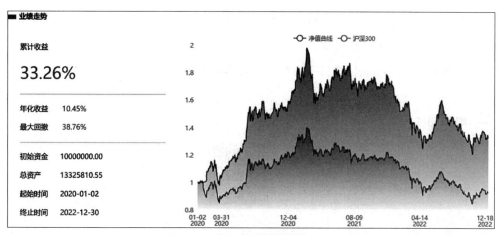

图 5-26　多因子选股策略回测图

多因子选股策略有效的前提是所选因子是有效的，因此在策略框架前期对因子的有效性检验的工作是决定该策略有效性高低的最关键的因素，这点需要学生们多加注意。

本章小结

本章承接了第 4 章股票因子分析的内容，继续深入探讨股票多因子选股策略的理论与实现过程。其内容主要分为两大部分，第一部分是第 1 章的内容，主要介绍多因子模型策略的知识背景、理论基础以及策略框架的构建过程；后面三章内容都是多因子模型策略的实践案例，从最基础的单因子模型 CAPM 开始，到金融学定价中最经典的 Fama-French 三因子模型，再到最后简单多因子模型策略的搭建，逻辑环环相扣，知识点由浅入深。学生们在学习本章内容时需要结合第 4 章所学的知识点，形成完整的知识结构与策略框架，这样才能深入领会多因子模型体系的精髓与奥妙。

思考题

1. 多因子模型理论的发展经历了哪些阶段？
2. MPT 的核心结论是什么？
3. 相比均值方差模型，多因子模型是如何简化模型的复杂性和计算难度的？
4. 在所有多因子模型的表现形式中，哪一类模型的表现效果最优？相比表现效果最优的模型，其他类模型的主要问题是什么？

5. 什么是两基金分离定理？

6. 简述 Fama-French 三因子模型选股策略的原理。

即测即练

第 6 章 技术形态指标分析和实践

🔍 学习目标

1. 掌握 K 线基础知识，包括 K 线的绘制原理、时间周期以及趋势原理。
2. 熟悉技术指标的定义、优缺点以及常用分类。
3. 了解常用技术指标与形态的量化实现过程。

🔍 能力目标

1. 掌握 K 线基础知识内容，培养学生分析和解决问题的逻辑能力。
2. 熟悉技术指标的定义与分类，学会自主查阅资料扩展知识维度。
3. 了解常用技术指标与形态的量化实现过程，培养学生在实践过程中解决问题的能力。

🔍 思政目标

1. 掌握 K 线基础知识内容，培养学生系统化逻辑化思考问题的习惯。
2. 熟悉技术指标的定义与分类，增强学生客观辩证分析事物的能力。
3. 了解常用技术指标与形态的量化实现过程，培养学生实事求是的辩证唯物主义求知观。

🔍 思维导图

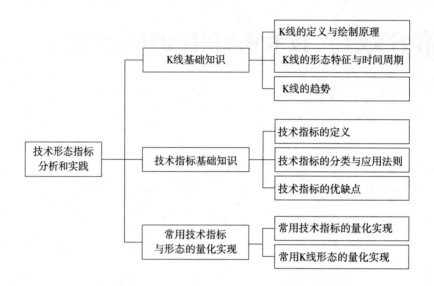

🔍 导语

从本章开始进入量化技术指标策略模块内容的学习，相比于之前的因子选股策略，量化技术指标策略侧重于通过分析投资标的的价格和成交量等技术指标来指导投资决策。而在进行该策略的学习之前需要对技术指标的基础知识具备一定的了解。本章将从三个维度对该内容进行介绍：K线基础知识、技术指标基础知识以及常用技术指标与形态的量化实现。同学们在学习的过程中需要加深对"量价"这两个核心因素之间的联动关系的理解，为第7章的策略部分的学习打下坚实的基础。

6.1 K线基础知识

6.1.1 K线的定义与绘制原理

1. K线的定义

K线（K chart）又称"阴阳线""蜡烛线"，是反映投资标的在单位时间段内价格走势变动的一种图线，其特色在于该图线在一个线段内记录了多项信息，并且相当通俗易懂且实用有效，广泛用于股票、期货、贵金属、数字货币等行情的技术分析（该类分析又称为K线分析）。

K线诞生于日本德川幕府时代，被当时日本米市的商人本间宗久用来记录米市的行情与价格波动，后来因其细腻独到的标画方式而被引入股市及期货市场。K线叫阴阳线的原因在于本间宗久的灵感是来自中国的古老智慧："周易"和"八卦"，八卦之间的阴阳转化对应为涨跌，上涨就是"阳"，也就是对应"做多"中的"多"；下跌就是"阴"，对应"做空"里的"空"，如图6-1所示。

图6-1 八卦阴阳图

既然"K线"是阴阳线的统称，那么为什么叫"K线"呢？实际上在日本"K"并不是写成"K"字，而是写作"罫"（日本音读kei）。K线是"罫线"的读音，而K线图又称为"罫线"图。西方以KEI的英文第一个字母"K"直译为"K"线，由此发展而来。事实上，日本的"罫"（K）就是中文的"卦"，是由中国传统文化的卦象表示的，本质上是卦象的变异。而本间宗久就是根据卦象中的"爻象"原理发明的K线，即把爻象里的阴爻和阳爻转换成阴阳K线，并以阴爻和阳爻的属性揭示未来信息。本间宗久发明的K线组合有若干种，但本质上大多是3个K线组合，而这正好与《周易》中的"三爻组合成卦"相对应，用来"占卜"市场的未来。

拓展阅读6-1

2. K线的绘制原理

K线是一条柱状的线条，由影线和实体组成。影线在实体上方的部分叫上影线，下方叫下影线。上影线的上端顶点表示当日的最高价，下影线的下端顶点表示当日的最低价。开盘价和收盘价之间的柱子称为K线实体。图6-2所示的左边显示了某证券一段时间内的价格变化曲线，右边是根据价格变动所绘制出来的K线。

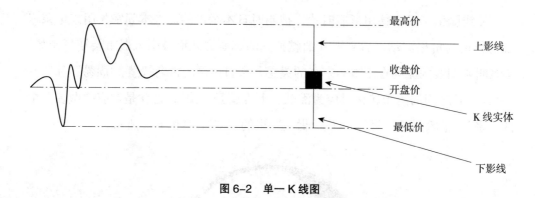

图 6-2　单一 K 线图

从图 6-2 中可以看出，一个 K 线包含投资标的四种不同价格信息，其定义如下。

（1）开盘价（open price）。投资标的在交易所每个交易日的第一笔成交价格。

（2）收盘价（close price）。投资标的在交易所每个交易日的最后一笔成交价格。

（3）最高价（high price）。投资标的在交易所每个交易日内成交的最高价格。

（4）最低价（low price）。投资标的在交易所每个交易日内成交的最低价格。

上述四类价格中，收盘价是最重要的。很多技术分析方法只关心收盘价，而不理会其余三类价格。人们在说到目前某只股票的价格时，往往指的是收盘价。

根据开盘价和收盘价的关系，K 线又分为阳线和阴线两种，收盘价高于开盘价时为阳线，收盘价低于开盘价时为阴线（图 6-3）。在国内市场，阳线为红色，阴线为绿色；而在国外市场，特别是欧美市场，上述情况正好相反，即红色 K 线代表阴线，绿色 K 线代表阳线，这点需要学生们稍加注意。

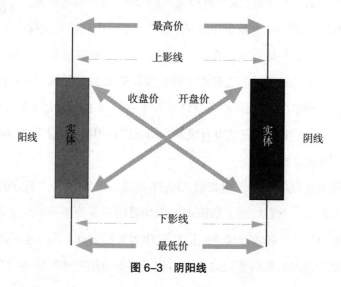

图 6-3　阴阳线

6.1.2 K线的形态特征与时间周期

1. 单根K线的形态特征

从6.1.1节内容我们知道,单根K线包含4个不同种类价格的信息,且不同价格之间的价差会让K线形成不同的形态,如"一""十""上"或"丁"等不同形状。表6-1总结了常见的单根K线的形态以及对应的含义。

表6-1 单根K线不同形态特征

分类	形态	意义
光头光脚阳线		开盘价即最低价,收盘价即最高价。这种K线最强形态是涨停板阳线,按实体可分为中阳线、小阳线等
光头光脚阴线		开盘价即最高价,收盘价即最低价。这种K线最弱形态是跌停板阴线,按实体可分为中阴线、小阴线等
带影线的阳线		阳线实体部分的大小确定了买方所占优势的大小,而影线的存在说明买卖双方争夺的激烈程度。根据实体大小和上下影线的长短,可将带影线的阳线分为多种类型,比如长上影阳线、带下影的大阳线等。实战中,如果影线不是很长,则仅以实体称之
带影线的阴线		阴线实体部分的大小确定了卖方所占优势的大小,而影线的存在说明买卖双方争夺的激烈程度。根据实体大小和上下影线的长短,可将带影线的阴线分为多种类型,比如长下影阴线、带上影的大阴线等。实战中,如果影线不是很长,则仅以实体称之
十字线		开盘价和收盘价相一致,盘中有上攻和下跌的动作,但在交易终了,买卖双方都未能扩展自己的优势,局面更趋于平衡
T字线		开盘后空方有打压动作,但收盘时多方收复失地。大幅下跌或大幅上涨后出现T字线,可能出现趋势转折
倒T字线		开盘后多方上攻,但收盘时又被空方重新打回开盘位置。股价大幅上涨后出现倒T字线,可能出现趋势转折
锤头线		锤头线的实体很小,开盘价和收盘价相差不大,有极长的下影线,说明盘中空方有过大幅下跌,但在多方反攻下,最终跌幅收窄。这种K线图如果出现在大涨之后,且下影线较长,多被称为吊颈线,是见顶信号;如果出现在大跌之后,则多为反弹信号
倒锤头线		倒锤头线和锤头线的意义相反。出现在顶部区域,被称为见顶信号,而出现在底部区域则有见底的可能
一字线		一字线是开盘即涨停或开盘即跌停的极端走势的个股,方向性极其明确。在缩量的情况下,大多一字线要维持上涨或下跌趋势一段时间
螺旋桨		同时拥有较长的上下影线,而实体部分很小。这种图形的出现,往往预示着原有的趋势可能发生方向性改变

表 6-1 的意义部分本质上是该 K 线形态对后期标的价格变动趋势的解释。实战中会选用多个 K 线形态进行综合判断，而不仅仅是单一 K 线形态指标，这些内容会在后面的章节中详细阐述。

2. K 线的时间周期

从"K 线的定义"中可知，单根 K 线反映的是投资标的在单位时间内价格变动的情况。如果将每根 K 线按照时间顺序排列在一起，形成连续的图形，这就叫 K 线图。图 6-4 是 K 线图的一个示例，其中，横轴是时间轴，纵轴是价格。

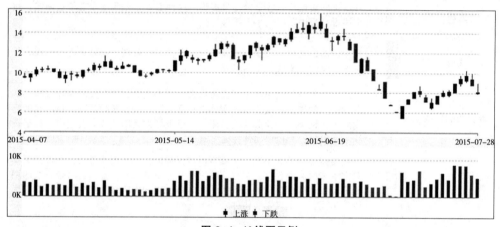

图 6-4　K 线图示例

由于 K 线图是单根 K 线按照时间顺序排列生成的，因此 K 线图是有时间周期的，周期参数可以自己任意设置，分钟线、小时线、日线、周线、月线或者年线都可以。当时间周期被选定，K 线图反映的就是对应时间周期内标的价格的走势情况。以图 6-4 为例，该图为日 K 线图，每个单一 K 线反映的是当日投资标的的一天内的价格变动情况，而整个 K 线图反映的就是从 2015 年 4 月 7 日起至 2015 年 7 月 28 日内该标的每个交易日内价格的波动情况。时间周期可以分为两类，以日线为分界线，周期大过日线的为长周期，反之则为短周期。不同维度的时间周期对于标的行情走势的判断是不尽相同的，长周期 K 线波动可以看作引导短周期 K 线波动方向的助力，并且对短周期 K 线的走势有参考价值；而短周期 K 线的波动本质上是长周期 K 线的内部噪声，并且无法对长周期 K 线走势提供准确参考。实战中具体选择哪种时间周期需要结合投资标的的属性、投资策略以及投资人的风险偏好等来决定。

由于 K 线包含时间属性，因此一组 K 线形成的 K 线图就是一段时间序列。由于每一根 K 线的收盘价都会影响下一根 K 线的开盘价，因此从统计学的角度来看，K 线序列存在平稳自相关的性质，而该性质是很多量化技术指标策略有效性的重要前提。

6.1.3 K 线的趋势

1. K 线的趋势定义

K 线图表是绘制投资标的价格走势的一种图表，它通过连续的蜡烛形态（即 K 线）来反映标的价格的涨跌和波动情况。而这种连续的波动在一段时间周期内呈现特定方向的运动时，称该 K 线图形成了趋势。趋势通常分为三种。

（1）上涨趋势。上涨趋势是指标的价格在一段时间内逐渐上涨的走势。在 K 线图表上，上涨趋势通常表现为连续多个红色实体，且每个实体的收盘价高于前一个实体的收盘价。上涨趋势的形成通常是由于市场的买方力量强大导致股价逐步上涨。

（2）下跌趋势。下跌趋势是指标的价格在一段时间内逐渐下跌的走势。在 K 线图表上，下跌趋势通常表现为连续多个绿色实体，且每个实体的收盘价低于前一个实体的收盘价。下跌趋势的形成通常是由于市场的卖方力量强大导致股价逐步下跌。

（3）震荡趋势。震荡趋势是指标的价格在一段时间内波动较小、相对平稳的走势。在 K 线图表上，震荡趋势通常表现为红绿交错的实体，或者实体颜色变化不大，有时上下影线较长。震荡趋势的形成通常是由于市场的买卖双方力量相当导致股价波动较小。

图 6-5 是上证指数从 2014 年 6 月 16 日至 2015 年 8 月 3 日之间的日 K 线图。从图中可以明显看出，在到达最高点 5 178.19 点之前，指数的整体走势呈现震荡上涨的趋势，而到了最高点之后，指数开始急转直下，形成下跌趋势，随后在 3 270 点附近上方反弹，并最终在 3 900 点附近形成震荡趋势。

不同的时间周期对于 K 线的趋势判断也不尽相同。例如较短的时间周期（例如分钟、小时）反映的是标的价格波动的短期趋势，而较长的时间周期（例如周、月）反映的是标的价格波动的长期趋势。长期趋势是由不同的短期趋势组成的，并且决定了标的价格波动的最终方向。

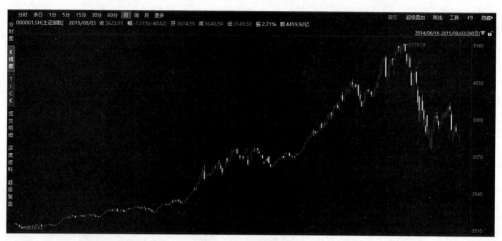

图 6-5　K 线趋势案例

2. K 线趋势的识别

判断 K 线的趋势需要通过画趋势线来做辅助判断，基本步骤如下。

（1）标记 K 线图里的一系列局部最高点（波峰）。

（2）标记 K 线图里的一系列局部最低点（波谷）。

（3）将波峰连成一条近似直线，或者进行线性回归。

（4）将波谷连成一条近似直线，或者进行线性回归。

（5）如果两条辅助线方向大体一致并形成特定方向的通道，则这个方向就是趋势。

举例说明，图 6-6 是某段时间内的 K 线图，从图中可知该 K 线图夹在了两条斜线之间，其中上斜线由一系列波峰形成，下斜线由一系列波谷形成。两条斜线之间构成了上升方向的通道，因此可以判断该 K 线图处于上涨趋势阶段。

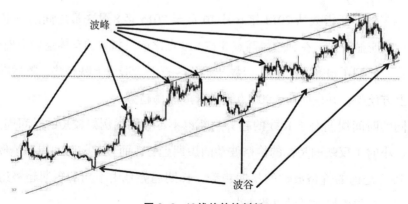

图 6-6　K 线趋势的判断

3. 支撑位和阻力位原理

支撑位（support level）和阻力位（resistance level）是技术分析中常用的概念。支撑位是指投资标的价格下跌过程中可能遇到的支撑，从而出现价格止跌回稳的价位；阻力位也称为压力位，是指投资标的价格上涨过程中可能遇到压力，从而出现价格反转下跌的价位。

在前面趋势识别的案例中，K线图的上下切线就是该投资标的的支撑位和阻力位。支撑和阻力位的相关原理如下。

（1）支撑与阻力位都属于后验数据，即市场行情发生后才能确定，但是对标的后续的行情有指导意义。

（2）标的行情未突破阻力位，说明买入力量较弱，上涨惯性没有得到确认；同理标的行情未跌破支撑位，说明卖出力量较弱，下跌惯性没有得到确认。

（3）标的行情突破阻力位，说明买入力量完全压倒了阻力位附近的卖空力量，上涨惯性形成，市场会在后续行情中博弈出下一个阻力位；标的行情跌破支撑位，说明卖空力量完全压倒了支撑位附近的买入力量，下跌惯性形成，市场会在后续行情中博弈出下一个支撑位。

（4）上涨趋势行情就是阻力位不断升高的过程，其间价格会反复博弈，直到上涨惯性得到确认；下跌趋势行情就是支撑位不断降低的过程，其间价格会反复博弈，直到下跌惯性得到确认。

（5）支撑与阻力位都适合长周期技术分析，且长周期的支撑与阻力位参考价值更高，不受短期的波动干扰。

6.2 技术指标基础知识

6.2.1 技术指标的定义

技术指标泛指在技术分析过程中，基于投资标的价格和成交量，通过数学公式计算得出的数据集合，主要用于预测标的价格的波动趋势以及金融市场的整体走势情况。技术指标是技术分析的基础组成部分，通常以图表模式绘制，从而更加直观地反映市场的变化趋势。在实战中，技术指标会覆盖在标的价格图表的数据上，用于直观地指示标的价格的走向，或者显示价格是否处于"超买"或者"超卖"的状态。

大多数技术指标是基于标的价格（开盘价、收盘价、最高价和最低价）计算得来的，小部分的技术指标包含了成交量的因素。而在这些基于标的价格计算得出的技术指标中，绝大多数指标本质上是以标的"均线"（也可以理解为标的价格的某种加权均值）为核心进行的数学运算处理，因此技术指标具有天然的滞后性特征。然而技术指标反映的是过去的行情变化，预测的却是未来行情走势的可能性，因此在运用技术指标进行预测时，本质上是认为通过分析过去的行情变化所形成的某种"规律"会在未来时刻依然重复发生，而不是真正意义上的"预测未来"，这点是技术分析和基本面分析的本质区别，需要学生们多加注意。

拓展阅读 6-2

道氏理论简介

6.2.2 技术指标的分类与应用法则

1. 技术指标的分类

目前市场上的技术指标有上千种，分类方式也不尽相同，以下从功能角度对技术指标进行分类，大致分为三大类。

（1）趋势类指标。趋势类指标是指以趋势分析理论为指导思想，结合均线的特征，根据股价与指标之间的关系来分析股价趋势强弱的指标。趋势类指标在整个技术指标体系中非常重要，因为它在一定程度上弥补了技术指标不能预测每波行情大小的缺点。我们常说的"均线"就属于趋势类指标范畴。常用的趋势类指标有 MA（moving average，移动均线）、DMI（趋向指标）和 MACD（moving average convergence divergence，指数平滑移动平均线）等。

（2）摆动类指标。当市场进入无趋势阶段时，价格通常在一个区间内上下波动，在这种情况下，绝大多数跟随趋势的分析指标都不能正常工作，而摆动指标却能跟随价格的波动而随机变化，通常将此类指标定义为摆动指标（又称随机指标）。摆动指标通常位于一条中心线上下震荡，在超买和超卖之间运行。摆动指标通常不会像各类趋势指标一样滞后于价格走势，而是用于在整理或趋势市场中进场或出场。常用的摆动类指标有 RSI（相对力度指数）、KDJ（随机指数）和 MTM（动力指数）等。

（3）能量类指标。能量类指标是指从成交量的角度去分析股价的波动并通过量价配合指导实际操作的一类指标。常用的能量类指标有 OBV（能量潮）、VOL（成交量）和 VR（成交量变异率）等。

2. 技术指标的应用法则

1）指标的背离

指标的背离是指技术指标的波动方向与标的价格的趋势方向不一致。技术指标与价格背离表明价格的波动没有得到技术指标的支持。背离的最大作用在于：虽然标的价格目前没有出现明显的上涨或下跌趋势，但是指标可以提前预测出价格的顶部或底部区域。背离有两种表现形式：顶背离和底背离（图6-7）。其中顶背离指的是当标的价格不断的走高时，对应的技术指标并未对价格走势进行有效的验证，而是背离式的走低或走平钝化；底背离指的是当标的价格不断地创新低时，对应的技术指标背离式的走高或走平钝化。顶背离通常意味着标的价格的上涨仅仅是一种表面现象，暗示价格很快就会反转下跌，是比较强烈的卖出信号；同理底背离预示着该标的价格的下跌已基本见底，说明价格很快就会反转向上，是比较强烈的买入信号。

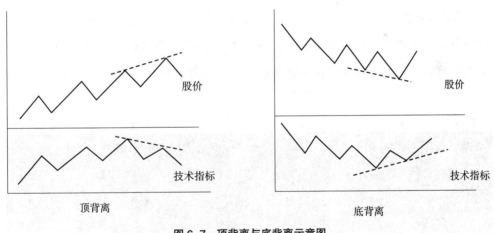

图6-7 顶背离与底背离示意图

2）指标的交叉

指标的交叉是指通过技术指标图形中两根指标曲线发生交叉的现象，来判断多空双方力量的对比，从而提示投资标的的买卖时机。常用的指标的交叉分为黄金交叉、死亡交叉和0轴交叉三种类型。

（1）黄金交叉。黄金交叉简称"金叉"，是指标的价格上升过程中的短期指标曲线由下而上穿越上升的长期指标曲线。如图6-8所示，出现金叉意味着多头力量大于空头力量，标的价格将继续上涨，行情看好，是典型的买入信号。

（2）死亡交叉。死亡交叉简称"死叉"，是指标的价格下降过程中的短期指标曲线由上而下穿越下降的长期指标曲线。如图6-8所示，出现死叉意味着空头力量大于多头力量，标的价格将继续下跌，行情看坏，是典型的卖出信号。

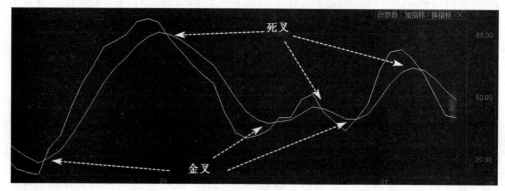

图6-8 金叉与死叉

（3）0轴交叉。0轴在技术指标中通常代表多空力量的分水岭，0轴之上表示多头市场，0轴以下表示空头市场。0轴交叉又分为两种情况，如图6-9所示，一种是指指标曲线由下向上穿越0轴，表示标的价格由弱势转为强势，行情看多，是买入的信号；另一种是指指标曲线由上向下穿越0轴，表示标的价格由强势转为弱势，行情看空，是卖出的信号。

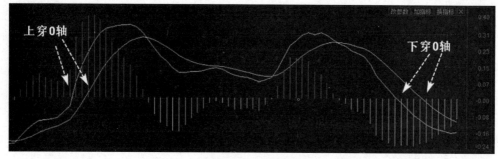

图6-9 0轴交叉

需要注意的是，仅仅根据指标的交叉来判断投资标的的买进或卖出有一定的局限性，实战中还需要结合其他的技术指标或分析工具一起判断。

3）指标的极端值

技术指标取极端值是指技术指标的取值极其大或极其小，技术术语上将这样的情况称为技术指标进入"超买区"或"超卖区"。大多数技术指标的"初衷"是用一个数字描述市场的某个方面的特征，如果技术指标值的数字太大或太小，就说明市场的某个方面已经达到了极端的地步，应该引起注意。以摆动类指标为例，其波动范围一般在 0~100，图 6-10 所示在这个范围之中，有 3 个值用得最多，分别是 20、50 和 80。

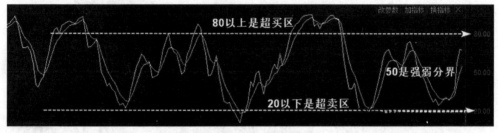

图 6-10　指标的极端值

20 以下是市场的超卖区域，当指标从高位下降到 20 以下，表明市场进入超卖区域。超卖指的是对投资标的的过度卖出，卖出标的的人数远超正常比例，价格随时可能反弹或回升，这时候应该反向买进，以做多为主；50 正好是波动范围的中位数，是市场强弱的分界线，指标在 50~100 之间代表标的价格属于强势区域；指标在 0~50 之间代表价格属于弱势区域。在强势区域一般以做多为主，在弱势区域一般以做空为主；最后 80 以上是市场的超买区域，当指标从低位上升到 80 以上，表示市场进入超买区域。超买指的是对投资标的的过度买入，买进标的的人数远超正常比例，价格随时可能下跌或回落，这时应该反向卖出，以做空为主。

4）指标的反转

技术指标的反转是指技术指标曲线在高位或低位掉头，也就是从超买超卖的状态回归到正常的范围。这种掉头表示前面极端的行动已经走到了尽头，超卖或者超买的状态将要发生转变。有时也表示一个趋势即将结束，而另一个趋势将要开始。指标的反转可作为标的价格趋势转变的预警信号，但必须依靠成交量的配合才能确认。

5）指标的盲点

指标的盲点是指在大部分时间里，技术指标都不能发出买入或卖出的信号，即技术指标是处于"盲"的状态。只有在很少的时间，技术指标才能看清市场并发出信号。比如在股价进行盘整的时候，大多数指标都会失效。图 6-11 圆圈部分就是技术指标失效的区域。

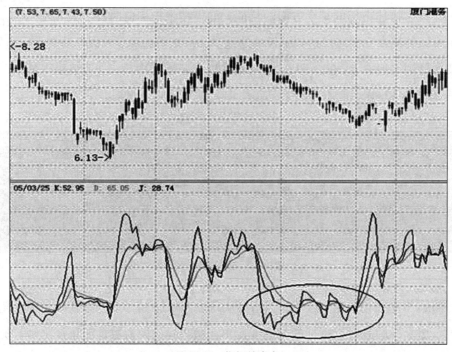

图 6-11 指标的盲点

国内目前对于技术指标的使用有极大的偏差，相当一批对技术指标了解不深的投资者都是在这个问题上犯了错误。"每天都期待技术指标为我们提供有用的信息"是对技术指标的误解，也是极其有害的。如果没有认识到这一点，在使用技术指标的时候就会不断地犯错误，这点需要学生们加倍注意。

6.2.3 技术指标的优缺点

技术指标的优点如下。

（1）技术指标提供了一种较为直观和可视化的方式来分析市场走势，通过绘制技术指标的图形，交易者可以很快地获取市场走势的基本信息，帮助他们作出更明智的交易决策。

（2）技术指标可以提供一些简单易用的交易信号，帮助交易者制定具体的买卖策略。把这些交易信号翻译成编程语言就是技术指标量化的过程，而这也是技术指标策略量化的基础。

（3）技术指标使用广泛，有很多交易者都在使用相同的指标，因此有时可以形成群体效应，进一步推动市场走势，并且使指标的有效性得到确认。

技术指标的缺点如下。

（1）技术指标由于其计算原理具有天然的滞后性，并且该滞后性在量化实战过程中由于防止"未来函数"的发生将变得更加滞后。

（2）技术指标本质上是以历史价格会重演的逻辑为基础的，而股票价格的本质是对未来预期的反映，两者的逻辑天然具有冲突性。

（3）技术指标仅仅反映了投资标的的"量价"之间的联动性，而没有体现市场基本面因素的影响，因此不能完全反映市场的真实情况。

6.3 常用技术指标与形态的量化实现

6.3.1 常用技术指标的量化实现

在对技术指标进行量化之前需要做两件事情，首先是 Talib 库的安装。TaLib 是一个 Python 金融数据处理库，包含很多技术分析里的常用参数指标。Talib 扩展包的下载地址、函数列表以及中文文档链接如下，学生们可以自行下载安装，并对照函数列表以及中文文档里的内容熟悉 Talib 库的使用和操作，如图 6-12 所示。

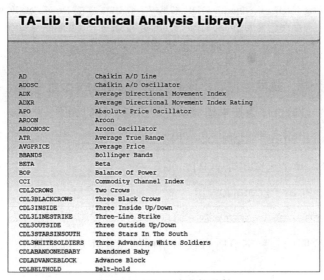

图 6-12　Talib 库函数列表

（1）下载地址：https://ta-lib.org/install/

（2）函数列表：https://ta-lib.org/functions/

（3）中文文档：https://www.bookstack.cn/read/talib-zh/README.md?wd=TA-Lib

安装完 Talib 库后下一步我们需要对数据源做准备，这里基于点宽量化平台 Auto-Trader 使用 Python 语言进行编写，K 线数据采用中国平安日 K 线为标的，时间跨度为 2022 年 1 月 1 日至 2022 年 12 月 31 日。部分代码如下（加载库的步骤省略），数据结果见图 6-13。

1. # 必须打开 AT 软件
2. kdata=at.get_kdata（['sse.601318']，frequency='day'，fre_num=1，begin_date='2022-01-01'，end_date='2022-12-31'，df=True，fq=1）
3. kdata.set_index（'time'，inplace=True）
4. kdata

time	code	open	high	low	close	volume	amount	open_interest
2022-01-04 15:00:00	sse.601318	47.72712	48.35212	47.44303	48.29530	6.35838e+07	3.22137e+09	NaN
2022-01-05 15:00:00	sse.601318	48.39947	49.62106	48.26690	49.30856	1.18125e+08	6.12417e+09	NaN
2022-01-06 15:00:00	sse.601318	49.23280	49.26121	48.50364	48.57939	6.61658e+07	3.40895e+09	NaN
2022-01-07 15:00:00	sse.601318	48.75932	50.50174	48.72144	50.13242	1.23076e+08	6.48104e+09	NaN
2022-01-10 15:00:00	sse.601318	50.17977	50.71954	49.71576	50.26500	7.61134e+07	4.03330e+09	NaN
2022-01-11 15:00:00	sse.601318	50.35022	50.88999	49.75363	50.05666	6.80920e+07	3.61288e+09	NaN
2022-01-12 15:00:00	sse.601318	49.81045	50.00931	49.10970	49.71576	5.72923e+07	2.99898e+09	NaN
2022-01-13 15:00:00	sse.601318	49.76310	50.83318	49.52636	49.52636	7.28663e+07	3.86290e+09	NaN

图 6-13　K 线数据获取

有了原始数据，就可以提取出该时段投资标的的 4 个重要价格：开盘价、收盘价、最高价和最低价作为技术指标量化的工具。代码如下：

1. open_ = np.array（kdata['open']）
2. high = np.array（kdata['high']）
3. low = np.array（kdata['low']）
4. close = np.array（kdata['close']）

这里需要说明的是，本节所有技术指标的量化实现都是基于上面的数据源得出的结果。

1. 简单移动均线

移动均线是一种用于计算指定时期内投资标的平均价格的技术指标。均线指标是一个基于过去价格的滞后指标，如最高价、最低价、开盘价、收盘价甚至成交量，其作用在于过滤随机价格波动引起的各种噪声。

移动均线的类型多种多样，它们之间最主要的区别在于对不同历史数据点的权重分配。特别的对于简单移动均线（simple moving average，SMA），其对所有标的价格的分配权重相同，因此又称算术移动均线。通常我们提及的移动均线泛指简单移动均线。SMA 的计算公式如下：

$$\text{SMA} = \frac{\sum_{i=1}^{n} C_i}{n}$$

其中，C_i 是 i 时刻标的收盘价；n 是移动平均周期。SMA 的量化实现有两种方法：第一种是根据公式定义函数并进行计算；第二种是直接调用 Talib 库中的 .SMA 函数，函数公式的代码如下：

```
1. # 移动平均线 MA 的计算函数
2. def MA（price, length）：
3.     # 生成 nan 值列表
4.     ma = np.array（[np.nan]*len（price））
5.     for i in range（length-1，len（price））：
6.         ma[i] = price[i-length+1：i+1].mean（）
7.     return ma
```

这里需要注意的是输入变量"price"为价格序列，数据类型是"numpy.array"，"length"为滑动窗口长度，数据类型是"int"；而输出变量"ma"为简单移动均线，数据类型是"numpy.array"。接着把两种方法生成结果做个对比并看一下两者的计算速度情况，代码如下：

```
1. # 公式法生成均线
2. print（MA（close, 20））
3. # talib 方式生成的均线
4. print（ta.SMA（close，20））
5. # 对比两者的输出
6. print（MA（close, 20）-ta.SMA（close，20））
7. # 对比两者的计算速度
8. %timeit -n 10 MA（close, 20）
9. %timeit -n 10 ta.SMA（close，20）
```

两者结果的差值总和和计算速度对比如下：

> −1.7053025658242404e−12
>
> 3.2 ms ± 116 μs per loop(mean ± std.dev.of 7 runs, 10 loops each)
>
> 5.44 μs ± 711 ns per loop(mean ± std.dev.of 7 runs, 10 loops each)

从以上结果可以看出,两种方法的差异性非常小,可以忽略不计;而从计算速度的时间对比来看,显然第二种方法比第一种方法要高效,因此通常直接从Talib库中调用函数使用,既简单又高效。

最后把收盘价、20日均线和60均线绘制在一起,代码如下,输出结果见图6-14。

1. # 简单移动平均(SMA)
2. ma20 = ta.SMA(close, 20)
3. ma60 = ta.SMA(close, 60)
4. plt.figure(figsize=(16, 10))
5. plt.plot(close)
6. plt.plot(ma20)
7. plt.plot(ma60)
8. plt.title('移动平均线')

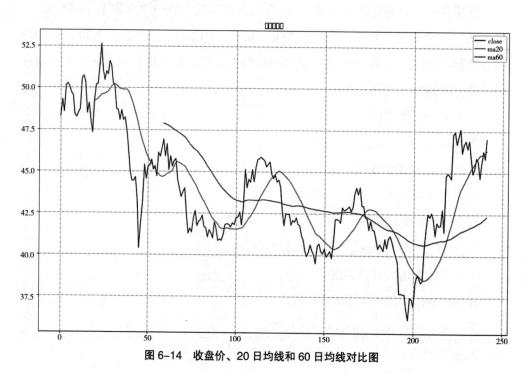

图6-14 收盘价、20日均线和60日均线对比图

9. plt.legend（['close', 'ma20', 'ma60']）

从图 6-14 中可以看出，时间周期越长，移动均线的波动性就越平滑；时间周期越短，均线的波动性就越剧烈。此外，移动均线揭示了投资标的的一个重要属性：平均成本。事实上移动均线反映的就是投资者持有该标的的平均成本，并且该成本随着时间方向动态变化。而不同时间周期之间的均线反映了不同持有期内的持仓成本，因此这些均线之间的联动常常会作为该股票买卖时点的信号，具体内容会在后文详细阐述。

2. 指数移动均线

指数移动均线（exponential moving average，EMA）是以指数式递减加权的移动均线。各期数值的加权影响力随时间增长而指数式递减，越近期的数据加权影响力越重，但较旧的数据也给予一定的加权值。EMA 相比 SMA 由于给予近期数据的权重更大，因此很大程度上缓解了 SMA 指标的滞后性。EMA 的计算公式如下：

$$S_t = \alpha \times P_t + (1 - \alpha) \times S_{t-1}$$

其中，S_t 为 t 时刻的 EMA 值；P_t 为 t 时刻标的收盘价；α 为加权值，数值位于 [0，1] 区间范围内，α 也可以用窗口长度"Length"来表示，即 $\alpha=2/(Length+1)$，因此如果 Length 为 19 天，$\alpha=0.1$。

EMA 的量化实现亦有两种方法：公式法和调用法，这里我们直接调用 Talib 库中的 .EMA 函数，窗口期为 20 天，绘制收盘价、20 日 MA 以及 20 日 EMA，代码如下，输出结果见图 6-15。

1. # EMA
2. ema20 = ta.EMA（close, timeperiod=20）
3. plt.figure（figsize=（16，10））
4. plt.plot（close）
5. plt.plot（ema20）
6. plt.plot（ma20）
7. plt.legend（['close', 'ema20', 'ma20']）

从图 6-15 中可以看出，MA 对于价格的变化反应要滞后于 EMA，但总体趋势方向保持一致。在实战过程中，EMA 指标通常与其他趋势指标共同使用，从而反复确认趋势的形成，加大技术指标判断的成功概率。

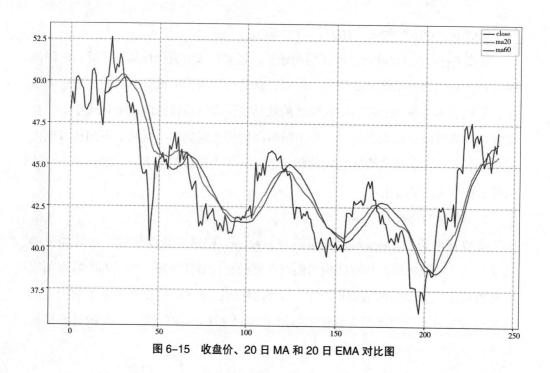

图 6-15　收盘价、20 日 MA 和 20 日 EMA 对比图

3. 指数平滑移动平均线

指数平滑移动平均线是 Geral Appel 于 1979 年提出的，由一快及一慢指数移动均线（EMA）之间的差（DIF）计算出来。"快"是指短时期的 EMA，而"慢"是指长时期的 EMA，最常用的是 12 日及 26 日的 EMA。MACD 利用的就是 EMA 指标易掌握价格趋势变动的方向的优点所发展出来的，本质上运用快速与慢速移动均线聚合与分离的征兆，来研判买入和卖出的时机和信号。MACD 的计算与使用方法如下。

（1）计算 DIF 线。收盘价短期与长期指数移动均值的差，通常短期为 12、长期为 26，即 DIF=EMA（12）-EMA（26）。

（2）计算 DEA 线。DIF 值的 N 日指数移动均值，通常 N 为 9。

（3）计算 DIF 与 DEA 之间的差值得到 MACD 柱，从而绘制出 MACD 线条。

（4）将 DIF 与 MACD 线进行对比，当 DIF 线向上突破 MACD 平滑线即为买入信号；相反，当 DIF 线向下跌破 MACD 平滑线时，即为卖出信号。

图 6-16 为 MACD 示意图。

MACD 的量化实现方法如下：首先调用 Talib 库中的 .MACD 函数获得 DIF、DEA 和 MACD 值，接着将 MACD 大于 0 的部分标记为红色，小于 0 的部分标记为绿色，并且绘制 DIF 和 DEA 图线，代码如下：

第 6 章 技术形态指标分析和实践

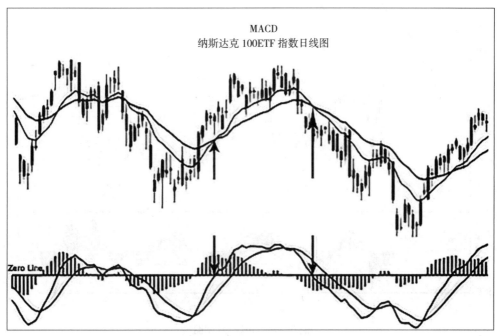

图 6-16 MACD 示意图

1. # MACD
2. dif, dea, macd = ta.MACD（close, fastperiod=12, slowperiod=26, signalperiod=9）
3. # 作图时让正负的 macd 柱的颜色分开，分离 macd 为正序列和负序列
4. # macd 为正值的序列，为了保持原来的长度，负值改为 0
5. macd_plus = np.where（macd>=0, macd, 0）
6. # macd 为负值的序列，为了保持原来的长度，非负值改为 0
7. macd_minus = np.where（macd<0, macd, 0）
8. add_plots=[mpf.make_addplot（macd_plus, panel=1, type='bar', color='r'）, mpf.make_addplot（macd_minus, panel=1, type='bar', color='g'）, mpf.make_addplot（dif, panel=1, secondary_y=True）, mpf.make_addplot（dea, panel=1, secondary_y=True）]
9. mpf.plot（kdata, addplot=add_plots, type='candle', style=s, figsize=（16, 10））

生成结果如图 6-17 所示，图的上半部分是股票的 K 线图，下半部分是 MACD 指标区域图，其中红色柱状部分是 MACD > 0 的部分，绿色柱状部分是 MACD < 0

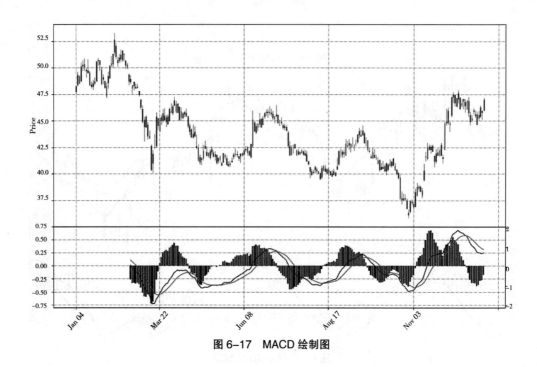

图 6-17 MACD 绘制图

的部分。蓝色图线和黄色图线分别是 DIF 图线和 DEA 图线，用于判断标的买入和卖出的信号。

4. 布林带

布林带（bollinger bands，BOLL 指标）是由 John Bollinger 根据统计学中的标准差原理设计出来的一种非常简单实用的技术分析指标，主要用于研判股价波动的中长期趋势。

一般而言，股价的波动总是围绕某一价值中枢（如均线、成本线等）在一定的范围内变动，BOLL 指标正是在上述条件的基础上，引进了"股价通道"的概念，认为股价通道的宽窄随着股价波动幅度的大小而变化，而且股价通道又具有变异性，它会随着股价的变化而自动调整。例如当股价波动很小或处于盘整时，股价通道就会变窄，这可能预示着股价的波动处于暂时的平静期；当股价波动超出股价通道的上/下轨时，预示着股价的异常激烈的向上/下波动即将开始。

布林带由三条轨道线组成，其中上下两条线为上轨线（UP）和下轨线（DN），分别可以看成价格的压力线和支撑线；在上下轨线之间的线为中轨线（MB），是一条价格平均线。计算公式如下：

$$MB = N\text{日移动均线}$$

$$UP = MB + K \times 标准差$$
$$DN = MB - K \times 标准差$$

通常情况设定 N 为 20、K 为 2，该设定值在布林带的设定参数中最为普遍。在日线图中，中轨线 MB 为 MA（20），因此本质上就是"月均线"；而根据正态分布的特性，约 95% 的数值分布在离均值正负两个标准差（$\pm 2\sigma$）的范围内。BOLL 指标的应用主要有两种：首先布林带可以指示支撑和压力位置，作为止盈止损信号；其次布林带具备通道功能，因此可以利用价格突破设计作为进出场信号。

BOLL 指标的量化实现方法如下：首先调用 Talib 库中的 .BBANDS 函数获得 UP、MB 和 DN 值，接着将三个轨道图像化，形成股价通道。代码如下，生成结果见图 6-18。

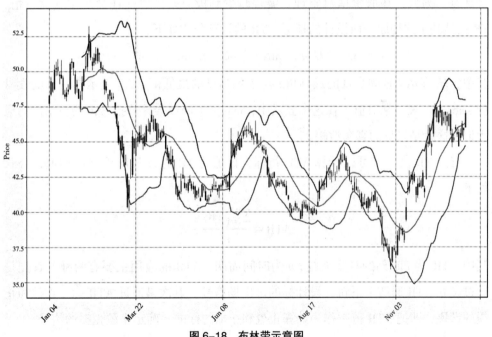

图 6-18　布林带示意图

1. # BOLL Band
2. upperband, middleband, lowerband = ta.BBANDS（close, timeperiod=20, nbdevup=2, nbdevdn=2）
3. add_plots=[mpf.make_addplot（upperband）, mpf.make_addplot（middleband）, mpf.make_addplot（lowerband）]
4. mpf.plot（kdata, addplot=add_plots, type='candle', style=s, figsize=（16, 10））

从图 6-18 中可以看出，股价的波动基本位于上下轨之间，形成股价通道。在实战中通常将 BOLL 指标与其他技术指标结合使用，例如 KDJ 指标或者 TRIX 指标，从而使反馈结果更加有效。

5. 平均真实波幅

平均真实波幅（average true range，ATR）用来衡量市场波动的强烈程度并且显示市场变化率的指标。该指标价值越高，趋势改变的可能性就越高；该指标的价值越低，趋势的移动性就越弱。

ATR 的计算是由 TR（true range）而来，其中 TR 译为真实波幅，主要应用于了解股价的震荡幅度和节奏，在窄幅整理行情中用于寻找突破时机。通常情况下股价的波动幅度会保持在一定常态下，但是如果有主力资金进出，股价波幅往往会加剧。另外，在股价横盘整理、波幅减少到极点时，也往往会产生变盘行情。TR 正是基于这种原理而设计的指标。TR 的计算公式如下：

$$TR_t = \max(H_t - L_t, \ \text{abs}(H_t - C_{t-1}), \ \text{abs}(L_t - C_{t-1}))$$

其中，H_t 表示 t 时刻当日的最高价；L_t 表示当日的最低价；C_{t-1} 表示前一日的收盘价；abs（ ）表示绝对值。在这个公式中，max（ ）函数会计算括号内的三个值的最大值，这就是当日的真实波幅。

有了 TR 值，就可以计算 ATR 指标，该值为 TR 的 N 日简单移动均值，公式如下：

$$\text{ATR} = \frac{\sum_{i=1}^{n} TR_i}{n}$$

其中，TR_i 为 i 时刻的真实波幅；n 为时间周期。ATR 的应用主要有两种：首先是通过确立 ATR 通道上下轨，设计标的进出场信号；其次是通过 ATR 确立止盈和止损的设置，即把 ATR 范围作为计算止盈和止损的标准，确定止盈止损的信号。

ATR 指标的量化实现方法如下：直接调用 Talib 库中的 .ATR 函数获得 ATR 指标，这里的时间周期设定为 14；此外还调用 Talib 库中的 .STDDEV 函数获得标准差指标，并且把上述两个指标图像化，从而更清晰方便地进行对比，代码如下，生成结果见图 6-19。

```
1. # ATR
2. atr = ta.ATR（high, low, close, timeperiod=14）
3. # 滚动标准差
```

4. std = ta.STDDEV（close, timeperiod=14）
5. add_plots = [mpf.make_addplot（atr, panel=1）, mpf.make_addplot（std, panel=1, color='r'）]
6. mpf.plot（kdata, addplot=add_plots, type='candle', style=s, figsize=（16, 10））

从图 6-19 中可以看出，ATR 指标相对于标准差而言更加平滑，当指标处于高位时，市场价格处于底部位置，并伴随恐慌性抛盘。ATR 指标一般不单独使用，需要结合其他技术指标综合判断。

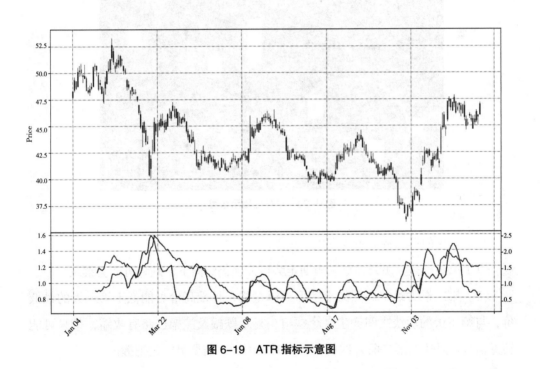

图 6-19　ATR 指标示意图

6.3.2　常用 K 线形态的量化实现

K 线形态分析是技术分析领域中比较简明实用的分析方法，本质上是对价格走势中若干典型的形态作出归纳，并取个形象的名字。本节介绍的 K 线形态主要分两种：一种属于反转形态，即标的趋势出现重要的反转迹象，代表形态有早晨/黄昏之星、三只乌鸦、双顶/底等；另一种是整理形态，即标的处于盘整阶段，之后仍继续沿着原来趋势运动，代表形态有上升/下跌三部曲、上升/下跌楔形、上升/下跌三角形等。将从中选取三个比较经典的形态做详细介绍并阐述其量化实现过程。本节所有的形态的量化实现基于点宽量化平台 Auto-Trader。

1. 早晨之星

早晨之星是由三根 K 线组成的 K 线组合形态,它是一种行情见底转势的形态(图 6-20)。这种形态如果出现在下降趋势中通常意味着比较明确的反转信号,是一个非常好的买入时机。早晨之星的 K 线形式一般出现在下降趋势的末端,是一个比较强烈的趋势反转信号。

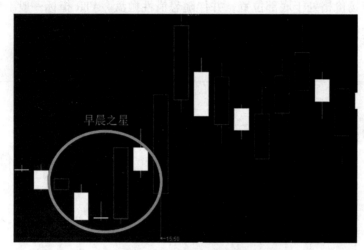

图 6-20　早晨之星示意图

早晨之星的形态特征主要有以下三点。

(1)第一根是大阴线,显示短期走势可能会仍然向下,跌势可能会继续。

(2)第二根为跳空低开的十字形或锤型线,且最高价可能低于第一天的最低价,与第一天的阴线之间产生一个缺口,显示跌幅及波幅已略有收缩,带来可能转好信号。具体的第二根 K 线的位置有时会不同,需要灵活地把握。

(3)第三根是大阳线,买盘强劲,显示市场已转好,逐步收复失地。

早晨之星的量化实现方法如下。

(1)调取投资标的日 K 线数据,这里的标的选择为中国平安,时间跨度为 2022-08-01 至 2022-12-31,然后把调取的原始数据中的开盘价、收盘价、最高价和最低价分别放入一个变量里。

(2)调用 Talib 库中的 .CDLMORNINGSTAR 函数获取该时间段内早晨之星发出的信号,如果存在则把信号与同一时刻的标的收盘价对应,方便标记。

(3)将标的日 K 线图和信号标记绘制在一张图里,如果没有信号发生,则返回提示语句。

代码如下，生成结果见图 6-21，其中蓝色标记为早晨之星信号，这里省略调用库的步骤：

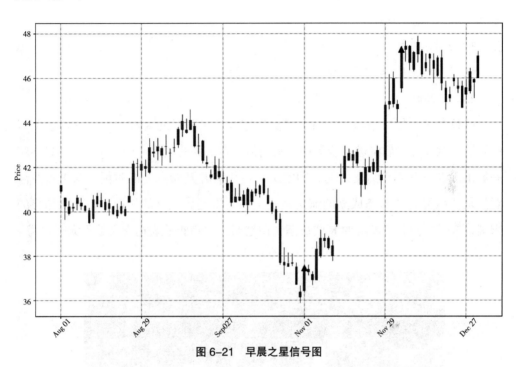

图 6-21　早晨之星信号图

1. # 必须打开 AT 软件
2. kdata=at.get_kdata（['sse.601318']，frequency='day'，fre_num=1，begin_date='2022-08-01'，end_date='2022-12-31'，df=True，fq=1）
3. kdata.set_index（'time'，inplace=True）
4. open_ = np.array（kdata['open']）
5. high = np.array（kdata['high']）
6. low = np.array（kdata['low']）
7. close = np.array（kdata['close']）
8. # 早晨之星，符合条件的标记为 100，不符合条件则标记为 0
9. ms = ta.CDLMORNINGSTAR（open_，high，low，close）
10. signal = np.where（ms==100，close，np.nan）
11. if len（ms[ms!=0]）> 0：
　　　　add_plot=mpf.make_addplot（signal，type='scatter'，markersize=100，marker='^'，color='b'，secondary_y=False）

12.　# 作图
13.　mpf.plot（kdata, type='candle', addplot=add_plot, style=s, figsize=(16, 10)）
14. else：
15.　print（'所选的行情中没有出现早晨之星'）

2. 三只乌鸦

三只乌鸦是指价格在运行时突然出现连续三根阴线的 K 线组合，通常表示行情开始疲软并且之后将进一步下跌，是一种反转下跌的信号（图 6-22）。三只乌鸦一般出现在下跌趋势启动之初，即空头取得优势并开始发力的时候。这里需要注意的是，该类 K 线形态成立的前提是发生在下跌趋势成立的初期。在下跌趋势的末端，有时也会有三连阴的 K 线形态，但这与三只乌鸦的表达含义就不太一致了。

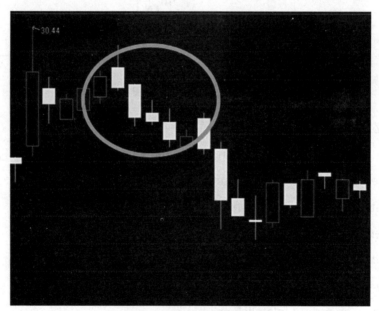

图 6-22　三只乌鸦示意图

三只乌鸦的形态特征主要有以下四点。

（1）在上升趋势中出现连续三根阴线。

（2）每根阴线的收盘价低于前一天的最低价。

（3）每天的开盘价在前一天的实体之内。

（4）每天的收盘价等于或接近当天的最低价（下影线很短）。

三只乌鸦的量化实现方法如下。

（1）调取投资标的日K线数据，这里的标的选择为中国平安，时间跨度为 2018-01-01 至 2018-06-30，然后把调取的原始数据中的开盘价、收盘价、最高价和最低价分别放入一个变量里。

（2）调用 Talib 库中的 .CDL3BLACKCROWS 函数获取该时间段内三只乌鸦发出的信号，如果存在，则把信号与同一时刻的标的收盘价对应，方便标记。

（3）将标的日K线图和信号标记绘制在一张图里，如果没有信号发生则返回提示语句。

代码如下，生成结果见图 6-23，其中蓝色标记为三只乌鸦信号，这里省略调用库的步骤：

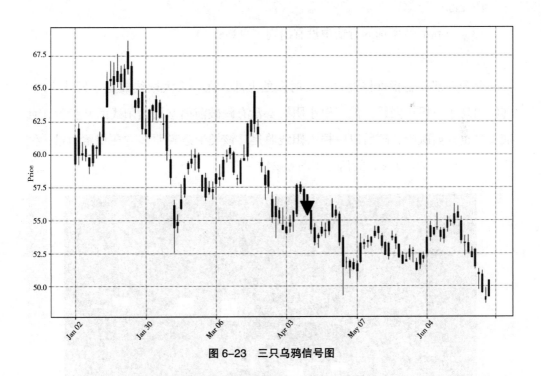

图 6-23　三只乌鸦信号图

1. kdata=at.get_kdata（['sse.601318'], frequency='day', fre_num=1, begin_date='2018-01-01', end_date='2018-06-30', df=True, fq=1）
2. kdata.set_index（'time', inplace=True）
3. open_ = np.array（kdata['open']）
4. high = np.array（kdata['high']）

5. low = np.array（kdata['low']）

6. close = np.array（kdata['close']）

7. # 三只乌鸦，不等于 0，采用 -100 标记

8. three_crow = ta.CDL3BLACKCROWS（open_，high，low，close）

9. if len（three_crow[three_crow!=0]）> 0：

   add_plot=mpf.make_addplot（signal, type='scatter', markersize=600, marker='v', color='b', secondary_y=False）

10.   # 作图

11.   mpf.plot（kdata, type='candle', addplot=add_plot, style=s, figsize=（16，10））

12. else：

13.   print（'所选的行情中没有出现三只乌鸦'）

3. 上升三部曲

上升三部曲是指价格经过一段时期的上涨，在一根大阳线或是中阳线之后，连续出现了三根小阴线，但三根小阴线都没有跌破前面这根大阳线的开盘价，且成交量也开始减少，随后以一根大阳线收尾。该类形态说明多方在积蓄力量，伺机上攻，是一种整理形态的信号（图 6-24）。

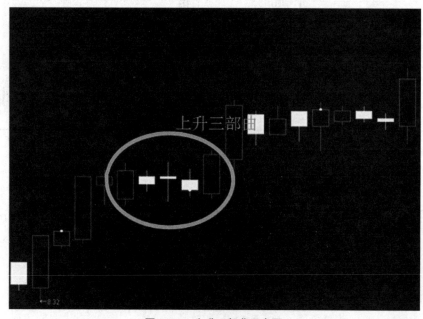

图 6-24　上升三部曲示意图

上升三部曲的形态特征主要有以下四点。

（1）第一根为大阳线。

（2）大阳线后被一组小实体的K线相跟随，小K线可以是阴线，也可以是阳线，包括星线和十字星。小K线沿当前趋势相反的方向或高或低地排列着，并保持在第一天大阳线的实体内。

（3）如果一组小实体为三根小阴线，这组实体未跌破前面阳线的最低价，但也未突破阳线的最高价。

（4）最后一根是大阳线，且收盘价比第一根要高。

上升三部曲的量化实现方法如下。

（1）调取投资标的日K线数据，这里的标的选择为神州高铁，时间跨度为2016-12-01至2017-05-31，然后把调取的原始数据中的开盘价、收盘价、最高价和最低价放入一个变量里。

（2）调用Talib库中的.CDLRISEFALL3METHODS函数获取该时间段内上升三部曲发生的信号，如果存在则把信号与同一时刻的标的收盘价对应，方便标记。

（3）将标的日K线图和信号标记绘制在一张图里，如果没有信号发生，则返回提示语句。

代码如下，生成结果见图6-25，其中红色标记为上升三部曲信号，这里省略调用库的步骤：

```
1. kdata=at.get_kdata（['szse.000008'], frequency='day', fre_num=1,
    begin_date='2016-12-01', end_date='2017-05-31', df=True, fq=1）
2. kdata.set_index（'time', inplace=True）
3. open_ = np.array（kdata['open']）
4. high = np.array（kdata['high']）
5. low = np.array（kdata['low']）
6. close = np.array（kdata['close']）
7. # 上升下跌三部曲，-100表示下跌，100表示上升
8. rise_and_fall_3 = ta.CDLRISEFALL3METHODS（open_, high, low, close）
9. signal_long = np.where（rise_and_fall_3==100, close*0.98, np.nan）
10. signal_short = np.where（rise_and_fall_3==-100, close*0.98, np.nan）
11. if len（rise_and_fall_3[rise_and_fall_3!=0]）> 0:
```

add_plots=[mpf.make_addplot（signal_long, type='scatter', markersize=300, marker='^', color='r', secondary_y=False）, mpf.make_addplot（signal_short, type='scatter', markersize=300, marker='v', color='g', secondary_y=False）]

12. #作图
13. mpf.plot（kdata, type='candle', addplot=add_plots, style=s, figsize=（16, 10））
14. else：
15. print（'所选的行情中没有出现上升下跌三部曲'）

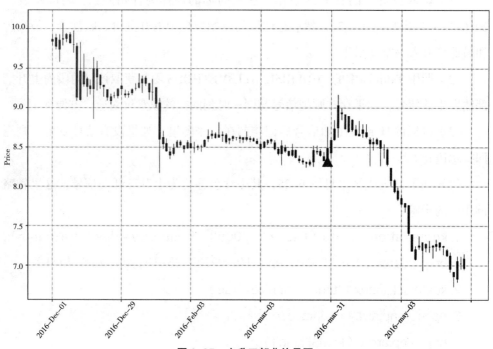

图6-25　上升三部曲信号图

本章小结

　　本章主要介绍的是技术指标的分析与实践，内容分为三个部分：首先介绍了K线的基本概念，包括K线的定义、绘制原理、时间周期和趋势。接着详细阐述了技术指标的基础知识内容，包括技术指标的定义、分类与应用、优缺点等方面。最后从实践出发介绍了几类常用技术指标与K线形态的量化实现案例。本章内容丰富，旨在为读者提供技术形态指标分析和实践的全面认识，有助于读者深入理解市场行情的走势，同时为第 7 章"量化交易技术指标策略"的学习打下坚实的基础。

思考题

1. K 线是如何绘制的？组成成分都有哪些？名称叫什么？
2. 阐述支撑位和阻力位的定义。
3. 技术指标的优缺点都有哪些？
4. 什么是指标的背离？
5. 移动均线的类型有很多种，它们之间最主要的区别是什么？
6. K 线形态主要有哪些分类？对每个分类举几个相关例子。

即测即练

第 7 章 量化交易技术指标策略

学习目标

1. 掌握量化投资交易中的技术指标策略的构建思路。
2. 了解动量交易策略的原理、逻辑与案例实现。
3. 了解均值回归策略的原理、逻辑与案例实现。

能力目标

1. 掌握量化技术指标策略的构建逻辑,培养学生分析和解决问题的逻辑能力。
2. 了解量化技术指标的经典策略,学会自主查阅资料扩展知识维度。
3. 了解量化技术指标策略的实战案例,培养学生在实践过程中解决问题的能力。

思政目标

1. 掌握量化技术指标策略的构建思路,培养学生辩证的唯物主义的求知观。
2. 了解量化技术指标的经典策略,培养学生深入思考的进取精神。
3. 了解量化技术指标策略的实战案例,增强学生实战能力与专业素养。

思维导图

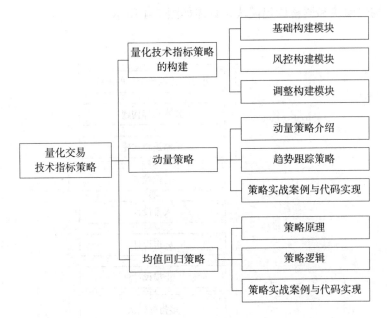

导语

第 6 章详细介绍了技术指标的概念以及如何利用技术指标在投资领域进行分析与实践，而对于量化投资而言，依托技术指标进行投资策略的构建是非常重要的手段。本章将从三个维度对量化技术指标策略的内容进行介绍：首先对策略构建的总体框架与思路进行逻辑的梳理；接着详细介绍量化技术指标策略中的动量策略以及基于动量策略的趋势跟踪策略的原理、逻辑以及实战案例与代码；最后介绍均值回归策略的原理并以配对交易策略作为经典案例详细介绍均值回归策略是如何在实战过程中应用的。

7.1 量化技术指标策略的构建

技术指标分析（technical indicators analysis）是量化投资的一个重要组成部分。技术指标分析不考虑投资标的的基本面信息，而是通过研究投资标的的历史成交量和价格信息来预测价格走势、决定投资策略。而基于技术指标分析的量化投资策略只考虑市场的价格行为，认为"历史会不断重演"，试图借由大量的统计数据与数学模型来找到市场演变的规律并预测行情走势，从而发掘投资机会。

构建一个量化技术指标策略大致要考虑九点，归类为三个模块：基础构建模块、风控构建模块和调整构建模块，具体如图7-1所示。

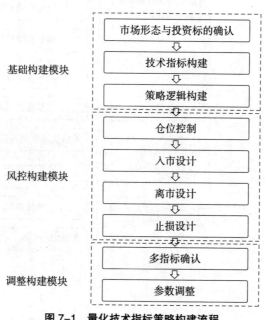

图7-1　量化技术指标策略构建流程

7.1.1　基础构建模块

1. 市场形态与投资标的确认

在构建量化技术指标策略时，首先要考虑的是希望交易的市场形态。市场形态可以从多个角度解读，如从市场趋势维度可以分为趋势追踪与趋势反转，而不同的趋势判断决定了策略的运用，如在趋势追踪阶段通常使用趋势追踪策略，而在市场呈现趋势反转的形态时通常使用均值回归策略；从市场交易的频率维度可以把策略分为以日频（或周频）数据为主的中低频策略和以分钟及小时数据为主的日内中高频数据。以趋势追踪策略为例，如果市场交易频率采用的是中高频数据，则策略为日内趋势追踪策略；如果数据采用的是中低频数据，则策略为日间趋势追踪策略。

在确定要交易的市场形态后，还需要确定合适的投资标的。通常投资品种的选择遵循以下两个原则。

（1）流动性高。流动性高的投资标的可以使交易行为快速兑现成现金，因此流动性风险会更低。通常判断投资标的流动性的可以用成交量作为指标，成交量越大，说明标的的流动性越好，收益变现的风险就越低。

（2）容量大。容量大的投资标的通常不容易被个别资金的进出场行为操控或影响，量化策略的实施就更加有效。例如期货市场中交易品种的主力合约最为安全，这里主力合约指的是成交量或者持仓量最大的期货合约，因为它是市场上最活跃的合约，也是最容易成交的合约。

2. 技术指标构建

任何技术指标都是根据历史量价数据计算而来的。技术指标仅仅是对量价数据的一个高度提炼、降噪的过程，以期捕捉到一些更泛化的信息；它们并不能提供任何量价以外的信息，而同一类的技术指标多少都有一些大同小异。因此在选择合适的技术指标时，投资者需要根据自己的风险偏好来构建。以趋势追踪策略为例，在构建该策略的时候通常使用两大类趋势技术指标：均线和通道突破，而这两类指标在风险收益特性上有明显的差异（表7-1），这时投资者就需要根据指标的不同风险特性，结合自身的风险偏好来构建合适的技术指标。

表 7-1 趋势技术指标风险收益特性差异

指标	均线策略	通道突破策略
交易次数	多	少
胜率	低	高
盈利交易平均收益率	低	高
亏损交易平均收益率	低	高

3. 策略逻辑构建

策略逻辑是策略框架构建的基石，其他步骤都是围绕着策略逻辑展开的。有了策略逻辑才能制定具体的量化交易规则，比如止盈止损的幅度、仓位的大小或者加仓的次数，因此策略逻辑是构建策略原则的前提，而一个个策略原则组成了一个完整的交易策略框架。具体而言，在制定策略框架时，当逻辑形成后，策略进场时要考虑所有可能触发的情形，在该情形下设定好相应的策略，并且从进场到出场的所有环节都要符合策略的逻辑及既定的原则，行情发展的每种可能都在策略的考量范围之内，且都有与之对应的有据可循的处理方法。这样整个策略逻辑框架就搭建完全，并形成逻辑闭环，如图7-2所示。

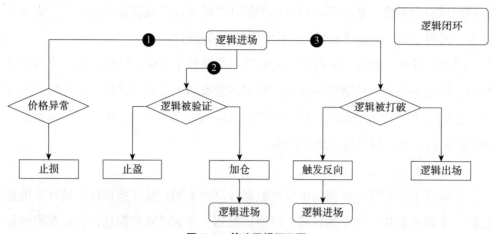

图 7-2　策略逻辑闭环图

7.1.2　风控构建模块

在风控方面，仓位控制、入市设计与离市设计以及止损设计分别对应量化交易策略实施前、中、后阶段的风控模块的搭建。对于量化交易而言，由于设计好策略后会通过计算机编译语言自动执行策略代码，策略的执行不会有人为干预，因此在策略框架的任何阶段都需要设计好相应的风控机制，从而降低策略的整体风险。

1. 仓位控制

仓位控制指的是在交易前就有针对性地计算好每笔交易的合理仓位，而不是把所有资金一次性 all in 或者梭哈，那样就跟赌博没有区别。控制仓位筹码的目的就是在有效分散风险的同时使自己的投资节奏处于主动一方。常见的仓位管理法有如下四种。

1）相关性调整法

相关性调整法指的是根据不同投资标的间相关性的高低对仓位进行调整，如果相关性低，则仓位分配权重更高；反之则分配较小的持仓量。相关性调整法的操作步骤如下。

（1）使用上一投资调整周期内的收益率序列计算投资标的间两两相关系数。

（2）计算每个品种与其他品种两两相关系数小于低相关性阈值的配对数量。这里通常设定阈值水平为 0.2，因此相关系数的选择范围处于（−0.2，0.2）区间范围内。

（3）对投资标的按照相关性配对数量级别绝对值从小到大进行排序，然后将其等分为三组，并分别对应仓位等级：1.5、1、0.5。

相关性调整法本质上是配置低相关性的投资组合，分散风险的同时保持收益率处在合理的水平。仓位等级根据相关性决定，越低的级别越高。

2）最大回撤相等贡献法

最大回撤指的是投资标的收益曲线上，任一高点位置到其后期最低点位置回撤幅度差额的最大值。最大回撤是衡量策略风险的重要指标，用来描述买入投资标的后可能出现的最糟糕的情况，也就是投资标的可能发生的最大亏损幅度。而最大回撤相等贡献法指的是通过调整组合仓位使得每一个投资标的的最大回撤幅度相等的方法。最大回撤相等贡献法的操作步骤如下。

（1）计算每个投资标的净值的最大回撤。

（2）计算各投资标的最大回撤的均值。

（3）根据如下公式调整每个投资标的的仓位等级：

$$仓位等级 = \frac{各投资标的最大回撤均值}{该投资标的最大回撤}$$

其中，仓位等级上限为1.5，下限为0.5。投资标的的最大回撤越高，等级越低，仓位越低，从而使各投资标的最大回撤级别相同。

3）目标波动率法

波动率指的是投资标的收益率的波动情况，通常用投资标的收益率的标准差来衡量。而目标波动率法指的是通过调整投资标的的仓位使得投资组合整体的波动率维持在预先设定的目标值的方法。目标波动率法的操作步骤如下。

（1）估计各投资标的的事前波动率，将事前波动率的倒数归一化作为每个标的的目标仓位，同时记录当前每个标的的实际仓位。

（2）计算投资标的间两两相关系数，并估计投资组合的实际波动率。

（3）根据如下公式调整每个投资标的的仓位等级：

$$仓位等级 = \frac{投资组合目标波动率}{投资组合实际波动率} \times \frac{投资标的目标仓位}{投资标的实际仓位}$$

其中，仓位等级上限为1.5，下限为0.5。

目标波动率法可以有效提升所有投资标的的风险属性。具体而言，使用了目标波动率的资产组合具有时间上更为稳定的波动率分布（波动率的波动率更小）

以及更小的回撤概率,这是由于波动率所具备的聚集特性导致的。使用当期波动率可以对下一期波动率进行有效的预测,因此基于当期波动率的权重管理方式可以确保组合具有稳定的波动率暴露。此外,历史上投资标的的重大回撤更多发生在波动率上升阶段,此时目标波动率对应的低持仓可以帮助投资者有效回避回撤风险。

4)ATR 指标法

ATR 指标是指投资标的价格 N 天移动平均数平均后的交易波动幅度,一般时间周期 N 为 14 个交易日。ATR 指数的计算方法如下。

(1)计算投资标的的波动幅度 TR:单根 K 线图最高点和最低点间的距离真实波动幅度,是以下三个波动幅度的最大值。

①当天投资标的价格波动的最高点和最低点间的距离。

②前一天收盘价和当天投资标的最高价间的距离。

③前一天收盘价和当天投资标的最低价间的距离。

(2)在波动幅度 TR 的基础上,取一定时间段内(一般软件默认是 14 个周期)TR 的平均值,即可得到平均真实波动幅度 ATR。

ATR 指标有助于我们判断投资标的价格在未来一段时间的波动范围,这对于风控至关重要。在进行仓位控制时,常见的方法是"控制仓位使得每次交易的最大亏损不超过给定上限"。举例说明,假设每笔交易的给定损失上限是 2% 的资金量,接着使用一定倍数的 ATR(比如 4 倍)反算投资标的的仓位。具体而言,假设建仓进场后,投资标的的价格背离预期开始下跌,当价格下跌幅度到达 $4 \times ATR$ 时,要求本次的交易仅仅亏损资金量的 2%,以此反推计算出仓位。

2. 入市设计与离市设计

在策略实施前的风控模块搭建完成后,下一步就是对策略实施过程中的行为的条件进行约束。而策略实施过程中的风控模块的构建分为两个部分:入市设计与离市设计。

1)入市设计

入市设计指的是对投资策略进场条件的约束,而对于量化技术指标策略而言,约束条件是以技术指标为基准构建。通常来讲,进场方式有如下三种。

(1)逻辑进场。逻辑进场指的是当市场信号触发量化策略的进场信号时开仓入场,此时该投资标的的初始持仓为空,而操作行为是直接入场。

（2）反向进场。反向进场指的是当策略触发反向进场逻辑时对该投资标的的仓位进行反向操作，此时投资标的的初始持仓不为空，操作行为是先平仓后进行反向进场。反向进场的一个重要的先决条件是市场有完善的做空机制，即投资者可以买涨和做空投资标的，当缺乏良好的做空机制、触发反向进场条件的时候，如果是下跌情况，那么投资者将无法进行反向操作，只能止损平仓并等待时机再次买入多头。

（3）加仓进场。加仓进场是指在已经持有投资标的仓位的前提下，策略触发加仓条件逻辑时持有投资标的更多的仓位。加仓进场的方向与之前持仓的投资方向一致，即同向进场。

举例说明，图7-3描述的是当技术指标触发不同的入市逻辑时，量化策略采取的相应不同的进场行为。

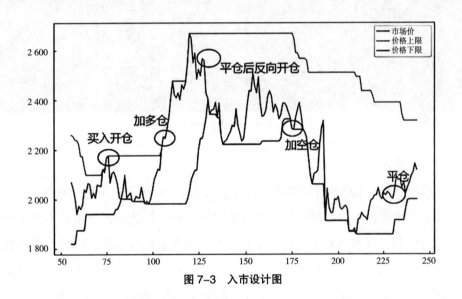

图7-3　入市设计图

2）离市设计

离市设计指的是对投资策略出场条件的约束，跟入市设计一样，离市设计的约束条件是以技术指标为基准构建。通常来讲，出场方式有如下两种。

（1）逻辑出场。逻辑出场指的是当市场信号触发量化策略的出场信号时平仓离场。逻辑出场与逻辑进场之间构成了闭环关系，两者都是基于策略逻辑构建的。

（2）时间出场。时间出场指的是基于策略逻辑的特殊约束条件按照设定的时间出场。典型案例是日内策略，日内指的是在一天的交易时间内完成投资标的买入和卖出的行为，通俗地讲就是"持仓不过夜"。图 7-4 就是典型的日内交易进场出场图，由于是日内策略，因此收盘前有仓位必须平掉，即便平仓位是亏损状态，而该案例选择在收盘时间下午 3 点前的 2：45 进行了平仓操作。

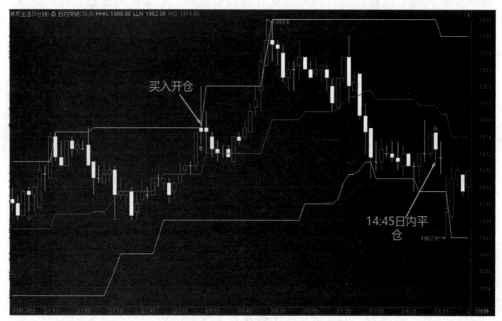

图 7-4　时间出场案例

3. 止损设计

在风控方面，策略执行后的止损设计至关重要，主要有以下两个目的。

（1）当投资标的的价格走势和开仓信号相左时，标的的开仓量并不能保证亏损不超过限制，这是因为如果技术指标没有发出平仓信号，那么哪怕是投资标的的价格下跌已经超过资金量所愿意承受的亏损，策略仍然不会执行平仓，而是会继续等待平仓信号。这时，如果策略中存在止损线，那么就可以强行止损。

（2）当价格走势和开仓信号相同时，如果趋势不强，那么在趋势结束时平仓信号给出的交易价格不一定优于投资标的的开仓价格。换句话说，在趋势弱的时候，虽然策略会在持仓过程中有浮盈，但是最终还会"竹篮打水一场空"。针对这种情况，一般在止损设计时采用动态改变止损线（称为跟踪止损），这有助于策略锁住一部分利润。比如当做多时，随着价格的上升，止损线也相应上移。当价格回调时，如果它触及了上移后的止损线，策略就会平仓，锁定那部分利润。

止损设计方式通常有如下四种。

（1）时间止损。时间止损指的是若策略在规定的一段时间内投资标的的回报收益低于一个预设值，则认为该策略没有达到预期目标，选择出场止损。时间止损的止损线通常是固定的，因此不能有效地控制策略的回撤。图7-5是时间止损案例，从图中可以看出规定时间设定为1个月，而在这1个月内由于实际收益率一直在预期收益线下方震荡，所以到期后选择止损出场。

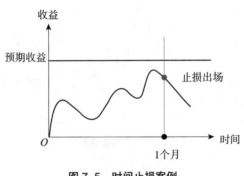

图7-5 时间止损案例

（2）限价止损。限价止损指的是在策略执行前将入场价设置为基准价，当策略执行后，一旦投资标的的价格偏离基准价一个固定的幅度便平仓出场。与时间止损一样，限价止损的止损位是固定方案，因此回撤控制并不有效。图7-6是限价止损案例，从图中可以看出基准价设定为入场价，偏离度设定为1.5倍，当实际价格波动超过入场价上下1.5倍的区间时，平仓出场，从而达到止盈或者止损的目的。

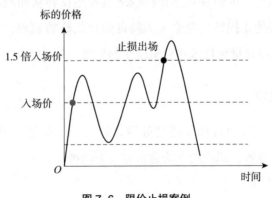

图7-6 限价止损案例

（3）跟踪止损。跟踪止损的设计思路是，如果投资标的的回撤超过某个预设值（例如持仓周期内的最高价）的一定幅度就平仓出场。不同于前两个止损设计，跟踪止损的止损价会随着预设值的变化而变化，是一种动态止损策略，因此相对于固定止损，动态止损可以更好地反映市场的变化因素，如果参数设置合理，会比固定止损更加有效。图 7-7 是跟踪止损案例，从图中可以看出预设值设定为最高价，当价格波动超过与最高价偏离的预定幅度，则平仓出场。

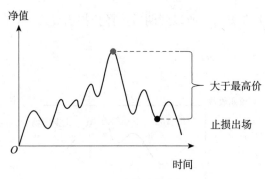

图 7-7 跟踪止损案例

（4）ATR 止损。ATR，在前面的章节介绍过，反映的是投资标的价格一段时间内移动平均数平均后的交易波动幅度。而利用 ATR 指标设计的止损方法分为 ATR 吊灯止损和 ATR 棘轮法等。ATR 止损本质上也是一种动态止损策略，因此比固定止损更加有效。

拓展阅读 7-1

"止损"是一把双刃剑，它确实能够规避价格继续向不利于交易的方向发展的风险，但同时以牺牲"价格在到达止损线之后发生反转从而减小亏损甚至产生收益"为代价。不当的止损线更是会大大降低量化策略的表现。但是从控制风险的角度出发，止损无疑是量化技术指标策略中的重要一环。

7.1.3 调整构建模块

当策略的基础以及风控模块搭建好后，最后一步就是对策略进行优化调整，目的是使策略更加有效，调整的方法通常有如下两种。

1. 多指标确认

对于围绕任何技术指标构建的量化策略，胜率和盈亏比都是鱼与熊掌不可兼得的一对矛盾。一个系统的胜率越高，它的盈亏比通常越低；反之亦然。为了提高胜率，技术分析领域常见的做法是对基础策略部分添加多个辅助技术指标，当这些指标均发出开仓信号时才交易。例如在之前技术指标构建介绍的通道指标，在实战中可以再加一个新的动量指标作为辅助：随机波动指标（stochastic oscillator）。该指标也是根据过去一段时间的投资标的的最高、最低和收盘价计算得来的，它的取值范围是 0～100 之间，越高说明买入的动量越强；越低说明卖出的趋势越强。在依据通道指标构建通道突破策略的时候，如果加上随机波动指标，会发现效果更好。

对于多指标确认，需要注意的是由于同类型技术指标之间的高相似性，基于多指标的策略调整的相关性非常高，因此在构建和调整策略时切记不宜使用过多的指标。使用的指标越多，样本内拟合得越精准，策略在样本外的普适性就越低。一般来说，使用两个技术指标来确认交易信号足够了。

2. 参数调整

在进行参数调整的时候，最重要的一点是任何参数优化都要以不违背策略逻辑为前提，在不同的假设条件下，不同的参数调整都需要满足逻辑规则。而对策略参数调整的具体操作思路通常是将历史数据分成两部分：一部分作为样本内数据构成策略的训练集，另一部分作为样本外数据构成测试集。将量化策略放入训练集内进行参数优化，取优化后的参数组合，然后放入测试集内进行测试来检验参数优化的有效性。

由于量化策略的数据集通常是时间序列数据，因此在构建训练集和测试集时可以采取滚动测验的优化方式，该方法叫作前进式回测（walk-forward backtesting）。举例说明，图 7-8 是以 12 个星期的历史数据进行前进式回测的案例，首先用

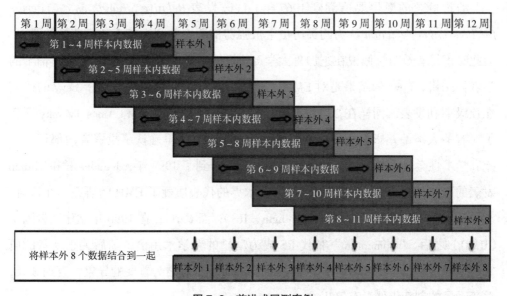

图 7-8　前进式回测案例

第 1~4 个星期的数据来进行参数优化，然后将第 5 个星期的数据模拟实盘验证有效性。这时候第 1~4 个星期的数据就是样本内的训练集，第 5 个星期的绩效就是样本外测试集所形成的绩效。下一步把测试窗口后挪一个星期，用第 2~5 个星期的数据做回测优化，用第 6 个星期的数据模拟实盘，以此类推重复 8 次，最后将所有测试集的结果结合在一起（图底部区域绿色的部分），就是整个策略的模拟绩效。这样做的好处就是相对简单地把整个数据集拆分成两个部分，前进式回测所形成的模拟测试集会更加贴近实盘绩效的结果，同时也减少前一个策略中过度拟合的问题。

7.2 动量策略

7.2.1 动量策略介绍

1. 动量与动量效应

1）动量

动量策略中所谓的动量（momentum），是指某一对象所具有的一种倾向于保持其原有属性或特征的性质，也可以简单理解成一种惰性（inertia）。投资标的的动量，从价格角度通俗地说就是，涨的还会接着涨，跌的还会接着跌；过去涨得越猛，未来涨得也就越猛；过去跌得越狠，未来也会跌得越狠。

动量概念的诞生要追溯到 1967 年，Levy 发表 *Relative Strength as a Criterion for Investment Selection* 认为购买历史上最强势的股票的利润高于随机选择的股票，而此时正是有效市场假说在芝加哥大学诞生并完善的时代，对于 EMH 狂热信奉的学者们来讲，Levy 的结果是对 EMH 严重的挑战，因此也禁止类似于 Levy 的研究在顶级期刊发表。同样在 20 世纪 70 年代，Daniel Kahneman 和 Amos Tversky 开启了对有关人类偏差影响金融决策的机制的探索，并最早确认了投资者内部行为偏差和学术性金融文献中认定的异象之间的联系。到了 1993 年，Jegadeesh 和 Titman 发表的论文延续了 Levy 的思想，作为学术界的代表质疑了 EMH 的研究，在这时，动量还被称为相对强度（relative strength，RS）；而 Carhart 在 1996 年创建动量因子（UMD）之后，"momentum" 替代 RS 成为动量的新学术用语，随后关于动量的研究越来越多，以至于 EMH 的发明者 Eugene Fama 都称之为首要的异象，直到今天，关于动量的创新仍然没有停止过。

2）动量效应

动量效应（momentum effect），又称惯性效应，是指投资标的的收益率会延续原来的运动方向的趋势，即过去一段时间收益率较高的投资标的在未来获得的收益率仍会高于过去收益率较低的投资标的。动量效应的定义中最核心的词汇是"延续"，"延续"的左边是过去的历史行情，右边是未来的未知行情，由此可以推论出动量效应的本质是通过研究投资标的过去的历史行情，并假设该行情在未来得到延续来预测投资标的的未来走势。

动量效应是动量策略的基础，最早是由 Jegadeesh 和 Titman 提出的，两者在对资产股票组合的中期收益进行研究时发现：与 DeBond 和 Thaler 的价格长期回归趋势以及 Jegadeesh 和 Lehmann 的以周为间隔的短期价格回归趋势的实证结果不同，以 3~12 个月为间隔所构造的股票组合的中期收益呈现出延续性，即中期价格具有向某一方向连续变动的动量效应。

对于动量效应现象的解释，传统金融学认为，动量效应的存在并不是市场无效的证据，并试图从理性风险补偿这一角度对其进行解释；而行为金融学认为动量效应是由投资者的非理性行为和反应不足影响的。虽然两种学说的理论依据有所不同，但都从不同方面解释了动量效应的存在，这为动量效应的研究奠定了理论基础，也为投资者寻找套利机会提供了依据。

2. 动量策略原理

1）定义与理论依据

动量策略（momentum strategy）是指投资者预先对投资标的量价指标设定过滤准则，跟随投资标的的上涨或者下跌趋势采取多空交易的行为。动量策略的核心逻辑就是假设投资标的的未来走势可以在一段时间内保持趋势性方向不变，并采取顺势而为的策略从中获取利润。动量策略是目前投资界最流行的策略之一，特别在量化技术指标策略中有广泛的应用，如在商品期货的 CTA 策略（commodity trading advisor strategy）或者外汇市场的量化交易中，绝大多数都是动量策略。

动量策略的理论依据存在着许多解释：一种解释是"收益动量"，即当投资标的收益的增长超过预期，或者投资者一致预测标的未来收益的增长时，投资标的的收益会有持续上升的趋势与惯性，因此动量交易策略所获得的利润是由于投资标的基本价值的变动带来的；另一种解释是"价格动量"的驱动，即策略利用了市场上投资者对不同价格信息的反应不足而获利，与标的的基本价值无关。

2）策略收益风险特征

Jusselin 等指出，动量策略的收益曲线本质上是一个凸函数，当趋势很小的时候，该策略的收益为负；当趋势很大的时候（这里趋势方向既可以是上涨趋势也可以是下跌趋势），该策略的收益为正，具体如图 7-9 所示。

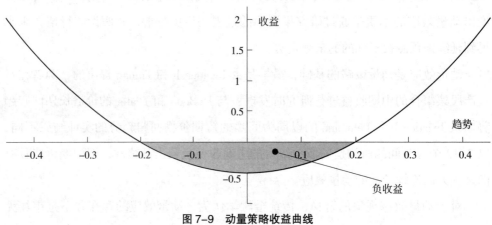

图 7-9　动量策略收益曲线

从该曲线的趋势可以看出，动量策略的亏损有限而收益无上限。这里需要说明的是，策略里的"亏损有限"是有条件的，首先它要求动量策略不能使用太高的杠杆率，原因在于当杠杆过高时，策略曲线的收益和亏损的放大不是线性关系；其次它要求投资标的的价格是连续的。从动量策略的收益曲线来看，其走势在更多的时候是连续经历小幅回撤，然后换来一大波的上涨（大趋势所带来的超额收益），从而将之前的众多小幅回撤抹平，使得该策略的长期收益为正。这个"亏损有限、收益无限"的特征造就了动量策略收益分布的正偏态（positive skewed）的特性，而这样的分布形态又被称作圣杯分布（holy grail distribution），具体如图 7-10 所示。

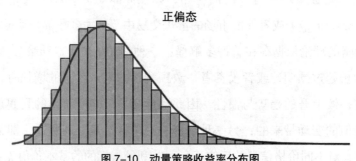

图 7-10　动量策略收益率分布图

正是这种独特的特性，使得动量策略的表现在其投资标的发生尾部风险的时候脱颖而出。这时可能会有同学提问：为什么不同策略的收益率会表现出不同的分布特征？回答这个问题可以从投资风险的维度来解释。具体而言，任何投资策略想要赚钱，都需要承担一定的风险，而策略承担什么类型的风险就决定了它的收益分布具备何种特征。风险可以被分为收敛风险（convergent risks）和发散风险（divergent risks）两大类，因此投资策略也可以被分为收敛风险承担（convergent risk taking）和发散风险承担（divergent risk taking）两大类。这里收敛风险指的是被人们理解、可通过建模来测量的风险；而发散风险指的是未知的、无法预测的、不能很好地被度量的风险。

当构建收敛风险承担策略的时候，人们根据金融学或者经济学原理对投资标的的走势有一个先验假设，并以此为判断作出投资决策。另外，在构建发散风险承担策略时，人们假设投资标的的未来的走势是未知的，不使用任何先验假设来辅助判断投资标的会涨还是会跌，而是根据标的价格自身的发展作出相应的判断。举例说明，股票市场中的价值投资正是收敛风险承担的代表，而这类策略通过对行业进行深度研究挖掘上市公司的内在价值，当价格低于内在价值时则买入，耐心地等待其价格向价值回归，无视短期的波动甚至是持续下跌，而这些是此类策略主动承担的风险；相对应地，常见于期货 CTA 中的趋势跟踪策略则是发散风险承担的代表，这类策略对投资标的的内在价值不做任何判断，而是严格依据价格的走势进行交易：价格上涨时做多，价格下跌时做空；当盈利时会逐渐加仓，当亏损时会及时清仓。正因如此，动量策略属于发散风险承担策略，其收益满足圣杯分布的特性，而这也正是动量策略能够长盛不衰的原因。

3）动量策略的分类

动量策略从趋势维度上可以分为两类。

（1）时序动量（time-series momentum）。时序动量又称绝对动量（absolute momentum），指的是投资标的本身过去的收益表现，不考虑与其他标的的关联性，仅仅反映投资标的本身的动量趋势。

（2）截面动量（cross-sectional momentum）。截面动量又称相对强度，反映的是投资标的相对于其他投资标的的收益表现。

在时序动量策略（time-series momentum strategy）中，投资者做多之前上涨趋势显著的投资标的、做空之前下跌趋势显著的投资标的；而在截面动量策略中，投资者做多在之前表现相对较好的投资标的的同时做空在之前表现相对较差的投资标的。在时序动量策略中,投资者希望投资标的可以各自延续其在之前的趋势;而在截面动量策略中,相比每个投资标的的绝对走势,投资者更关注的是标的之间相对的强弱走势,希望强者恒强、弱者恒弱。

举个简单例子来阐述两者的区别:假设投资者构建了一个投资组合,其中只包含两只股票:中国平安和贵州茅台。假设一年前中国平安的股价是 50 元而贵州茅台的股价是 1 500 元,如今中国平安的股价是 100 元而贵州茅台的股价是 1 800 元。简单计算可知,中国平安过去一年的年化收益是 100%,而贵州茅台的年化收益是 20%,因此中国平安在过去一年的收益表现要优于贵州茅台,具体如表 7-2 所示。

表 7-2 投资组合标的

投资标的	去年股价/元	今年股价/元	年化收益率/%
中国平安	50	100	100
贵州茅台	1 500	1 800	20

时序动量策略的规则是买入过去有正收益表现的股票,并且卖出有负收益表现的股票,因此在这个案例场景中时序动量策略为:买入中国平安和贵州茅台的股票;而对于截面动量策略,该规则是买入过去收益表现相对其他股票强的股票并且卖空相对表现更弱的股票,因此在这个案例场景中截面动量策略为:买入中国平安的同时卖空贵州茅台,具体如表 7-3 所示。

表 7-3 时序与截面动量策略案例对比

动量策略	中国平安	贵州茅台
时序动量策略	买入	买入
截面动量策略	买入	卖空

这里需要注意的是,即便两只股票在去年都实现了正收益,但是由于中国平安的相对表现要超过贵州茅台,因此在截面动量策略中对于贵州茅台股票采取了与时序动量策略完全不同的交易方式。此外在实战过程中会把两类动量策略结合在一起使用,还是以上一个场景为例,由于两类策略对中国平安都是相同的买入

行为，但是对贵州茅台是执行相反行为，因此可以只买入中国平安并且空仓贵州茅台。

在量化技术指标策略中，时序动量策略相比截面动量策略使用更加广泛，因此本章后面会以时序动量策略为主展开讨论，并且实战案例也是基于时序动量策略逻辑。而时序动量策略本质上是顺应投资标的本身的趋势表现做出交易行为，因此也称趋势跟踪策略（trend following strategy）。趋势跟踪策略是量化技术指标策略的重中之重，也是后面将要展开讨论的内容。

4）动量策略的局限性

（1）投资组合具有更高的波动性。由于动量策略本质上是一个"追涨杀跌"的投资策略，选的投资标的价格波动性较高，因此其内生的投资波动率要比其他策略高出不少。举例说明，在 Foulke 做的美国股市 1963—2014 年的历史回测中，动量策略带来的波动率是每年 25% 左右，而标准普尔 500 指数的年波动率为 15% 左右。动量策略如此高的波动率，让很多投资者都无法承受。

（2）不稳定的超额投资回报。图 7-11 所示是在美国股票市场上过去 40 年动量策略可以给投资者带来的超额回报。从图中可以看到：自 2000 年开始的 10 年间，动量投资似乎渐渐失去了其"魔力"，给予投资者的回报一年不如一年。这种"差年景"有时候可以持续 10 年以上。对于投资者来说，如果没有好的方法来确认接下来使用动量策略一定能够得到超额回报的话，贸然应用该策略无疑更像一场赌博，带有很大的投资风险。

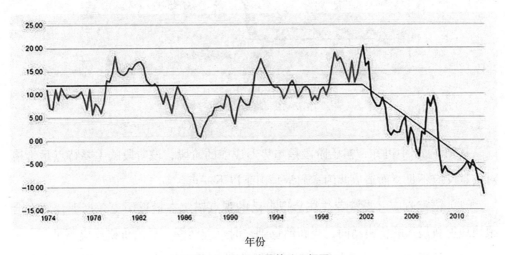

图 7-11 美股动量策略回报图

（3）较高的交易费用和摩擦损失。对于流动性差、摩擦交易成本比较高的市场（比如新兴市场小市值股票），高昂的交易成本会使动量策略失效，因此动量策略更适用于交易量大、流动性好、变现风险低的投资标的。

7.2.2 趋势跟踪策略

1. 策略原理介绍

趋势跟踪策略指的是顺应投资标的价格走势而进行交易的行为，当标的价格处于上升趋势时买入投资标的，而当价格处于下降趋势的时候卖空投资标的。趋势跟踪策略本质上是一个时序动量策略，因此该策略只关注投资标的本身的价格"趋势"，而不用考虑对标的价格本身进行预测以及当前时点其他投资标的的表现。从实施路径角度来看，趋势跟踪是一个绝对概念，通过对标的的价格与自身历史行情对比得出交易的多空信号，并且有着严格的开平仓和止盈止损机制，因此策略设计大多为规则制。

趋势的形成大体可以分为三个阶段，如图7-12所示。

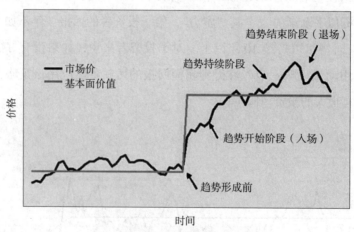

图7-12 趋势形成过程

从图7-12中可知，初始阶段是趋势形成前的阶段，该阶段的主要特点是价格对信息反应不足，而造成此因素通常是由于以下三点。

（1）锚定效应。投资者往往会把自己的观点锚定在最近历史数据上，而不会很快地更新最新的价格动向，当新消息到来时反应缓慢，导致价格反应不足。

（2）处置效应。投资者往往会过早卖出盈利股票以兑现收益；相反，投资者对那些亏损的股票迟迟不肯止损。这样做的后果是：上涨不会一蹴而就，下跌不会一跌到底，造成价格慢慢地移动。

（3）非盈利操作。一些非盈利操作也会减缓价格的反应速度，如中央银行在外汇市场和固定收益市场进行斡旋，以减少汇率和利率的波动。

而一旦趋势开始形成，价格趋势就会进入第二阶段：趋势持续甚至过度反应，这通常是由以下两个因素导致。

（1）羊群效应。羊群效应也称从众效应，当投资者观点和其他大多数投资者观点不一致时，容易怀疑和改变自己的观点，以使和群体一致。在价格上涨或下跌开启后，投资者会像羊群一样，加入趋势行情中来。

（2）确认和代表性偏差。行情开启后，投资者会用最近的价格变动来推断未来，选择性地关注最近盈利的方向；不仅如此，一旦确认了自己的观点，投资者便会寻找各种数据和信息支持自己的看法，这使价格趋势得以延续。

最后，趋势不会永远持续下去，价格不会一直朝一个方向变化。在趋势的末端，价格可能已经过度反应导致严重偏离基本面，因此最终会出现趋势反转并逐渐回归标的基本面价值。

以上三个阶段组成了一个趋势循环，该趋势过程会不断地循环往复，而这也是趋势追踪策略的交易逻辑。

2. 策略构建要素

在构建趋势跟踪策略时需要考虑三个要素：趋势指标的度量、趋势的时间尺度以及仓位管理。其中，趋势的时间尺度的制定至关重要，其关键点在于趋势的时间尺度需要匹配投资标的的收益率特征。当时间尺度确定后，具体使用哪个技术指标并无本质区别，而是需要把更多精力放到仓位管理来控制风险。

1）趋势的时间尺度

趋势时间尺度的确定是趋势跟踪策略有效性的关键。举例说明，Winton 对表 7-3 中四大类别投资标的：固定收益资产（fixed income）、股票指数（stock indices）、外汇（currencies）以及商品期货（commodities）所对应的 20 个资产进行了趋势策略时间尺度的研究，具体如表 7-4 所示。

接着是时间尺度根据趋势跟踪策略换手率的高低定义了快、中以及慢三个级别的策略（换手率越高，意味着时间尺度越短），并交易上述 20 种资产。风险调整后，这三个级别策略的表现如图 7-13 所示。

表 7-4 时间尺度研究标的分类

fixed income	stock indices	currencies	commodities
US 10-yr T-note	S&P 500	Euro	Gold
Eurodollar	Nikkei 225（3）	Japanese yen	Live cattle
Bunds（1）	Hang Seng（4）	British pound	Copper（7, 8）
JGB（2）	ASX 200（5）	Swiss franc	WTI crude oil
Bonds	FTSE 100（6）	Canadian dollar	Corn

These are now all traded on the CME except:（1）Eurex,（2）TTSE,（3）OSE,（4）HKFE,（5）SFE,（6）LIFFE,（7）LME,（8）We synthesise prices for a Copper futures contract with a fixed expiry date, rother than a fixed time to expiry as found on the LME.

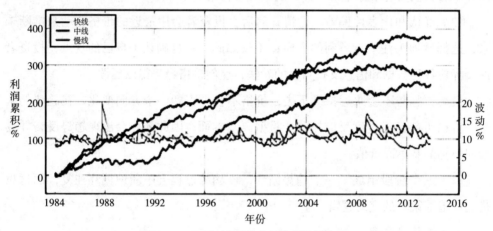

图 7-13 不同时间尺度下趋势策略的表现

从图 7-13 中不难看出，快级别（换手率高）策略自 2004 年开始就基本失效了，而中级别策略和慢级别策略在 2004 年之后依然有效；自 2012 年之后，中级别策略较其之前的表现也有所减弱，而慢级别的表现相对稳健，虽然其绝对收益不如快级别和中级别。

再举个对比的案例，使用同样参数，分别以上证指数和标准普尔 500 指数为标的，构建了仅做多的趋势跟踪策略的累积收益曲线，如图 7-14 所示。

从图 7-14 可以看出，适合上证指数的趋势参数在标准普尔 500 指数上完全不好用，究其原因在于对于日频数据，收益率标准差比均值通常高两个数量级，在这个级别上趋势策略难有作为。而如果把时间尺度拉长，在更低的频率（即更长的时间尺度）上计算收益率，可以有效提高均值并降低其标准差，当均值和标准差相差一个数量级时，趋势策略或大有可为。这就是同一组趋势参数在 A 股好用

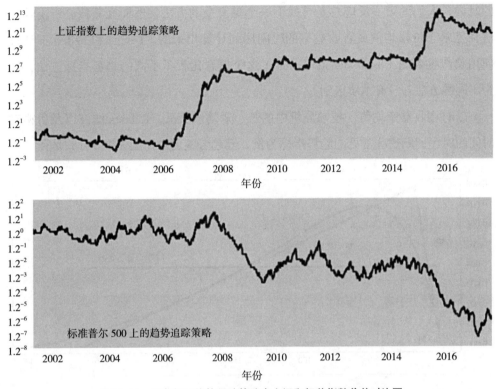

图 7-14　同参数下趋势跟踪策略在上证和标普指数收益对比图

（A 股大牛市的时候日收益率均值太高）却在美股上不好用的原因。而这个案例也充分说明趋势策略有效的前提是计算趋势的时间尺度和资产的收益率特征匹配。

2）仓位管理

仓位管理也被视为杠杆管理。杠杆管理的方式有很多，如后面实战案例中的海龟交易策略就是利用账户单位和价值量波动性确定权重和仓位。另外一种常见的杠杆管理策略是目标波动策略（target volatility strategy），也称目标风险策略，在风险控制中比较常见，即通过设定一个目标风险，根据预测波动率确定仓位或杠杆，从而将组合风险控制在该目标。这部分在前面的风控模块内容中有详细介绍，学生们可以翻阅前面的内容进行巩固复习。

3）趋势指标的度量

一旦确定了计算趋势的时间尺度，另一个重要的问题是选择什么合适的技术指标来度量趋势的强弱。在技术层面，各种捕捉趋势的方法也是层出不穷，如简单的移动平均或者是对近期数据权重更高的指数平均、来自技术分析的均线交叉或通道突破或基于收益率的时序动量等。当某种方法的回测结果不是那么有效的时候，人们的第一反应总是寻找下一个更复杂的方法，然而究其核心，上述方法都是基于价格均值或者收益率的时间序列计算出来的。Levine 和 Pedersen 通过使用趋势签名图（trend signature plots）这个概念比较了不同的趋势指标方法，认为不同的方法并没有本质区别。

以时序收益率均值，技术分析中的长、短均线交叉，Kalman 滤波以及价格对时间的时序回归这些常见的趋势指标为例，其趋势签名对比图如图 7-15 所示。

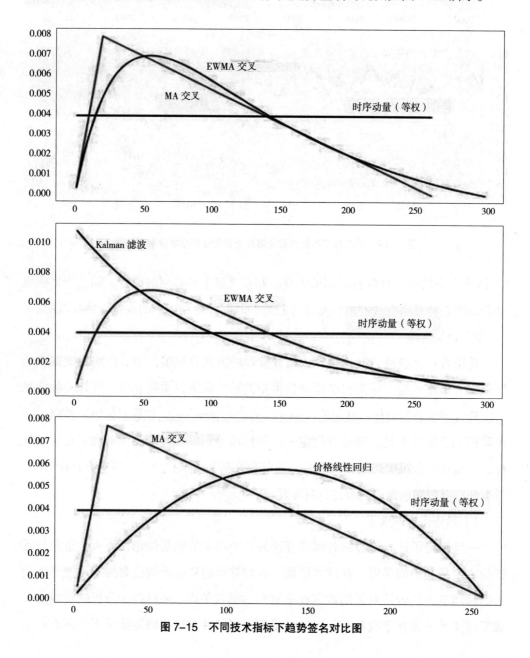

图 7-15　不同技术指标下趋势签名对比图

在给定的计算趋势的时间尺度下，以上各种技术指标方法的趋势签名图显然没有它们的名字听上去差异那么大。虽然形态上有些差异，但其本质仍然都是价格或者收益率的某种加权平均。

3. 趋势信号的滞后性

在很多量化投资者的认知中，趋势跟踪是一个右侧交易策略（资产在一轮下跌触底反弹后 K 线图形成一个形状像 V 的图像，在底部的右侧买入资产称为右侧交易），它使用某个技术指标趋势来描述过去一段时间上涨或下跌趋势的强弱，并假设该趋势会持续。而无论采取何种技术指标趋势，都无法预判趋势何时会结束，因此趋势策略往往在趋势发生逆转时录得亏损，而这也是趋势策略的风险收益特征。本小节试图回答的问题是：趋势策略为什么注定是一个右侧交易策略，为什么无法预知趋势什么时候会结束，即趋势信号有明显的滞后性，而这就要从趋势信号的本质说起，这里以移动平均指标为例。

从数学维度来看，移动平均指标的本质是一种低通滤波。该指标的目的是过滤掉时间序列中的高频扰动，保留有用的低频趋势。假设有一个时间序列 $y=\{\cdots, y_{t-2}, y_{t-1}, y_t, y_{t+1}, y_{t+2}, \cdots\}$，具体如图 7-16 所示。

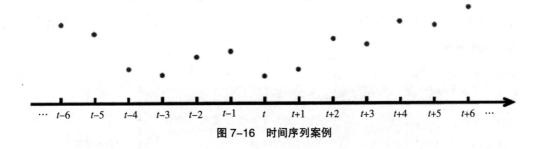

图 7-16　时间序列案例

此外假设有一个作用在时域 t 上的过滤函数 F，这里函数 F 的具体形式由选择的移动平均算法决定。理论上，在任意 t 时刻的低频滤波（用 X_t 表示）在数学上可以表示为该时间序列和过滤函数 F 在整个时域上的卷积，即

$$X_t = \sum_{i=-\infty}^{\infty} F_i y_{t-i}$$

其中，F_i 为过滤函数 F 在时刻 i 的取值（可以理解为 y_{t-i} 的权重，如算术平均就是等权）。在实际中通常使用长度为 T 的窗口来代替上面这个无穷级数，这意味着过滤函数 F 只在窗口长度 T 内有效，在窗口之外为 0，具体如图 7-17 所示。

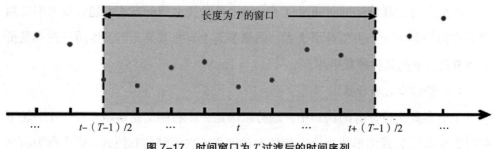

图 7-17 时间窗口为 T 过滤后的时间序列

加入长度为 T 的窗口函数后，在时刻 t 的低频滤波变为该时间序列 y 和过滤函数 F 在这个窗口内的卷积：

$$X_t = \sum_{i=t-(T-1)/2}^{t+(T-1)/2} F_i y_{t-i}$$

上述公式最大的问题是：在计算 t 时刻的低频分量时，利用到了未来的数据。换句话说，理论上的低通滤波（或者移动平滑）必须用 t 时刻之后的数据，其假设所有数据都发生后再在全局上计算所有时点的低频分量，但这在实时数据中是不可能的，因为在任何当前时刻 t，我们都没有未来数据可以利用。由于现实中无法使用 $t-(T-1)/2$ 到 $t+(T-1)/2$ 之间的数据，只能退而求其次将整个窗口在时间轴上向左平移 $(T-1)/2$ 个单位，使用 $t-(t-1)$ 到 t 之间的数据来计算 X_t，具体如图 7-18 所示。

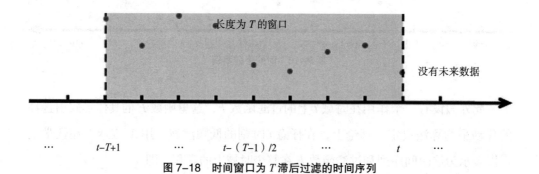

图 7-18 时间窗口为 T 滞后过滤的时间序列

如此处理后，对于实时数据，在当前时刻 t 的低频滤波变为该时间序列 y 和过滤函数 F 在 $t-T+1$ 到 t 之间的卷积：

$$X_t = \sum_{i=t-T+1}^{t} F_i y_{t-i}$$

以简单移动平均为例，在窗口 T 内过滤函数在每个时点的取值都是 $1/T$（等权）。利用上述公式计算得到的实际上是 $t-(T-1)/2$ 时刻而非 t 时刻的低频趋势，而却只能把它当作 t 时刻的低频趋势使用，因此就产生了 $t-(T-1)/2$ 的滞后。没有未来数据便是趋势信号滞后的根本原因。

从上述公式可知，计算均线的时间窗口 T 越大，滞后 $(T-1)/2$ 也就越大，如股票数据里面 MA20、MA30、MA50 等日均线，随着均线窗口 T 增大，得到的移动平滑曲线也越发滞后。正是由于滞后性和计算均线窗口的关系，量化投资者本能上更加抵触使用长时间窗口来计算趋势。与此同时，量化投资者也更加偏好使用指数加权或其他复杂的加权方法，以期更快捕捉趋势变化的原因，如业界为此开发出了很多不同的移动平均算法，但没有未来数据造成的滞后性使得趋势跟踪注定成为右侧交易策略。

7.2.3 策略实战案例与代码实现

本节的策略代码框架总体分为四个部分，如图 7-19 所示。

图 7-19 策略代码框架流程

对应的代码框架结构如图 7-20 所示。

后面所有实战案例的代码都是基于图 7-20 逻辑框架，在代码实现部分对于常规的初始化与回测执行模块就不再涉及，除非有特殊的条件设定，主要聚焦在策略运行逻辑部分。

1. 双均线策略

1）策略原理

双均线策略是通过建立两条时间跨度不同的移动平均线：m 天移动均线与 n 天移动均线，其中 $m \neq n$。由于时间跨度的不同，两条均线会出现交点。若 $m>n$，当 n 天均线"向上穿越" m 天均线则为买入点；反之为卖

图 7-20 策略代码框架结构

出点。该策略基于不同天数均线的交叉点，抓住投资标的的强势时刻和弱势时刻进行交易。

双均线策略的原理主要基于 Joseph E.Granville 在 1962 年 7 月提出的 Granville 八大买卖法则。该法则仅利用股价和均线即可进行择时，方法简单有效，一经提出，迅速受到市场追捧。尤其是其中的"黄金交叉"和"死亡交叉"信号，更是沿用至今。

Granville 八大买卖法则中有四条是用于判断买进时机，另外四条是用于判断卖出时机。具体内容如图 7-21 所示。

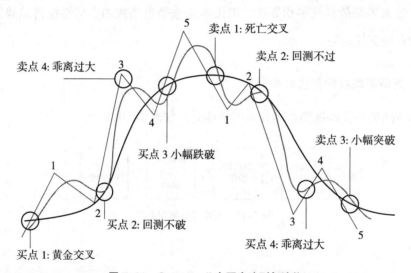

图 7-21　Granville 八大买卖法则与波位

从图 7-21 中可以看出，买进和卖出法则一一对应，分布在高点的左右两侧（除买 4 和卖 4 以外）。买卖法则如下。

买点法则：

（1）均线整体上行，股价由下至上上穿均线，此为黄金交叉，形成第一个买点。

（2）股价出现下跌迹象，但尚未跌破均线，此时均线变成支撑线，形成第二个买点。

（3）股价仍处于均线上方，但呈现急剧下跌趋势。当跌破均线时，出现第三个买点。

（4）（右侧）股价和均线都处于下降通道，且股价处于均线下方，严重远离均线，出现第四个买点。

卖点法则：

（1）均线由上升状态变为缓慢下降的状态，股价也开始下降。当股价跌破均线时，此为死亡交叉，形成第一个卖点。

（2）股价仍处于均线之下，但股价开始呈现上涨趋势，当股价无限接近均线但尚未突破时，均线变成阻力线，形成第二个卖点。

（3）股价终于突破均线，处于均线上方。但持续时间不长，股价开始下跌，直至再一次跌破均线，此为第三个卖点。

（4）（左侧）股价和均线都在上涨，股价上涨的速度远快于均线上涨的速度。当股价严重偏离均线时，出现第四个卖点。

2）策略逻辑

双均线策略的逻辑主要考虑三个部分：数据获取、计算逻辑和交易逻辑。

（1）数据获取。由于是基于均线的策略，因此在数据获取方面提取的是投资标的的收盘价，用于计算长短期均线。

（2）计算逻辑。本案例的均值计算采用的是简单的算术移动平均，计算公式如下：

$$\text{SMA}(N) = \frac{1}{N}\sum_{i=1}^{N} P_i$$

其中，N 为均线时间跨度；P_i 为该投资标的第 i 天的收盘价。

长、短均线的设定如下。

①长均线：投资标的 20 天内收盘价的简单移动平均 SMA（20）。

②短均线：投资标的 5 天内收盘价的简单移动平均 SMA（5）。

（3）交易逻辑。交易逻辑主要体现在投资标的的入场和出场，本案例的交易逻辑如下。

①入场：短均线 SMA（5）上穿长均线 SMA（20）时买入—金叉。

②出场：短均线 SMA（5）下穿长均线 SMA（20）时卖出—死叉。

由于案例的投资标的是国内股票，卖空成本较高，因此这里只考虑做多而没有考虑卖空的行为；另外还需要注意的是入场和出场时的仓位情况，这里简化为在入场时必须是空仓入场而出场时仓位不能为空，因此代码的逻辑架构如下。

没有持有仓位（仓位 ==0）：

  短均线 > 长均线：# 上穿形成黄金交叉

    买入

持有仓位（仓位 >0）：

  短均线 < 长均线：# 下穿形成死亡交叉

    卖出

当整个策略框架逻辑清晰后，下一步就是把该框架翻译成 Python 代码就行了。

3）代码实现

本案例基于点宽量化平台 Auto-Trader 使用 Python 语言进行编写，策略选取沪深 300 指数为投资标的，回测时间跨度为 2022-01-01 至 2022-12-31。完整代码查询请扫二维码"完整代码 7-1"。

（1）数据获取。在进行行情数据的实时提取时，如果存在 NaN 值策略，选择的是跳过而不是进行填充或者平滑处理，具体代码如下：

1. # 1. 获取行情数据
2. # 所有标的的 K 线行情数据
3. data = get_reg_kdata（reg_idx=context.reg_kdata[0]，length=context.win，fill_up=True, df=True）
4. if data['close'].isna（）.any（）：　　# 行情数据若存在 NaN 值，则跳过
  return
5. # 获取收盘价，并转为 ndarray 类型的二维数组，每行是投资标的，每列是收盘价
6. close = data.close.values.reshape（-1，context.win）.astype（float）
7. # 仓位数据查询，是一个数组
8. # 获取多单仓位数据：positions=0，表示无持仓
9. positions = context.account（）.positions['volume_long']

（2）逻辑计算。计算长、短均线 SMA（20）和 SMA（5），具体代码如下：

1. # 2. 逻辑计算，计算均线
2. mashort = close[i, -context.short_win:].mean（）# 倒数第 5 列到最后一列的均值

3. malong = close[i, -context.long_win：].mean（） # 倒数第 20 列到最后一列的均值

（3）进出场设计。以仓位为条件函数进行进出场设计，具体代码如下：

1. # 3. 下单交易
2. if positions[i] == 0：# 无持仓
3.   if mashort > malong：# 短均线 > 长均线
4.   # 多单进场，每个标的的投资额为均等平分后的初始额
5.   order_target_value（account_idx=0，target_idx=i，target_value=1e6/ context.Tlen，side=1，order_type=2，price=0）# 买入下单
6.   elif positions[i] > 0：# 持仓
7.   if mashort < malong：# 短均线 < 长均线
8.   # 出场
9.   order_target_value（account_idx=0，target_idx=i，target_value=0，side=1，order_type=2，price=0）# 调整到目标仓位 0，即平仓

4）策略回测

回测的业绩走势如图 7-22 所示。

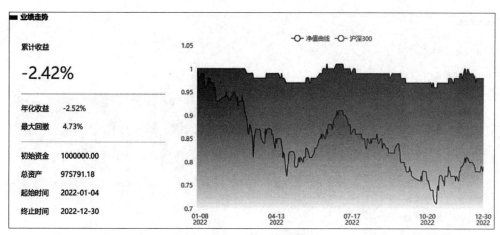

图 7-22　Twolines 业绩走势

从图 7-22 中我们可以看出，双均线策略的累计收益为 -2.42%，年化收益为 -2.52%，最大回撤为 4.73%。虽然数据看起来不是很亮眼，特别是收益率整体

为负，但是如果与以沪深 300 指数为基准指标的大盘整体走势相比就好很多了，具体数据如图 7-23 所示。

策略名称	年化收益率	基准收益率	阿尔法	贝塔	夏普比率	信息比率	最大回撤	换手率	回测时间
TwoLines	-2.52%	-21.27%	-0.01	0.15	-0.97	1.15	4.73%	356.43%	2022-01-04~2022-12-30

图 7-23　Twolines 策略指标统计图

相比双均线策略 -2.52% 的年化收益率，沪深 300 指数的基准收益率达到惊人的 -21.27%，也就是 2022 年一整年大盘整体回撤了 20 多个点；另一个重要原因是该策略并没有设计卖空策略，而 2022 年整年的走势以震荡向下为主，因此该策略并不能抓住整个市场下跌的收益，而只能从阶段性的回调中获益；对双均线的策略来讲其逻辑是可以卖空获取收益的，主要原因在于投资标的选择的是股票，而国内股票的做空成本高昂；如果投资标的选择的是外汇或者期货期权等其他衍生品，该策略可以加上卖空设计，方法可以参照做多的逻辑，只是方向相反罢了。

如果把策略的回测时间拉长为 2020-01-01 至 2022-12-31，业绩走势如图 7-24 所示。

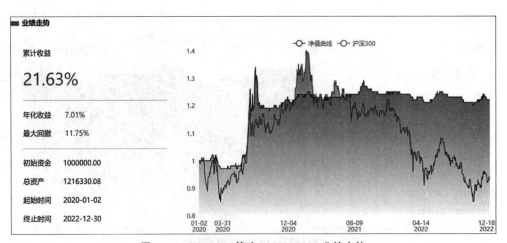

图 7-24　Twolines 策略 2020—2022 业绩走势

从图 7-24 中可以看出策略的整体收益回正且年化收益达到了 7.01%，最大回撤 11.75%，相比沪深 300 指数 -6.76% 的基准收益率而言表现良好。事实上以沪深 300 指数为标的的大盘整体走势在近 3 年里经历了先上升然后震荡盘整并反转掉头下跌的行情,而该策略在指数上升的时候很好地把握住了趋势利润,并且在基准指数震荡下跌的时候仍然平稳运行,回撤幅度在可接受范围之内。

双均线策略作为经典的量化技术指标策略,虽然策略逻辑与结构相对简单,但这不妨碍其具有良好的实战效果。而对于量化策略而言,并不是模型越复杂就越好,恰恰相反,很多时候复杂的量化模型实战效果并不出色,而那些看起来很简单的策略却十分有效并经得起市场的检验。这里面的原因有很多,如模型的过拟合问题等,这些会在后面的章节讨论。对于双均线策略,可以对技术指标做一些改进,如增加到三个均线:慢线、中线和快线,看看技术指标数量的增加是否可以改善策略的业绩;可以把指标由简单的 SMA 移动平均改为更加复杂的 EMA 移动平均等,这些内容将放入后面的思考题中,学生们可以基于双均线策略的框架进行改进并通过回测检验模型改进的有效性。

2. BiasAverage 策略

1) 策略原理

BiasAverage 策略与双均线策略一样,首先建立两条时间跨度不同的移动平均线:m 天移动均线与 n 天移动均线,其中 $m \neq n$。若 $m>n$,则设 m 天均线为慢线,n 天均线为快线。当快线"向上穿越"慢线,又掉头向下靠近慢线但不向下突破,再次反转上拉时,则为多头进场点,当快线下穿慢线后为多头卖出点;相反,如果快线"向下穿越"慢线,反转回升但不向上突破,再次反转下跌时,为空头进场点,当快线上穿慢线后出场。BiasAverage 策略与双均线策略一样,本质上是基于 Granville 八大买卖法则,只不过进出场设计的形态不同:双均线策略的形态是买 1 卖 1 位而 BiasAverage 策略属于买 2 卖 2 位。

2) 策略逻辑

BiasAverage 的策略逻辑可以用图 7-25 表示。

图 7-25 清晰地描述了策略逻辑进出场的条件特征,对于出场特征其形态与双均线策略进出场形态一致,因此知道如何把该形态转化成代码;对于进场形态,也就是图 7-25 中空心圆圈标注的位置,是本策略逻辑实现的关键,我们需要找到合适的指标去量化其形态特征,而其中一种解决方案就是乖离率(BIAS)。乖离率,简称 Y 值,用来测算股价在波动过程中与移动平均线之间的偏离程度。该指标的计算公式如下:

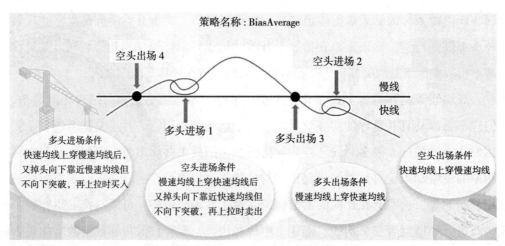

图 7-25 BiasAverage 策略逻辑结构

BIAS=（标的当日收盘价 – 收盘价 N 日移动平均值）/ 收盘价 N 日移动平均值 ×100%

在本策略中可以用乖离率来衡量快线和慢线之间的偏离程度，乖离率的绝对值越大，则说明快线偏离慢线的程度越大。当然除了相对值外也可以用绝对值作为衡量标准，这里就采用绝对值来评价均线间的偏离度，即偏离度 = 快线均值 – 慢线均值。当快线上穿慢线时，偏离度 > 0，且偏离度越高，绝对值越大；反之偏离度 < 0，且同样偏离度越高，绝对值越大。

观察空心圆圈标注位置，其偏离度满足先减小、后增大的过程，而增大的幅度，具体而言是进场点的偏离度需要设定一个阈值上限，原因在于如果击穿慢线后趋势背离过大，回调后反转形成的入场点的趋势动能就不可靠，我们希望的是击穿慢线后小幅偏离后回调反转形成的入场点。至此，进出场的逻辑条件可量化为如下方面。

（1）多头进场 1（条件 1）。快线上穿慢线后，偏离度绝对值先减小、后增大且增大幅度不能超过阈值上限。

（2）空头进场 2（条件 2）。快线下穿慢线后，偏离度绝对值先减小、后增大且增大幅度不能超过阈值上限。

（3）多头出场 3（条件 3）。快线下穿慢线，即偏离度 < 0。

（4）空头出场 4（条件 4）。快线上穿慢线，即偏离度 > 0。

进场与入场的代码逻辑架构如下：

没有持有仓位（仓位 ==0）：

    条件 1 或条件 2：

买入

持有仓位（仓位>0）：

条件3或者条件4或者满足止盈止损条件：

卖出

3）代码实现

本案例基于点宽量化平台Auto-Trader使用Python语言进行编写，策略选取螺纹钢与热轧卷板主连为投资标的，回测时间跨度为2020-01-01至2022-12-31。完整代码查询请扫二维码"完整代码7-2"。

完整代码7-2

（1）数据获取。在进行行情数据的实时提取时，如果存在NaN值，策略选择的是跳过而不是进行填充或者平滑处理，具体代码如下：

1. # 获取注册数据

2. # 所有标的的K线行情数据

3. data=get_reg_kdata（reg_idx=context.reg_kdata[0]，length=context.win，fill_up=True，df=True）

4. if data['close'].isna（）.any（）： # 行情数据若存在NaN值，则跳过

5. Return

6. # 获取收盘价，并转为ndarray类型的二维数组

7. close = data.close.values.reshape（-1，context.win）.astype（float）

8. # 仓位数据查询

9. # 获取仓位数据：positions=0，表示无持仓

10. long_positions = context.account（）.positions['volume_long']

11. short_positions = context.account（）.positions['volume_short']

（2）逻辑计算。首先需要定义参数计算，通常比较数值与均价的关系时使用简单移动均线就可以了，但是本策略中比较均线间趋势快慢时，用指数移动均线更加平稳。EMA的函数定义代码如下：

1. # EMA的计算函数定义法

2. def get_EMA（df，length）：

3. k = 2/（length+1） #length越长，当日价格权重更小，前日价格权重更大

4.　df2 = [0]*len（df） # 数组形式
5.　for i in range（len（df））:
6.　　if i==0：
7.　　　df2[i] = df[i]
8.　　if i>0：
9.　　　df2[i] = k * df[i] + （1-k）* df2[i-1]
10.　return np.asarray（df2）

当然函数的定义方式不止一种，学生们可以想一想还有没有其他定义 EMA 函数的方法。

下一步就是定义均线以及偏离度，公式如下：

①快线: mashort = EMA（Price, Length）

②慢线: malong = EMA（Price, Length）

③偏离差: value = mashort − malong

④偏离度均值（乖离度）: bias = EMA（value, Length）

其中 Price 指的是投资标的的收盘价，Length 指的是均值的步长。这里需要注意的是偏离度的衡量可以用偏离差表示，但是由于策略指标是对趋势的判断，因此希望偏离差值更加平滑，剔除掉白噪声的扰动，对偏离差再次进行指数平滑，作为判断均线背离程度的指标，具体代码如下：

1. # 策略的逻辑计算
2. mashort = get_EMA（close[i, -context.win：], context.short_win） 　　# 短均线
3. malong = get_EMA（close[i, -context.win：], context.long_win） 　　# 长均线
4. values = mashort - malong 　　# 均线差值
5. bias = get_EMA（values, context.ema_win） 　　# 均线乖离度

最后是对进出场条件的设计，由上文可知，进出场的设计可以量化为四个条件，对于条件 1 和条件 2 需要进一步量化，如图 7-26 所示。

从图 7-26 中可以看出，条件 1 发生的位置是 B、C 和 D 点位，而条件 2 是 F、G 和 H 点位，对应的买多和卖空点分别是 D 点和 H 点。假设阈值为 n，对于条件 1，B、C 和 D 点需要满足的条件如下：

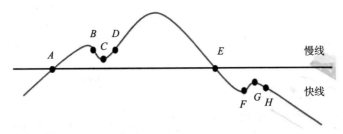

图 7-26　BiasAverage 策略逻辑条件点位图

① B、C、D 时刻乖离度都大于 0。

② C 时刻乖离度最小。

③ 当乖离度达到阈值时不再进场。

基于上述设定，条件 1 可以进一步量化为

value（C）> 0；bias（B）> bias（C），bias（D）> bias（C）；bias（D）< n

同理条件 2、3、4 进一步量化为

value（G）< 0；bias（F）< bias（G），bias（H）< bias（G）；bias（H）< n

mashort < malong

mashort > malong

上述逻辑代码如下：

1. # 进出场交易条件的计算
2. # 快速均线上穿慢速均线后，又掉头向下靠近慢速均线但不向下突破，再上拉时买入
3. con1 =（values[-2] > 0）&（bias[-3] > bias[-2]）&（bias[-2] < bias[-1]）&（np.abs（bias[-1]）< context.n）
4. # 慢速均线上穿快速均线后，又掉头向下靠近快速均线但不向下突破，再上拉时卖出
5. con2 =（values[-2] < 0）&（bias[-3] < bias[-2]）&（bias[-2] > bias[-1]）&（np.abs（bias[-1]）< context.n）
6. con3 = mashort[-1] < malong[-1]　　# 慢速均线上穿快速均线
7. con4 = mashort[-1] > malong[-1]　　# 快速均线上穿慢速均线

（3）进出场设计。首先是仓位管理，本策略依旧按照投资标的的数量平分初始资金；在风控部分设立止损条件：当一单的亏损达到 2% 的时候，止损出场。进出场的结构如图 7-27 所示。

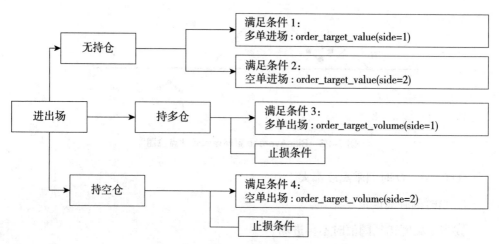

图 7-27　BiasAverage 策略进出场结构

策略进出场逻辑代码如下：

1. # 下单交易
2. # 无持仓
3. if（long_positions[i] == 0）&（short_positions[i] == 0）：
4. 　# 多单进场
5. 　if con1：
　　　order_target_value（account_idx=0，target_idx=i，target_value=context.initial/context.Tlen，side=1，order_type=2）
6. 　# 记录进场价格
7. 　context.record_entryP[i] = close[i, -1]
8. 　# 空单进场
9. 　elif con2：
　　　order_target_value（account_idx=0，target_idx=i，target_value=context.initial/context.Tlen，side=2，order_type=2）
10. 　# 记录进场价格
11. 　context.record_entryP[i] = close[i, -1]
12. # 持有多单
13. if long_positions[i] > 0：
14. 　# 多单出场

15. if con3：
       order_target_volume（account_idx=0，target_idx=i，target_volume=0，side=1，order_type=2）
16.   # 止损
17.   elif close[i, -1] < context.record_entryP[i] *（1 - context.stoploss）：
       order_target_volume（account_idx=0，target_idx=i，target_volume=0，side= 1，order_type=2）
18.   # 出场后价格记录为 0
19.   context.record_entryP[i] = 0
20. # 持有空单
21. if short_positions[i] > 0：
22.   # 空单出场
23.   if con4：
       order_target_volume（account_idx=0，target_idx=i，target_volume=0，side= 2，order_type=2）
24.   # 止损
25.   elif close[i, -1] > context.record_entryP[i] *（1 + context.stoploss）：
       order_target_volume（account_idx=0，target_idx=i，target_volume=0，side= 2，order_type=2）
26.   # 出场后价格记录为 0
27.   context.record_entryP[i] = 0

4）策略回测

回测业绩走势如图 7-28 所示。

从图 7-28 中可以看出，策略的累计收益为 6.13%，年化为 2.08%，但是最大回撤达到了 24.33%，因此虽然策略带来了总体的正收益，但是从收益风险比，如从夏普比率角度来看并不划算。

3. Dual Thrust 策略

1）策略原理

Dual Thrust 策略，简称 DT，是一种趋势跟踪系统，属于日内交易策略。该策略由 Michael Chalek 在 20 世纪 80 年代开发，属于开盘区间突破类交易系统，以

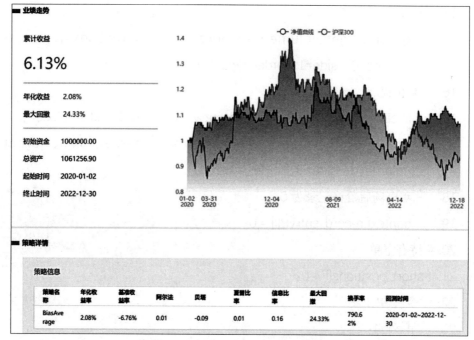

图 7-28 BiasAverage 策略回测结果

今日开盘价加减一定比例的振幅确定上下轨,当日内价格突破上轨时平空做多,突破下轨时平多做空。该策略对于多品种(如螺纹钢、橡胶、铜、股指等)具有一定的普适性,模型中的参数也采用默认值,并没有对个别品种进行优化。由于 Dual Thrust 策略使用历史价格来构建更新的回溯期,理论上该策略在任何特定时期表现都更加稳定。

在 Dual Thrust 交易系统中,对于震荡区间的定义非常关键,这也是该交易系统的核心和精髓。具体而言,Dual Thrust 系统中震荡区间大小的公式定义如下:

$$Range = Max(HH-LC, HC-LL)$$

其中,HH 是 N 日最高价的最高价;LC 是 N 日收盘价的最低价,HC 是 N 日收盘价的最高价,LL 是 N 日最低价的最低价,具体如图 7-29 所示。

当 Range 区间确定后,上下轨就可以确定了。

(1) 上轨 = 开盘价$_t$ + K_1 × Range$_{t-1}$。

(2) 下轨 = 开盘价$_t$ - K_2 × Range$_{t-1}$。

当 $K_1 < K_2$ 时,多头相对容易被触发;当 $K_1 > K_2$ 时,空头相对容易被触发。因此,学生们在使用该策略时,一方面可以参考历史数据测试的最优参数;另一方

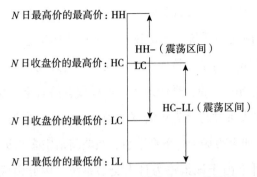

图 7-29　Dual Thrust 策略 Range 的确定

面，则可以根据自己对后势的判断，或从其他大周期的技术指标入手，阶段性地动态调整 K_1 和 K_2 的值。Range 值取 $t-1$ 日是为了避免未来函数，取当天的 Range 值在实盘中是无法得到的。

2）策略逻辑

首先是参数的确定，计算流程如图 7-30 所示。

图 7-30　策略计算流程

其次是确定策略的入场逻辑（图 7-31）。

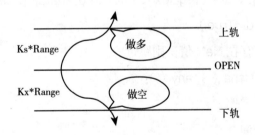

Range=MAX(HH−LC,HC−LL):
上轨 = 开盘价 +Ks*Range
下轨 = 开盘价 −Kx*Range

图 7-31　策略入场逻辑

（1）当价格向上突破上轨时，如果当时持有空仓，则先平仓，再开多仓；如果没有仓位，则直接开多仓。

（2）当价格向下突破下轨时，如果当时持有多仓，则先平仓，再开空仓；如果没有仓位，则直接开空仓。

对于止盈止损设计部分，该策略并没有明确的额外止损设计，原因在于 Dual Thrust 系统是一个反向交易系统，当市场行情走势背离持仓头寸的方向时，如果触发了边界条件，该策略会自动清算原头寸的同时反向开仓入场，从而使损失控制在边界范围内，达到止损的目的。举例说明，当投资者持有空头头寸的时候，如果市场价格上穿上轨，空头头寸将会先被清算出场，之后入仓多头头寸；同理，当投资者持有多头头寸时，如果市场价格下穿下轨，策略将清空多头头寸并持有空头头寸。

最后在离市设计上由于该策略为日内交易系统，因此每天收盘前强制平掉所有仓位。

3）代码实现

完整代码 7-3

本案例基于点宽量化平台 Auto-Trader 使用 Python 语言进行编写，策略选取螺纹钢与热轧卷板主连为投资标的，回测时间跨度为 2020-01-01 至 2022-12-31。完整代码查询请扫二维码"完整代码 7-3"。

（1）数据获取。在进行行情数据的实时提取时，如果存在 NaN 值，策略选择的是跳过而不是进行填充或者平滑处理，具体代码如下：

```
1. # 获取注册数据
2. # 所有标的的 K 线行情数据
3. data=get_reg_kdata（reg_idx=context.reg_kdata[0], length=context.win, fill_up=True, df=True）
4. # 行情数据若存在 NaN 值，则跳过
5. if data['close'].isna（）.any（）:
6.     return
7. # 仓位数据查询
8. # 获取多头仓位数据
9. long_positions = context.account（）.positions['volume_long']
10. # 获取空头仓位数据
11. short_positions = context.account（）.positions['volume_short']
12. # 时间计算
13. # 获取第一个投资标的当前 bar 的信息，根据 time_bar 判断是否临近收盘，如果临近则要平仓，保证是日内交易
```

14. bar_info = get_current_bar（[0]）

15. # 获取时间

16. bartime = bar_info.iloc[0，1]

17. nowtime = bartime.hour * 100 + bartime.minute # 转化成四位数时间格式

18. # 获取收盘价，并转为 ndarray 类型的二维数组

19. close = data.close.values.reshape（-1，context.win）.astype（float）

20. # 获取最高价，并转为 ndarray 类型的二维数组

21. high = data.high.values.reshape（-1，context.win）.astype（float）

22. # 获取最低价，并转为 ndarray 类型的二维数组

23. low = data.low.values.reshape（-1，context.win）.astype（float）

24. # 获取开盘价，并转为 ndarray 类型的二维数组

25. open = data.open.values.reshape（-1，context.win）.astype（float）

（2）逻辑计算。从前文可知，参数的计算逻辑是先获取参数 HH、HC、LC 和 LL，接着通过上面四个参数获得区间参数 Range，最后根据 Range 和通道系数 K_1 和 K_2 得出上下轨，具体代码如下：

1. # 逻辑计算

2. # 前 n 日的最高价 这里只选 n-1 那天即倒数第二个 bar 之前的值来构建 Range

3. HH = high[i, -context.n-1：-1].max（）

4. HC = close[i, -context.n-1：-1].max（）

5. LC = close[i, -context.n-1：-1].min（）

6. LL = low[i, -context.n-1：-1].min（）

7. # 波动范围

8. Range = max（HH-LC，HC-LL）

9. # 计算通道的上下轨

10. Buyline = open[i，-1] + context.k1 * Range

11. Sellline = open[i，-1] - context.k2 * Range

（3）进出场设计。进出场需要考虑两种情况：空仓时触发边界条件进行入场操作，持仓时触发边界条件进行平仓并反向入场操作，进场代码如下：

1. # 下单交易

```
2. # 无持仓
3. # 这里 >1500 指的是做夜盘，实际日内交易最好不做夜盘，不包含这个条件
4. if（nowtime < 1455）|（nowtime > 1500）：
5.     if（long_positions[i] == 0）&（short_positions[i] == 0）：
6.         if close[i，-1] > Buyline：
               order_target_value（account_idx=0，target_idx=i，target_
               value=context.initial/context.Tlen，side=1，order_type=2）
7.         elif close[i，-1] < Sellline：
               order_target_value（account_idx=0，target_idx=i，target_
               value=context.initial/context.Tlen，side=2，order_type=2）
8.     # 持多仓
9.     elif（long_positions[i] > 0）&（close[i，-1] < Sellline）：
           order_target_value（account_idx=0，target_idx=i，target_
           value=context.initial/context.Tlen，side=2，order_type=2）
10.    # 持空仓
11.    elif（short_positions[i] > 0）&（close[i，-1] > Buyline）：
           order_target_value（account_idx=0，target_idx=i，target_
           value=context.initial/context.Tlen，side=1，order_type=2）
```

由于策略属于日内交易策略，因此在收盘前强制平仓，出场代码为：

```
1. # 接近收盘的最后 5 分钟
2. if（nowtime >= 1455）&（nowtime < 1500）：
3.     if（long_positions.any（）!= 0）|（long_positions.any（）!= 0）：
4.         order_close_all（）# 日内平仓 市价平仓
5.         return
6. # print（nowtime）
```

4）策略回测

回测业绩走势如图 7-32 所示。

从图 7-32 回测结果看，Dual Thrust 的表现并不是很好，累计收益为 –17.15%，最大回撤达到惊人的 50.27%，如果对收益曲线进行分拆，分为多头权益和空头权益曲线，其结果如图 7-33 所示。

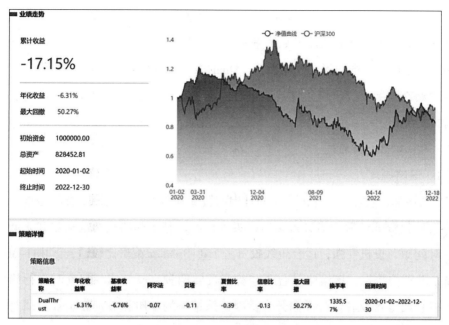

图 7-32 Dual Thrust 策略回测结果

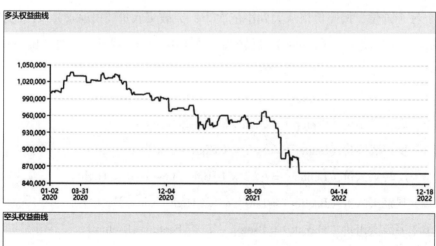

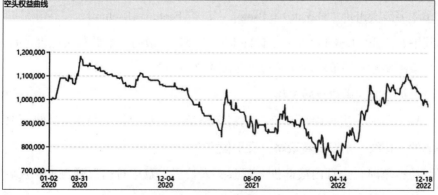

图 7-33 Dual Thrust 策略权益曲线

从图 7-33 中可以看出，策略无论是多头还是空头，在 2020 年 4 月前的表现都非常优秀，但是之后策略开始失效；而空头权益在 2022 年 4 月后有所回升，有效弥补了之前巨大的回撤。总体而言，Dual Thrust 策略在 2020 年 4 月后开始失效，因此策略在参数、进出场条件甚至策略逻辑上需要有进一步的改进，从而适应市场特征的变化。

4. R-Breaker 策略

1）策略原理

R-Breaker 策略是一种中高频的日内回转交易策略。日内回转交易是指当天买入或卖出投资标的后于当日再卖出或买入标的，利用标的短期波动盈利，低买高卖，时间短、投机性强，适合短线投资者。R-Breaker 策略比较适合日内 1-Min 和 5-Min 级别的数据，该策略结合了趋势和反转两种交易方式，空仓时进行趋势跟随，持仓时等待反转信号反向开仓。因此该策略的本质和 Dual Thrust 策略是一致的，两者有异曲同工之妙。

趋势突破和反转的点位基于上一个交易日最高、最低和收盘价计算得出的当日六个目标价位，按照价格从大到小依次为：突破买入价（Bbreak）、观察卖出价（Ssetup）、反转卖出价（Senter）、反转买入价（Benter）、观察买入价（Bsetup）和突破卖出价（Sbreak）。价位的计算公式如下：

（1）突破买入价（Bbreak）= Ssetup + d × (Ssetup − Bsetup)

（2）观察卖出价（Ssetup）= High + a × (Close − Low)

（3）反转卖出价（Senter）= b / 2 × (High + Low) − c × Low

（4）反转买入价（Benter）= b / 2 × (High + Low) − c × High

（5）观察买入价（Bsetup）= Low − a × (High − Close)

（6）突破卖出价（Sbreak）= Bsetup − d × (Ssetup − Bsetup)

其中，High、Low 和 Close 是标的上一个交易日最高、最低和收盘价，a、b、c 和 d 为策略参数。该策略的交易规则如图 7-34 所示。

（1）持仓时，采取反转策略。

①持多单时，当日内最高价 > 观察卖出价后，盘中价格回落且跌破反转卖出价构成的支撑线，采取反转策略，反手做空。

②持空单时，当日内最低价 < 观察买入价后，盘中价格反弹且上穿反转买入价构成的阻力线，采取反转策略，反手做多。

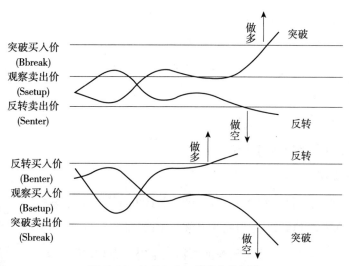

图 7-34　R-Breaker 策略交易规则

（2）空仓时，采取趋势策略。

①盘中价格＞突破买入价，采用趋势策略，开仓做多。

②盘中价格＜突破卖出价，采用趋势策略，开仓做空。

2）策略逻辑

（1）参数计算。

① Bbreak = Ssetup + 0.25 × (Ssetup – Bsetup)。

② Ssetup = High + 0.35 × (Close – Low)。

③ Senter = (1.07 / 2) × (High + Low) – 0.07 × Low。

④ Benter = (1.07 / 2) × (High + Low) – 0.07 × High。

⑤ Bsetup = Low – 0.35 × (High – Close)。

⑥ Sbreak = Bsetup – 0.25 × (Ssetup – Bsetup)。

⑦止损幅度 = 0.5%。

⑧止盈幅度 = 0.5%。

（2）仓位管理。

①各投资标的平分初始资金。

②单一品种只持仓一个方向。

③不加仓。

（3）入市设计。

①空仓时，Price > Bbreak，做多；Price < Sbreak，做空。

②持仓时，持多单，High > Setup 且 Price < Senter，清仓并反手做空；持空单，Low < Bsetup 且 Price > Benter，清仓并反手做多。

（4）离市设计。

①触发止盈止损条件时离场。

②每天收盘前平掉所有仓位。

3）代码实现

案例基于点宽量化平台 Auto-Trader 使用 Python 语言进行编写，策略选取螺纹钢与热轧卷板为投资标的，回测时间跨度为 2020-01-01 至 2022-12-31。完整代码查询请扫二维码"完整代码 7-4"。

（1）数据获取。在进行行情数据的实时提取时，如果存在 NaN 值，策略选择的是跳过而不是进行填充或者平滑处理，具体代码如下：

1. data=get_reg_kdata（reg_idx=context.reg_kdata[0]，length=context.win，fill_up=True，df=True）# 所有标的的 K 线行情数据

2. if data['close'].isna（）.any（）：# 行情数据若存在 NaN 值，则跳过

3.   return

4. # 仓位数据查询

5. long_positions = context.account（）.positions['volume_long'] # 获取多头仓位数据

6. short_positions = context.account（）.positions['volume_short'] # 获取空头仓位数据

7. # 时间计算

8. bar_info = get_current_bar（[0]）# 获取当前 bar 的信息

9. bartime = bar_info.iloc[0，1] # 拿出第一列的数据是时间

10. nowtime = bartime.hour * 100 + bartime.minute # 转化成 4 位数时间

11. # 获取收盘价，并转为 ndarray 类型的二维数组

12. close = data.close.values.reshape（-1，context.win）.astype（float）

13. # 获取最高价，并转为 ndarray 类型的二维数组

14. high = data.high.values.reshape（-1，context.win）.astype（float）

15. # 获取最低价，并转为 ndarray 类型的二维数组

16. low = data.low.values.reshape（-1，context.win）.astype（float）

（2）逻辑计算。参数计算的代码如下：

1. Ssetup = high[i，-2] + 0.35 *（close[i，-2] - low[i，-2]）

2. Bsetup = low[i，-2] - 0.35 *（high[i，-2] - close[i，-2]）

3. Senter =（1.07 / 2）*（high[i，-2] + low[i，-2]）- 0.07 * low[i，-2]

4. Benter =（1.07 / 2）*（high[i，-2] + low[i，-2]）- 0.07 * high[i，-2]

5. Sbreak = Bsetup - 0.25 *（Ssetup - Bsetup）

6. Bbreak = Ssetup + 0.25 *（Ssetup - Bsetup）

（3）进出场设计。

①无持仓进场代码。

1. if（long_positions[i] == 0）&（short_positions[i] == 0）：# 无持仓
2. 　　if close[i，-1] > Bbreak：
　　　　　order_target_value（account_idx=0，target_idx=i，target_value=context.initial/context.Tlen，side=1，order_type=2）
3. 　　context.record_entryP[i] = close[i，-1]　　　# 记录进场价格
4. 　　elif close[i，-1] < Sbreak：
　　　　　order_target_value（account_idx=0，target_idx=i，target_value=context.initial/context.Tlen，side=2，order_type=2）
5. 　　context.record_entryP[i] = close[i，-1]　　　# 记录进场价格

②持多仓反转进场。

1. elif（long_positions[i] > 0）：# 持有多单
2. 　　# 止盈止损
3. 　　# 止损
4. 　　if close[i，-1] < context.record_entryP[i] *（1 - context.stoploss）：
　　　　　order_target_value（account_idx=0，target_idx=i，target_value=0，side=1，order_type=2）
5. 　　# 出场后价格记录为0重新记录价格，然后判断入场时机
6. 　　context.record_entryP[i] = 0
7. 　　# 止盈
8. 　　elif close[i，-1] > context.record_entryP[i] *（1 + context.stopprofit）：

```
            order_target_value（account_idx=0，target_idx=i，target_value=0，
            side=1，order_type=2）
9.      context.record_entryP[i] = 0
10.     # 反转标记
11.     if high[i，-1] > Ssetup：
12.         # 当日内最高价高于观察价，标记为 1
13.         context.record_reverse[i] = 1
14.     # 反转进场
15.     # 必须同时满足上涨过 setup 后下跌跌破 break 才满足反转条件
16.     if（close[i，-1] < Senter）&（context.record_reverse[i] == 1）：
            order_target_value（account_idx=0，target_idx=i，target_
            value=context.initial/context.Tlen，side=2，order_type=2）
17.     # 进场后标记回归为 0
18.      context.record_reverse[i] = 0
19.     # 记录反转进场价格
20.     context.record_entryP[i] = close[i，-1]
```

③持空仓反转进场。

```
1. elif（short_positions[i] > 0）：  # 持有空单
2.      # 止盈止损
3.      # 止盈
4.      if close[i，-1] < context.record_entryP[i] *（1 - context.stopprofit）：
            order_target_value（account_idx=0，target_idx=i，target_value=0，
            side=2，order_type=2）
5.      context.record_entryP[i] = 0
6.      # 止损
7.      elif close[i，-1] > context.record_entryP[i] *（1 + context.stoploss）：
            order_target_value（account_idx=0，target_idx=i，target_value=0，
            side=2，order_type=2）
8.      context.record_entryP[i] = 0
9.      # 反转标记
```

10.　　 if low[i，-1] < Bsetup：
11.　　 　# 当日内最低价低于观察价，标记为 2
12.　　 　context.record_reverse[i] = 2
13.　　 # 符合反转则进场
14.　　 if（close[i，-1] > Benter）&（context.record_reverse[i] == 2）：
　　　　　order_target_value（account_idx=0，target_idx=i，target_value=context.initial/context.Tlen，side=1，order_type=2）
15.　　 # 进场后标记回归为 0
16.　　 context.record_reverse[i] = 0
17.　　 context.record_entryP[i] = close[i，-1]

④日内平仓。

1. if（nowtime >= 1455）&（nowtime < 1500）：
2. 　context.record_reverse[i] = 0 # 每日反转标记归 0
3. 　if（long_positions.any（）!= 0）|（long_positions.any（）!= 0）：
4. 　　order_close_all（）# 日内平仓
5. 　　return

4）策略回测

回测业绩走势如图 7-35 所示。

从图 7-35 中可以看出，策略表现非常糟糕：累计收益为 –61.06%，平均年化收益为 –27.86%，最大回撤为 75.04%，夏普比率为 –0.64。可以说，各项指标的表现非常差劲，但是并不代表该策略完全失效，改进的方法有很多，如参数优化、投资标的优化、市场选择优化等。

5. 海龟交易策略

1）策略原理

海龟交易策略是典型的趋势跟踪策略，采用通道突破法来确定趋势，当价格突破时认为有买入的信号，而随着价格离当初突破的价格越来越远，该策略认为趋势成立的概率就越来越高，并进行加仓，从而最大化利润。

海龟交易法是著名的公开交易系统，由商品投机家 Richard Dennis 在一次交易员培训班上推广而闻名于世。Richard Dennis 是 20 世纪七八十年代期货投机商，是一位具有传奇色彩的人物，他为了弄清楚伟大的交易员是天生造就的还是后天培

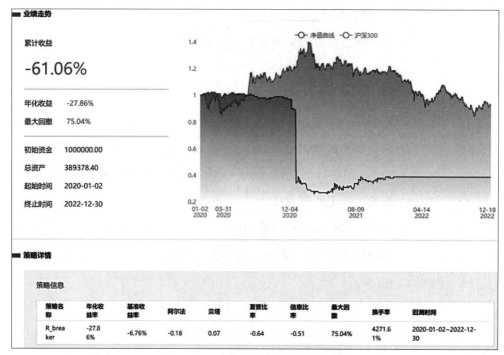

图 7-35 R-Breaker 策略业绩走势图

养的，在 1983 年 12 月招聘了 13 名新人，昵称为"海龟"，并对这些交易员进行了系统的交易策略培训，随后给予每个新人 100 万美元的初始资金。经过 5 年的运作，大部分"海龟"的业绩非常惊人，其中最好的业绩达到 1.72 亿美元。

海龟交易成为交易史上著名的实验，该策略系统法则覆盖了交易的各个方面，具备一个完整的交易系统的所有成分，具体为如下六点（图 7-36）。

图 7-36 海龟交易策略系统法则

如果回顾之前本节介绍的各种交易策略，其逻辑组成部分都是从这六点出发，只不过对有些简单策略，例如双均线策略省略了部分模块的设计（止盈止损原则模块），当然学生们可以对这些策略案例进行升级，完善其交易系统，并进行回测看看结果是否有显著改善。

2）策略逻辑

（1）市场选择。其筛选标准是高流动性。原版海龟选择交易纽约和芝加哥的场内期货，本案例选择的是国内商品期货作为市场标的，没有选股票的重要原因是国内股票做空成本高昂，且流动性欠佳。而期货市场特别是商品期货市场国内的做多做空机制已经相对完善。投资标的的选择主连产品，也是因为高流动性。

（2）仓位控制。仓位控制模块是整个海龟交易系统最核心的部分，其原理是期望通过市场的波动性水平来动态管理仓位，而不是像之前的策略案例简单地平分资金筹码。具体而言，海龟交易构建了指数 N 来衡量标的的波动性水平，该指标又称平均真实波动振幅（average true range，ATR），而每次标的的建仓头寸和加仓规模都与波动量 N 相关，从而形成动态仓位控制。具体构建步骤如下。

①计算真实波动率（TR），公式如下：

$$TR = \text{Max}(H-L,\ H-\text{PDC},\ \text{PDC}-L)$$

其中，TR 为标的一天内的波动量；H 为当日日内最高价；L 为当日日内最低价；PDC 为前一天收盘价。

②计算波动量 N，公式如下：

$$N = (19 \times \text{PDN} + \text{TR})/20$$

其中，PDN 为前一日的 N 值。该公式的含义为计算之前 20 天（包括今天在内）的 N 的平均值。

③计算波动价格（DV），公式如下：

$$DV = N \times \text{DPP}$$

其中，DV 指的是标的波动价格；DPP，即"dollars per point"，指的是标的每波动一个的最小单位。例如 1 手股票在国内最小变化量是 0.01 元，1 手是 100 股，所以 DPP 就是 $0.01 \times 100 = 1$。

④计算买卖单位 Unit，公式如下：

$$\text{Unit} = 1\% \times \text{Account}/DV$$

其中，Unit 为买入时的单位数量，Account 指的是总资金量。该公式的含义在于一般情况下（市场波动率不大的时候），如果买入 1 Unit 单位的资产，当天价格震荡使得总资金量的变化不超过 1%。

（3）买卖策略。海龟交易策略采用通道突破法作为策略基础，因此通道的选择至关重要。这里我们选择的是唐奇安通道，该通道的构建方法如下。

首先引入上、中、下轨概念，对应公式计算如下：

① 上轨 = max（前 N 个交易日标的最高价）

② 中轨 =（上轨 + 下轨）/2

③ 下轨 = min（前 N 个交易日标的最低价）

其中 N 一般默认为 20。

唐奇安通道就是这个上轨和下轨所构成的走势区间；所谓的突破，是指今日盘中标的价格高过了上线，具体如图 7-37 所示。

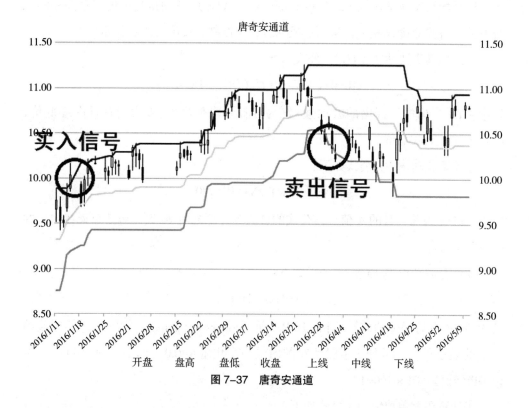

图 7-37　唐奇安通道

为什么默认的 N 是 20 呢？这里有个典故：Donchian 在开发唐奇安通道期间，碰巧阅读到整形外科医生 Maxwell Maltz 博士在 1960 年所作的《心理控制论》（这本书在 1989 年被重新发现）。Maltz 博士称在整形外科手术过程中，患者最少需要 21 日才看到自己新的容颜，这一事实震惊了 Donchian，所以他也采用了这个说法。

（4）入市原则。海龟交易策略将总资金分为两部分：一部分资金按系统一执行，另一部分资金按系统二执行。

①系统一原则。若当前价格高于过去 20 日的最高价，则买入一个 Unit（注意是分钟回测）。加仓：若标的价格在上一次买入（或加仓）的基础上上涨了 0.5N，则加仓一个 Unit。

②系统二原则。若当前价格高于过去 55 日的最高价，则买入一个 Unit（注意是分钟回测）。加仓：若标的价格在上一次买入（或加仓）的基础上上涨了 0.5N，则加仓一个 Unit。

举例说明（系统一），假设某只股票的 N 为 2，20 日最高价为 100，则当股价突破 100 时买入一个 Unit，当股价突破 100+0.5×2=101 时加仓一个 Unit，当股价突破 101+0.5×2=102 时加仓一个 Unit。系统一和系统二的区别仅仅是在判断之前最高价的时间区间上，一个是 20 日，而另一个是 55 日。

（5）离市原则。离市原则的制定是为了控制最大回撤幅度，具体如下。

①系统一原则。多头头寸当价格跌破 10 日内最低价时（10 日唐奇安通道下轨），清空头寸结束本次交易；空头头寸当价格突破 10 日内最高价时（10 日唐奇安通道上轨），清空头寸结束本次交易。

②系统二原则。多头头寸当价格跌破 20 日内最低价时（20 日唐奇安通道下轨），清空头寸结束本次交易；空头头寸当价格突破 20 日内最高价时（20 日唐奇安通道上轨），清空头寸结束本次交易。

（6）止盈止损原则。当标的价格相比最后一次买入价格下跌 2N 时，则卖出全部头寸止损。这里止损同加仓一样采用平均真实振幅 N 值为止损单位。每加仓一次，止损位就提高 0.5N。

3）代码实现

案例基于点宽量化平台 Auto-Trader 使用 Python 语言进行编写，策略选取螺纹钢与锌主连为投资标的，回测时间跨度为 2020-01-01 至 2022-12-31。完整代码查询请扫二维码"完整代码 7-5"。

（1）数据获取。在进行行情数据的实时提取时，如果存在 NaN 值，策略选择的是跳过而不是进行填充或者平滑处理，代码如下：

1. # 获取注册数据
2. data = get_reg_kdata（reg_idx=context.reg_kdata[0], length=context.win, fill_up=True, df=True）
3. # 行情数据若存在 NaN 值，则跳过
4. if data['close'].isna（）.any（）:
5.   return
6. # 仓位数据查询
7. # 获取多头仓位数据
8. long_positions = context.account（）.positions['volume_long']
9. # 获取空头仓位数据
10. short_positions = context.account（）.positions['volume_short']
11. # 数据计算
12. # 获取收盘价，并转为 ndarray 类型的二维数组
13. close = data.close.values.reshape（-1, context.win）.astype（float）
14. # 获取最高价，并转为 ndarray 类型的二维数组
15. high = data.high.values.reshape（-1, context.win）.astype（float）
16. # 获取最低价，并转为 ndarray 类型的二维数组
17. low = data.low.values.reshape（-1, context.win）.astype（float）

（2）逻辑计算。

①唐奇安通道构建代码。

1. # 系统的进场的上轨
2. system_in_up = max（high[i, -context.system_in-1: -1]）
3. # 系统的进场的下轨
4. system_in_down = min（low[i, -context.system_in-1: -1]）
5. # 系统的出场的上轨
6. system_out_up = max（high[i, -context.system_out-1: -1]）
7. # 系统的出场的下轨
8. system_out_down = min（low[i, -context.system_out-1: -1]）

②波动量 N 值（ATR）构建代码。

1. # 前一个交易日的最高价与最低价间的波幅

2. HL =（high[i，-context.ATR_N-1：-1] - low[i，-context.ATR_N-1：-1]）

3. # 前两个交易日收盘价与前一个交易日最高价间的波幅

4. HC = abs（high[i，-context.ATR_N-1：-1] - close[i，-context.ATR_N-2：-2]）

5. # 前交易日收盘价与当个交易日最低价间的波幅

6. CL = abs（low[i，-context.ATR_N-1：-1] - close[i，-context.ATR_N-2：-2]）

7. # n 日的真实波幅

8. TR = np.max（[HL，HC，CL]，axis = 0）

9. ATR = TR.mean（）

③ Unit 买入单位构建代码。

1. # 标的最小变动单位

2. min_move = context.future_info['min_move'][i]

3. # 标的每次买入仓位

4. Unit = context.initial * 0.01 /（ATR * min_move）/ context.Tlen

（3）进出场设计。

①无持仓进场代码。

1. # 无持仓

2. if（long_positions[i] == 0）&（short_positions[i] == 0）：

3. # 进多单

4. if close[i，-1] > system_in_up：

5.   order_target_volume（account_idx=0，target_idx=i，target_volume=int（Unit），side=1，order_type=2）

6.   # 记录进场价格

7.   context.record_entryP[i] = close[i，-1]

8. # 进空单

9. elif close[i，-1] < system_in_down：

10.   order_target_volume（account_idx=0，target_idx=i，target_volume=int（Unit），side=2，order_type=2）

11.   # 记录进场价格

12.   context.record_entryP[i] = close[i，-1]

②持多仓加仓 / 离场代码。

```
1. # 持有多单
2. elif（long_positions[i] > 0）：
3.     # 多单加仓
4.     if close[i，-1] > context.record_entryP[i] + context.add * ATR:
5.         order_target_volume（account_idx=0，target_idx=i，target_volume=int（Unit），side=1，order_type=2）
6.     # 记录进场价格
7.         context.record_entryP[i] = close[i，-1]
8.     # 多单离市
9.     elif close[i，-1] < system_out_down:
10.         order_target_volume（account_idx=0，target_idx=i，target_volume=0，side=1，order_type=2）
11.         context.record_entryP[i] = 0
12.     # 多单止损
13.     elif close[i，-1] < context.record_entryP[i] - context.stop_loss * ATR:
14.         order_target_volume（account_idx=0，target_idx=i，target_volume=0，side=1，order_type=2）
15.         context.record_entryP[i] = 0
```

③持空仓加仓/离场代码。

```
1. # 持有空单
2. elif（short_positions[i] > 0）：
3.     # 空单加仓
4.     if close[i，-1] < context.record_entryP[i] - context.add * ATR :
        order_target_volume（account_idx=0，target_idx=i，target_volume=int（Unit），side=2，order_type=2）
5.     # 记录进场价格
6.         context.record_entryP[i] = close[i，-1]
7.     # 空单离市
8.     elif close[i，-1] > system_out_up:
9.         order_target_volume（account_idx=0，target_idx=i，target_
```

volume=0, side=2, order_type=2）

10.　　　context.record_entryP[i] = 0

11.　　# 空单止损

12.　　elif close[i，-1] > context.record_entryP[i] + context.stop_loss * ATR:

13.　　　order_target_volume（account_idx=0，target_idx=i，target_volume=0，side=2，order_type=2）

14.　　　context.record_entryP[i] = 0

4）策略回测

回测业绩走势如图 7-38 所示。

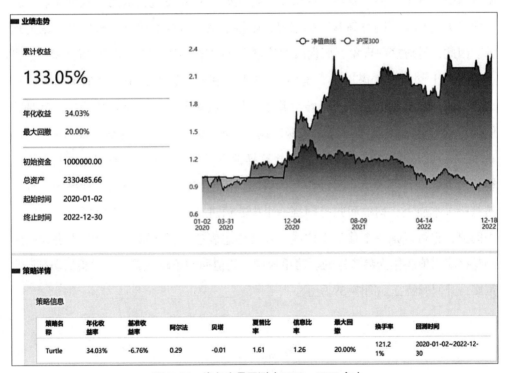

图 7-38　海龟交易回测（2020—2022 年）

从图 7-38 可以看出，海龟交易的回测结果非常亮眼：累计收益达到惊人的 133.05%，平均年化收益 34.03%；最大回撤 20%，虽然不是非常出色，但是也在可接受范围内；夏普比率达到 1.61。更关键的是该策略由于采用的是期货 CTA 策略，且与基础标的沪深 300 指数呈现弱负相关，因此在构建对冲组合的时候是非常好的选择。从海龟交易的案例中可以看出，构建完整且富有逻辑的交易系统对于量化投资而言是非常有必要的,即使该策略开源了很久,至今在回测上仍有不俗的表现。

7.3 均值回归策略

7.3.1 策略原理

当我们打开炒股软件,随便打开一只股票,并查看它的历史价格,可以发现一个有趣的现象:在过去的数月之间,很难有股票可以连续上涨,也很难有股票可以连续暴跌;大部分股票都呈现出一种起起伏伏、涨涨跌跌的波动姿态,在K线图中呈现出一种"波浪"的形态。再比如,从A股过去的历史数据来看,只要第二天出现了"跳空高开"的情况,则接下来数日内必然会出现回调补缺的现象。因此,针对这一现象,假设股票价格在变化过程中具有一定的"向心力":当一只股票上涨或下跌得过于"剧烈",或者上涨或下跌的行情持续时间过长,那么这只股票就有很强烈的"反转"趋势,从而破坏原有的变化趋势,这也就是我们经常说的"超跌反弹"与"超涨回调"。而所谓均值回归策略(mean reversion strategy),就是通过量化的手段,寻找这样偏离了其"均值"但有强烈向其均值反转的投资标的,进入头寸后等待其价格向均值回归,从而提升投资胜率的一种交易策略。本质上,均值回归是围绕一个中心值进行的,这个中心值可以是范围的中间值,也可以是一个移动平均线,或者你想表达的任何形式,通常来讲我们用的是移动均值线作为参考标的。简单地说,均值回归策略就是一种"买低卖高"的策略,其回归特征如图7-39所示。

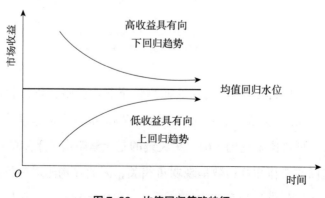

图 7-39 均值回归策略特征

值得注意的是，这一策略逻辑与我们前文所讲的动量策略的逻辑恰好相反，而无论是动量还是均值回归效应的存在都意味着有效市场假说的黯然失效。既然无法从市场有效性解释，市场中普遍流行的学说就从行为金融学的角度来解释，主要原因如下。

（1）无风险套利机会的出现。假设某一时刻突然有投资者买入大量的某只ETF产品，导致该标的在某一个瞬间价格迅速上升，但其成分股却在同一时刻有大量的卖单，从而出现显著的无风险套利机会。这时有人大笔买入该ETF产品对应比例的成分个股，并合成对应的ETF指数卖出，从而获取无风险收益。这样一来，该ETF成分股价格会上升，ETF价格会下降，从而达到一种"均衡"的状态。

（2）投资者急于止损和止盈的心理。假设当一只股票在一段时间内持续走高，但是突然有所回落，前期的获利盘为了锁定收益而提前卖出，而后期的追高盘由于担心被套牢也很可能及时止损抛出，这种抛售现象很可能会导致进一步的抛售，从而破坏原有上涨趋势。

（3）大资金突然进出的扰动。通常这种情况在高频交易情况下更为显著：当某一只股票有超大的买单流入，那么股票会出现迅速拉升的情况。当这一笔买单力量逐渐削弱，那么冲高的股票价格就会有所回落。

均值回归理论尚不能解决的或者说不能预测的是回归的时间间隔，即回归的周期呈"随机漫步"。具体而言，不同的二级市场，回归的周期会不一样，即使对同一个二级市场来说，如同一个股票市场，每次回归的周期也不一样。正的收益与负的收益之间回归的幅度与速度均不相同，因为它们之间并没有必然的联系。回归的幅度与速度也具有随机性，因此对称的均值回归才是不正常的、偶然的。

7.3.2 策略逻辑

1. 价格的波动性

想要理解均值回归的逻辑，首先必须了解价格的波动性。其实在前面的策略原理中已经提到了价格的波动特性，这里对其做更具体的解释。以股票为例，看过K线图的话，都知道股票的价格从来都不会平滑地上涨或下跌，而总是在移动的过程中上下波动，画出一些波浪，具体如图7-40所示。

如果市场满足Fama提出的市场有效性假说，那么这种波动现象应该是不存在的，然而现实中的市场并不是完全有效的。有许多研究尝试解释价格波动的现象，

图 7-40 股票价格波动特征

专家们普遍认为是诸如投资热点、对新闻的过度反应以及投资者的投机心态等非有效因素致使价格偏离了合理定价,从而造成了价格的波动。而前面的内容也从行为金融学的角度来阐述了该现象的原因。

均值回归的理论基于以下重要假设:投资标的的价格随着时间的推移会朝着它的均值移动。也就是说,当标的价格由于波动而偏离移动均线时,它将调整并重新归于均线。那么如果捕捉偏离股价的回归,就可以从此获利。举例来说,图 7-41 是一只股票的日线图,其中紫色曲线是 20 日均线,蓝色箭头为在股价大幅度偏离时买入股票可以获得的收益。

图 7-41 股票价格波动回归

2. 策略逻辑核心

回顾一下均值回归策略的假设条件:投资标的的价格随着时间的推移会朝着它的均值移动。注意这句话中最核心的两个字是"价格",而不是投资标的的"收益率"。换句话说,均值回归策略的有效性体现在标的价格的回归而不是收益率的回归,这点至关重要,原因如下。

(1)收益率呈现均值回归(即收益率围绕 0 随机的上下波动)等价于价格呈现"随机游走"。这是投资标的最差的一种形态,在这种情况下,不存在有效的赚钱策略(运气除外)。

(2)价格呈现均值回归等价于收益率呈现序列"负相关性"。这是一种非常好的、可以被拿来构建优秀策略的特性。

这两句话是所有均值回归策略逻辑的核心,也是该策略有效性的核心。

基于上述核心要素,在构建均值回归策略逻辑时步骤如下。

(1)确定标的均值回归水位。

(2)确定标的相对于回归水位的偏离度的阈值。

(3)当标的价格触发阈值下限时,认为价格被低估并进行买多操作;如果价格触发阈值上限,则认为价格被高估并进行卖空操作。

(4)出场操作可以设定为价格回归均线位置离场或者其他技术指标信号,具体由策略的风险特征(risk profile)要求决定。

3.偏离度的确定

从前面的策略逻辑步骤中可以看出,构建均值回归策略的关键是确定标的的回归水位以及偏离度的阈值。对于前者而言通常采用投资标的的价格移动均线作为指标,计算起来相对简单;而偏离度的判定则更加复杂一些,其指标的衡量有很多种,如技术指标 RSI、价格的标准差、布林带等,都可以作为价格偏离度的衡量指标。这里我们引进一个度量指标:均线偏离度(moving average deviation,MAD),计算公式如下:

$$MAD=(P-MA_N)/MA_N$$

其中,P 是投资标的的价格;MA_N 是标的价格过去 N 天的移动均值。这里可能有人要问了:为什么是价格减去均线?为什么要除以均线?关于第一个问题,均值回归策略中价格低于均线越多越值得买,因此用价格减去均线算出的差率越低我们认为越值得买;对于第二个问题,因为价格和均线的差的单位是元,需要除以均线才可以在投资标的之间相互对比。例如股票 A 的价格是 1,均线是 2,股票 B 的价格是 99,均线是 100;它们的均线和价格差都是 1,但很明显按照策略的思路,股票 A 更值得买,而这要除以均线才能体现出来。

该指标的计算方式作为价格偏离度的判定有一个弊端，那就是忽略了价格波动的相对性。举例说明，假如股票 A 在一段时间里每天振幅 3%，股票 B 在同样一段时间里每日振幅 0.5%，今天发现 A 和 B 的股价都和均线偏离了 2%，但是均值是相同的，那到底哪只股票的偏离更显著呢？答案是 B，但是指标的结果是相同的，因此该计算方式不能体现不同标的间价格波动差异所带来的影响。而解决方案就是把分母中的均值替换成可以反映价格波动幅度大小的标准差，则上述计算公式修改为

$$MAD = (P - MA_N)/\sigma_N$$

其中，σ_N 是投资标的过去 N 天的标准差。细心的同学可能会发现该指标就是统计学里的 Z 分数，该统计量可以真实地反映价格距离均值的相对标准距离。Z 分数对数据进行了标准化处理，提高了数据间的可比性，虽然同时削弱了数据的解释性，但是在这里数据的可比性更加重要；另外由于 Z 分数的结果反映的是数据点相对于均值偏离的标准差倍数，因此在确定偏离度阈值时使用 Z 分数会十分便捷。

7.3.3 策略实战案例与代码实现

均值回归策略中最经典的实战案例当属配对交易策略（pairs trading strategy）。本节主要基于此交易策略展开讨论。由于该策略涉及对时间序列平稳性以及协整等数学知识的理解，因此实战案例的介绍中包含理论知识的推导，并且每个知识点都配有相应实例说明以及 Python 代码实现。学生们需要理论结合实际案例加深对知识点的理解。

1. 配对交易简介

从 7.3.2 节了解到，由于价格的波动性，投资标的价格不可能一直涨或者一直跌，拿出任何一段时间来看，它似乎总是围绕着局部的均值上下往复波动，呈现出围绕着均值的回归运动，但是这种程度的回归对于在统计上构建一个有效的量化策略并没有太多的帮助。在现实中，为了构建一个均值回归策略，我们要求价格的时间序列满足平稳性。然而单一投资标的价格是很难满足这个假设的，于是量化界的小伙伴们便开动脑筋，终于发现虽然单一投资标的价格不满足均值回归，但是可以把多个投资标的（通常是两个）线性组合在一起，使它们的价差满足均值回归。找到一对价差满足均值回归的投资标的是早期均值回归策略的初衷，因此这类策略又有另外一个广为人知的别名：配对交易（pairs trading）。

配对交易是当下市场上主流的构建均值回归策略的方法，它通常利用协整（co-integration）或者价格距离法来找到这样一对投资标的：其价差会在一定的区间内往复运动，然后基于价差的统计特性计算阈值进行交易。因此这种策略通常又叫统计套利（statistical arbitrage）。而要深入了解配对交易的运作原理，首先需要了解两个重要的数学概念：平稳性以及协整。

2. 平稳性

1）平稳性的定义与作用

平稳性是时间序列分析中最常见的非检验假设，当数据产生的过程当中参数不随时间发生变化时，通常认为该数据具有平稳性。平稳性在量化投资中非常重要，原因在于在量化过程中如果需要对时间序列进行回归分析，会遇到伪回归（spurious regression）的问题。这里伪回归指的是自变量和因变量之间本来没有任何因果关系，但由于某种原因，回归分析却显示出它们之间存在统计意义上的相关性，让人错误地认为两者之间有关联，这种相关性称作伪关系（spurious relationship）。而避免伪回归的方法就是检验时间序列的残差是否具有平稳性，如果回归分析的残差是非平稳的，说明发生了伪回归。

2）平稳性序列与非平稳性序列的生成

既然平稳性这么重要，那么如何用 Python 生成平稳性序列和非平稳性序列呢？这里就需要用到正态分布，其密度函数如下：

$$p(x) = \frac{1}{\sqrt{2\pi\sigma^2}} e^{-\frac{(x-\mu)^2}{2\sigma^2}}$$

其中，μ 是变量的期望；σ 是标准差。经验规则告诉我们正态分布中大约有 66% 的数据集中在 $x+\sigma$ 和 $x-\sigma$ 区间范围内，这意味着用 Python 中的 "numpy.random.normal" 函数产生的样本数据将很大程度上集中在期望值附近而不是远离均值。因此我们可以借助正态分布函数来生成平稳性序列和非平稳性序列，代码如下：

1. def generate_data（params）：
2. 　　mu = params[0]
3. 　　sigma = params[1]
4. 　　return np.random.normal（mu, sigma）
5. params =（0, 1）
6. T = 100

```
7.  A = pd.Series（index=range（T））
8.  A.name = 'A'
9.  for t in range（T）:
10.     A[t] = generate_data（params）
11. T = 100
12. B = pd.Series（index=range（T））
13. B.name = 'B'
14. for t in range（T）:
15.     params =（t * 0.1, 1）
16.     B[t] = generate_data（params）
17. fig,（ax1, ax2）= plt.subplots（nrows =1, ncols =2, figsize=（16, 6））
18. ax1.plot（A）
19. ax2.plot）B）
20. ax1.legend（['Series A']）
21. ax2.legend（['Series B']）
22. ax1.set_title（'Stationary'）
23. ax2.set_title（'Non-Stationary'）
```

结果如图 7-42 所示，其中 A 序列为平稳序列，B 序列为非平稳序列。

我们拿 B 序列作为案例来看一下平稳性的重要性。这里可以先给 B 序列加一条均线，代码如下：

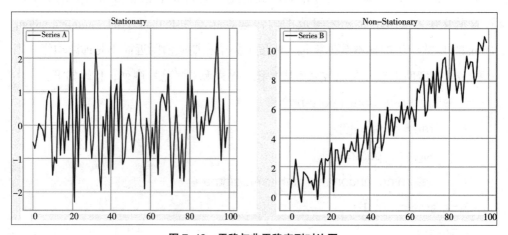

图 7-42　平稳与非平稳序列对比图

1. mean = np.mean（B）
2. plt.figure（figsize=（12，6））
3. plt.plot（B）
4. plt.hlines（mean，0，len（B），linestyles='dashed'，colors = 'r'）
5. plt.xlabel（'Time'）
6. plt.xlim（[0, 99]）
7. plt.ylabel（'Value'）
8. plt.legend（['Series B', 'Mean']）

生成结果如图 7-43 所示。

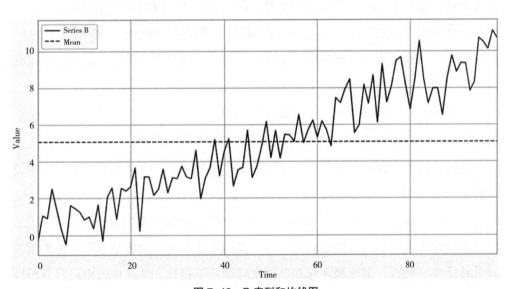

图 7-43　B 序列和均线图

从图 7-43 中可以明显地看出，非平稳序列下的均值对未来价格的预测没有任何帮助，并且在任一特定时间比较数据点与均值都是没有意义的。上述简单的例子说明了数据平稳性对于量化策略的重要性。

3）平稳性检验

要检验序列的平稳性，首先要介绍单位根（unit root）概念，单位根是非平稳时间序列的特性之一。对于一个时间序列 $\{y_t, t=0, 1, \cdots\}$，假设该序列可以写成 p 阶自回归函数：

$$y_t = a_1 y_{t-1} + a_2 y_{t-2} + \cdots + a_p y_{t-p} + \varepsilon_t$$

其中，ε_t 是残差序列，a_1，…，a_p 为回归系数。该时间序列特征方程（characteristic equation）为

$$m^p - m^{p-1}a_1 - m^{p-2}a_2 - \cdots - a_p = 0$$

如果 $m=1$ 是该特征方程的一个解，则称该时间序列存在单位根。

当 $m=1$ 是一个单重根，即在特征方程的所有解中，如果 $m=1$ 这个解仅出现一次，那么该时间序列是一阶单整（integrated of order one）序列，记为 $I(1)$；如果 $m=1$ 是一个多重根（重数为 d），则该时间序列是 d 阶单整序列，记为 $I(d)$。对于一个非平稳的时间序列，总可以通过差分把它变成平稳的，差分的次数就是单整阶数。如果一个时间序列经过一次差分就变成平稳的，那么它就是一阶单整；如果需要通过 d 次差分才能变成平稳序列，那么它就是 d 阶单整。而对于我们熟悉的股票价格序列，它的一阶差分为股票的收益率；由于收益率满足平稳性，因此股票价格序列是一阶单整的。

从上面内容可知，要想判断一个时间序列是否满足平稳性，关键就是看它有没有单位根。这里可以采用 ADF 检验法（Augmented-Dickey-Fuller test，增广迪基－富勒检验）。首先我们将 $\{y_t\}$ 转化为增量 Δy_t 形式：

$$\Delta y_t = \alpha + \beta t + \lambda y_{t-1} + \delta_1 \Delta y_{t-1} + \cdots + \delta_{p-1} \Delta y_{t-p+1} + \varepsilon_t$$

上述公式中，如果时间序列 $\{y_t\}$ 存在单位根，则 $\lambda=0$。因此 ADF 检验的原假设条件为 $\lambda=0$；备择假设为 $\lambda<0$。这里检验的统计量为和其自身标准误差之比：$\lambda/SE(\lambda)$。如果 $\{y_t\}$ 满足平稳性，则 $\lambda/SE(\lambda)$ 显著为负，因此只有当这个统计量小于给定显著性水平的阈值（阈值是负数）时，我们才能在对应的置信水平下拒绝原假设并接受备择假设，即序列不存在单位根且满足平稳性，从而推断出回归分析得到的相关性可信，没有发生伪回归。

ADF 检验的代码如下：

1. def stationarity_test（X，cutoff=0.01）：
2.   pvalue = adfuller（X）[1]
3.   if pvalue < cutoff：
4.   print（'p-value = ' + str（pvalue）+ ' The series ' + X.name +' is likely stationary.'）
5.   else：
6.   print（'p-value = ' + str（pvalue）+ ' The series ' + X.name +' is likely non-stationary.'）

7. stationarity_test（A）

8. stationarity_test（B）

运行结果如下：

p-value = 6.223571968710062e-18 The series A is likely stationary.

p-value = 0.9856988087788536 The series B is likely non-stationary.

从上面的结果可以看出，ADF 检验可以很好地检验出 A 序列为平稳性序列，而 B 序列为非平稳序列。

3. 协整

1）协整的定义与作用

在量化投资领域，收益率序列满足平稳性，而价格序列不满足平稳性。收益率满足平稳性仅仅说明价格呈现随机游走，它对于构建赚钱的投资策略几乎没有什么用。我们想要的是价格序列呈现出平稳性。不幸的是，现实中绝大多数投资标的价格基本上都呈现几何布朗运动（geometric Brownian motion），这意味着投资品的价格均不满足平稳性的要求，如果我们想用如宏观经济数据来预测投资标的价格（如上证指数）的走势就没什么意义，因为会发生伪回归。然而凡事都有例外：虽然单一投资标的价格不满足平稳性，但如果我们把多个投资标的（通常是两个）线性组合在一起构成一个价差序列，会发现这个价差序列满足平稳性。

在数学上，如果多个非平稳的时间序列通过线性组合得到一个平稳的时间序列，则把这种关系称为协整。

如何用 Python 来生成两个协整的序列呢？这里还是用到了正态分布函数，代码如下：

1. Xreturns = np.random.normal（0，1，100）

2. X = pd.Series（np.cumsum（Xreturns），name='X'）+ 50

3. X.plot（figsize=（15，7））

4. noise = np.random.normal（0，1，100）

5. Y = X + 5 + noise

6. Y.name = 'Y'

7. pd.concat（[X，Y]，axis=1）.plot（figsize=（15，7））

8. plt.show（）

生成的图像结果如图 7-44 所示。

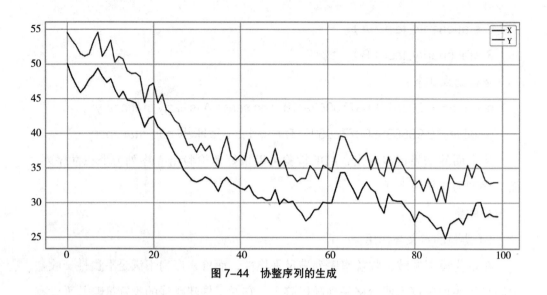

图 7-44 协整序列的生成

将两个生成序列作差,并画出均线,生成图像如图 7-45 所示。

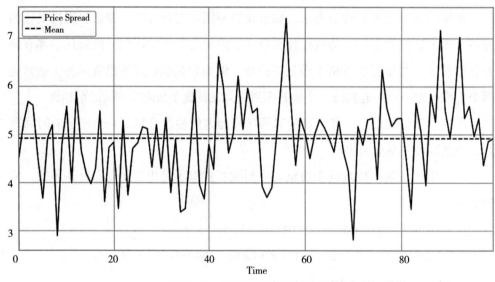

图 7-45 协整序列差以及均线图

从图 7-45 可以看出,两个协整序列的差值(线性组合)具有很好的平稳性。

2)协整性检验

在数学上,通常用 ADF 检验法来检验序列间的价差是否满足平稳性,进而检验序列之间是否满足协整关系。ADF 检验法的逻辑在前面已经介绍过,这里就不再赘述。协整性检验代码如下:

1. score, pvalue, _ = coint（X，Y）
2. print（pvalue）

生成结果为：pvalue = 7.209289915856858e-13，说明上述生成的 X，Y 序列满足协整关系。

3）相关性与协整性的区别

相关性与协整性理论上看起来是相似的，实际上两者区别很大，下面将用两个案例来验证。

首先是第一个案例，生成的序列代码如下：

1. X_returns = np.random.normal（1，1，100）
2. Y_returns = np.random.normal（2，1，100）
3. X_diverging = pd.Series（np.cumsum（X_returns），name='X'）
4. Y_diverging = pd.Series（np.cumsum（Y_returns），name='Y'）
5. pd.concat（[X_diverging, Y_diverging], axis=1）.plot（figsize=（12，6））;
6. plt.xlim（0，99）

其生成结果如图 7-46 所示。

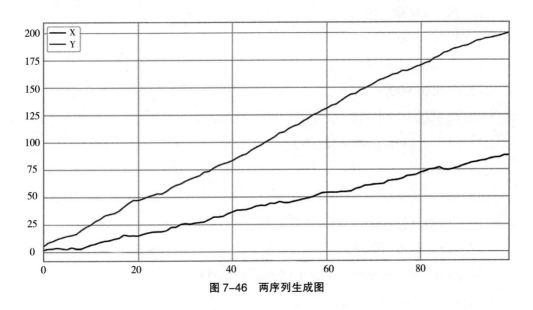

图 7-46　两序列生成图

接下来计算两者的相关系数以及协整性检验，代码如下：

1. print（'Correlation：' + str（X_diverging.corr（Y_diverging）））
2. score, pvalue, _ = coint（X_diverging，Y_diverging）

3. print（'Cointegration test p-value：' + str（pvalue））

其生成结果如下：

Correlation：0.9971615981797515

Cointegration test p-value：0.2959560596347649

从上述结果可以看出，序列 X 和 Y 有着非常强的近乎完美的相关性，然而协整性检验告诉我们两者并不具有协整关系。

再看另外一个案例，一个是正态分布序列而另一个是矩形波，看一下两者之间的相关性以及协整性，代码如下：

1. Y2 = pd.Series（np.random.normal（0，1，1000），name='Y2'）+ 20
2. Y3 = Y2.copy（）
3. Y3[0：100] = 30
4. Y3[100：200] = 10
5. Y3[200：300] = 30
6. Y3[300：400] = 10
7. Y3[400：500] = 30
8. Y3[500：600] = 10
9. Y3[600：700] = 30
10. Y3[700：800] = 10
11. Y3[800：900] = 30
12. Y3[900：1000] = 10
13. plt.figure（figsize=（12，6））
14. Y2.plot（）
15. Y3.plot（）
16. plt.ylim（[0, 40]）
17. plt.xlim（[0, 1000]）;
18. print（'Correlation：' + str（Y2.corr（Y3）））
19. score, pvalue, _ = coint（Y2, Y3）
20. print（'Cointegration test p-value：' + str（pvalue））

生成结果如图 7-47 所示。

Correlation：0.02371505923300836

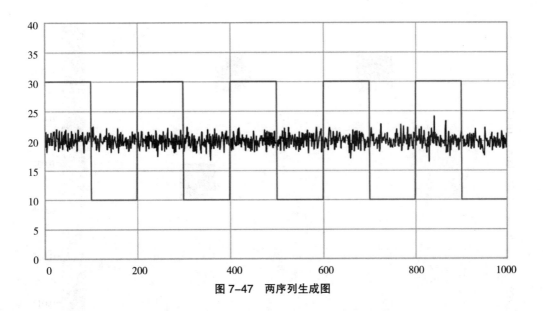

图 7-47 两序列生成图

Cointegration test p-value：0.0

从结果来看，两者的相关性非常低，近乎 0，然而根据协整性检验结果，两者满足协整关系。上述两个案例很好地说明了相关性与协整性的区别，学生们要结合实际案例加深理解，弄清两者之间的区别。

4. 策略实现

选择美股当中 10 只具有代表性的科技股："苹果、Adobe、甲骨文、IBM、Ebay、微软、高通、AMD、惠普以及瞻博网络"，回测时间为 2013-01-01 至 2018-01-01。首先检验股票之间的协整性，结果如图 7-48 所示。

从图 7-48 中可以看出两个配对具有协整性：AAPL/EBAY 以及 ADBE/MSFT，选择后一个比值作为策略的投资标的。

接着是偏离度的确定，这里采用 Z 分数统计量来衡量配对比值的偏离度，公式如下：

$$Z = \frac{MA\_Ratio(5) - MA\_Ratio(60)}{Std[Ratio(60)]}$$

其中，MA_Ratio（5）是 ADBE/MSFT 比率的 5 日均线；MA_Ratio（60）是比率的 60 日均线；Std[Ratio（60）]是比率 60 日的标准差。此外，把数据集分成两个部分，前半部分是训练集，后半部分是测试集，代码如下：

1. start = datetime.datetime（2013，1，1）

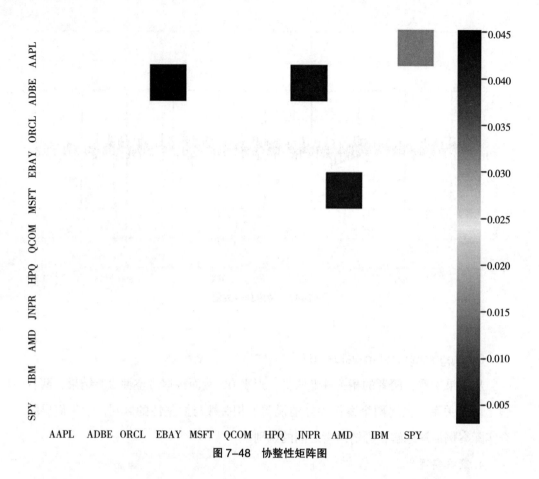

图 7-48 协整性矩阵图

2. end = datetime.datetime（2018, 1, 1）
3. tickers = ['AAPL', 'ADBE', 'ORCL', 'EBAY', 'MSFT', 'QCOM', 'HPQ', 'JNPR', 'AMD', 'IBM', 'SPY']
4. df = pdr.get_data_yahoo（tickers, start, end）['Close']
5. ratios = df['ADBE'] / df['MSFT']
6. train = ratios[: 881]
7. test = ratios[881:]
8. ratios_mavg5 = train.rolling（window=5, center=False）.mean（）
9. ratios_mavg60 = train.rolling（window=60, center=False）.mean（）
10. std_60 = train.rolling（window=60, center=False）.std（）
11. zscore_60_5 =（ratios_mavg5 - ratios_mavg60）/std_60
12. plt.figure（figsize=（12, 6））

13. zscore_60_5.plot（）

14. plt.xlim（'2013-03-25', '2016-07-01'）

15. plt.axhline（0, color='black'）

16. plt.axhline（1.0, color='red', linestyle='--'）

17. plt.axhline（-1.0, color='green', linestyle='--'）

18. plt.legend（['Rolling Ratio z-Score', 'Mean', '+1', '-1']）

19. plt.show（）

生成结果如图 7-49 所示。

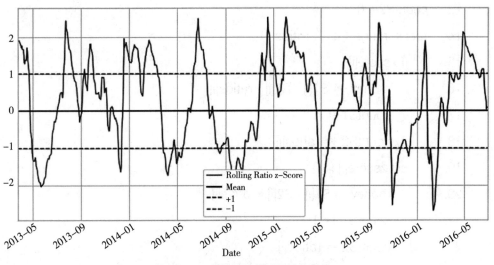

图 7-49　Z 分数统计量以及均值曲线

从图 7-49 中可以看出，在 Z 分数统计量 [-1, 1] 区间内，序列信号有明显的均值回归的特性，而这正是该策略有效性的前提。至此可以指定策略的进出场策略：

Z < -1，买入"ADBE"并卖空"MSFT"

Z > 1，卖空"ADBE"并买入"MSFT"

最后看一下策略的收益，代码如下：

1. def trade（S1, S2, window1, window2）:

2. 　　if（window1 == 0）or（window2 == 0）:

3. 　　　　return 0

```
4.   ratios = S1/S2
5.   ma1 = ratios.rolling（window=window1，center=False）.mean（）
6.   ma2 = ratios.rolling（window=window2，center=False）.mean（）
7.   std = ratios.rolling（window=window2，center=False）.std（）
8.   zscore =（ma1 - ma2）/std
9.   # Simulate trading
10.  # Start with no money and no positions
11.  money = 0
12.  countS1 = 0
13.  countS2 = 0
14.  for i in range（len（ratios））：
15.      if zscore[i] < -1：
16.          money += S1[i] - S2[i] * ratios[i]
17.          countS1 -= 1
18.          countS2 += ratios[i]
19.      elif zscore[i] > 1：
20.          money -= S1[i] - S2[i] * ratios[i]
21.          countS1 += 1
22.          countS2 -= ratios[i]
23.      elif abs（zscore[i]）< 0.75：
24.          money += S1[i] * countS1 + S2[i] * countS2
25.          countS1 = 0
26.          countS2 = 0
27.  return money
28. trade（df['ADBE'].iloc[881:]，df['EBAY'].iloc[881:]，60，5）
```

生成结果为：1 314.449 494 779 637，从回测来看，策略的结果还不错。当然上述只是均值回归策略的一个简单案例，其中有很多需要改进的地方。例如，过拟合问题、策略并没有考虑配对标的价格的重叠或者交叉的情况等，学生们可以尝试使用更复杂的指标或者策略，如半衰期均值回归（half-life mean reversion）进行改进，看一下回测结果是否更好。

本章小结

本章主要介绍的是如何以技术指标为依托构建量化投资策略。首先从宏观上介绍了以技术指标构建量化策略的框架与逻辑,其次在总体框架的基础上详细梳理了量化技术指标的两个基础且常用的策略:动量策略与均值回归策略,而两者的逻辑恰好是完全相反的。对每一个策略本章都有大量的实践案例与代码实现作为参考,学生们在掌握量化技术策略框架的基本步骤的同时要多上机实践,加深对策略实践的理解,仔细体会这两个逻辑完全相反的策略中的各种奥妙。

思考题

1. 构建一个量化技术指标策略分为哪几个模块?每个模块的构建包含哪些步骤?
2. 常见的仓位管理方法有哪些?
3. 动量策略的分类有哪些?
4. 趋势跟踪策略中假设趋势一旦开始形成,价格趋势就会进入第二阶段:趋势持续甚至过度反应,原因是什么?
5. 简述 Granville 八大买卖法则。
6. 为什么均值回归策略的有效性体现在标的价格的回归而不是收益率的回归?

即测即练

第 8 章　人工智能在量化投资中的应用

🔍 **学习目标**

1. 了解人工智能的基本概念与原理、人工智能与机器学习的关系以及在量化领域的应用。
2. 掌握机器学习基础知识与经典模型。
3. 熟悉经典的机器学习算法策略。

🔍 **能力目标**

1. 了解人工智能的基本原理与应用,培养逻辑、系统地解决问题的能力。
2. 掌握机器学习基本理论,培养学生举一反三的学习能力。
3. 熟悉经典机器学习策略的量化实现过程,培养学生的实践能力。

🔍 **思政目标**

1. 了解人工智能的基本原理与应用,培养学生辩证分析事物的能力。
2. 掌握机器学习基本理论,培养学生实事求是的唯物主义精神。
3. 熟悉经典机器学习策略的量化实现过程,增强学生与时俱进的辩证思维观。

思维导图

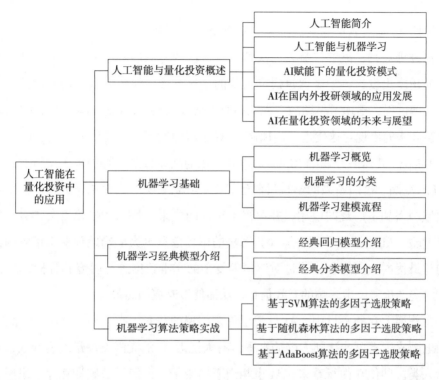

导语

2016 年 3 月，举世瞩目的围棋人机大战在韩国首尔上演。Google "DeepMind" 团队开发的人工智能围棋软件 AlphaGo 以四胜一负的战绩击败世界冠军韩国棋手李世石，轰动围棋界的同时掀起社会上对于人工智能的热议。其实人工智能并不是什么新鲜的名词，在近 20 年发展中，人工智能和它借助的机器学习方法已经逐渐渗透到人类生活的方方面面，包括量化投资领域。通过学习本章的内容，读者将逐渐拨开人工智能神秘的面纱，并且结合实战案例深入了解人工智能中机器学习的基本原理以及该原理是如何应用于量化投资领域的。

8.1 人工智能与量化投资概述

8.1.1 人工智能简介

人工智能的概念 1956 年在达特茅斯会议上首次被提出，即 AI 赋予机器像人一样思考并作出反应的能力。它的本质是通过研究人类活动的规律，构造具有一定智能的人工系统来模拟人类的某些思维过程和智能行为,去完成以往需要人的智力才能胜任的工作。

早期 AI 应用成功的案例是"专家系统",它存储了特定领域内人类专家知识和逻辑推理规则,能够代替人解决特定领域内的专家问题。另外,从心理学和生物学的角度出发,科学家通过研究人脑的工作方式,模仿大脑神经元对信息的传递和处理过程,出现了早期的"人工神经网络"。随后大数据、GPU(图形处理器)和复杂算法的出现与迭代进一步加速了 AI 领域的发展,最经典的案例莫过于 2016 年由 DeepMind 团队开发的 AlphaGo 以 4∶1 的战绩战胜了韩国棋手李世石,掀起了 AI 的浪潮。这门新兴的学科目前已经在计算机视觉、自然语言处理、金融科技等领域中得到了广泛的应用,并取得了丰硕的成果。特别在量化投资领域,相比传统策略,AI 能够依靠历史经验和海量的市场信息更为准确地预测出市场的走势并构建最优的投资组合;通过对舆情等复杂的文本数据进行研究和分析,AI 提取出会对资产价格产生影响的有效信息,从而使策略更加高效。

在普通大众的心目中,AI 自带了许多神秘的色彩。有人质疑 AI 的可靠程度,认为电脑永远不可能达到人脑的水平;有人忧虑 AI 的无限发展最终将导致机器人统治人类。即使在内行看来,AI 也相当于黑箱子,人们无法破译程序"思考"的过程,那么使用 AI 时自然也要打上一个问号。其实,AI 和它所借助的机器学习方法并没有想象得那么神秘,其本质是以数理模型为核心工具,结合控制论、认知心理学等其他学科的研究成果,最终由计算机系统模拟人类的感知、推理、学习、决策等功能。理解常用的机器学习算法,有助于澄清对 AI 的种种误解和偏见,帮助我们更清晰地认识 AI 的长处和局限,从而引导我们更合理、有效地将 AI 应用于量化投资领域。

8.1.2 人工智能与机器学习

1. 机器"学习"的是什么

从物质层面上看,人类的大脑是一个毫不起眼的器官,成年人的大脑约为 1.5 千克,仅占体重的 2%,相当于一大瓶可口可乐的重量。然而人类的大脑又是一个极其复杂的器官,约 860 亿个神经元形成的复杂网络上有百万亿数量级别的突触连接,被誉为宇宙中最复杂的 1.5 千克重的物体。基于这样复杂的神经网络,人类产生了知觉、注意、语言、决策、记忆、意识、情感等心理和认知过程,也产生了以科学和艺术为代表的灿烂的文明。

拓展阅读 8-1

对于人类来说，最神奇的地方莫过于我们的大脑拥有无与伦比的学习能力。婴儿甚至没有人教就可以学会爬行、站立和行走。儿童即使没有上学，也能熟练地用母语与他人交流。青少年在校园的短短 10 多年间掌握的科学知识就已超过几百年前人类文明的总和。而当今时代，即使最强大的机器人也无法像人类一样自然地行走，最先进的计算机也不能在和人类对话时以假乱真，我们也无法想象人工智能参加高考能得多少分。

自计算机问世以来，科学家便试图探索计算机究竟能在多大程度上取代人类。很长一段时间，计算机帮助人类实现人脑无法承担的大规模运算，储存人脑无法储存的海量信息，然而这些仍离智慧相距甚远。随着计算机科学的逐步发展成熟，人们意识到让计算机拥有智慧的关键，就在于让机器拥有和大脑一样的学习能力，人工智能和机器学习（machine learning）由此应运而生。

机器"学习"的对象本质上是某种客观存在的"规律"。这种规律可以非常浅显，如教给计算机勾股定理，机器就拥有了计算直角三角形边长的智慧。规律也可以极其复杂，如指纹识别系统学习的是不同指纹图像之间差异的规律，苹果智能语音助手"Siri"学习的是人类语言的声信号和背后表达意义的规律，无人驾驶学习的是当前路况和驾驶行为的规律。有的规律甚至连人类自己都无法完美诠释，如"AlphaGo"学习的是围棋落子和胜负之间的规律，智能投顾学习的是资本市场中投资决策和收益之间的规律等。

2. AI 与机器学习的关系

机器学习是人工智能的一个子集，人工智能的范畴还包括自然语言处理、语音识别等方面。机器学习任务主要包括监督学习（supervised learning）、无监督学习（unsupervised learning）、概率图模型（probabilistic graphical model）和强化学习（reinforcement learning）。通俗来讲，监督学习是教师（使用者）给出问题（特征）和正确答案（标签），由学生（算法）挖掘规律，学习一个模式，并且根据此模式回答新的问题（预测新的特征所对应的标签）。监督学习的训练中数据是有标签的，即每一个输入变量都有对应的输出变量。模型旨在通过建立输入变量和输出变量之间的关系，来预测输出变量。可以根据输出变量的类型对监督学习进行划分，如果输出变量是定量的，那就是回归问题；如果输出变量是定性的，那就是分类问题。相对应的，无监督学习不给出正确答案（没有对应的标签），由算法仅根据原始特征寻找相应的模式。无监督学习大体可划分为聚类（clustering）和降维（dimensionality reduction）两种类型。概率图模型以"Bayes"学派为主。强化学习是让模型以"试错"的方式在一定的环境中学习，通过与环境交互获得对应的奖励，目标是使得到的奖励最大化，如交易策略的学习等等。

在众多机器学习算法中，深度学习（deep learning）是目前该领域较前沿的一类，它通常建立在神经网络（neural network）之上，通过构建深度神经网络（DNN），计算机可以对大量、复杂、高维的数据进行学习。2012 年，AlexNet 网络的出现展现出深度学习的强大能力，让其成为机器学习算法的热点问题，开始迅速发展；之后又涌现出变分自编码器、GAN、ResNet 等热门算法，在图像识别和自然语言处理等领域有着非常不错的表现。

概括起来，人工智能、机器学习、深度学习之间的关系是依次包含的：人工智能是一个大概念，它的研究范畴包含机器学习、自然语言处理、语音识别等；机器学习是人工智能中的一个技术流派；而深度学习是机器学习中的一种，主要以深度神经网络为代表。三者的关系如图 8-1 所示。

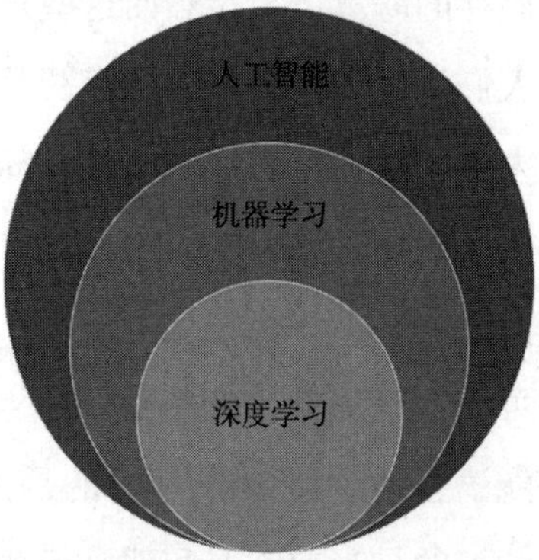

图 8-1　AI、ML 与 DL 之间的关系

8.1.3　AI 赋能下的量化投资模式

1. "AI+"量化投资模式

人工智能的发展，总体上需要经历机器辅助人—机器与人合作—机器完全自我学习三个发展阶段。对于量化投资来说，结果将会是分析师的经验和 AI 相融合的产物。人脑的抽象思维、情感思维是目前的 AI 不具有的，而 AI 的计算能力也是人脑不能企及的，两者互补所形成的"AI+"量化投资模式将会成为未来 AI 应用于量化投资领域的发展方向。

从方法论角度来看，在量化投资中"AI+"模式可分为三类。

（1）模型驱动。模型驱动（model-driven method）泛指数学模型驱动，具体含义是在假设条件下，用严格的数学理论与数学模型进行建模并应用，部分依赖于闭形式解（closed-form solution）的导出，或数值算法（numerical algorithm）的运用。数学模型的优势在于简洁优美，解释性强。然而优美的性质来自简化的假设，虽然在人工智能领域内越来越多地研究探索并改进放松假设后的结果，但是这依然无法改变纯数学模型难以描述真实关系的事实。

数学模型在量化投资领域大部分集中在等价鞅测度（equivalent martingale measure）下衍生品的定价与对冲（pricing & hedging）以及对动态市场（market dynamic）以及波动率的建模，主要运用从随机分析（stochastic analysis）到"Rough Path Theory"等各类数学理论的成果。另外在统计套利（statistical arbitrage）方面，套利者通过协整分析研究两种标的之间的关系，利用均值反转（mean-reversion）原理对标的进行建模，从而指导未来的套利交易。在高频交易方面，在随机最优控制（stochastic optimal control）的理论支持下，依靠模型的算法交易（algorithmic trading）的量化策略不断涌现。一般而言，数学模型驱动的交易都需要用市场数据对模型进行校准（calibration），然而模型校准工作有时是难以进行的，尤其是对于较新的数学模型，原因在于仍然需要大量的理论和数值优化算法的支持。

（2）数据驱动。数据驱动（data-driven method）是指不去事先假定或选择数学模型，而是在数据集学习后直接通过输入数据而得到结果的方法。举例说明，深度神经网络通常不假设数据与数据之间的显性关系，而是通过复杂的非线性网络对潜在的关系进行挖掘从而完成建模。所以通常来讲数据驱动方法也被称为无模型方法（model-free method）。需要重申的是，这里的模型仍然指数学模型。目前的深度学习方法大部分属于数据驱动，而相比较而言传统的统计机器学习（statistical machine learning）则介于数据驱动与模型驱动之间。

数据驱动解决了模型驱动的大部分问题，首先它摆脱了显式的模型限制，在建模时无须进行过多的假设，这意味着无须事先对数据关系设定特定的模型，同时也避免了烦琐的理论推导，大大降低了应用门槛。在复杂的数据关系上，数学建模相对困难，模型的数值求解难度也很大。而数据驱动方法则能够很好地捕捉这种非线性的变动关系，在强大的优化算法和算力支持下，数据驱动方法即使在样本外，也能具有很好的表现。但是，包括深度学习在内的数据驱动方法其实是一个黑箱，研究人员很难理解内部复杂的计算过程所反映的数据关系，较差的可解释性仍然是数据驱动方法的弊病。

（3）模型与数据驱动结合。为了结合模型驱动与数据驱动方法的优势，研究人员可以在拥有坚实理论背景的数学模型中加入由数据驱动的部分，即在一项研究过程中，将一些理论上无法解决或难以解决的部分交给机器学习去完成；同样研究人员也可以利用数学模型的理论和思想去改进数据驱动方法，换句话说，研究人员可以通过在理论的启发下构造出更加合理、更加有效的网络架构。在"AI+"模式未来的发展中，数据驱动的机器学习方法与模型驱动的数学方法将互补融合。尤其是在量化投资研究中，我们不应将自己局限于某种围墙之中，应该接纳一切有效的方法论，融会贯通。

2."AI+"与传统量化投资模式的对比

在投资研究与决策中，与依靠投资者经验及主观分析来作出投资决策的主观投资不同，量化投资通过对数据的分析建模，依靠指标与模型作出客观的投资决策。在很大程度上，量化投资避免了投资者的主观意愿与情绪对投资收益带来的潜在不良影响。与此同时，数据、方法以及模型的客观性为投资决策提供了更科学、更可靠的参考依据。

然而，传统量化投资在实践当中面临越来越多的困难。首先是高维度的数据带来的分析困难，研究人员无法同时处理接收并分析海量的数据。在信息维度爆炸式增长的今天，若仅仅依靠研究人员能够处理分析的有限数据，已经很难从市场上获利；其次是对市场中不合理定价或指标的不合理偏移的识别困难。本质上，量化投资的获利来源于市场中的不合理或非理性因素，通过有效的指标识别相应的投资机会，执行投资决策使不合理归为合理，使非理性归为理性，市场会为这种行为支付溢价。随着量化投资参与者的不断增加，市场中不合理因素的持续时间会越来越短，靠人为构造指标捕捉发现这种投资机会的难度也会越来越大；最后无论是根据人的经验判断，还是通过经典的数学模型，受制于假设条件以及掌握的知识范畴，其探究的结果本质上仅仅是接近某一个局部最优，而并非真正全局意义上的"最优解"（图8-2）。

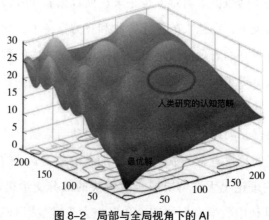

图8-2　局部与全局视角下的AI

机器学习，或者更广义的人工智能，在很大程度上弥补了传统量化的缺陷。一方面，机器学习框架对张量（tensor）的处理更为高效，领域内丰富的学术研究积淀、优化算法的不断提升以及硬件设备如 GPU、TPU 的算力支持使得对高维数据的分析、处理运用成为可能。另一方面，机器学习通过非线性的方式，去寻找和挖掘因素与结果之间的潜在关系，对数据与数据之间变化模式进行识别，这种模式可以是确定性的，也可以是某种分布。机器学习可以更加敏锐地捕捉由市场中不合理或非理性因素带来的投资机会，如用大量指标综合识别股票池中被低估的或具有一定成长潜力的股票进行买入并在未来赚取收益；在一些指标如波动率（volatility）异常变动时，机器学习模型往往可以对这种非理性变动及时识别并给出信号，指导投资者的投资决策。

拓展阅读 8-2

8.1.4 AI 在国内外投研领域的应用发展

1. AI 的发展进程

人工智能经历了三次大的浪潮：第一波浪潮出现在 20 世纪 60 年代，其核心概念为逻辑主义，即让机器通过严密的逻辑符号推理来证明一些知识结果；第二次浪潮出现在 1977 年，随着 Feigenbaum 提出"知识工程"的概念和 BP 神经网络的诞生，人类开始让机器模仿神经元网络进行知识的学习。专家系统的出现，在很多模式识别的领域开始应用，人工智能走向实用化；第三次浪潮出现在 2006 年，Geoffrey Hinton 提出深度学习的概念，并且伴随着模型训练方法的改进和计算能力的不断发展，打破了 BP 神经网络发展的瓶颈，如图 8-3 所示。

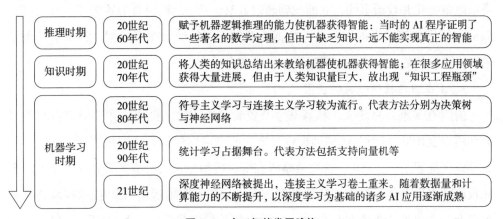

图 8-3 人工智能发展脉络

2. AI 在国外投研领域的应用

人工智能在国外投研领域的应用主要包括非结构化信息的获取、分析，构建知识图谱，提供投资建议以及优化投资结构。经典案例如下。

（1）"Rebellion Research"的 AI 系统通过自我学习全球 53 只国家股票、债券、外汇、大宗商品的交易数据，评估各种资产组合的未来收益和潜在风险，并用于配置资产。公司的 AI 系统基于贝叶斯算法，对宏观、行业和公司三个层面的数据进行分析，模型自动将历史数据和最新数据进行整合，使模型能够预测市场走势。公司在 2007 年推出的第一个 AI 投资基金，基于贝叶斯机器学习，结合预测算法，对历史的金融和贸易数据进行分析之后，成功地预测 2008 年的股市崩盘，并在 2009 年 9 月给希腊债券 F 评级。当时惠誉的评级仍然为 A，Rebellion 比官方提前一个月给希腊债券降级。

（2）美国 EquBot 公司和"ETF Managers Group"合作推出的"AIEQ"利用 AI 和机器学习，对全美 6 000 多家上市公司进行分析，构建上百万份资料和众多金融模型，从当前经济形势、未来趋势以及公司重大事件等方面进行深度分析后，再挑选出包含 70 只股票的投资组合；然后由"ETF Managers Group"的一个基金经理团队对投资组合进行再权衡。

（3）Kensho 是智能投研领域的先行者，其主打的产品 Warren 软件用于金融数据的收集与分析，拥有强劲的云计算、良好的人机交互界面和深度学习能力。据福布斯介绍："在能够找全数据的假设下，对冲基金分析师团队需要几天时间才能回答的问题，Warren 可以通过扫描超过 9 万项全球事件，如药物审批、经济报告、货币政策变化和政治事件，立即找到超过 6 500 万个问题组合的答案。"可以看到，Kensho 试图构建最全的国际事件数据库及知识图的综合图表模型，解决了当今华尔街投资分析的三大挑战，即速度、规模和自动化。

3. AI 在国内投研领域的应用

国内有多家公募基金、私募基金及资管纷纷试水，设立或在积极筹备相关研究部门以及团队，运用 AI 辅助投资决策。研究内容包括非结构化信息的分析、择时及资产配置建议、FOF、选股策略研究等。机构专业人员负责研究开发全套的智能投研体系，在数据获取和信息处理方面，快速及时地运用 NLP 技术提取公司公告以及行业动态中的有价值信息，并给出相关投资建议。一些机构与互联网公司合作积极研究布局融合 AI 技术的主动量化基金等。

4. AI 在投研领域应用的局限性

AI 对数据的质量要求很高，学习效果和数据质量有很大关系，相比国外发达国家的资本市场，我国 A 股市场发展的时间还不长，数据量不够充足，噪声也比较多，使得 AI 学习效果的稳定性不能得到充分保证；另外，脱离人类经验的完全强化学习目前仅在有特定约束条件的环境下成功运用，离普适还有相当长的距离，深度学习、强化学习等技术仍需要 GPU、TPU 等软硬件的发展支持。

8.1.5 AI 在量化投资领域的未来与展望

人工智能在投资中具有广泛应用，不仅仅来自机器学习构建的程序化交易策略，更重要的是机器学习模型得到的结果可以作为投资人员的参考，即辅助主观投资。然而，人工智能在量化投资实践过程中也存在一些局限性或挑战，但正是局限性与挑战的存在使得可以对人工智能在量化领域的未来发展作出一些展望。

拓展阅读 8-4

（1）一般而言，金融数据的信噪比较低，并且数据与数据之间难有一个固定的模式。算法和训练方法的不断改进或许会提升机器学习在低信噪比数据上的表现。例如，一些数据降噪算法的改进，在未来或许可以从金融数据中更好地提取有预测意义的信息；一些改进的训练方法如在训练时加入噪声进行对抗训练，可能会让模型更加稳健。预测对象与应用场景将会更多地被关注，因为它们在很大程度上决定着模型的表现。例如，一些序列预测模型如 LSTM 在低频时表现不佳，但是可能在高频的场景中就会有不错的表现；模型在直接预测收益率时效果一般，但转而用在预测波动率时，又会有不错的效果。

（2）机器学习用于 Alpha 因子挖掘时，得到的因子解释性较差。为了避免这种先挖掘再解释的困境，未来的因子挖掘会更加关注因子之间本身的逻辑，而非过度挖掘。一个自然的想法是，在一些有逻辑关联的因子中尝试构造一些新的算子，控制挖掘因子的复杂度来提高因子的可解释性。不仅如此，机器学习模型的可解释性差一直是为人诟病的。在未来，机器学习与其他工具的结合将会是一种趋势，来增加模型的可解释性。另外，可解释机器学习将会是一个值得研究的课题。

（3）基于机器学习的量化策略有时会被质疑同质性过高，会抱团加速市场上涨或下跌的趋势。然而量化策略的本质便是获取异质性收益，因为当出现大量策略同质时，这个策略很快就会失效，从而促使研究人员研发新的策略。量化投资是极力避免同质性策略的，未来因子库、模型库以及策略库会更加多样化。另外由于反转策略的存在，基于机器学习的量化投资并不会大规模加速原有的市场趋势。模型的失效会为策略带来较大的回撤，策略有效性的持续时长一直是难以回答的问题。一方面，机器学习模型的滚动训练或定期更新可能会在一定程度上缓解策略突然失效的问题；另一方面，市场的多种状态转换下的模型适应或模型轮换可能是未来机器学习需要关注的问题之一。

8.2 机器学习基础

8.2.1 机器学习概览

1. 机器学习的起源与定义

机器学习的概念最早是由人工智能领域的先驱 Arthur Samuel 在 1959 年提出的。本义是指一种让计算机在不经过明显编程的情况下，对数据进行学习，并作出预测的方法，属于计算机科学领域的一个子集。世界上公认的第一个自我学习项目就是 Samuel 跳棋游戏。

机器学习是一门多学科交叉专业，涵盖计算机科学、概率论、统计学、近似理论和复杂算法等知识，它的本质是基于大量的数据和一定的算法规则，使计算机可以自主模拟人类的学习过程，通过不断的数据"学习"提高性能并作出智能决策的行为。从 8.1 节内容可知，机器"学习"的对象本质上是某种客观存在的"规律"。在传统的计算方法中，计算机只是一个计算工具，按照人类专家提供的程序运算；而在机器学习中，只要有足够的数据和相应的规则算法，计算机就有能力在不需要人工输入干预的情况下，通过学习数据背后的规则找到相应的"规律"并对已知或未知的情境作出判断或预测。简而言之，机器学习就是研究如何让机器像人类一样"思考与学习"，这与机器按照人类专家提供的程序工作有本质的区别。机器学习的基本思路如图 8-4 所示。

（1）把现实生活中的问题抽象成数学模型，并且很清楚模型中不同参数的作用。

（2）利用数学方法对这个数学模型进行求解，从而解决现实生活中的问题。

（3）评估这个数学模型，是否真正地解决了现实生活中的问题，解决得如何。

图 8-4 机器学习的基本思路

无论使用什么算法、使用什么样的数据,最根本的思路都逃不出上面的三步。当理解了这个基本思路,就能发现:不是所有问题都可以转换成数学问题的,那些没有办法转换的现实问题 AI 就没有办法解决,同时最难的部分也就是把现实问题转换为数学问题这一步。

2. 机器学习的原理

本节以监督学习为例,用图文结合的方式形象讲解一下机器学习的实现原理。

假如我们正在教小朋友识字(一、二、三)。我们首先会拿出 3 张卡片,然后便让小朋友看卡片,一边说"一条横线的是一、两条横线的是二、三条横线的是三"(图 8-5)。

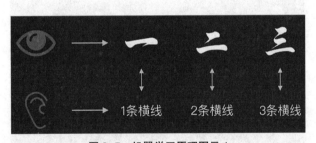

图 8-5 机器学习原理图示 1

不断重复上面的过程,小朋友的大脑就在不停地学习(图 8-6)。

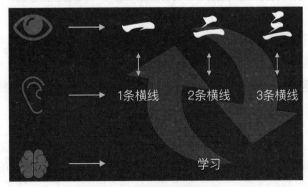

图 8-6 机器学习原理图示 2

当重复的次数足够多时，小朋友就学会了一个新技能——认识汉字"一、二、三"（图8-7）。

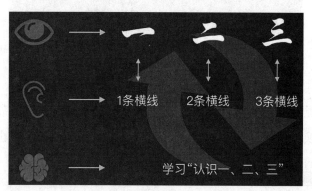

图8-7　机器学习原理图示3

用上面人类的学习过程来类比机器学习，机器学习跟上面提到的人类学习过程很相似（图8-8）。

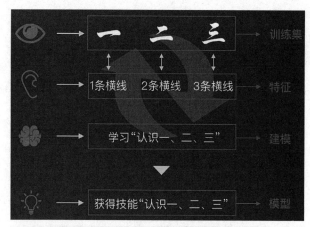

图8-8　机器学习原理总结

（1）上面提到的认字的卡片在机器学习中叫"训练集"。

（2）上面提到的"一条横线，两条横线"这种区分不同汉字的属性叫"特征"。

（3）小朋友不断学习的过程叫"建模"。

（4）学会了识字后总结出来的规律叫"模型"。

（5）通过训练集，不断识别特征，不断建模，最后形成有效的模型，这个过程就叫"机器学习"。

3. 机器学习的发展历程

由于机器学习是人工智能的子集，因此机器学习的发展历程与 AI 的发展历程是相辅相成的。总体而言，机器学习的发展大致经历了四个阶段。

1）第一阶段

第一阶段是 20 世纪 50 年代中叶到 60 年代中叶，这个时期的研究方向是"有无知识的学习"。该类方法主要聚焦的是研究系统的执行能力。这个时期主要通过对机器的环境及其相应性能参数的改变来检测系统所反馈的数据，就好比给系统一个程序，通过改变它们的自由空间作用，系统将会受到程序的影响而改变自身的组织，最后这个系统将会选择一个最优的环境生存。在这个时期最具有代表性的研究就是 Samuel 的下棋程序，但这种机器学习的方法还远远不能满足人类的需要。

2）第二阶段

第二阶段是从 20 世纪 60 年代中叶到 70 年代中叶，该时期的研究方向是将各个领域的知识植入系统里从而实现机器模拟人类学习的过程。研究人员开始采用图结构及其逻辑结构方面的知识进行系统描述。在研究阶段初期，研究人员主要通过各种符号与连接来表示机器语言，同时在进行实验时意识到基于当下的系统环境无法学到更加深入的知识，因此研究人员将各专家学者的知识加入系统里，经过实践证明这种方法取得了一定的成效。在这一阶段具有代表性的工作有 Hayes-Roth 和 Winson 的结构学习系统法。

3）第三阶段

第三阶段是从 20 世纪 70 年代中叶到 80 年代中叶，又称复兴时期。在此期间，研究人员从机器学习单个概念扩展到学习多个概念，探索不同的学习策略和学习方法，并且把学习系统与各种应用结合起来，取得巨大的成功。与此同时，专家系统在知识获取方面的需求也极大地刺激了机器学习的研究和发展。在出现第一个专家学习系统之后，示例归纳学习系统成为研究的主流，自动知识获取成为机器学习应用的研究目标。1980 年，美国的卡内基梅隆（CMU）召开了第一届机器学习国际研讨会，标志着机器学习研究已在全世界兴起。此后机器学习开始得到了大量的应用。1984 年，Simon 等 20 多位人工智能专家共同撰文编写的 "Machine Learning" 文集第二卷出版以及国际性杂志 *Machine Learning* 创刊，更加显示出机器学习突飞猛进的发展趋势。与此同时，人工智能的发展也全面进入机器学习时代。这一阶段代表性的工作有 Mostow 的指导式学习、Lenat 的数学概念发现程序、

Langley 的 BACON 程序及其改进程序。

4）第四阶段

第四阶段是从 20 世纪 80 年代中叶到现在，该时期的机器学习有如下特点。

（1）机器学习已成为新的学科，它综合应用了心理学、生物学、神经生理学、数学、自动化和计算机科学等形成了机器学习的理论基础。

（2）融合了各种学习方法，且形式多样的集成学习系统研究正在兴起。

（3）机器学习与人工智能各种基础问题的统一性观点正在形成。

（4）各种学习方法的应用范围不断扩大，部分应用研究成果已转化为产品。

（5）与机器学习有关的学术活动空前活跃。

8.2.2 机器学习的分类

1. 算法分类

由 8.2.1 节内容可知，机器学习从算法种类上可分为四类：监督学习、无监督学习、概率图模型和强化学习。

1）监督学习

监督学习是机器学习中最为经典也是使用最为广泛的模型，其研究的是特征与标签之间的隐含关系。监督学习通过让机器学习大量带有标签的样本数据，训练出一个模型，并使该模型可以根据输入得到相应输出的过程。通过已有的一部分输入数据与输出数据之间的对应关系，生成一个函数，将输入映射到合适的输出。举个通俗的例子：高考试题（特征）是在考试前就有标准答案（标签）的，在学习和做题的过程中，可以对照答案，分析问题找出方法（发掘算法规律）。而在高考题没有给出答案的时候（新的题目意味着新的特征），也可以根据之前问题与答案之间的逻辑关系给出正确的解答（预测新的特征所对应的标签），这就是监督学习。监督学习的主要目的是使用有类标的训练数据构建模型，可以使用经训练得到的模型对未来数据进行预测。监督学习的一般流程如图 8-9 所示。

（1）选择适合目标任务的数学模型。

（2）把一部分已知的"问题和答案"（训练集）给机器去学习。

（3）机器总结出自己的"方法论"。

（4）人类把"新的问题"（测试集）给机器，让机器去解答。

监督学习有两个主要任务（图 8-10）。

图 8-9　监督学习的一般流程

图 8-10　监督学习的两个任务

（1）回归。预测连续的、具体的数值，如支付宝里的芝麻信用分数。

（2）分类。对各种事物分门别类，用于离散型数据的预测。

2）无监督学习

无监督学习是没有标签的一种学习，本质上是一个统计手段，在没有标签的数据里发现潜在的结构的一种训练方式。相比监督学习，无监督学习不给出正确答案，由算法仅根据原始特征寻找模式。通过无监督学习，我们可以在没有已知输出变量和反馈函数指导的情况下提取有效信息来探索数据的整体结构，如通过聚类发现数据的子群，数据压缩中的降维等。常见的无监督学习算法有两种：聚类和降维，如图 8-11 所示。

图 8-11　两种主流的无监督学习方式

（1）聚类。聚类是一种自动分类的方法，在监督学习中，你很清楚每一个分类是什么，但是聚类则不是，你并不清楚聚类后的几个分类每个代表什么意思。

（2）降维。降维看上去很像压缩。这是为了在尽可能保存相关的结构的同时降低数据的复杂度。

对比监督学习和无监督学习（图8-12），其主要区别有如下三点。

图8-12　监督学习 vs 无监督学习

（1）监督学习是一种目的明确的训练方式，你知道得到的是什么；而无监督学习则是没有明确目的的训练方式，你无法提前知道结果是什么。

（2）监督学习需要给数据打标签，而无监督学习不需要给数据打标签。

（3）监督学习由于目标明确，所以可以衡量效果；而无监督学习几乎无法量化效果如何。

3）概率图模型

概率图模型，简称图模型（graphical model，GM），是指一种用图结构来描述多元随机变量之间条件独立性的概率模型（条件独立性是关键）。该模型的主要优点是把概率分布中的条件独立用图的形式表达出来，从而可以把一个概率分布（特定的且应用相关的）表示为很多因子的乘积，进而简化在边缘化一个概率分布时的计算。这里的边缘化指的是给定 n 个变量的概率分布，求取其中 m 个变量的概率分布的计算（$m < n$）。概率图模型的主要目标是在有限的计算力下，实现更精准的概率推断，即在给定的一些观察变量下，根据观察变量和被推断变量的关系，来推出我们想要的被推断变量的概率。

概率图模型主要有两大类：一类是贝叶斯网络（又称有向图模型）；另一类是马尔科夫网络（又称无向图模型）。如图8-13所示。一般在研究图模型时需要关注三点。

（1）图模型的表示（representation）。图模型的表示指的是对于一个概率模型，如何通过图结构来描述变量之间的依赖关系。用通俗的话讲就是图模型应该长什么样子。

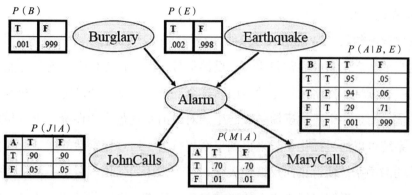

图 8-13 概率图模型案例

（2）图模型的推断（inference）。图模型的推断指的是已知图模型的情况下，怎么去计算想要查询的变量的概率。例如已知一些观察节点的概率分布，去求其他未知节点的概率分布。

（3）图模型的学习（learning）。图模型的学习指的是如何用真实世界数据进一步拟合所构建的图模型，这里可以通过改变模型参数或者模型结构去拟合数据。因此图模型的学习通常分为两类：图的结构学习和图的参数学习。

概率图模型的三个基本问题如图 8-14 所示。

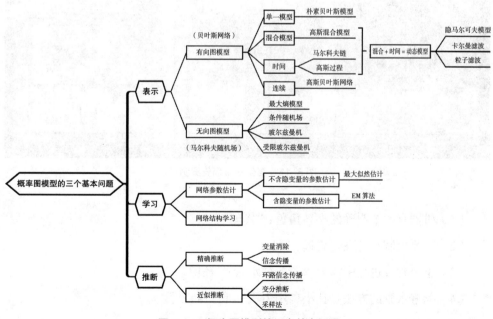

图 8-14 概率图模型的三个基本问题

4）强化学习

强化学习的目标是构建一个系统，在与环境交互的过程中提高系统的性能。环境的当前状态信息中通常包含一个反馈信号，可以将强化学习视为与监督学习相关的一个领域，然而在强化学习中，这个反馈值不是一个确定的类标或者连续类型的值，而是一个通过反馈函数产生的对当前系统行为的评价。通过与环境的交互，系统可以通过强化学习来得到一系列行为，通过探索性的试错或者借助精心设计的激励系统使得正向反馈最大化。一个常用的强化学习例子就是象棋对弈的游戏，在此，系统根据棋盘上的当前局态（环境）决定落子的位置，而游戏结束时胜负的判定可以作为激励信号。AlphaGo 就是强化学习的成功应用。

以 Flappy bird 这个游戏为例，来看一下强化学习的场景构成。在该游戏中需要简单的单击操作来控制小鸟，躲过各种水管，飞得越远越好，因为飞得越远就能获得更高的积分奖励。而这就是一个典型的强化学习场景（图 8-15）。

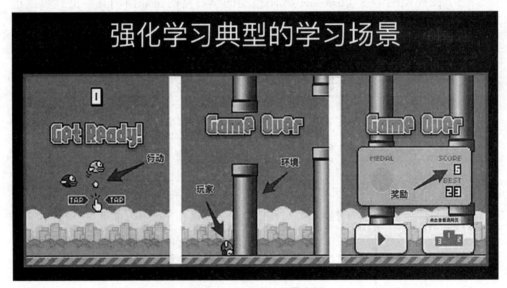

图 8-15　强化学习场景案例

（1）机器有一个明确的小鸟角色："代理"。

（2）需要控制小鸟飞得更远："目标"。

（3）整个游戏过程中需要躲避各种水管："环境"。

（4）躲避水管的方法是让小鸟用力飞一下："行动"。

（5）飞得越远，就会获得越多的积分："奖励"。

强化学习的主流算法有两大类，两者主要的区别在于 AI 是否能完整了解或学习到所在环境的模型。

（1）有模型学习（model-based）。对环境有提前的认知，可以提前考虑规划，但是缺点是如果模型跟真实世界不一致，那么在实际使用场景下会表现得不好。

（2）免模型学习（model-free）。放弃了模型学习，在效率上不如前者，但是这种方式更加容易实现，也容易在真实场景下调整到很好的状态。所以免模型学习方法更受欢迎，得到更加广泛的开发和测试。

2. 应用场景分类

这里的应用场景我们只聚焦与量化投资领域，详细的任务场景、任务剖析、对应的机器学习算法以及应用方法如表 8-1 所示。

表 8-1　机器学习在量化应用场景下的分类

任务场景	任务剖析	机器学习算法	应用方法
商品期货价格预测	预测价格未来趋势时，应该通过对历史数据的学习，找到完善对价格走势产生影响的因素，从而得到相应模型。而传统 OLS 法会由于金融数据高度相关而误差过大	Lasso 回归	Lasso 回归通过加入惩罚项，增加模型复杂程度，减少了病态数据的影响，从宏观基本面角度筛选了部分可能对商品期货价格产生影响的因素。首先通过相关性分析找到各解释变量最佳滞后窗口，再对期货价格以及变量指标进行模型训练和预测
预测财务造假概率	解决该类问题首先需要找到历史数据中每个影响财务造假概率的因素以及各个因素与"是否财务造假"行为的相关度，然后通过决策树算法预测未来的造假概率	决策树	首先要结合公司参与年报财务造假的动机、学者的研究列出初步筛选的特征指标，剔除一些相关程度大并且相关变量多的变量，通过不同种类的决策树算法学习历史数据中的影响因素并得到相关度，最终得到预测财务造假概率
多因子选股	由于现阶段不断有新的因子被挖掘，多因子选股策略所要求的计算量也就越来越大。而目前的量化选股又是效率至上，因此亟须提高运算效率	集成学习（Bagging、Boosting）	从实践的角度来看，机器学习所做的工作是在现有因子的数据集上建立模型，对股票收益率进行拟合，然后对模型进行评估和优化。然而单个学习器的预测能力是有限的，集成学习可通过构建并结合多个学习器来完成学习任务
趋势动量模式聚类选股模型	思路是使用聚类的方法，找到短期内表现较股票的动量和趋势模式特征选择最接近该特征的股票构建投资组合，使得组合能够在较短周期内取得较好收益	聚类算法	在 t 时刻，计算所有股票在 $t-20$ 时刻的动量和趋势指标值，并进行 K-means 聚类得到 M 个股票组，计算 20 天内收益最高的股票组的指标中心向量，记做 center，再计算其他所有股票的指标向量以及每个向量与 center 的欧式距离并从小到大排序，选出前二十支持有 20 天后卖出，策略逐日滚动

续表

任务场景	任务剖析	机器学习算法	应用方法
优化投资组合权重	量化投资面临着具有高风险和高不确定性的环境，往往需要在不同阶段频繁调整不同股票的投资比例	Q-learning	Q-learning算法具有不断试错、优化调整的特点。其原理是：某股票在第 t 期的表现超出预期，则增加该股票的投资比例；否则其将受到惩罚，即调低该股票的投资比例，直到退出为止
指数择时	择时交易是利用某种方法来判断大势的走势情况，是上涨还是下跌或者是盘整。HMM的作用其实只是用于特征选取：哪个指标能更好地反映市场的行为	隐马尔科夫模型	假设只能执行多头策略，将样本内各个时期对应的多头策略收益率按高低排列并分成三组，代表涨、震荡、跌，并以1、0、-1分别替代；计算样本内的评价指标如胜率、收益回撤比、夏普比率等，并重复该步骤挑选收益回撤比和胜率最高的技术指标
对股票走势状态分类	当我们分析股票表现是否强势时，通常需要通过相应的因子特征进行判断。在整个样本空间中，如果要快速确定某股票是否强势，就要首先确定不同状态的分类边界	KNN算法	KNN算法具体思路是考察某个样本在特征空间内的 K 个最相似（即最邻近）的样本，如果绝大多数属于某一类别，则该样本也属于这个类别。K 取值的不同会让分类边界的形状变得不同。K 较小，分类边界较弯曲，反之较直。前者会带来过拟合，后者会造成欠拟合。通常采用交互验证的方法寻找最优的 K 值
价差预测	套利交易的本质是价差交易，对于价差走势的准确预判是套利成功的关键。其本质都是预判未来价差将处于一个特定的水平，从而结合当前价差情况来执行套利	贝叶斯统计	利用贝叶斯统计，对未来价差作出预测后，对比当前价差与预测价差，如果当前价差明显低于预测价差，我们就做多价差；反之，则做空价差。待价差达到预测值后，平仓离场
量化择时	择时交易是指利用某种方法来判断大势的走势情况：上涨、下跌或盘整。但由于大盘趋势和宏观经济、微观企业、国家政策以及国际形势等密切相关，很难准确判断大盘走势	SVM	以统计学理论为基础，在最小化样本误差的同时寻求结构风险最小化，以提高泛化能力。SVM算法优点在于通过参数寻优以降低泛化出错率，同时使用核函数在高维度特征空间中进行学习以解决非线性分类和回归问题

表8-1中提到的一些算法我们会在经典模型介绍中详细阐述，这里就不再赘述。

8.2.3 机器学习建模流程

如同人类学习某种技能需要持续练习一样，机器学习某种规律也需要大量的数据进行训练。从开始获取数据、训练机器学习模型到最终模型投入应用，通常需要遵循一些固定的流程。图8-16展示了机器学习的基本框架，主要步骤包括数据获取、数据处理、模型选择、模型训练、模型评估、模型调参、模型预测和模型评价。

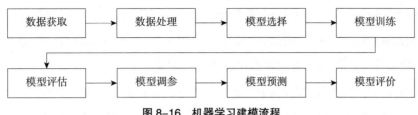

图 8-16　机器学习建模流程

1. 数据获取

数据获取是机器学习基本流程的第一步,是模型建立的基础。如果数据的数量不足,或者信噪比过低,那么再精妙的算法也难以发挥作用。因此,如何获取大量的、高质量的数据,是开发机器学习模型过程中首先需要考虑的问题。目前,获取数据的途径有很多,如可以在网络上公开的数据库中获取数据,还可以通过爬虫直接从网络中爬取所需要的数据,再者就是从各个终端、平台中获取相关的数据,如金融领域的雅虎财经、新浪财经、万得终端等。数据获取是整个流程中非常重要的一步,因为数据的数量和质量直接决定了预测模型的好坏。

2. 数据处理

作为准备工作中最重要的一环,数据处理很大程度上影响着最终模型的效果。处理过程通常包含以下步骤。

1)数据转换

现实生活中的数据通常不是完美的,如数据会存在缺失值,不同特征的取值范围不同,不同特征之间具有相关性等,这些都会影响到机器学习模型的训练速率和准确率。因此在正式训练之前,需要对数据进行转换。对于包含缺失值的条目,可以直接删去或以总体均值填充。标准化可以将所有特征限制在相同的范围内。降维能够避免特征之间相关性的影响,也能避免维数灾难的发生。数据转换这一步看似简单,但往往是机器学习成败的关键。常用的数据转换方法如下。

(1)缺失数据处理。处理缺失值的两个方法是删除和填充。删除是直接将包含缺失值的特征或样本删除;填充是为了避免删除整个特征或样本会损失很多有价值的数据。缺失值的填充可以使用各种插值技术,最常用的是均值插补(mean imputation),此外还有中位数插补、众数插补等。应在合适的数据类别中选用合适的填充方式。

(2)去极值处理。去极值处理避免异常值对训练结果产生影响,通常可以在截面或时序维度进行,常见的方法有标准差去极值法、中位数去极值法等。

（3）标准化处理。如果数据之间的数量级差异很大，大多数的学习算法会根据较大值的误差进行权重优化，因此直接使用原始数据可能会让模型的训练变得困难。数据标准化处理可以将数据拉回到同一水平线，同时保持数据的大小顺序。标准化同样可以在截面和时序两个维度上进行，常见的标准化方法包括 Z 值法和 minmax 法等，其中 Z 值法类似于正态分布标准化，即序列减去均值后再除以标准差；minmax 法与数据的大小范围有关，会将数据缩放到 [0, 1]。不同的标准化方式选择对最终的训练效果也会有一定的影响。对于绝大部分机器学习算法，Z 值法更易于权重的更新，因此更加实用。决策树和随机森林是机器学习算法中为数不多的不需要进行标准化处理的算法。

（4）类别数据处理。类别数据有两个类型：标称特征（nominal feature）和有序特征（ordinal feature）。对于有序特征，可以建立起一个映射字典，将类别字符串与有序的整数建立映射。比如"小盘股、中盘股、大盘股"分别映射为"1，2，3"；对于标称特征，虽然也可以将字符串分别映射为不同的整数，如将价值股定义为 0，周期股定义为 1，成长股定义为 3，但这样做会导致机器学习算法认为这两个特征是有大小顺序的，因此学习的结果将不是最优结果。解决这一问题的常用技术是独热编码（one-hot encoding）技术。独热编码是构建一个虚拟特征（dummy feature），用二进制来标识样本类别。利用独热编码技术，价值股的虚拟特征为（1，0，0），周期股为（0，1，0），成长股为（0，0，1）。

（5）其他处理。对于不同的数据或预测目标，可能会有不同的额外处理方式。例如，在因子数据的处理中通常要做中性化，即行业市值中性化；一些日内的数据可能需要做重采样（resampling）或高频数据低频化等数据融合处理；当一个序列需要剔除另一些序列带来的影响时，可能需要进行线性回归取残差处理等。

2）特征提取

原始数据中有价值的信息往往湮没在噪声中。原始数据由于格式和类型的限制，可能无法直接用于训练模型。因此需要先从原始数据中提取富有信息量的、可以放入模型训练的特征，这一步称为特征提取。例如，在自然语言识别中，人们借助"Word Embedding"技术，将以文字表示的词汇转换为以数值表示的向量。在图像识别中，人们首先从原始的图片里提取出三原色、亮度等信息。在多因子选股中，人们从原始的价量数据中提取出各类因子，暗含了特征提取的思想。特征提取有一些基本套路，但更多的是基于人的经验和探索。

特征提取一方面降低了输入数据的维度,另一方面剔除了冗余信息,使特征与特征之间的相关性更低,但仍保留大量原始数据的信息。另外,人工特征提取的特征一般具有逻辑性与可解释性,但可能会失去一定的广泛性。在一些深度学习的应用中,通常不需要人工预先做特征提取,因为特征提取一般会在网络的前几层完成,而且特征提取的方式会跟整个网络一起训练。优质的特征能够令模型训练的过程事半功倍。

3)数据集的划分

为了保证算法不仅在训练数据集上有效,同时还能很好地应用于新数据,通常会随机地将数据集划分为训练集(training set)、验证集(validation set)以及测试集(test set),如图 8-17 所示。在训练集上对模型进行训练,接着在验证集上测试模型是否过拟合,最后根据最优评估结果选出的模型在测试集上评估模型在样本外的表现。为了充分利用数据集,有时会采用滚动训练测试的方法来训练模型。

图 8-17　数据集的划分

3. 模型选择

与自然语言处理(NLP)和计算机视觉(CV)不同,机器学习在金融上的建模应用多是在表格化数据上进行的。在模型选择时要匹配数据集的大小以及应用的场景,有时还需要考虑金融模型本身的现实意义。

以匹配数据集为例,如果数据中包含特征和标签,希望学习特征和标签之间的对应关系,那么可以采用监督学习的方法;如果没有标签,希望探索特征自身的规律,那么可以采用非监督学习;如果学习任务由一系列行动和对应的奖赏组成,那么可以采用强化学习。如果需要预测的标签是分类变量,比如预测股票上涨还是下跌,那么可以采用分类方法;如果标签是连续的数值变量,比如预测股票具体涨多少,那么可以采用回归方法。另外,样本和特征的个数,数据本身的特点,这些都决定了最终选择哪一种机器学习方法。

以应用场景为例，在低频的情景中，数据相对匮乏，多数场景只需要大致把握趋势而非预测具体的值，此时就应选择相对简单的模型，会更加稳健，而且可能具有一定的解释性。通常来说，盲目增加模型的复杂度，或者错配应用场景，会导致模型难以训练或者出现过拟合。在高频数据或高维度的数据建模上，深度学习将会是一个更好的选择，在这种情形下，它可以显著地打败传统的机器学习模型。

常用的传统机器学习模型如图 8-18 所示。

4. 模型训练

以监督学习为例，模型训练的本质是寻找最优的参数使得在训练集上的损失函数平均值最小。参数的优化算法中，最经典的是梯度下降法（gradient descent method）。在最小化问题中，梯度的反方向便是函数值下降最快的方向。另外，

监督学习			无监督学习
回归	分类	聚类	降维
Lasso 回归	逻辑回归	K均值聚类	主成分分析
岭回归	支持向量机	分层聚类	核主成分分析
朴素贝叶斯	决策树	最大期望算法	多维尺度分析
逻辑回归	随机森林	流形学习	独立主成分分析
支持向量机	神经网络	DBSCAN 算法	线性判别
决策树	K近邻算法	Mean Shift 算法	偏最小二乘法
随机森林			
神经网络			

图 8-18　常用的传统机器学习模型

还有很多其他的参数优化算法如 Nesterov 动量算法以及 AdaGrad，Adam 自适应学习率算法等。

在模型训练时，可以分别在训练集和验证集上观察损失值。一般来说，在训练集和验证集上的损失均会逐渐减小。如果观察到训练集上损失减小，但验证集上的损失长时间没有下降并处于波动状态，那表明模型目前在该数据集上无法识别潜在的关系。当在训练集上的损失减小、速度变慢时，一旦在测试集上的损失有增大的趋势，则应提前停止训练，减少过拟合。通常在两个损失值均下降至平稳波动时，表明模型训练基本完成。

5. 模型评估

1）经验误差与过拟合

在对模型进行训练时，需要对其进行评估，原因在于面对一个机器学习问题时，会存在众多备选模型，每个模型的参数也存在多种可能的取值。如何选择最合适的模型和参数成了非常重要的问题。因此需要对每个备选模型进行评估，并选择合适的指标对备选模型作出评价，从而找出最优的模型。而这里就牵涉到所谓的"经验误差"和"过拟合"。

"经验误差",也叫"训练误差",指的是模型在训练集上的误差,同时将模型在新样本上的误差称为"泛化误差"。显然,我们希望模型能够得到尽可能小的泛化误差,因为训练的样本是已知的。虽然在理论上可以通过设计非常复杂的模型来完全的学习到已知样本上的所有信息,但是我们更加希望模型能够在未知的新样本上取得尽可能小的错误率,因为我们通过已知的样本训练得到的模型,最终是在实际应用中用来预测未知样本的。

因此,我们希望模型在训练过程中学习得到的不是训练样本的全部信息,而是希望模型能够从训练样本中提炼出样本的"普遍规律",这样才能在新样本中作出正确的预测。若模型将训练样本自身的一些特性和噪声也学习到了,则很可能导致模型的泛化能力下降。在机器学习中我们将这种现象称为"过拟合";而与之相对应的是"欠拟合",即模型没能学习到样本的一般规律。

导致模型出现过拟合现象的原因有很多,比如训练样本的数量过少,模型无法学习到样本的一般规律;又或者模型的学习能力过强,使得模型学习到了训练样本中的噪声;抑或者是训练样本的分布并不能代表数据的总体分布,所以模型无法学习到所有的信息等等。而欠拟合则很可能是由于模型的过于简单,无法很好地学习到样本的一般规律。不管过程如何,我们最终希望得到的是泛化能力较好的模型,而评估模型的泛化能力又不能直接在训练样本上进行,因为在训练过程中会出现无法彻底消除的过拟合现象,所以我们需要合适的评估方法来对模型的泛化能力进行估计,而其中最重要的方法就是"交互验证"。

2)交互验证

在回答交互验证这个问题前,首先对"过拟合"问题进行量化处理。对于一般的回归问题,通常使用均方误差(mean squared error,MSE)来衡量模型的表现。均方误差可以分解为方差(variance)和偏差(bias):

$$均方误差 = 方差 + 偏差$$

图8-19中的打靶图形象地说明了两者的区别,小的方差代表射手射得稳,小的偏差代表射手瞄得准。

具体而言,第一项方差代表我们使用不同训练集时模型表现的差异。由于模型的构建通常和训练集的统计性质有关,不同的训练集会导致模型出现差异。如果某个机器学习方法得到的模型具有较大的方差,训练集只要有少许变化,模型就会有很大的改变。复杂的模型一般具有更大的方差。第二项偏差代表实际模型

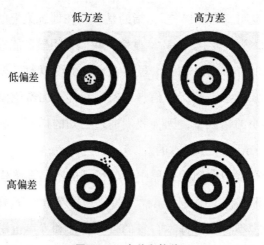

图 8-19 方差和偏差

与理想模型的差别。例如，线性模型是常用的模型之一，而真实世界往往是非常复杂的，当我们用线性模型去解释世界时，很可能会出现问题。举例说明，假设我们用复杂度为 2 的线性模型（有截距和斜率两个参数）拟合一个非线性模型（模型复杂度远大于 2），将产生较大的均方误差，其中很大一部分来源于偏差。当我们不断增加模型的复杂程度，模型的均方误差不断下降，整体表现逐渐提升，主要原因是偏差逐渐下降，说明模型更加符合真实的情况。然而随着模型的复杂程度进一步增加，可以发现样本差异导致的方差急剧上升，说明复杂的模型更多地把握住了属于训练样本独有的特性，而非数据的共性，这是我们不希望看到的。均方误差、方差和偏差随模型复杂度的变化关系如图 8-20 所示。

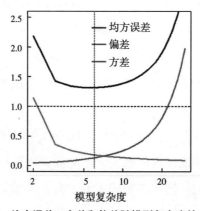

图 8-20 均方误差、方差和偏差随模型复杂度的变化关系

机器学习的训练过程是一个不断调整模型的参数数量和大小的过程。在调参的过程中，模型总是会更好地拟合训练集，类似于图 8-20 中复杂度逐渐增大的情形，此时最需要避免的情况是过拟合（overfitting），即模型的方差过大。通俗地说，过拟合是指模型"记住"了训练样本对应的正确答案，但模型不适用于样本外的数据。

图 8-21 展示了欠拟合、正常拟合和过拟合三种情况。其参数数量也由少到多，参数越多，训练样本的错误率就越低；另一方面，更多的参数也让模型记住了更多训练数据特有的特征和噪声，而非挖掘出总体的信号，因此更容易产生过拟合。

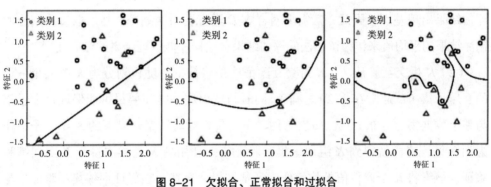

图 8-21　欠拟合、正常拟合和过拟合

避免过拟合最重要的方法是进行交互验证。交互验证是指使用不曾在训练中出现过的数据来进行验证。如果模型在验证时性能和训练时大致相同，那么就可以确信模型真的"学会"了如何发现数据中的一般规律，而不是"记住"训练样本。这实际上和学生考试的情形类似，要想考查学生是否掌握了某个知识点，不能使用课堂上讲过的例题，而应当使用相似的习题。交互验证的核心是将全部训练样本划分成两部分：一部分用来训练模型，称为训练集；另一部分用来验证模型，称为验证集，随后考察模型在训练集和验证集的表现是否接近。

3）交互验证中数据集的划分方法

划分训练集与验证集的方法有很多，常用的有三种方法：留出法、K 折交互验证法和自助法。量化投资实战中以 K 折交互验证法使用最为广泛，下面我们就来一一介绍这些方法。

（1）留出法。假设有 m 个样本的训练数据集: $D=\{(x_1, y_1), (x_2, y_2), ..., (x_m, y_m)\}$。留出法是将样本按照一定比例划分成训练集 S 和验证集 T。假设 D 中包含

1 000个样本,按照7∶3的比例划分,则训练集S有700个样本,而验证集T有300个样本。训练集和验证集是互斥的集合,即

$$D=S\cup T, S\cap T=\varnothing$$

得到训练集和验证集后,在训练集上训练模型,在验证集上评估模型的泛化能力。而在使用留出法划分数据时,需要尽可能保证划分后的训练集和验证集都能与原有数据的分布一致,避免因为数据的划分给模型带来额外的偏差。例如在样本为1 000的集合D中,有500个正例以及500个负例,则按照7∶3的比例划分后,训练集和验证集中包含的正负例个数比例应与样本集合D中保持一致。同时由于划分的样本是随机抽取的,即每次划分结果都不一致,这就会导致模型的评估结果出现差别,因此一般需要对样本D进行若干次划分,然后取每次划分的预测结果的平均值来作为留出法的评估结果。这样才能保证结果的可靠性。

(2)K折交互验证法。K折交互验证法是将数据集随机划分为K个大小一致的互斥子集(K通常在3~20之间),同时与留出法一样需要尽可能保证每个子集与整个数据集的分布一致。每次选用一个子集作为验证集,剩下的$K-1$个子集作为训练集,这样就得到K组训练集和验证集。利用这K组样本进行K次训练和验证,最终将K个评估值的均值作为评估结果。显然,在保证训练集和验证集与整个数据集的分布一致的情况下,K的取值应越大越好,但较大的K值会带来更大的计算成本,因此K的取值需要衡量计算成本和评估精度。一般来说,$K=10$。为了方便起见,图8-22展现了5折交互验证的过程,把全体样本随机划分成5个不重叠的部分,每次用黑框内的部分(占整个数据集的1/5)作为验证集,其余部分作为训练集。最终将得到5个验证集的均方误差,取均值作为验证集的平均表现。

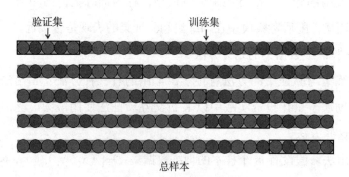

图8-22 5折交互验证示意图

（3）自助法。上述的留出法和交互验证法都只是利用了数据集 D 中的一部分样本用于训练，而我们希望评估的是模型在整个数据集 D 上训练得到的预测效果。所以不管是留出法还是交互验证法，它们或多或少都会引入一些因为样本训练规模不同而导致的误差。

而自助法则可以较好地解决这个问题。它指的是在一个包含 m 个样本的数据集 D 中，我们对其进行采样得到一个新的数据集 D'，一般新的数据集 D' 的样本量与数据集 D 相同，即都为 m 个样本。而采样的方式与常见的采样不同，常见的采样方式是不放回采样，即每随机抽取一个样本，数据集 D 中就少一个样本，抽取得到的样本各自都不同。而自助法采用的是有放回采样，即每次都从 D 中随机抽取一个样本将其复制到新数据集 D' 后，再将其放回原数据集 D 中。而经过 m 次采样后，可以知道新数据集 D' 中会出现相同的样本，且原数据集 D 中的样本不一定会出现在新数据集 D' 中。

每个样本在 m 次采样中，都没有被抽取到的概率为 $\left(1-\frac{1}{m}\right)^m$，当 $m \to \infty$ 时：

$$\lim_{m \to \infty} \left(1-\frac{1}{m}\right)^m = \frac{1}{e} \approx 0.368$$

上述公式表明每个样本通过自助采样后，约有 36.8% 的概率不会出现在新的数据集 D' 中。而我们将新的数据集 D' 作为训练集，D 作为验证集，这样在训练时我们就拥有与原数据集相同的数据规模。同时在验证集 D 中，我们又有约 36.8% 的样本没有出现在训练集上。

自助法在数据集较小，难以有效划分训练集和验证集时比较适用，但是自助法采样得到的新的数据集 D' 改变了原有的数据分布，给模型带来了新的误差，因此数据集 D 的样本量足够大时，留出法和交互验证法更加适用。

6. 模型调参

模型调参又称超参数搜寻（hyperparameter tuning），超参数是指模型开始训练之前便设定的参数，如学习率，又或者深度学习中的全连接层（fully-connected layer）层数，每层的神经元数量等。超参数搜寻可以帮助我们找到一个较好的模型架构。在最初训练时，初始的模型架构一般是由经验确定的，主要来自前人在类似项目中的研究。在超参数搜寻时，一般会采用网格化搜寻方式，即遍历给出的超参数组合来设定模型并训练。与此同时我们可以结合交互验证，比较每组超参数组合下的模型在交互验证下的准确率，选择最优的超参数。

7. 模型预测

当确定最优的模型和参数后，下一步是在样本外数据即测试集上做模型预测。现实世界中的规律并非一成不变，当规律随时间发生变化时，就需要用新的数据训练模型，对模型进行动态调整。

8. 模型评价

在模型经过训练并预测得出结果之后，需要对模型进行整体评价，以此来衡量模型的好坏，判断所建立的模型是否符合要求。而量化的方法通常是建立合理且恰当的性能度量指标。根据待解决的任务类型的不同，可以将模型的性能度量指标划分为三类：回归任务度量、分类任务度量以及聚类任务度量。

1）回归任务度量

回归任务是利用数据集根据模型的计算，得出一个连续值的输出结果。如根据以往的气温预测明天的气温是多少度，抑或根据房屋的指标评估房屋的售卖价格等。利用评价指标，可以衡量模型的"好坏"，对比不同模型的效果。对于回归模型，常用的评价指标有以下几个。

（1）均方误差（mean squared error）。

（2）均方根误差（RMSE）。

（3）平均绝对误差（mean absolute error）。

（4）可决系数 R^2。

（5）可解释方差值（explained variance score）。

（6）中值绝对误差（median absolute error）。

2）分类任务度量

对于分类问题，可以采用分类正确率进行评价，即测试集中多少比例的样本归入正确的类别，正确率越高，代表模型越好。除了误差和正确率之外，还有一些指标也经常用于分类任务模型的评价，接下来将通过疾病筛查案例来做简单介绍。

假设有一种医疗诊断技术可以对某种疾病做早期筛查，如何评价这种技术是否可靠？假设每个人的状态分为两种：阳性（患病）和阴性（健康）；诊断的结果也分为两种：阳性（患病）和阴性（健康）。则一个人的真实患病情况与诊断结果共有四种可能的组合，即（病人，诊断）=（阳性，阳性）/（阳性，阴性）/（阴性，阳性）/（阴性，阴性），分别称为命中、漏报、虚报和正确拒绝，如图 8-23 所示。

	真实情况 = 阳性	真实情况 = 阴性
诊断结果 = 阳性	命中	虚报
诊断结果 = 阴性	漏报	正确拒绝

图 8-23　分类评价指标

如果我们把真实情况看成真实值，其阳/阴性对应真（true）/假（false）；诊断结果看成预测值，其阳/阴性对应正（positive）/负（negative），则上述矩阵被归纳为"混淆矩阵"，如图 8-24 所示。

混淆矩阵		真实值	
		Positive	Negative
预测值	Positive	TP	FP
	Negative	FN	TN

图 8-24　混淆矩阵

其中：

（1）TP。真实值为真，预测值为正，对应案例中的命中。

（2）FP。真实值为假，预测值为正，对应案例中的虚报。

（3）FN。真实值为假，预测值为负，对应案例中的漏报。

（4）TN。真实值为真，预测值为负，对应案例中的正确拒绝。

接着可以通过混淆矩阵构建模型的性能评价指标：

（1）正确率（accuracy）= $\frac{TP+TN}{TP+TN+FP+FN}$ = $\frac{命中+正确拒绝}{命中+正确拒绝+漏报+虚报}$，在案例中指的是"正确诊断出一个人是否患病"的概率。

（2）查准率（precision）= $\frac{TP}{TP+FP}$ = $\frac{命中}{命中+虚报}$，在案例中指的是"诊断出患病且此人确实患病"的概率。

（3）召回率（recall）= $\frac{TP}{TP+FN}$ = $\frac{命中}{命中+漏报}$，在案例中指的是"患病的人被诊断出患病"的概率。

（4）虚报率 = $\frac{FP}{FP+TN}$ = $\frac{虚报}{虚报+正确拒绝}$，在案例中指的是"没有患病的人被诊断出患病"的概率。

关于查准率与召回率，作为预测者，我们当然是希望两者都保持一个较高的水准，但事实上这两者在某些情况下是有矛盾的。例如我们想要提高识别正例样本的概率，即查准率，我们可以将预测分类阈值提高，只让更有可能为正例的样本被预测为正例，但同时也导致更多的正例样本被错误分类，即导致召回率下降；同样的，如果想要提高正例样本被正确识别的比例，即召回率，可以将分类阈值降低，让更多的样本被识别为正例，但这又会导致更多的负例样本被识别为正例，即查准率下降。所以，查准率和召回率一般来说是相互制约的关系。

在实际的分类任务中，使用哪个性能评价指标取决于任务自身的特性。回到上述案例，对于发病率较高的疾病，传统的正确率可以较好地衡量诊断技术的好坏。然而对于罕见病，正确率的意义就不大了。假设一种罕见病发病率是1‰，如果某种诊断技术给所有人的诊断都是阴性，那么它的正确率高达99.9%，但显然这一诊断没有任何意义。此时应该以命中率为评价指标，该诊断技术的命中率为0%，显然是不合格的。

最后，在一些分类任务中我们会发现数据中不同类别的样本数目并不均衡，如当我们开发机器学习模型预测公司是否可能发生信用违约，或者预测股票是否会被ST时，违约公司或ST股票的数量占比较小，但是筛查出这些特殊分类情形又显得尤为重要。此时我们会在使用正确率的同时也参考查准率和召回率。此外除了上述这些性能评价指标，研究人员还会借助ROC曲线和该曲线下面积AUC评价模型好坏。

拓展阅读 8-5

3）聚类任务度量

对于数据集 $D=\{x_1, x_2, ..., x_m\}$，假设通过聚类方法将数据分成了簇 $C=\{C_1, C_2, ..., C_k\}$，那么在聚类任务的度量指标中其构建的思想都是一致的，那就是构建出能够衡量簇内差异以及簇间差异的指标，从而衡量分类模型的划分结果。而这往往都是要求簇内差异越小，簇间差异越大，则聚类模型的性能越好。在聚类任务性能的度量中，最常用且最直观的指标是轮廓系数（silhouette coefficient），该系数的取值范围为[-1, 1]，值越大，表示相同簇内的样本距离越小，不同簇间样本的距离越大，即聚类效果越好。

8.3 机器学习经典模型介绍

8.3.1 经典回归模型介绍

1. 线性回归

1）模型介绍

线性回归（linear regression）是传统多因子模型中最常见的套路，也是最为基础的监督学习方法。为了帮助学生们清晰地理解该模型的框架，现从简单的一元线性回归开始介绍。

假设我们希望能用股票的市盈率因子预测收益率。首先选取沪深300成分股2022年底的市盈率以及2023年一季度涨跌幅。接着我们对市盈率取倒数，并且进行中位数去极值和标准化处理，得到EP因子。如图8-25所示，我们找到一条直线可以较好地拟合自变量x_1（EP因子）和因变量y（涨跌幅），该直线对应于线性模型：$y=w_0+w_1x_1$，市盈率越低，EP因子越大，那么股票越有可能上涨。

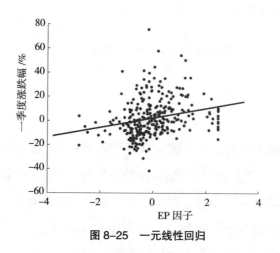

图8-25　一元线性回归

如果用机器学习的语言表述，根据已知的"特征"x_1和"标签"y，通过"训练"得到一个反映两者线性关系的模型（求解参数w_0和w_1的值）。如果这种关系在未来一段时间内能够延续，那么任意给出一个股票当前时刻的EP因子x_1，就可以"预测"该股票未来时刻的涨跌幅。根据已有的特征和标签训练模型，使用新的特征进行预测，两者构成了监督学习最核心的两个环节。

更多时候，单一自变量很难对因变量进行有效的预测，需要使用多元线性回归进行拟合。以传统多因子模型为例：已知股票下个月的涨跌幅y，以及当月的p

个特征变量，如估值因子 x_1，成长因子 x_2，动量因子 x_3，…，波动率因子 x_p，多元线性回归的目标是用特征因子 x_1，x_2，…，x_p 的线性组合解释并预测 y，拟合的模型如下：

$$y = w_0 + w_1 x_1 + w_2 x_2 + \cdots + w_p x_p$$

2）参数估计

在模型设定好后下一步就是对参数进行估计，在线性回归模型中，均方误差是常用的性能度量，用于衡量函数 $f(x)$ 估计值与真实值 y 之间的差别。而参数的最优解满足均方误差最小化，即

$$(w^*, b^*) = \arg\min_{(w,b)} \sum_{i=1}^{m} \left[f(x_i) - y_i \right]^2$$

基于均方误差最小化来进行模型求解的方法称为"最小二乘法"。在线性回归中，最小二乘法就是试图找到一条直线，使所有样本到直线上的欧氏距离之和最小。

回到本模型中，为了估计系数向量 $w = (w_0, w_1, \cdots, w_p)$ 的值，我们首先需要定义损失函数为全部样本拟合残差的平方和：

$$J(w) = \sum_{i=1}^{N} \left(y_i - w_0 - \sum_{j=1}^{p} w_j x_{ij} \right)^2$$

模型系数的估计量 $\hat{w}$ 转化为求损失函数最小时的 w 的取值：

$$\hat{w} = \min J(w)$$

求解方法是对损失函数关于参数 w 求导后等于 0，从而求出 w 的估计量。在样本量较小的情况下，我们可以直接求出 $\hat{w}$ 的解析解。在样本量较大的情况下，通常使用梯度下降算法，迭代多次求得 $\hat{w}$。多因子模型的框架中，w 代表因子收益率。通过最小二乘法确定模型参数后，给出任意股票某月月底截面期的因子 x_1、x_2、…、x_p，我们就能预测该股票下个月的收益率 y。

3）Python 实现

线性回归在 Python 中通过调用 scikit-learn 工具包来实现。scikit-learn，又写作 sklearn，是一个开源的基于 Python 语言的机器学习工具包。它通过 NumPy、SciPy 和 Matplotlib 等 Pthon 数值计算的库实现高效的算法应用，并且涵盖了几乎所有主流机器学习算法。线性回归的调用命令为：sklearn.linear_model.LinearRegression，其主要参数说明见表 8-2。

表 8-2 线性回归参数说明

参数名	参数说明
fit_intercept	是否计算该模型的截距。bool 型数据，默认 True，如果使用中心化的数据，可以考虑设置为 False，不考虑截距
normalize	是否对数据进行标准化处理。bool 型数据，默认 False，建议将标准化的工作放在训练模型之前，通过设置 sklearn.preprocessing.StandardScaler 来实现，而在此处设置为 false 当 fit_intercept 设置为 false 的时候，这个参数会被自动忽略。如果为 True，回归器会标准化输入参数：减去平均值，并且除以相应的二范数
copy_X	是否对 X 复制。bool 型数据，默认 True，如为 false，则即经过中心化，标准化后，把新数据覆盖到原数据上
n_jobs	计算时设置的任务个数，这一参数对于目标个数 >1（n_targets>1）且足够大规模的问题有加速作用。可选 {int, None, optional} 默认值为 None，如果选择 -1 则代表使用所有的 CPU

2. 岭回归和 Lasso 回归

1）正则化

在普通最小二乘法中，不对模型系数 w 做任何的先验假定。事实上，w 不可能取极大的正数或极小的负数。并且，在特征较多的情形下，很可能只有少数的几个特征具有预测效力。因此引入正则化（regularization）的重要思想，在最小二乘法损失函数的后面加入惩罚项：

$$J(w) = 损失函数 + 惩罚项$$

当惩罚项为系数向量 w 的平方和时（即 2 范数的平方），这种回归方法称为岭回归（ridge regression），又称 L2 范数正则化；当惩罚项为系数向量 w 的绝对值之和时（即 1 范数），这种回归方法称为 Lasso 回归，又称 L1 范数正则化。

对于岭回归，损失函数如下：

$$J(w) = \sum_{i=1}^{N}\left(y_i - w_0 - \sum_{j=1}^{p} w_j x_{ij}\right)^2 + \lambda \sum_{j=1}^{p} w_j^2$$

对于 Lasso 回归，损失函数如下：

$$J(w) = \sum_{i=1}^{N}\left(y_i - w_0 - \sum_{j=1}^{p} w_j x_{ij}\right)^2 + \lambda \sum_{j=1}^{p} |w_j|$$

其中，λ 为调节系数，λ 越大，则对参数越多的模型的惩罚力度越大，从而使 w 取值变小。对于岭回归，L2 范数体现在了惩罚项中。当线性回归过拟合时，权重系数 w 值会很大，而岭回归的意义在于在线性回归的损失函数的基础上，加入一个 L2 正则项，来限制权重 w 不要过大，并且通过确定 λ 的值可以使模型在偏差和方差之间达到平衡。随着 λ 的增大,模型的方差减小,偏差增大。岭回归能够减小特征之间的相关性,对共线性问题的处理有较好的效果,从而提升模型的稳定性和泛化能力。

对于 Lasso 回归,惩罚项由 L2 范数替换为 L1 范数,这样做不仅有助于降低过拟合风险还会带来一个额外的好处:更易于获得"稀疏解",即求得的 w 最优解有更少的非零项(参数向量中 w 值为 0 的数量变多)。原因在于岭回归中的 L2 正则化通常只会让参数尽量小,不会取到 0;而 Lasso 回归中的 L1 正则化会将参数压缩到 0(两类回归之间最本质的区别)。因此 L1 正则化在逐渐加强的过程中,相对不重要的特征的参数会比相对重要的特征的参数更快地变成 0,所以 L1 正则化本质是一个特征选择的过程,选出少量但重要的特征,以防止过拟合问题。而 L2 正则化在加强的过程中,会尽量让每个特征对模型都有一些贡献,相对不重要的特征的参数会非常接近 0。正是由于 Lasso 回归可以进行特征选择,因此该回归属于嵌入式特征选择,即将特征选择过程与机器学习训练过程融为一体,两者在同一个优化过程中完成,即在模型训练过程中自动地进行了特征选择。

除此之外,岭回归和 Lasso 回归对病态数据的拟合强于线性回归。这里的病态数据指的是输出结果对输入数据非常敏感,如果输入数据有微小误差,则解的误差会非常大。想象一个最极端的状态,回归模型中有两个特征完全相等,那么普通最小二乘法是无解的,但是岭回归和 Lasso 回归可以进行拟合。其次,相较于岭回归,Lasso 回归的惩罚力度更大,更有利于选出比较稀疏的若干个特征。图 8-26 展示了线性回归、岭回归和 Lasso 回归对相同数据的拟合效果,其中 Lasso 回归得

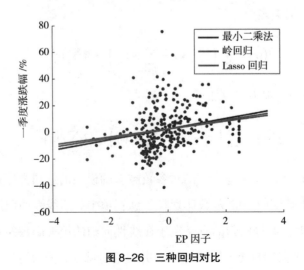

图 8-26 三种回归对比

到的斜率最小,其次为岭回归,线性回归的斜率最大。

2)Python 实现

这里使用 sklearn 自带的真实数据集——糖尿病数据集进行预测。首先是数据的导出:

1. from sklearn import datasets
2. diabetes = datasets.load_diabetes()
3. X = diabetes.data
4. y = diabetes.target

接下来把数据按 7:3 比例分成训练集和测试集。

1. from sklearn.model_selection import train_test_split
2. X_train, X_test, y_train, y_test=train_test_split(X, y, test_size = 0.3, random_state = 1)

然后分别用岭回归和 Lasso 回归进行拟合并输出结果,首先是岭回归:

1. from sklearn.linear_model import Ridge
2. rigde = Ridge(alpha = 0.5).fit(X_train, y_train)
3. # 模型的结果
4. w = rigde.coef_
5. b = rigde.intercept_
6. print('斜率权重估计量:', '\n', w)
7. print('截距常数项估计:', '\n', b)
8. # 模型的评价,训练集和测试集的得分
9. train_score = rigde.score(X_train, y_train)
10. test_score = rigde.score(X_test, y_test)
11. print('训练集得分:', train_score)
12. print('测试集得分:', test_score)

斜率权重估计量:
 [29.18169402 -109.4921177   385.37197493 228.17282761 -4.70369693
  -50.41438106 -163.79156131 125.69643785 294.86518195 108.90300919]
截距常数项估计:
 151.95400959618334
训练集得分: 0.4979078292418947
测试集得分: 0.4226505181514868

接着是 Lasso 回归：

```
1. from sklearn.linear_model import Lasso
2. lasso = Lasso（alpha = 0.1，max_iter = 100000）.fit（X_train，y_train）
3. # 模型的结果
4. w = lasso.coef_
5. b = lasso.intercept_
6. print（'斜率权重估计量：'，'\n'，w）
7. print（'截距常数项估计：'，'\n'，b）
8. # 模型的评价，训练集和测试集的得分
9. train_score = lasso.score（X_train，y_train）
10. test_score = lasso.score（X_test，y_test）
11. print（'训练集得分：'，train_score）
12. print（'测试集得分：'，test_score）
```

```
斜率权重估计量：
 [-0.   -150.60477802  587.41344043  285.69661391  -31.66539118
  -11.63213474  -203.85625379   0.   454.56503949   17.54989078]
截距常数项估计：
 151.3923084038255
训练集得分：0.5339335199509078
测试集得分：0.42854143446600357
```

从结果对比中可以看出，Lasso 回归消除了两个参数的影响，使得权重为 0；而岭回归则保留了所有参数的影响。其次从训练集和测试集得分差来看，岭回归约为 0.07 而 Lasso 回归约为 0.11，因此岭回归过拟合问题的处理表现要优于 Lasso 回归。

8.3.2 经典分类模型介绍

1. 逻辑回归

1）模型介绍

很多时候，我们并不需要预测股票下个月具体的涨跌幅，而是希望预测股票下个月会上涨还是下跌。换言之，我们面对的是"分类"问题，而非"回归"问

题。接下来介绍的逻辑回归（logistic regression），尽管名字中包含"回归"二字，但却是解决分类问题经常用到的机器学习方法。

逻辑回归，是一种广义的线性回归分析模型，主要解决二分类问题，用来表示某件事情发生的可能性。它既可以得到分类结果，也可以得到分类结果的概率。下面以预测股票上涨或下跌为例，其中因变量 $y=0$ 代表股票下跌，$y=1$ 代表股票上涨。逻辑回归本身为非线性回归模型，解决办法是利用 sigmoid 函数将其转化成线性回归模型。sigmoid 函数公式如下：

$$f(x) = \frac{1}{1+e^{-x}}$$

sigmoid 函数图像如图 8-27 所示。

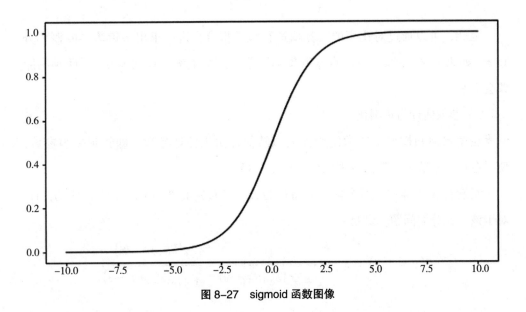

图 8-27　sigmoid 函数图像

从函数形状可以看出，该函数结构非常适合拟合二元分类问题，并且当自变量取极端值时，因变量被限制在二元变量 0 和 1 的区间内，不会出现超过 0 或 1 的情况。逻辑回归的基本思想不是直接对因变量 y 进行回归（线性回归拟合的是连续变量，而 y 是离散变量，无法直接拟合），而是先拟合决策边界（$y=1$ 或者 $y=0$ 时的概率分布，而概率的取值是连续的，因此可以进行线性拟合），再建立这个边界与分类的概率联系，从而得到了二元分类情况下的概率。具体而言，首先定义函数 π 为 $y=1$ 时的概率分布，即

$$\pi = P(y=1|X)$$

假设 0.5 为临界值，当 $\pi>0.5$ 时，$y=1$；反之 $y=0$。我们利用 sigmoid 函数来定义 π 的概率分布：

$$\pi = \frac{1}{1+e^{-\left(\sum_{i=1}^{p} w_i x_i + w_0\right)}}$$

对比原始的 sigmoid 函数可以发现 π 的定义仅仅是将 sigmoid 函数中的自变量 x 替换成了线性回归函数。接着定义二元分类发生比率：

$$\frac{\pi}{1-\pi} = \frac{P(y=1)}{P(y=0)}$$

对该比率取对数满足：

$$\ln\frac{\pi}{1-\pi} = \sum_{i=1}^{p} w_i x_i + w_0$$

至此，可以通过对比率的对数值进行线性拟合，进而求出决策边界的概率分布 π，如果 $\pi>0.5$，则 $y=1$，意味着预测股票未来会上涨；反之 $y=0$，说明预测股票会下跌。

2）参数估计与正则化

在逻辑回归模型中通常使用极大似然估计法来估计参数，即找到一组参数，使得在这组参数下，数据的似然度（概率）最大。

假设有 N 个样本，每个样本的特征为 X_i，其真实类别为 y_i，并且 $y_i \in \{0, 1\}$。对于该二元分类问题，满足：

$$P(y=1|X) = \pi = \frac{1}{1+e^{-\left(\sum_{i=1}^{N} w_i x_i + w_0\right)}} = \frac{e^{\left(\sum_{i=1}^{N} w_i x_i + w_0\right)}}{1+e^{\left(\sum_{i=1}^{N} w_i x_i + w_0\right)}}$$

$$P(y=0|X) = 1-\pi = 1 - \frac{1}{1+e^{-\left(\sum_{i=1}^{N} w_i x_i + w_0\right)}} = \frac{1}{1+e^{\left(\sum_{i=1}^{N} w_i x_i + w_0\right)}}$$

则似然函数满足：

$$L(w) = \prod_{i=1}^{N} (\pi_i)^{y_i} (1-\pi_i)^{1-y_i}$$

为了方便计算，对似然函数取对数处理得到对数似然函数：

$$\ln L(w) = \sum_{i=1}^{N} y_i \ln \pi_i + (1-y_i) \ln(1-\pi_i)$$

损失函数衡量的是模型预测错误的程度，对于逻辑回归其损失函数为取整个数据集上的平均对数似然损失：

$$J(w) = -\frac{1}{N}\ln L(w)$$

因此在逻辑回归模型中，最大化似然函数和最小化损失函数本质上是等价的。通常采用随机梯度下降法或牛顿法进行迭代求解，感兴趣的学生可以尝试自行推导，这里不再赘述。

3）Python 实现

逻辑回归模型可以通过直接调用 sklearn 工具包中的 LogisticRegression 函数实现，调用指令为：sklearn.linear_model.LogisticRegression，其主要参数说明见表 8-3。

表 8-3 逻辑回归参数说明

参数名	参数说明
penalty	惩罚项，str，默认 l2 正则化，可为 'l1'，'l2'，'elasticnet' 或 'none'。'netton-cg'，'sag'，'lbfgs' 只支持 'l2'，因为 'l1' 正则化的损失函数不是连续可导的。调参时如果主要是为了解决过拟合，选择 'l2' 正则化就够了。若选择 'l2' 正则化还是过拟合，可考虑 'l1' 正则化。若模型特征非常多，希望一些不重要的特征系数归零，从而让模型系数化的话，可使用 'l1' 正则化
dual	选择目标函数为原始形式还是对偶形式，bool 值，默认 False，将原始函数等价转化为一个新函数，该新函数称为对偶函数。对偶函数比原始函数更易于优化。当 n_samples> n_features 时，首选 dual = False
tol	优化算法停止的条件。float，默认 0.0001，当迭代前后的函数差值小于等于 tol 时就停止
C	正则化系数。float，默认 1.0，是正则化强度的逆，必须是正浮点数，其越小，正则化越强
fit_intercept	bool，默认 True，指定逻辑回归模型中是否添加常数偏置项 b
intercept_scaling	loat，默认为 1，仅在使用 solver= "liblinear"，且 fit_intercept=True 时有用。这时，x 变为 [x, self.intercept_scaling]，将常数值的附加到实例矢量后面，形成合成向量。注意！合成特征权重与所有其他特征一样经受 l1 / l2 正则化。为了减少正则化对合成特征权重（并因此对截距）的影响，必须增加 intercept_scaling
class_weight	dict or 'balanced'，默认为 None，用于标示分类模型中各个类的权重。权重 Weights 与 {class_label: weight} 形式的类相关联。如果没有给出，所有类的权重为 1。"balanced" 模式使用类标 y 的值来自动调整与输入数据中的类频率成反比的权重，如 n_samples / (n_classes * np.bincount (y))。请注意，如果指定了 sample_weight，这些权重将与 sample_weight（通过 fit 方法传递）相乘。New in version 0.17: class_weight='balanced'
random_state	int，默认为 None，当打乱数据时，使用伪随机数种子。如果是 int，则 random_state 是随机数生成器产生的种子；如果是 RandomState 实例，则 random_state 是随机数生成器；如果为 None，则随机数生成器是 np.random 使用的 RandomState 实例，只在 solver=='sag' 或 'liblinear' 时使用

续表

参数名	参数说明
solver	str: {'newton-cg', 'lbfgs', 'liblinear', 'sag', 'saga'}，逻辑回归损失函数的优化方法。用于优化问题的算法。具体使用看官方文档。liblinear'：使用坐标轴下降法来迭代优化损失函数。'lbfgs'：拟牛顿法的一种。利用损失函数二阶导数矩阵即海森矩阵来迭代优化损失函数，推荐用于较小的数据集。'newton-cg'：牛顿法的一种。'sag'：随机平均梯度下降。每次迭代仅仅用一部分的样本来计算梯度，适合于样本数据多的时候。saga 是 sag 的一类变体，它支持非平滑（non-smooth）的 L1 正则选项 penalty="l1"。因此对于稀疏多项式 logistic 回归，往往选用该求解器
max_iter	优化算法的迭代次数。默认 100
multi_class	'ovr' 或 'multinomial'。一对多或多对多。如果选择的选项是 'ovr'，那么在每个类上训练一个二分类问题。对于"多项式"，最小化的损失是整个概率分布中的多项式损失拟合，即使数据是二分类的。当 solver ='liblinear' 时，'multinomial' 不可用。如果数据是二分类的，或者如果 solver ='liblinear'，'auto' 选择 'ovr'，否则选择 'multinomial'
verbose	int, 控制是否 print 训练过程。对于 liblinear 和 lbfgs 求解器，将 verbose 设置为任何正数以表示详细程度
warm_start	bool，默认为 False，设置为 True 时，重用上一次调用的解作为训练的初始化，否则，只需擦除以前的解
n_jobs	int 或 None，默认为 None，用 CPU 的几个核来跑程序。如果 multi_class ='ovr'"，则在对类进行并行化时使用的 CPU 核心数。无论是否指定了 "multi_class"，当求解器设置为 "liblinear" 时，都会忽略此参数。"None" 表示 1，除非在 joblib.parallel_backend 上下文中。-1 表示使用所有处理器
l1_ratio	float 或 None，默认为 None，弹性网络混合参数，0 <= l1_ratio <= 1，仅在惩罚 ='elasticnet' 时使用

2. K 近邻算法

1）模型介绍

在大多数的分类算法中，都有一个暗含的假设：如果两个样本的各个特征都非常接近，那么它们很可能属于同一个类别。换句话说，每个样本所属的类别和其"邻居"差不多。K 最近邻（K-nearest neighbor，KNN）算法就是依照上述思想制定的分类规则，其核心思想是如果一个样本在特征空间中 K 个最相邻的样本中的大多数属于某一个类别，则该样本也属于这个类别，并具有这个类别上样本的特性。换句话说，每个样本对应的类别应当由其周围最近邻的 K 个邻居的类别决定。

KNN 算法假设所选择的邻居都已经是正确分类的对象，其具体思路是考察某个样本在特征空间内的 K 个最相似（即特征空间中最邻近）的样本，如果绝大多数属于某一类别，则该样本也属于这个类别。举例说明，图 8-28 展示的是 K=7 时的一个分类的案例，其中训练样本分成红色和灰色两个类别。当我们预测样点所属的类别时，首先找到距离它最近的 7 个点，发现 5 个属于红色、2 个属于灰色。由于红色占绝大多数，因此判断该样点属于红色类别。

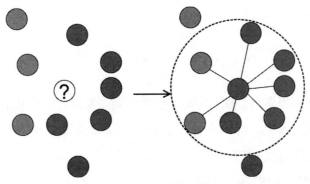

图 8-28　KNN 算法案例

KNN 算法中，K 通常是不大于 20 的整数，并且 K 取值的不同会让分类边界的形状变得不同。一般来说，当 K 取值较小时，分类边界较弯曲；相反，K 取值较大的时候，边界会变得更直。前者会带来过拟合而后者通常会造成欠拟合。因此在使用 K 最近邻算法时，最重要的步骤是选取一个合适的 K 值。针对不同的数据特点，最适合的 K 值也会有所不同，通常采用交互验证的方法寻找最优的 K 值。

2）距离的定义

KNN 是通过测量不同特征值之间的距离进行分类。具体而言，在 KNN 中我们通过某种相似性度量的方法将较为相似的个体划分到同一个类别中。而为了度量不同样本之间例如样本 x 和样本 y 之间的相似性，通常定义一个距离函数 $d(x,y)$，利用 $d(x,y)$ 来表示样本 x 和样本 y 之间的相似性。对于不同的应用场景，距离的定义方式也不尽相同，在机器学习算法中通常有三种定义方式：欧氏距离、曼哈顿距离和闵可夫斯基距离。三者的数学公式定义如下：

首先假设 P、Q 两点对应的坐标为

$$P = (x_1, x_2, \ldots, x_n) \in R^n$$
$$Q = (y_1, y_2, \ldots, y_n) \in R^n$$

则欧氏距离满足：

$$d(P,Q) = \sqrt{\left(\sum_{i=1}^{n}(x_i - y_i)^2\right)}$$

曼哈顿距离满足：

$$d(P,Q) = \sum_{i=1}^{n} |x_i - y_i|$$

闵可夫斯基距离满足：

$$d(P,Q) = \left(\sum_{i=1}^{n} (x_i - y_i)^p \right)^{\frac{1}{p}}$$

从上述公式可以看出，欧式距离和曼哈顿距离是闵可夫斯基距离的特殊形式，即在闵可夫斯基距离中，当 $p=1$ 时，闵可夫斯基距离即为曼哈顿距离；当 $p=2$ 时，闵可夫斯基距离即为欧式距离。

3）算法的逻辑步骤

KNN 算法的总体思路为：在训练集中数据和标签已知的情况下，输入测试数据，将测试数据中的特征与训练集中对应的特征进行相互比较，找到训练集中与之最为相似的前 K 个数据，则该测试数据对应的类别就是这 K 个数据中出现次数最多的分类。其具体可分解为如下三步。

（1）算距离。给定测试对象，计算它与训练集中的每个对象的距离。

（2）找邻居。圈定距离最近的 K 个训练对象，作为测试对象的近邻。

（3）做分类。根据这 K 个近邻归属的主要类别，来对测试对象分类。

实现上述算法思路的逻辑步骤如下。

（1）计算测试数据与各个训练数据之间的距离。

（2）按照距离的递增关系进行排序。

（3）选取距离最小的 K 个点。

（4）确定前 K 个点所在类别的出现频率。

（5）返回前 K 个点中出现频率最高的类别作为测试数据的预测分类。

KNN 算法是一种"lazy-learning"（懒散学习）算法，分类器不需要使用训练集进行训练，因此训练时间复杂度为 0；KNN 分类的计算复杂度和训练集中的样本数目成正比，因此如果训练集中样本总数为 n，那么 KNN 的分类时间复杂度为 $O(n)$；因此，最终的时间复杂度是 $O(n)$，如图 8-29 所示。

4）Python 实现

KNN 算法通过调用 sklearn 工具包中的 KNeighborsClassifier 函数实现，调用指令为：sklearn.neighbors.KNeighborsClassifier，其主要参数说明见表 8-4。

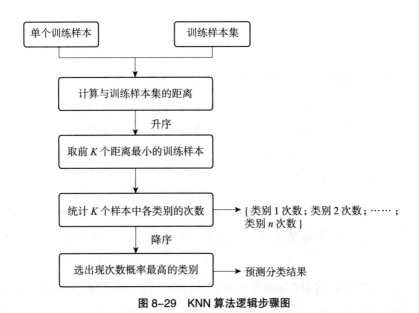

图 8-29　KNN 算法逻辑步骤图

表 8-4　KNN 算法参数说明

参数名	参数说明
n_neighbors	这个值就是指 KNN 中的 "K" 了。前面说到过，通过调整 K 值，算法会有不同的效果
weights	最普遍的 KNN 算法无论距离如何，权重都一样，但有时候我们想搞点特殊化，比如距离更近的点让它更加重要。这时候就需要 weight 这个参数了，该参数有三个可选参数的值，决定了如何分配权重。参数选项如下：① 'uniform'：不管远近权重都一样，就是最普通的 KNN 算法的形式。② 'distance'：权重和距离成反比，距离预测目标越近具有越高的权重。③ 自定义函数：自定义一个函数，根据输入的坐标值返回对应的权重，达到自定义权重的目的
algorithm	在 sklearn 中，要构建 KNN 模型有三种构建方式：① 暴力法，就是直接计算距离存储比较的那种放松。② 使用 KD 树构建 KNN 模型。③ 使用球树构建。其中暴力法适合数据较小的方式，否则效率会比较低。如果数据量比较大一般会选择用 KD 树构建 KNN 模型，而当 KD 树也比较慢的时候，则可以试试球树来构建 KNN。参数选项如下：① 'brute'：蛮力实现。② 'kd_tree'：KD 树实现 KNN。③ 'ball_tree'：球树实现 KNN。④ 'auto'：默认参数，自动选择合适的方法构建模型。不过当数据较小或比较稀疏时，无论选择哪个最后都会使用 'brute'
leaf_size	如果是选择蛮力实现，那么这个值是可以忽略的，当使用 KD 树或球树，它就是停止建子树的叶子节点数量的阈值。默认 30，但如果数据量增多这个参数需要增大，否则速度过慢不说，还容易过拟合
p	和 metric 结合使用的，当 metric 参数是 "minkowski" 的时候，$p=1$ 为曼哈顿距离，$p=2$ 为欧式距离。默认为 $p=2$
metric	指定距离度量方法，一般都是使用欧式距离。① 'euclidean'：欧式距离。② 'manhattan'：曼哈顿距离。③ 'chebyshev'：切比雪夫距离。④ 'minkowski'：闵可夫斯基距离，默认参数
n_jobs	指定多少个 CPU 进行运算，默认是 −1，也就是全部都算

3. 支持向量机模型

1）模型介绍

回顾之前介绍的线性回归和逻辑回归模型，两者都属于广义线性模型的范畴，而该类算法本质上是将原有的特征通过线性组合的方式合成出新的特征，近似于降维的思路。那么增加维度会有什么样的效果，又是如何实现的？支持向量机（support vector machine，SVM）就是一种增加新维度看待问题的方法，在机器学习领域有极为广泛的应用。

支持向量机是一种二类分类模型，其基本模型定义为特征空间上的间隔最大的线性分类器，学习策略是间隔最大化并最终转化为一个凸二次规划问题进行求解。

支持向量机是最大间隔分类器的推广，因此在学习支持向量机的时候，会涉及最大间隔分类器、支持向量分类器等相关概念。一般来说，这两类分类器与支持向量机均简称"支持向量机"，但实际上它们使用的场景不同，为了避免混淆，我们在这需要严格区分这三个概念。三者的关系是从简单到复杂、从特殊到一般的关系。

2）最大间隔分类器

（1）超平面。给定一些数据点，它们分别属于两个不同的类，现在要找到一个最佳分类边界把这些数据分成两类。图 8-30 所示的二维平面中，分类边界是一条一维直线；同理，在三维空间中，分类边界是一个二维平面；而在 N 维空间中，分类边界是 N-1 维空间。

图 8-30 中的用于分类的边界就是分类超平面（hyper-plane）。这个超平面可以用分类函数表示。

$$f(x) = \boldsymbol{\omega}^\mathrm{T}\boldsymbol{x} + b$$

其中，x 是特征向量；y 是 x 的标签，也就是分类结果 +1 或 –1，且 $y \in \{-1, 1\}$。当 $f(x)=0$ 时，x 属于超平面上的点，即满足：$\boldsymbol{\omega}^\mathrm{T}\boldsymbol{x}+b=0$。为了方便进行分类，当 $f(x)<0$ 时，将 x 的类别归属于 –1，即 $y=-1$；当 $f(x)>0$ 时，将 x 的类别归属于 +1，即 $y=+1$，如图 8-31 所示。

怎么去确定这个分类超平面，才能保证一个最优的分类效果呢？从直观上而言，这个分类超平面应该是最适合分开两类数据的直线。而判定"最适合"的标准就是这条直线（红色）离直线两边的数据的间隔最大，即有着最大间隔的超平

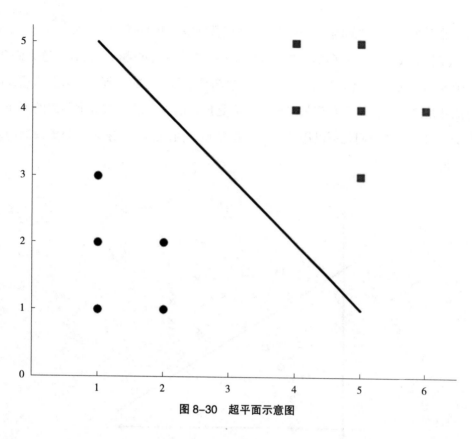

图 8-30 超平面示意图

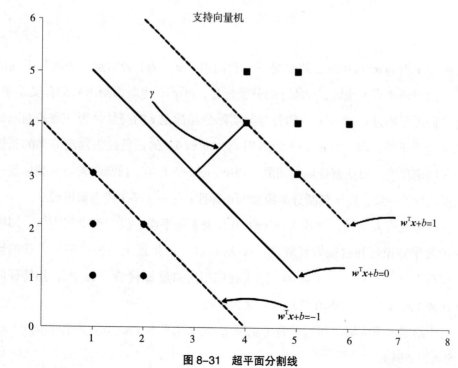

图 8-31 超平面分割线

面。然而如何定义"间隔"？这里就涉及函数间隔与几何间隔的概念。

（2）函数间隔。在了解函数间隔前首先要弄清分类预测的确信程度这个概念。以图 8-32 为例，在 A、B、C 三点中，A 离超平面是最远的，所以 A 被分类错误的可能性是最小的，相反 C 离超平面的距离是最近的，所以 C 被分类错误的可能性是最大的。因此我们就可以用"一个点距离超平面的远近"来表示分类预测的确信程度：

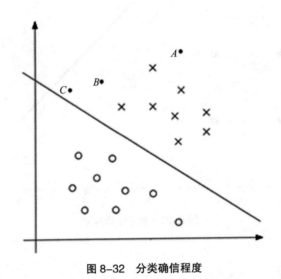

图 8-32 分类确信程度

在超平面 $\boldsymbol{\omega}^T\boldsymbol{x}+b=0$ 确定的情况下，我们用 $|\boldsymbol{\omega}^T\boldsymbol{x}+b|$ 表示点 $\boldsymbol{x}$ 距离超平面的远近，而对样本点 $\boldsymbol{x}$ 来说，y 是它的分类标签，$\boldsymbol{\omega}^T\boldsymbol{x}+b$ 代表预测出来的分类结果，因此我们可以通过观察 $\boldsymbol{\omega}^T\boldsymbol{x}+b$ 的符号与实际分类标记 y 的符号是否一致来判断分类结果是否正确，即 y 与 $\boldsymbol{\omega}^T\boldsymbol{x}+b$ 的乘积：$y(\boldsymbol{\omega}^T\boldsymbol{x}+b)$ 的正负性来判定分类的正确性以及确信程度，而这就是函数间隔。当 $y(\boldsymbol{\omega}^T\boldsymbol{x}+b)>0$，预测结果与分类标签一致，反之则不一致，用于判断分类模型的正确性；$|\boldsymbol{\omega}^T\boldsymbol{x}+b|$ 代表确信程度。

这里可能有人会问，为什么 $\boldsymbol{\omega}^T\boldsymbol{x}+b=0$ 代表着超平面？以二维空间为例，回顾中学的数学知识可知直线方程满足：$Ax+By+C=0$，如果把上述公式写成内积的形式，则有：$(A, B)\cdot(x, y)+c=0$。这里我们用法向量 $\boldsymbol{\omega}$ 代替 (A, B)，用特征向量 $\boldsymbol{x}$ 代替 (x, y)，$\boldsymbol{\omega}^T\boldsymbol{x}+b=0$ 公式就是这么来的。

对于给定的训练集 T 和超平面 $(\boldsymbol{\omega}, b)$，定义超平面 $(\boldsymbol{\omega}, b)$ 关于样本点 (x_i, y_i) 的函数间隔为

$$\hat{\gamma}_i = y_i(\boldsymbol{\omega}^{\mathrm{T}} x_i + b)$$

则超平面（$\boldsymbol{\omega}$，b）关于训练集 T 的函数间隔为：超平面（$\boldsymbol{\omega}$，b）关于 T 中所有样本点（x_i，y_i）的函数间隔最小值，即

$$\hat{\gamma} = \min \hat{\gamma}_i, i=1, 2, \cdots, n$$

上述定义的函数间隔有个缺点：如果成比例地改变 $\boldsymbol{\omega}$ 和 b，如改为 $2\boldsymbol{\omega}$ 和 $2b$，此时超平面并没有发生改变，而函数间隔的值却变成了原来的 2 倍，因此只有函数间隔还远远不够，这就引出了几何间隔的概念。

（3）几何间隔。针对前面提到的函数间隔问题，需要对超平面的 $\boldsymbol{\omega}$ 向量加以约束，使得间隔是确定的。假定对于一个点 x，令其垂直投影到超平面上的对应点为 x_0，$\boldsymbol{\omega}$ 是垂直于超平面的一个向量，γ 为样本 x 到超平面的距离，如图 8-33 所示。

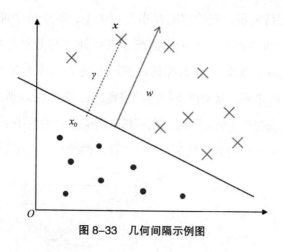

图 8-33　几何间隔示例图

由平面向量的几何知识可知：

$$x = x_0 + \gamma \frac{\boldsymbol{\omega}}{\|\boldsymbol{\omega}\|}$$

其中，$\|\boldsymbol{\omega}\|$ 为 $\boldsymbol{\omega}$ 的二阶范数，$\frac{\boldsymbol{\omega}}{\|\boldsymbol{\omega}\|}$ 是单位向量（一个向量除以它的模称之为单位向量）。由于 x_0 是超平面上的点，满足 $f(x_0)=0$，代入超平面，则有 $\boldsymbol{\omega}^{\mathrm{T}}x_0+b=0$，即 $\boldsymbol{\omega}^{\mathrm{T}}x_0=-b$。对于等式 $x=x_0+\gamma\frac{\boldsymbol{\omega}}{\|\boldsymbol{\omega}\|}$ 两边同时乘以 $\boldsymbol{\omega}^{\mathrm{T}}$，然后根据 $\boldsymbol{\omega}^{\mathrm{T}}x_0=-b$ 和 $\boldsymbol{\omega}^{\mathrm{T}}\boldsymbol{\omega}=\|\boldsymbol{\omega}\|^2$，得到点 x 到超平面的距离为

$$\gamma = \frac{\boldsymbol{\omega}^{\mathrm{T}}x + b}{\|\boldsymbol{\omega}\|} = \frac{f(x)}{\|\boldsymbol{\omega}\|}$$

因此当样本点 (x_i, y_i) 被超平面 (ω, b) 正确分类时,点 x_i 到超平面的几何间隔为

$$\gamma_i = \frac{y_i(\omega^T x_i + b)}{\|\omega\|} = \frac{y_i f(x)}{\|\omega\|}$$

综上,函数间隔与几何间隔满足如下关系:

$$\gamma_i = \frac{\hat{\gamma}_i}{\|\omega\|}$$

从上述关系式可以看出,当 $\|\omega\|=1$ 时,函数间隔等价于几何间隔。当超平面参数 ω 和 b 成比例地改变时,函数间隔随之成比例发生变化,而几何间隔不变。事实上函数间隔从某种程度上讲是人为定义的一个间隔度量,而几何间隔才是几何意义上的点到超平面的距离。

(4) 间隔与支持向量。在给定的样本空间 T 中,对于每个训练样本到一个特定的分割超平面的垂直距离,其最小值就是训练样本与分割超平面之间的距离,也称作间隔(margin)。同时,我们称落在间隔上的训练样本为支持向量(support vector),而最大间隔超平面就是由支持向量决定的。如图 8-34 所示,图中总共有 3 个支持向量,如果保持这 3 个点不动,在不越过间隔边界的前提下,移动其余的点,该超平面是不改变的;但是如果这 3 个点的位置稍微改变,那超平面也会跟着改变。

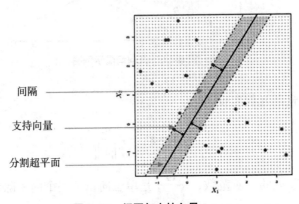

图 8-34 间隔与支持向量

(5) 基本原理。对一个数据点进行分类,当超平面离数据点的"间隔"越大,分类的确信度也越高。因此为了使分类的确信度尽量高,需要让所选择的超平面能够最大化这个"间隔"值。这里的最大间隔指的就是几何间隔,于是最大间隔分类器的目标函数可以定义为

$$\max_{\omega,b} \gamma = \frac{\hat{\gamma}}{\|\omega\|}$$

$$\text{s.t. } y_i\left(\boldsymbol{\omega}^\mathrm{T} x_i + b\right) = \hat{\gamma}_i \geqslant \hat{\gamma}, i=1, 2, \cdots, n$$

这里的约束条件表明的含义是每个样本点到超平面的函数间隔至少是 $\hat{\gamma}$。由于函数间隔的取值并不影响最优化问题的解,因为成比例地改变 ω 和 b 对于目标函数和约束条件都不受到影响,所以可以让函数间隔为 1,此时目标函数转化为:

$$\max_{\omega,b} \frac{1}{\|\omega\|}$$

$$\text{s.t. } y_i\left(\boldsymbol{\omega}^\mathrm{T} x_i + b\right) \geqslant 1, i=1, 2, \cdots, n$$

注意到最大化 $\dfrac{1}{\|\omega\|}$ 等价于最小化 $\dfrac{1}{2}\|\omega\|^2$,因此可以得到最大间隔分类器的最优化问题:

$$\min_{\omega,b} \frac{1}{2}\|\omega\|^2$$

$$\text{s.t. } y_i\left(\boldsymbol{\omega}^\mathrm{T} x_i + b\right) \geqslant 1, i=1, 2, \cdots, n$$

该问题是一个凸二次规划问题,求得最优解 $\boldsymbol{\omega}^*$ 和 b^* 之后,便可以求得分类超平面: $\boldsymbol{\omega}^{*\mathrm{T}}\boldsymbol{x}+b^*=0$ 以及分类函数: $f(x)=\boldsymbol{\omega}^{*\mathrm{T}}\boldsymbol{x}+b^*$,进而对测试集的样本进行分类。

对于分类超平面的上下两个间隔平面: $\boldsymbol{\omega}^{*\mathrm{T}}\boldsymbol{x}+b^*=\pm 1$ 称为最大边缘超平面,两者之间的距离 gap 为 $\dfrac{2}{\|\omega\|}$,且落在最大边缘超平面的样本点称为支持向量,支持向量机模型的命名便是由此而来,如图 8-35 所示。

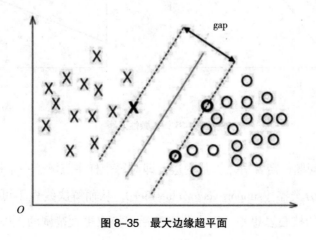

图 8-35　最大边缘超平面

3）支持向量分类器

（1）松弛变量。最大间隔分类器主要应用于线性可分的场景，而对于线性不可分的情况，即数据中包含噪声，此时最大间隔分类器就失效了，如图 8-36 所示。

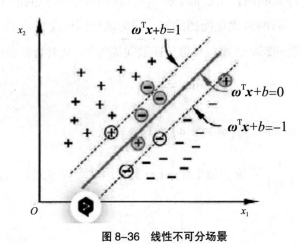

图 8-36 线性不可分场景

最大间隔分类器的鲁棒性较差。如果添加一个观测数据，可能会导致超平面产生较大变化，如图 8-37 所示。

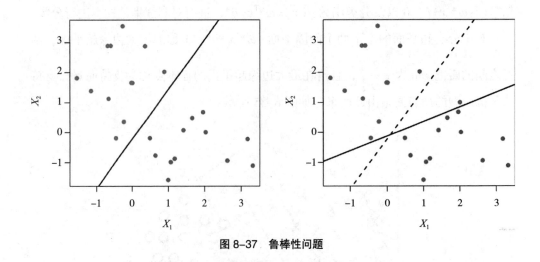

图 8-37 鲁棒性问题

针对上述问题，需要引入松弛变量，即对每个样本点赋予一个松弛变量的值，构建支持向量分类器（support vector classifier），从而解决线性不可分的问题。支持向量分类器的核心思想是：以小范围的错误换取更大范围的正确。即超平面未必完美地将数据分离成两类,允许犯错,即允许少部分观测点落在间隔的错误的一侧,甚至允许一些数据划分到超平面错误的一侧,以牺牲小部分分类错误为代价,建立一个更加健壮的模型。所以支持向量分类器,又称为软边际分类器(soft margin classifier)。支持向量分类器所对应的优化问题为

$$\min_{\omega,b}\left(\frac{1}{2}\|\omega\|^2 + \sum_{i=1}^{n}\xi_i\right)$$

$$\text{s.t.} \, y_i\left(\boldsymbol{\omega}^\text{T}\boldsymbol{x}_i + b\right) \geq 1 - \xi_i, i=1, 2, \cdots, n$$

$$\xi_i \geq 0$$

其中,ξ_i 是松弛变量,当样本点落在最大边缘超平面正确的一侧,则 $\xi_i=0$;当样本点正确分类,但距离最大边缘超平面不够远时,松弛变量取一个较小的正数:$0<\xi_i \leq 1$;当样本点错误分类时,松弛变量的值 $\xi_i>1$。

(2)惩罚系数。引进松弛变量后,在此基础上再添加一个变量 C,此时目标函数变为

$$\min_{\omega,b}\left(\frac{1}{2}\|\omega\|^2 + C\sum_{i=1}^{n}\xi_i\right)$$

$$\text{s.t.} \, y_i\left(\boldsymbol{\omega}^\text{T}\boldsymbol{x}_i + b\right) \geq 1 - \xi_i, i=1, 2, \cdots, n$$

$$\xi_i \geq 0$$

其中,C 为惩罚系数,表示模型对错误分类的容忍度。当 C 取值较大时,即使很小的松弛变量 ξ_i 也会造成很大的损失,因此分类器对错误分类的容忍度较低,从而导致较高的训练正确率,预测结果低方差但是高偏差;相反,当 C 取值较小时,分类器对错误分类的容忍度较高,允许更多错误分类的存在,预测结果低偏差但是高方差。实际问题中,C 由交互验证法确定。

至此,简单的线性支持向量机分类及其基本原理已经清楚了,但是这里还有一个问题没有解决,那便是怎么去求目标函数的解。

(3)模型求解。由于目标函数是二次的,约束条件是线性的,因此问题本质上是一个凸二次规划问题,可以通过拉格朗日对偶性变换将原始问题转化为对偶问题,即通过求解与原问题等价的对偶问题得到原始问题的最优解。这就是线性可分条件下支持向量机的对偶算法,其核心思想是将约束条件结合到目标函数中,并通过求导法求出极值进而得到目标函数的解。该方法的优点如下。

①对偶问题往往更容易求解。

②可以引入核函数，进而推广到非线性分类问题。

拉格朗日函数法的本质是通过给每一个约束条件加上一个拉格朗日乘子，将约束条件融合到目标函数里去，从而只用一个函数表达式便能清楚地表达出我们想要解决的问题。定义拉格朗日函数如下：

$$L(\omega, b, \xi, \alpha, \beta) = \frac{1}{2}\|\omega\|^2 + C\sum_{i=1}^{n}\xi_i - \sum_{i=1}^{n}\alpha_i\left(y_i(\omega^T x_i + b) - 1 + \xi_i\right) - \sum_{i=1}^{n}\beta_i\xi_i$$

其中，$\alpha = (\alpha_1, \alpha_2, \cdots, \alpha_n)$，$\beta = (\beta_1, \beta_2, \cdots, \beta_n)$，且 $\alpha_i \geq 0$，$\beta_i \geq 0$。向量 α 和 β 称为拉格朗日乘子向量。至此，上述最小化问题可以转化为

$$\min_{\omega,b,\xi} \max_{\alpha,\beta} L(\omega, b, \xi, \alpha, \beta)$$

根据拉格朗日对偶性，上述原始问题可以转化为如下对偶问题的求解：

$$\max_{\alpha,\beta} \min_{\omega,b,\xi} L(\omega, b, \xi, \alpha, \beta)$$

求解分为三个步骤。

首先固定 α，β，先求 $\min_{\omega,b,\xi} L(\omega, b, \xi, \alpha, \beta)$，分别对拉格朗日函数中的 ω，b，ξ 求偏导，并令其为 0：

$$\frac{\partial L(\omega, b, \xi, \alpha, \beta)}{\partial \omega} = \omega - \sum_{i=1}^{n}\alpha_i y_i x_i = 0$$

$$\frac{\partial L(\omega, b, \xi, \alpha, \beta)}{\partial b} = -\sum_{i=1}^{n}\alpha_i y_i = 0$$

$$\frac{\partial L(\omega, b, \xi, \alpha, \beta)}{\partial \xi} = C - \alpha_i - \beta_i = 0$$

化简得

$$\omega = \sum_{i=1}^{n}\alpha_i y_i x_i$$

$$\sum_{i=1}^{n}\alpha_i y_i = 0$$

$$C - \alpha_i - \beta_i = 0$$

将上述结果代入 $L(\omega, b, \xi, \alpha, \beta)$ 中：

$$L(\omega, b, \xi, \alpha, \beta) = -\frac{1}{2}\sum_{i=1}^{n}\sum_{j=1}^{n}\alpha_i\alpha_j y_i y_j (x_i^T x_j) + \sum_{i=1}^{n}\alpha_i$$

接着对 α 求极大值，目标函数为

$$\max_{\alpha}\left(-\frac{1}{2}\sum_{i=1}^{n}\sum_{j=1}^{n}\alpha_i\alpha_j y_i y_j\left(\boldsymbol{x}_i^{\mathrm{T}}\boldsymbol{x}_j\right)+\sum_{i=1}^{n}\alpha_i\right)$$

$$\text{s.t.} \sum_{i=1}^{n}\alpha_i y_i = 0$$

$$C - \alpha_i - \beta_i = 0$$

$$\alpha_i \geqslant 0, \beta_i \geqslant 0$$

由约束条件 $C-\alpha_i-\beta_i=0$ 和 $\alpha_i \geqslant 0$，$\beta_i \geqslant 0$，可得

$$0 \leqslant \alpha_i \leqslant C$$

同时将最大化问题转化为求解最小化问题，则目标函数为

$$\min_{\alpha}\left[\frac{1}{2}\sum_{i=1}^{n}\sum_{j=1}^{n}\alpha_i\alpha_j y_i y_j\left(\boldsymbol{x}_i^{\mathrm{T}}\boldsymbol{x}_j\right)-\sum_{i=1}^{n}\alpha_i\right]$$

$$\text{s.t.} \sum_{i=1}^{n}\alpha_i y_i = 0$$

$$0 \leqslant \alpha_i \leqslant C$$

最后，根据 SMO 算法（序列最小化算法）求解对偶问题中的拉格朗日乘子 $\boldsymbol{\alpha}$，得到最优解 $\boldsymbol{\alpha}^*$，然后根据 $\boldsymbol{\omega}=\sum_{i=1}^{n}\alpha_i y_i \boldsymbol{x}_i$ 以及得出原始问题的最优解 $\boldsymbol{\omega}^*$；对于求 b 的最优解，选择 $\boldsymbol{\alpha}^*$ 中的一个分量 α_j^* 满足 $0 \leqslant \alpha_j^* \leqslant C$，则最优解 $b_j^* = y_j - \sum_{i=1}^{n}\alpha_i^* y_i\left(\boldsymbol{x}_i^{\mathrm{T}}\boldsymbol{x}_j\right)$。

4）支持向量机

支持向量分类器对最大间隔分类器做了有效扩展，但是该分类器得到的决策边界是线性的，不能解决复杂的非线性边界分类问题，因此便有了支持向量机（support vector machine，SVM）概念的出现。对于一个非线性可分的问题，支持向量机的处理方法是选择一个核函数 $k(x,z)$，通过将数据映射到高维空间，来解决在原始空间中线性不可分的问题。具体来说，在线性不可分的情况下，支持向量机首先在低维空间中完成计算，然后通过核函数将低维空间样本映射到高维特征空间，最终在高维特征空间中构造出最优分离超平面，从而把原始平面上不好分的非线性数据分开，如图 8-38 所示。

因此 SVM 本质上是通过升维的过程把非线性可分问题转化成线性可分。而要理解上述的升维逻辑过程首先需要理解什么是核函数。

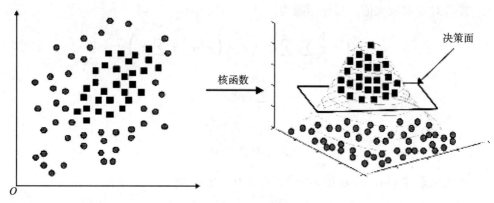

图 8-38 SVM 处理方法

（1）核函数。将原始数据 y 通过非线性映射 ϕ 变换到高维空间数据 $\phi(x)$ 后，线性支持向量机对偶问题的目标函数变为

$$\min_{\alpha} \left[\frac{1}{2} \sum_{i=1}^{n} \sum_{j=1}^{n} \alpha_i \alpha_j y_i y_j \left[\phi(x_i)^{\mathrm{T}} \phi(x_j) \right] - \sum_{i=1}^{n} \alpha_i \right]$$

由于 $\phi(x_i)$ 和 $\phi(x_j)$ 的计算均在高纬度特征空间进行，因此计算量巨大，但恰好 $\phi(x_i)^{\mathrm{T}} \phi(x_j)$ 本质上是两个向量的内积，因此记为 $\langle \phi(x_i)^{\mathrm{T}}, \phi(x_j) \rangle$。

设输入空间 X 为欧式空间，特征空间 H 为希尔伯特空间，如果存在一个从 X 到 H 的映射 $\phi(x_j): X \to H$，使得对 $\forall x, z \in X$，函数 $K(x, z)$ 满足：$K(x, z) = \phi(x)^{\mathrm{T}} \phi(z)$，则称 $K(x, z)$ 为核函数，$\phi(x)$ 为映射函数，$\phi(x)^{\mathrm{T}} \phi(z)$ 为 $\phi(x)$ 和 $\phi(z)$ 的内积。

上述目标函数中的内积可以用核函数来代替，则目标函数转化为

$$\min_{\alpha} \left[\frac{1}{2} \sum_{i=1}^{n} \sum_{j=1}^{n} \alpha_i \alpha_j y_i y_j K(x_i, x_j) - \sum_{i=1}^{n} \alpha_i \right]$$

$$\text{s.t.} \sum_{i=1}^{n} \alpha_i y_i = 0$$

$$0 \leqslant \alpha_i \leqslant C$$

至此，核函数避开了在高维空间中进行计算，非线性支持向量机的模型构建完成。

（2）核函数种类。常用的核函数有三种：线性核、多项式核以及高斯核，三者的特点以及优缺点如下。

①线性核 $K(x, z) = \langle x, z \rangle$：线性核等价于线性支持向量机，这是最简单的

核函数，它直接计算两个输入特征向量的内积。

- 优点：简单高效，结果易解释，生成最简洁的线性分割超平面。
- 缺点：只适用于线性可分的数据集。

②多项式核 $K(x, z) = (1+<x, z>)^p$：P 阶多项式核本质上将 n 维空间映射到 $C(n+p, n)$ 维空间。

- 优点：可以拟合出复杂的分割超平面。
- 缺点：参数太多，选择起来比较困难；另外多项式的阶数不宜太高，否则会给模型求解带来困难，计算速度会比较慢。

③高斯核 $K(x,z) = e^{-\frac{\|x-z\|^2}{2\sigma^2}}$：高斯核相当于将原始空间映射为无穷维空间。

- 优点：可以把特征映射到无限多维，并且没有多项式计算那么困难，参数也比较好选择。
- 缺点：不容易解释，计算速度比较慢，容易过拟合。

线性核的分类边界为直线，多项式核和高斯核的分类边界在高维空间中为超平面，在原始空间中为弯曲的曲线，且后者弯曲程度更大一些。线性核、低阶多项式核计算速度快，不容易过拟合，但是在复杂分类问题下表现不佳；高阶多项式核和高斯核的优点是能够求解复杂的边界，对训练样本的分类能力强大，缺点是计算速度缓慢，并且可能导致过拟合。实际使用中需要根据数据自身的特点，选择最合适的核函数。

（3）核函数的选择。

①一般原则是当数据量很大的时候，优先选择更复杂的模型。虽然复杂模型容易过拟合，但由于数据量很大，可以有效弥补过拟合问题。如果数据集较小，则选择较简单的模型，否则很容易过拟合。另外此时特别要注意模型是否欠拟合，如果欠拟合可以通过增加多项式项数来纠正欠拟合。

②根据样本量 m 和特征数 n 进行选择：

- 特征数相比样本量较大（例如：$m=10 \sim 1\,000$，$n=10\,000$）：逻辑回归或线性核 SVM。
- 特征数较少，样本量适中（例如：$m=10 \sim 10\,000$，$n=1 \sim 1\,000$）：高斯核 SVM。
- 特征数较少，样本量较多（例如：$m=50\,000$，$n=1 \sim 1\,000$）：多项式核或

高斯核 SVM。

5）Python 实现

SVM 算法通过调用 sklearn 工具包中的 SVC 函数实现，调用指令为：sklearn.svm.SVC，其主要参数说明如表 8-5 所示。

表 8-5　SVM 算法参数说明

参数名	参数说明
C	惩罚（L2 正则化）系数 C，取值在 [0，1] 之间，默认值为 1.0。C 越大代表这个分类器对在边界内的噪声点的容忍度越小，分类准确率高，但是容易过拟合，泛化能力差。所以一般情况下，应该适当减小 C，对在边界范围内的噪声有一定容忍
kernel	核函数类型，默认为 rbf：高斯核函数。其他可选项如下。linear：线性核函数。poly：多项式核函数。sigmoid：sigmoid 核函数
degree	多项式核（kernel=poly）的阶数，默认为 3。对其他核函数不起作用
gamma	核函数系数，取值为 {'scale', 'auto'} 或者一个 float 数值（默认为 scale）。只对 'rbf', 'poly', 'sigmoid' 起作用。如果 gamma='scale', 1/ (n_features * X.var ( )) 作为 gamma 的值。如果为 gamma='auto'，则使用 1/n_features 作为 gamma 的值
coef0	核函数的常数项，只对 'poly', 'sigmoid' 有用
shrinking	是否启用启发式收缩方式，默认为 True
tol	停止训练的误差精度，默认值为 0.001
probability	布尔类型数据（0 默认为 False），决定最后是否按概率输出每种可能的概率。如果为 True，则需要在预先调用 fit ( )，其内部将采用 5 折交叉验证的方式，随后调用预测函数 predict_proba ( )
class_weight	默认为 None，给每个类别分别设置不同的惩罚参数 C，如果没有给，则会给所有类别都给 C=1，即前面指出的参数 C
verbose	是否启用详细输出，一般为 Flase
max_iter	int 参数默认为 -1，最大迭代次数，如果为 -1，表示不限制
decision_function_shape	决定了分类时，是一对多的方式来构建超平面，还是一对一。'ovo' 还是 'ovr'
random_state	默认为 None，在混洗数据时用于概率估计，没什么影响

4. 决策树

1）定义

在众多机器学习方法中，决策树（decision tree）是最贴近日常生活的方法之一，我们平时经常用到决策树的朴素思想。比如探险家在野外观察到某种不认识的大型兽类，会根据一些特征作出大致归类。首先根据饮食习性，判断该兽类属于食草动物还是食肉动物。如果是食草动物，再根据脚趾个数，判断它是属于奇蹄类还是偶蹄类。如果是偶蹄动物，再根据是否反刍，反刍属于骆驼科、鹿科或者牛科，不反刍则属于猪科或者河马科。再根据更细致的特征进一步区分，直到界定出该动物的种类。我们将上述决策过程归纳成树的形式，如图 8-39 所示。

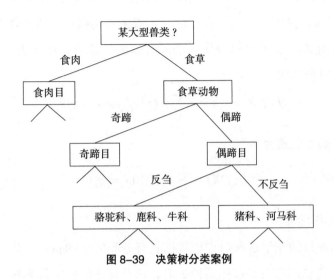

图 8-39 决策树分类案例

决策树由结点和有向边组成。结点有两种类型：内部节点和叶节点。内部表示一个特征或属性，叶结点表示一个类。构建一棵决策树的关键之处在于，每一步选择哪种特征作为节点分裂的规则。例如图 8-39 的生物分类问题中，第一步应该根据食肉/食草分类，还是根据奇蹄/偶蹄分类，又或者根据反刍/不反刍分类？针对这一问题，尽管不同的决策树算法所遵循的具体手段略有差异，其核心原则是使节点分裂后的信息熵减少程度最大，从而最大化信息分类后的确定性。而要深入理解这样的算法机制首先需要了解什么是信息熵。

2）基本概念

（1）信息熵。熵是度量样本集合纯度最常用的一种指标，其概念源于信息论鼻祖 Claude Elwood Shannon。对于包含 N 个训练样本的数据集：

$$D: \{(x^{(1)}, y^{(1)}), \cdots, (x^{(N)}, y^{(N)})\}$$

其中，$x_i = (x_1^{(i)}, x_2^{(i)}, \cdots, x_n^{(i)})$ 为特征向量，n 为特征个数。$y_i \in \{1, 2, \cdots, K\}$ 为类标记，共 K 类，$i=1, 2, \cdots, N$，N 为样本容量。

在数据集 D 中，第 k 类的样本所占的比例为 p_k，则数据集 D 的信息熵为

$$H(D) = -\sum_{k=1}^{K} p_k \log_2 p_k$$

其中，K 表示的是数据集 D 中类别的个数。当对数的底为 2 时，熵的单位为比特（bit）；为 e 时，单位为纳特（nat）。熵越大，随机变量的不确定性就越大。

（2）条件熵。条件熵 $H(Y|X)$ 用来衡量在已知随机变量 X 的条件下随机变量 Y 的不确定性，其定义为在计算了特征 X 值为 x_i 的概率与该条件下 Y 的信息熵后，再做一个叠加，表示取遍特征 X 的所有取值。其中，在 X 为 x_i 的条件下，Y 的信息熵的计算公式为

$$H(Y|X=x_i) = -\sum_{y \in Y} p(y|x_i) \log_2 p(y|x_i)$$

因此条件熵的公式为

$$H(Y|X) = \sum_{i=1}^{n} p_i H(Y|X=x_i)$$

3）特征选择标准

特征选择的目的在于选取对训练数据具有分类能力的特征，从而提高决策树的学习效率。其总体思路是按照某种标准，选择合适的特征排列顺序，使得分类后数据集的信息熵减少，提高确定性。

在决策树中，特征选择有三类常用标准：信息增益、信息增益比和基尼指数，分别对应了三种决策树生成算法：ID3 算法、C4.5 算法以及 CART 算法。下面对这些标准和算法进行详细介绍。

（1）信息增益。信息增益指的是在得知特征 X 的信息条件下对 Y 信息进行分类后不确定性减少的程度。信息增益大的特征通常具有更强的分类能力。假设特征 A 对训练数据集 D 的信息增益为 $g(D, A)$，该值为集合 D 的信息熵 $H(D)$ 与给定特征 A 条件下 D 的条件熵 $H(D|A)$ 之差，即

$$g(D, A) = H(D) - H(D|A)$$

（2）信息增益比。特征 A 对训练数据集 D 的信息增益比 $g_R(D, A)$ 定义为其信息增益 $g(D, A)$ 与训练数据集 D 关于特征 A 的熵 $H_A(D)$ 之比，即

$$g_R(D, A) = \frac{g_R(D, A)}{H_A(D)}$$

其中，$H_A(D) = -\sum_{i=1}^{n} \frac{|D_i|}{|D|} \log_2 \frac{|D_i|}{|D|}$；$n$ 是特征 A 取值的个数。

（3）基尼指数。对于数据集 D，假设第 k 类的样本所占的比例为 p_k，则此概率分布下的基尼指数为

$$\text{Gini}(D) = \sum_{k=1}^{K} p_k(1-p_k) = 1 - \sum_{k=1}^{K} p_k^2$$

从上述公式可以看出，Gini（D）反映了从数据集 D 中随机抽取两个样本后其类别标记不一致的概率，Gini（D）越小，数据集 D 的纯度越高。在二分类问题中，对于给定的样本集合，若数据集根据特征 A 被分裂为 D_1 和 D_2 两不相交的部分，分裂后的基尼指数为

$$\text{Gini}(D,A) = \frac{|D_1|}{|D|}\text{Gini}(D_1) + \frac{|D_2|}{|D|}\text{Gini}(D_2)$$

4）决策树的生成

下面介绍三类特征选择所对应的三种决策树生成算法。

（1）ID3算法。ID3算法的核心是在决策树各个结点上应用信息增益准则选择特征，递归地构建决策树，具体步骤如下。

①从根结点开始，对结点计算所有可能的特征的信息增益，选择信息增益最大的特征作为结点特征，以该特征的不同取值建立子节点。

②特征的不同取值可以将数据集分为几个不同的部分，然后对子节点调用以上方法进行递归，构建决策树，直到所有的信息增益均很小，或者没有特征可以选择为止。

（2）C4.5算法。C4.5算法和ID3算法过程相似，主要区别是用信息增益比来选择特征，具体步骤如下。

①从根结点开始，对结点计算所有可能的特征的信息增益比，选择信息增益比最大的特征作为结点特征，以该特征的不同取值建立子节点。

②对子节点调用以上方法进行递归，构建决策树，直到所有的信息增益均很小，或者没有特征可以选择为止。

（3）CART算法。上述介绍的C4.5算法中每个节点可分裂成多个子节点，但不支持特征组合，只能用于分类问题。相比而言CART算法每个节点只分裂成两个子节点，但支持特征组合，且既可用于分类问题也可用于回归问题。对回归树通常用平方误差最小化准则；对分类树则用基尼指数最小化准则进行特征选择，生成二叉树，具体步骤如下。

①设结点的训练数据集为 D，计算现有特征对该数据集的基尼指数。

②对每一个特征 A，对其可能取的每个值 a，根据样本点对 $A=a$ 的测试将 D

分割为 D_1 和 D_2 两部分，并计算 $A=a$ 时的基尼指数。

③在所有可能特征 A 以及它们所有可能切分点 a 中，选择基尼指数最小的特征及其对应的切分点作为选择特征与切分点，并从先结点生成两个子结点，将训练数据集依该特征分配到两个子结点中去。

④对两个子结点调用上述过程进行递归，直到满足条件：结点中的样本个数小于预定阈值，或样本集的基尼指数值小于预定阈值，或者没有更多的特征。

⑤生成 CART 决策树。

5）决策树的剪枝

为了避免过拟合问题，通常采用剪枝法或分支停止法来控制决策树的大小。其思路为从已生成的树上剪掉一些叶节点或叶结点以上的子树，并将其父结点或根结点作为新的叶结点，从而简化生成的决策树。

6）案例说明

假设我们希望根据当前市场股票的市值风格（大、中或小）和板块风格（消费、周期或成长）预测涨跌情况，模拟数据如表 8-6 所示。

表 8-6 模拟数据分类情况

因子市值风格	板块风格	涨跌情况
大	消费	涨
大	周期	涨
中	消费	涨
中	周期	跌
中	成长	跌
小	消费	跌
小	周期	跌
小	成长	跌

直观地看，大市值股票全部属于"涨"类别，中小市值股票绝大多数属于"跌"类别。似乎以"是否为大市值"为规则进行首次分裂比较好。那么，决策树将如何学习这一步呢？

这里对于特征选择标准采用信息增益指标，因此节点分裂的原则是使得节点分裂后的信息增益最大。首先计算分裂前的信息熵，根据表 8-6 可知：全部 8 个

样本中有 3 个属于"涨"类别，概率为 3/8；5 个属于"跌"类别，概率为 5/8。因此分裂前的信息熵为

$$H(\text{分裂前}) = -\left(\frac{3}{8}\log_2\frac{3}{8} + \frac{5}{8}\log_2\frac{5}{8}\right) = 0.9544$$

如果以"是否为大市值"作为规则将全样本分裂成两个子节点，在 2 个大市值样本中属于"涨"类别的概率为 0，属于"跌"类别的概率为 1，则该子节点的熵为

$$H(\text{大市值}) = -(0 + 1\log_2 1) = 0$$

类似地，中小市值子节点的熵为

$$H(\text{中小市值}) = -\left(\frac{1}{6}\log_2\frac{1}{6} + \frac{5}{6}\log_2\frac{5}{6}\right) = 0.65$$

上述分裂过程中，分裂到大市值的概率为 2/8，分裂到中小市值的概率为 6/8，因此信息增益为

$$\Delta H(\text{是否为小市值}) = H(\text{分裂前}) - P_{\text{大市值}}H(\text{大市值}) - P_{\text{中小市值}}H(\text{中小市值})$$
$$= 0.9544 - \frac{2}{8} \times 0 - \frac{6}{8} \times 0.6500 = 0.4669$$

如果换成"是否为小市值"或"是否为消费类"作为分裂规则，计算出信息增益为

$$\Delta H(\text{是否为小市值}) = 0.9544 - \frac{3}{8} \times 0 - \frac{5}{8} \times 0.9710 = 0.3475$$

$$\Delta H(\text{是否为消费类}) = 0.9544 - \frac{3}{8} \times 0.9183 - \frac{5}{8} \times 0.7219 = 0.1589$$

事实上，在所有可能的分裂规则中，"是否为大市值"的信息增益最大，因此根据此特征进行首次分裂。接下来依照相同办法，继续对子节点进行分裂，直到每个样本都归入终端的叶子节点，最终完成整棵决策树的学习，如图 8-40 所示。

7）Python 实现

决策树算法通过调用 sklearn 工具包中的 DecisionTreeClassifier 函数实现，调用指令为：sklearn.tree.DecisionTreeClassifier，其主要参数说明见表 8-7。

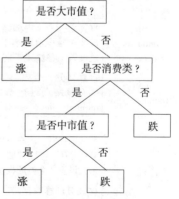

图 8-40　决策树的学习

表 8-7 决策树算法参数说明

参数名	参数说明
criterion	选择结点划分质量的度量标准，默认使用 'gini'，即基尼系数，基尼系数是 CART 算法中采用的度量标准，该参数还可以设置为 "entropy"，表示信息增益，是 C4.5 算法中采用的度量标准
splitter	结点划分时的策略，默认使用 'best'。'best' 表示依据选用的 criterion 标准，选用最优划分属性来划分该结点，一般用于训练样本数据量不大的场合，因为选择最优划分属性需要计算每种候选属性下划分的结果；该参数还可以设置为 "random"，表示最优的随机划分属性，一般用于训练数据量较大的场合，可以减少计算量，但是具体如何实现最优随机划分暂时不太明白，这需要查看该部分的源码
max_depth	设置决策树的最大深度，默认为 None。None 表示不对决策树的最大深度做约束，直到每个叶子结点上的样本均属于同一类，或者少于 min_samples_leaf 参数指定的叶子结点上的样本个数。也可以指定一个整型数值，设置树的最大深度，在样本数据量较大时，可以通过设置该参数提前结束树的生长，改善过拟合问题，但一般不建议这么做，过拟合问题还是通过剪枝来改善比较有效
min_samples_split	当对一个内部结点划分时，要求该结点上的最小样本数，默认为 2
min_samples_leaf	设置叶子结点上的最小样本数，默认为 1。当尝试划分一个结点时，只有划分后其左右分支上的样本个数不小于该参数指定的值时，才考虑该结点划分，换句话说，当叶子结点上的样本数小于该参数指定的值时，则该叶子节点及其兄弟节点将被剪枝。在样本数据量较大时，可以考虑增大该值，提前结束树的生长
min_weight_fraction_leaf	在引入样本权重的情况下，设置每一个叶子节点上样本的权重和的最小值，一旦某个叶子节点上样本的权重和小于该参数指定的值，则该叶子节点会连同其兄弟节点被减去，即其父结点不进行划分。该参数默认为 0，表示不考虑权重的问题，若样本中存在较多的缺失值，或样本类别分布偏差很大，会引入样本权重，此时就要谨慎设置该参数
max_features	划分结点、寻找最优划分属性时，设置允许搜索的最大属性个数，默认为 None。假设训练集中包含的属性个数为 n，None 表示搜索全部 n 个候选属性；'auto' 表示最多搜索 sqrt(n) 个属性；sqrt 表示最多搜索 sqrt(n) 个属性；'log2' 表示最多搜索 log2(n) 个属性；用户也可以指定一个整数 k，表示最多搜索 k 个属性。需要说明的是，尽管设置了参数 max_features，但是在至少找到一个有效（即在该属性上划分后，criterion 指定的度量标准有所提高）的划分属性之前，最优划分属性的搜索不会停止
random_state	当将参数 splitter 设置为 'random' 时，可以通过该参数设置随机种子号，默认为 None，表示使用 np.random 产生的随机种子号
max_leaf_nodes	设置决策树的最大叶子节点个数，该参数与 max_depth 等参数一起，限制决策树的复杂度，默认为 None，表示不加限制
min_impurity_decrease	打算划分一个内部结点时，只有当划分后不纯度（可以用 criterion 参数指定的度量来描述）减少值不小于该参数指定的值，才会对该结点进行划分，默认值为 0。可以通过设置该参数来提前结束树的生长
min_impurity_split	打算划分一个内部结点时，只有当该结点上的不纯度不小于该参数指定的值时，才会对该结点进行划分，默认值为 1e-7。该参数值 0.25 版本之后将取消，由 min_impurity_decrease 代替
class_weight	设置样本数据中每个类的权重，这里权重是针对整个类的数据设定的，默认为 None，即不施加权重。用户可以用字典型或者字典列表型数据指定每个类的权重，假设样本中存在 4 个类别，可以按照 [{0: 1, 1: 1}, {0: 1, 1: 5}, {0: 1, 1: 1}, {0: 1, 1: 1}] 这样的输入形式设置 4 个类的权重分别为 1、5、1、1，而不是 [{1: 1}, {2: 5}, {3: 1}, {4: 1}] 的形式
presort	设置对训练数据进行预排序，以提升结点最优划分属性的搜索，默认为 False。在训练集较大时，预排序会降低决策树构建的速度，不推荐使用，但训练集较小或者限制树的深度时，使用预排序能提升树的构建速度

5. 随机森林

1）Bagging 和 boosting

虽然决策树作为单个分类器预测能力有限，但俗话说得好："三个臭皮匠，顶个诸葛亮。"如果把多棵决策树通过某种方式组合起来形成一个强分类器，那么整个模型的效用与稳定性将会大大提升。因此，如何将多个弱分类器组合成一个强分类器，这是分类器集成需要探讨的问题。总体来讲，分类器集成算法有两大分类，如图 8-41 所示。

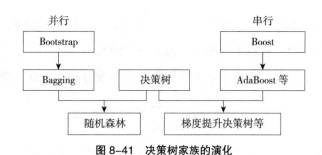

图 8-41 决策树家族的演化

左边一支为 Bagging 系列（并行方法），右边一支为 Boosting 系列（串行方法）。对于多棵决策树，如果以 Bagging 的方式组合起来，可以派生得到随机森林等算法；如果以 Boosting 的方式组合起来，就是我们后面要讲的 AdaBoost 算法，可以派生得到梯度提升决策树（GBDT）等算法。这一节首先介绍 bagging 方法。

（1）Bagging 的定义。Bagging 的全称为 Bootstrap Aggregating，包含自助（bootstrap）和聚合（aggregating）两大含义。集成学习主要分为 Bagging、Boosting 和 Stacking 三种算法，而 Bagging 算法主要是利用基学习器，即每个模型之间的独立性，通过结合多个相互独立的基学习器，从而达到提高整体组合模型泛化能力的目的。

（2）自助（bootstrap）。自助又称自举法，本身是一种统计方法，主要用于研究统计量的统计特性。Bagging 算法通过自助的方式采样，使得每个基学习器得到的训练数据都不完全相同，从而使各学习器所学习到的参数有所不同，以此来缓解单个学习器过拟合的现象。

自助的核心思想是有放回地采样。假设有 m 个数据样本数据集 D，进行 m 次有放回的随机采样。根据计算可以知道得到的 m 个采样样本中约有 1/3 的样本没有出现在其中：

$$\lim_{m\to+\infty}(1-\frac{1}{m})^m = \frac{1}{e} \approx 0.368$$

这样从理论上保证了自助法获取的每个样本集之间的差异性。对数据集 D 通过自助法得到 T 个含 m 个样本的新数据集 $D_1, D_2, \cdots, D_T$，分别利用 T 个数据集训练得到 T 个弱分类器，从而得到 T 个差异较大的基学习器。

（3）聚合。当原始数据集通过自助法训练成不同个并行的弱分类器后，下一步就是把这些并行的弱分类器合并成一个强分类器，而合并的过程就是聚合（aggregating）。

假设 $H(x)$ 为最终学习器的输出结果，$h_t(x)$ 为基学习器的输出结果，针对不同类型的问题聚合方法也不尽相同，通常分为两类。

①分类问题：使用"少数服从多数"的方法来聚合基学习器，即

$$H(x) = \underset{y\in Y}{\mathrm{argmax}} \sum_{t=1}^{T} I[h_t(x) = y]$$

②回归问题：使用"取平均值"的方法来聚合基学习器，即

$$H(x) = \frac{1}{T}\sum_{t=1}^{T} h_t(x)$$

（4）OOB。自助法采样会使每个训练数据集只能利用到约 2/3 的数据，因此对于每个基学习器来说，剩余的 1/3 数据则被称为袋外（out-of-bag，OOB）数据。袋外数据就可以用来检测模型的泛化能力，和交叉验证类似，可以理解成从训练集（原数据集）中分离出测试集（OOB）。

特别的，以第 i 个样本为例，对于 OOB 数据中包含该样本的基学习器，可以把第 i 个样本代入这些基学习器中得出预测值，并与其真实值比对从而验证模型的有效性。对于预测结果通常取平均值或多数投票结果，来作为该样本的最终预测结果。而在与真实值比对的时候通常使用 OOB error 指标衡量，并且该指标是无偏估计。

综上所述，Bagging 并行法的运行原理如图 8-42 所示。

其中抽样和训练的部分就是 Bootstrap，而投票取均值的部分就是 Aggregating，最后根据 OOB 样本来验证模型的有效性，以上就是 Bagging 法的运行流程。

2）模型介绍

Bagging 算法是通过自助采样的方法来生成每个基学习器的训练样本，使其具有一定的随机性。而随机森林（random forest）则是利用决策树作为基学习器，在

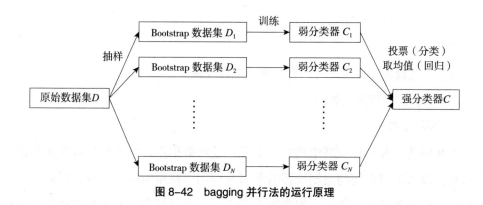

图 8-42　bagging 并行法的运行原理

Bagging 的基础上，对于每个决策树，只利用所有特征中的一部分来做特征划分，使得每个决策树都不完全相同。

随机森林的算法步骤如下。

（1）利用自助采样法对含有 m 个样本数据集进行采样，得到 T 个含有 m 个数据的训练集。

（2）用训练集分别训练 T 个决策树模型。

（3）对于每个决策树模型，假设样本特征有 n 个，则随机选取 p 个特征（$p<n$）生成决策树。特征个数一般取 $p=\log_2(n)$。

（4）将生成的多个决策树模型进行聚合，即用输出结果的平均值或者多数投票来作为最终输出结果。

由于随机森林使用了 Bagging 算法，所以无法直接像单个决策树模型那样计算各个特征的重要性程度，但是还是可以通过取平均值的方法来衡量每个特征的重要性。对于某个特征，假设有 t 个决策树模型使用到该特征，则该特征在整个模型上的重要程度可以通过对 t 个树中由于该特征而减少的基尼指数或者 OOB error 的平均值来衡量。此外我们还可以通过 OOB 数据的预测准确率来当作随机森林的"交叉验证"结果，以此来判断随机森林的泛化能力，同时也不需要因为进行交叉验证而增加额外的计算成本。

随机森林算法的优缺点如下。

优点：

（1）可以直接利用高维特征。

（2）可以判断各个特征的重要程度。

（3）一定程度上缓解过拟合。

（4）可以并行化计算。

缺点：

（1）训练数据噪声较大时，会出现过拟合现象。

（2）计算难度较决策树更大。

3）Python 实现

本案例选用 Kaggle 竞赛中的信用卡客户违约数据集，该数据集包含客户的个人信息，以及客户以往的逾期偿还情况以及信用卡使用情况的数据，根据这些数据需要做的任务是分类任务，即判断是否违约，也就是客户是否按期还款。数据集下载地址为：https://www.kaggle.com/uciml/default-of-credit-card-clients-dataset。文件名为："UCI_Credit_Card.csv"。

首先我们需要导入数据集并按照 7∶3 的比例将数据集分割为训练集和测试集，这里省略数据包的调用指令，代码如下：

```
1. data = pd.read_csv('UCI_Credit_Card.csv', index_col=0)
2. X = data.iloc[:, :-1]
3. y = data.iloc[:, -1]
4. X_train, X_test, y_train, y_test=train_test_split(X, y, test_size=0.3, random_state=5)
```

接下来是调用随机森林模型对数据进行预测并返回预测评价结果，首先需要对模型的初始参数进行设定，规则如下。

（1）特征选择标准：基尼指数。

（2）随机森林的决策树个数：150 个。

（3）特征选择个数取值方法：log2。

（4）决策树的深度：5。

对应代码如下：

```
1. criterion = 'gini'
2. n_estimators = 150
3. max_features = 'log2'
4. max_depth = 5
```

定义好参数后我们就可以调用模型进行预测了，代码如下：

```
1. RF=RandomForestClassifier(n_estimators=n_estimators,
```

```
    criterion=criterion, max_features=max_features, max_depth=max_depth)
2. model = RF.fit(X_train, y_train)
3. pred = model.predict(X_test)
4. pred_ls = model.predict_proba(X_test)
```

最后是返回预测评价结果，代码如下，输出结果见图8-43。

```
1. fpr, tpr, thresholds = roc_curve(y_test, pred_ls[:, 1])
2. accuracy_score = metrics.accuracy_score(y_test, pred)
3. accuracy_score = round(accuracy_score, 2)
4. print("准确率：", accuracy_score)
5. precision_score = metrics.precision_score(y_test, pred)
6. precision_score = round(precision_score, 2)
7. print("精度：", precision_score)
8. recall_score = metrics.recall_score(y_test, pred)
9. recall_score = round(recall_score, 2)
10. print("召回率：", recall_score)
11. f1_score = metrics.f1_score(y_test, pred, average='micro')
12. f1_score = round(f1_score, 2)
13. print("F1-Score：", f1_score)
14. AUC = metrics.auc(fpr, tpr)
15. AUC = round(AUC, 2)
16. print("AUC：", AUC)
```

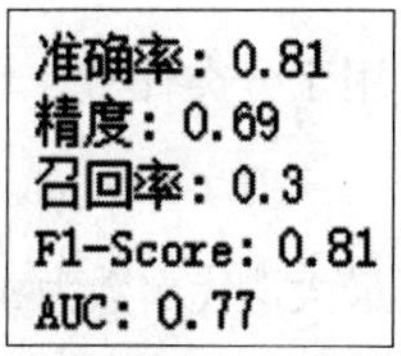

准确率：0.81
精度：0.69
召回率：0.3
F1-Score：0.81
AUC：0.77

图8-43　输出结果

6. AdaBoost算法

1）Boosting算法

Bagging是通过Bootstrap采样法得到不同的训练子集，从而对不同的弱学习器进行训练，而各个弱学习器的构建过程是并行的。与Bagging不同的是，Boosting是通过串行地不断迭加弱学习器形成一个强学习器，是学习模型的提升过程。而AdaBoost（adaptive boosting）算法就是属于这一类。

Boosting算法的基本原理如下：首先在训练之前，赋予全部样本相等的权重。接着以原始数据为训练集，训练一个弱分类器C_1，对于分类错误的样本，提高其权重。下一步以更新样本权值后的数据为训练集，再次训练一个弱分类器C_2，随后重复上述过程，每次自适应地改变样本权重并训练弱分类器。最后，每个弱分类器都可以计算出它的加权训练样本分类错误率，将全部弱分类器按一定权值进行组合得到强分类器，错误率越低的弱分类器所占权重越高。具体过程如图 8-44 所示。

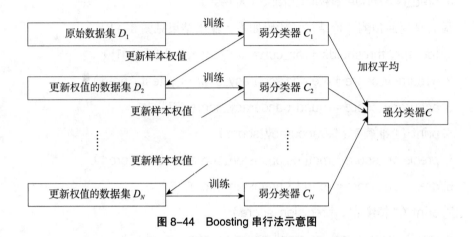

图 8-44　Boosting 串行法示意图

2）模型介绍

Adaboost 算法属于 Boosting 算法的一种，它沿用了 Boosting 的串行结构，即根据前面的基学习器的结果来调整样本分布，从而使分类错误的样本在下一个基学习器上能获得更大的权重，也就是后面的学习器能够利用前面学习器的信息，使得多个学习器能够相互联系起来，从而构建一个最终的强学习器。Adaboost 算法可用于分类任务，也可用于回归任务。

（1）Adaboost 分类。假设数据集为 $T=\{(x_1, y_1), \cdots (x_N, y_N)\}$，输出为 $\{-1, 1\}$，最大迭代次数为 M，输出最终强学习器为 $G(x)$。

首先初始化样本权重，令

$$D_1 = (w_{11}, w_{12}, \dots, w_{1N})$$

其中，$w_{1i} = \frac{1}{N}$，$i = 1,2,\cdots,N$。对于 $m=1, 2, \cdots, M$，使用带有权重的数据集 D_m 训练弱分类器 $C_m(x_i)$，接着计算弱分类器 $C_m(x_i)$ 的分类误差率：

$$e_m = \sum_{i=1}^{N} w_{mi} I(C_m(x_i) \neq y_i)$$

接下来计算弱分类器的权值：

$$\alpha_m = \frac{1}{2} \log_e \frac{1 - e_m}{e_m}$$

然后更新数据中每个样本的权重：

$$w_{m+1,i} = \frac{w_{mi}}{Z_m} \exp\{-\alpha_m y_i C_m(x_i))\}$$

其中，Z_m 为规范化因子，满足

$$Z_m = \sum_{i=1}^{N} w_{mi} \exp\{-\alpha_m y_i C_m(x_i)\}$$

最后，构建强分类器：

$$G(x) = \text{sign}[f(x)] = \text{sign}\left[\sum_{m=1}^{M} \alpha_m G_m(x)\right]$$

（2）Adaboost 回归。假设数据集为 $T=\{(x_1, y_1), \cdots (x_N, y_N)\}$，最大迭代次数为 M，输出最终强学习器为 $G(\text{x})$。

首先初始化样本权重，令

$$D_1 = (w_{11}, w_{12}, \ldots, w_{1N})$$

其中，$w_{1i} = \frac{1}{N}$，$i=1,2,\cdots,N$。对于 $m=1, 2, \cdots, M$，使用带有权重的数据集 D_m 训练弱回归器 $C_m(x_i)$，接着计算各样本的相对误差和弱回归器 $C_m(x_i)$ 的回归误差率：

$$E_m = \max|y - C_m(x)|$$

$$e_{mi} = \frac{[y_i - C_m(x_i)]^2}{E_m^2}$$

$$e_m = \sum_{i=1}^{N} w_{mi} e_{mi}$$

接下来计算弱回归器的权值：

$$\alpha_m = \frac{e_m}{1-e_m}$$

然后更新数据中每个样本的权重：

$$w_{m+1,i} = \frac{w_{mi}}{Z_m} \alpha_m^{1-e_{mi}}$$

其中，Z_m 为规范化因子，满足

$$Z_m = \sum_{i=1}^{N} w_{mi} \alpha_m^{1-e_{mi}}$$

最后，构建强回归器：

$$G(x) = \sum_{m=1}^{M} \left(\ln \frac{1}{\alpha_m}\right) g(x)$$

其中，$g(x)$是所有弱回归器乘以对应权值的结果，即：$\alpha_m G_m(x)$，$m=1, 2, \cdots, M$的中位数。

（3）Adaboost 正则化。为了防止 Adaboost 过拟合，通常也会加入正则化项，这个正则化项称为步长（learning rate）。对于前面的加法模型：

$$f_m(x) = f_{m-1}(x) + \alpha_m G_m(x)$$

增加一个正则项η，取值范围为 0 到 1。在其他条件不变的情况下，较小的步长意味着需要更多次的迭代。通常用步长和最大迭代次数来调整算法的拟合效果，即

$$f_m(x) = f_{m-1}(x) + \eta \alpha_m G_m(x)$$

3）Python 实现

这里使用 Python 自带的鸢尾花（iris）数据做分析，首先是数据调用与预处理，并按照 7：3 的比例将数据集分割为训练集和测试集，这里省略数据包的调用指令，代码如下：

1. data1 = load_iris（）
2. reg_data=pd.DataFrame（np.hstack（（data1.data，data1.target.reshape（150，1））），columns=data1.feature_names + ['target']）
3. reg_data['target'] = reg_data['target'].astype（'int'）
4. reg_data['setosa'] =（reg_data['target']==0）.astype（'int'）
5. reg_data['versicolor'] =（reg_data['target']==1）.astype（'int'）
6. reg_data['virginica'] =（reg_data['target']==2）.astype（'int'）
7. reg_data.drop（columns = 'target'，inplace=True）
8. X_train, X_test, y_train, y_test=train_test_split（X, y, test_size=0.3, random_state=5）

接着是调用 Adaboost 模型对数据进行预测，模型的初始参数设定如下。

（1）回归树模型的个数：150。

（2）每个树模型结果的缩减系数：0.2。

对应代码如下：

1. n_estimators = 150
2. learning_rate = 0.2
3. Adaboost=AdaBoostRegressor（n_estimators=n_estimators，learning_rate=learning_rate）
4. model = Adaboost.fit（X_train, y_train）
5. pred = model.predict（X_test）

最后，通过作图方式将预测值与真实值做个对比，代码如下，结果见图8-45。

1. def plot_predict_curve（true, predict）:
2.   plt.figure（figsize=（10, 8））
3.   plt.plot（predict, linewidth=2, linestyle="--", label='Predict', c='r'）
4.   plt.plot（list（true）, linewidth=2, label='True'）
5.   plt.title（'Predcit and True'）
6.   plt.legend（）
7.   plt.ylabel（'sepal length'）
8.   plt.show（）
9. plot_predict_curve（y_test, pred）
10. plt.show（）

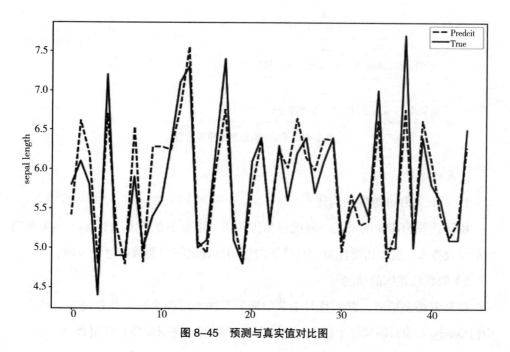

图8-45　预测与真实值对比图

8.4 机器学习算法策略实战

8.4.1 基于SVM算法的多因子选股策略

1. 策略原理

模型策略总共分为四个部分：原始数据调用、数据预处理、模型训练和预测以及进出场策略的构建。原始数据以沪深300指数对应的股票构建股票池；接着对该股票池中数据进行预处理，分为两个重要的部分：股票收益率（因变量）和因子收益率（自变量）。因子收益率需要进行缺失值、去极值、中性化以及标准化处理。而股票收益率标记为两类：收益率为正时记为1，否则记为0；下一步将数据分为训练集与测试集，代入SVM模型中进行训练与测试，并验证下一期的股票收益率；最后买入预期收益率为正的股票，并每期换仓。其具体流程如图8-46所示。

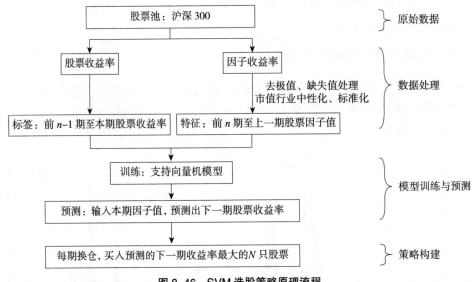

图8-46 SVM选股策略原理流程

2. 策略逻辑

1）特征集和训练集的构建

特征选择为前 n 期至上一期的股票因子值，而标签的选择为前 $n+1$ 期至本期的股票收益率。这里需要注意的是特征向量和标签之间的期数要岔开一期。

2）股票收益率的预测

模型训练完毕后，以 T 月月末截面期所有样本（即个股）预处理后的特征作为模型的输入端，得到每个样本的 $T+1$ 月的预测值，进而构建投资组合。

3）进出场逻辑

买入预测值大于0的股票，不在股票池的股票则卖出，并且每月进行换仓操作。

3. 策略的实现

本案例基于点宽量化平台 Auto-Trader 使用 Python 语言进行编写，策略选取沪深300指数成分股为投资标的，选用因子为10个基本面因子：预期营收增长率（'rev_grow_f3'）、权益回报率（'roe'）、市净率（'pb'）、每股营业利润（'operating_profit_ps'）、预期盈利增长率（'e_grow_f3'）、资产回报率（'roa'）、销售毛利率（'gross_income_ratio'）、12个月动量（'momentum12m'）、每股经营现金流（'operating_cashflow_ps'）和基本每股收益（'basic_eps'）；回测时间跨度为2020-01-01至2022-12-31。完整代码查询请扫右侧二维码"完整代码8-1"。

1）数据的获取与预处理

首先需要获取因子与行情数据，其中行情数据用于计算股票收益率。接着对因子和行情数据进行合并，便于后面数据的进一步处理，并且去掉停牌的股票数据。最后对因子值进行去极值、标准化和中性化处理，代码如下：

```
1. # 因子数据
2. factors = get_reg_factor（context.reg_factor[0], target_indices=[ ],
   length=1, df=True）
3. factor=factors.pivot_table（values='value', index='target_idx',
   columns='factor', aggfunc='min'）
4. # 全部转为正向因子
5. factor_data = factor * context.factor_direction
6. # 行情数据
   kdata=get_reg_kdata（context.reg_kdata[0], target_indices=[],
   length=context.date, fill_up=True, df=True）
7. # 如果数据不满注册数据长度则跳过
8. if kdata['close'].isna（）.any（）:
9.     # 因子数据赋值给全局变量
10.    context.factordata = factor
11.    return
```

12. close=kdata.pivot_table（values='close'，index='target_idx'，columns='time'，aggfunc='min'）

13. stock_return = close.iloc[：, -1].div（close.iloc[：, -2]）- 1
    stock_return[np.isinf（stock_return）] = np.nan

14. # 因子数据和行情数据合并

15. # 上一期的因子和当期股票收益率合并

16. alldata = pd.concat（[context.factordata，stock_return]，axis=1）

17. context.factordata = factor

18. # 去 NaN 值，去停牌股票

19. alldata.dropna（axis=0, how='any'，inplace=True）

20. # 因子标准化、去极值、中性化

21. factor_test = alldata[context.name]

22. factor_process = standardize_z（extreme_MAD（factor_test））

2）因子与收益率数据处理以及数据集的划分

对于以往各期的因子值把它们统一放进变量 context.factors_data 中并且记录每期因子集的期数，记入 context.d 中；同时把各期的股票收益率放入 context.stock_data 变量中。如果期数大于初始设定的因子回测时间长度 context.n，则截取因子集"context.factors_data"和收益率集"context.stock_data"中最后"context.n"个时间得到的数据，用于随后的模型训练。最后把截取的数据进行数据集划分，其中 10% 为测试集，其余为训练集。代码如下：

1. # 收益率标签处理

2. s = [context.stock_data, alldata.iloc[：, -1]]

3. context.stock_data = pd.concat（s）

4. # 因子特征集处理

5. # 记录数据长度，以便删减

6. num = factor_process.shape[0]

7. context.number.append（num）

8. frames = [context.factors_data，factor_process]

9. context.factors_data = pd.concat（frames）

10. # 记录因子的期数

11. context.d = 1 + context.d
12. # 当数据小于 n 期时，结束跳出
13. if context.d < context.n：
14.   return
15. elif context.d > context.n：
16.   context.factors_data=context.factors_data.iloc[context.number[-context.n-1]：, :]
17.   context.stock_data=context.stock_data.iloc[context.number[-context.n-1]：, :]
18. # 数据集划分
19. # 收益率大于 0，设为 1
20. context.stock_data[context.stock_data > 0] = 1
21. context.stock_data[context.stock_data<=0]=0
    X_train, X_test, y_train, y_test=train_test_split（context.factors_data, context.stock_data, test_size=0.1, random_state=2）

3）模型训练与预测

调用 SVM 模型进行训练，核函数选用为高斯核。训练完成后用测试集数据进行预测，并使用召回率和 F1 分数评估模型的整体分类性能。在完成对测试集的预测和评估后，继续使用完整的因子数据"context.factors_data"和目标变量"context.stock_data"对模型进行最终的训练。这样可以利用所有可用的数据重新训练模型，以获得更准确的模型参数和性能。最后对当期因子值做去极值与标准化处理，并代入训练好的模型得到未来股票收益率的预测值。代码如下：

1. # 模型训练
2. # 支持向量机模型
3. clf = svm.SVC（kernel='rbf', gamma=0.1, probability=True）
4. clf.fit（X_train, np.asarray（y_train）.ravel（））
5. # 模型得分
6. train_score = clf.score（X_train, y_train）
7. test_score = clf.score（X_test, y_test）
8. print（'train_score：', train_score）

9. print（'test_score：', test_score）

10. # 测试集得分

11. Y_pre = clf.predict（X_test）

12. recall = metrics.recall_score（Y_pre, y_test）

13. f1 = metrics.f1_score（Y_pre, y_test）

14. print（'recall：', recall）

15. print（'f1：', f1）

16. clf.fit（context.factors_data, np.asarray（context.stock_data）.ravel（））

17. # 当期因子值矩阵处理

18. # 当期需要处理的因子值

19. now_factor_test = factor[context.name]

20. # 取极值，标准化，不用考虑行索引

21. now_factor_test2 = standardize_z（extreme_MAD（now_factor_test））

22. now_factor_test2.fillna（0, inplace=True）

23. # 得到预测的股票收益率

24. pre_stock_return = clf.predict（now_factor_test2）

25. pre_stock_return2=pd.DataFrame（pre_stock_return, index=now_factor_test2.index, columns=['data']）

26. # 取模型预测为 1 的股票

27. stock_list=pre_stock_return2.loc[pre_stock_return2['data']==1]

4）进出场设计

首先建立股票池，把预测值为 1 的股票放入股票池中，每月进行更新。进场逻辑为买在股票池中的股票，出场逻辑是平不在股票池中的股票。如果股票池为空，直接结束函数的执行操作。代码如下：

1. # 建立股票池

2. symbols_pool = stock_list.index.tolist（）

3. positions = context.account（）.positions

4. # 平不在标的池的股票

5. for target_idx in positions.target_idx.astype（int）：

6.   if target_idx not in symbols_pool：

7.　　　if positions['volume_long'].iloc[target_idx] > 0：
　　　　　　order_target_volume（account_idx=0，target_idx=int（target_idx），target_volume=0，side=1，order_type=2，price=0）

8. # 检查股票池是否为空，为空直接结束函数的执行操作。

9. if len（symbols_pool）== 0：

10.　　　return

11. # 获取股票的权重

12. percent = 0.9 / len（symbols_pool）

13. # 买在标的池中的股票

14. for target_idx in symbols_pool：
　　　　order_target_percent（account_idx=0，target_idx=int（target_idx），target_percent=percent，side=1，order_type=2，price=0）

最后来看一下回测结果，如图 8-47 所示。

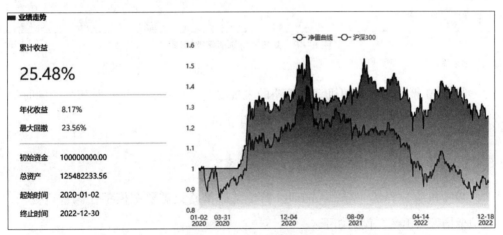

图 8-47　SVM 选股策略回测

从图 8-47 可以看出，该策略在近 3 年的回测中整体跑赢大盘，年化收益达到 8% 左右，但是回撤幅度较大，达到近 24%，造成策略的复普率偏低，仅有 0.34。但是在大盘整体震荡且在 21 年后趋势向下的情况下，策略的表现总体还算合格。

8.4.2　基于随机森林算法的多因子选股策略

基于随机森林算法的选股策略与前面提到的 SVM 策略整体架构一致，区别在于模型的调用不同，代码如下：

clf=RandomForestClassifier（bootstrap=True, class_weight=None, criterion='gini', max_depth=None, max_features='auto', max_leaf_nodes=None, min_samples_leaf=1, min_samples_split=2, min_weight_fraction_leaf=0.0, oob_score=True, random_state=None, n_estimators=10）

回测结果如图 8-48 所示。

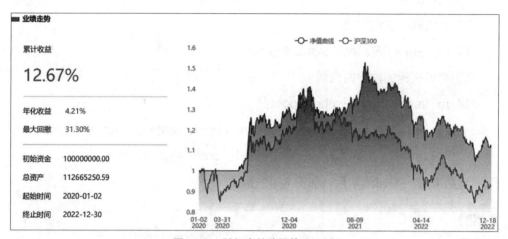

图 8-48　随机森林选股策略回测

与 SVM 策略相比，随机森林策略的表现要差了很多，年化收益减半的同时最大回撤增加到三成的水平，造成夏普率仅有 0.14。

8.4.3　基于 AdaBoost 算法的多因子选股策略

和随机森林算法一样，AdaBoost 算法选股策略只需要把模型代码进行更换，其他架构保持不变，代码如下：

1. dtc = DecisionTreeClassifier（random_state = 11, max_features = "auto", class_weight = "balanced", max_depth = None, criterion="gini", splitter="best", min_samples_split=2）

2. clf = AdaBoostClassifier（base_estimator = dtc）

回测结果如图 8-49 所示。

相比随机森林算法，AdaBoost 算法的表现要好很多，与 SVM 的表现基本一致，夏普率为 0.4，是三个策略中最高的。

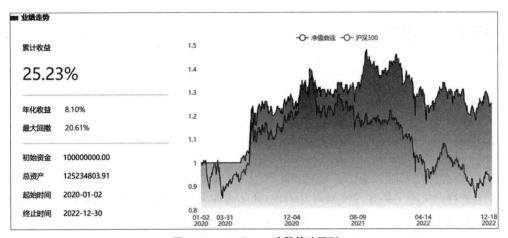

图 8-49　AdaBoost 选股策略回测

本章小结

本章是整书最后章节的内容，主要介绍的是人工智能在量化投资领域中的应用，而该模块也是目前整个量化赛道上最前沿也最火热的应用领域。本章的知识点覆盖了从人工智能和量化投资之间的关系，到机器学习的基本概念和原理，包括经典的机器学习模型例如回归模型与分类模型，以及如何把机器学习算法应用于量化实践中。内容的丰度与深度并存，同学们在学习的过程中要理论结合实际，通过实战中的案例来加强对基础理论知识的理解，提升量化建模技能，以便更好地应对未来的挑战和机遇。

思考题

1. 机器学习与人工智能之间的关系是什么？
2. AI 是如何弥补传统量化投资的缺陷的？
3. AI 在投研领域应用的局限性都有哪些？
4. 机器学习的基本思路是什么？
5. 监督学习的一般流程是什么？
6. 简述机器学习的基本框架。

即测即练

参考文献

[1] 罗泽南. 基于集成树模型的 Stacking 量化选股策略研究 [J]. 中国物价, 2021（2）: 81-84.

[2] 侯晓辉, 王博. 基于基本面分析的量化投资: 研究述评与展望 [J]. 东北师大学报（哲学社会科学版）, 2021（1）: 124-131, 141.

[3] 张毅, 田浩. XGBoost 在量化选股中的应用研究 [J]. 金融管理研究, 2020,（2）: 122-132.

[4] 肖阳, 丁琦. 基于三种核函数的 SVM 选股模型的实证分析 [J]. 中国商论, 2020（15）: 56-58.

[5] 丁琦. 基于主成分分析的股票多因子量化投资策略研究 [J]. 时代金融, 2020（17）: 74-76.

[6] 丁晓蔚. 金融大数据情报分析: 以量化投资为例 [J]. 江苏社会科学, 2020（3）: 121-128.

[7] 林郁东. 基于 Python 的财务指标选股与投资策略探析: 以 2009～2019 年我国股票市场为例 [J]. 商讯, 2020（1）: 1-2.

[8] 陶守强. 量化投资的应用现状与发展前景研究 [J]. 财富生活, 2019（20）: 65-66.

[9] 李斌, 邵新月, 李玥阳. 机器学习驱动的基本面量化投资研究 [J]. 中国工业经济, 2019（8）: 61-79.

[10] 郑露雨. 基于基本面三因子的量化投资策略研究 [J]. 今日财富（中国知识产权）, 2019（6）: 31-32, 34.

[11] 朱智贤. 基于机器学习在股票投资的研究 [J]. 大众投资指南, 2019（7）: 288.

[12] 赵佳艺. 量化投资发展及我国现状分析 [J]. 现代商贸工业, 2019, 40（8）: 116-117.

[13] 赵聪远. 人工智能技术在我国证券行业发展现状分析 [J]. 通讯世界, 2019, 26（2）: 290-291.

[14] 吕凯晨, 闫宏飞, 陈翀. 基于沪深 300 成分股的量化投资策略研究 [J]. 广西师范大学学报（自然科学版）, 2019, 37（1）: 1-12.

[15] 李文兢. python 在量化投资中的应用 [J]. 数码世界, 2018 (12): 92.

[16] 谢东东. 量化投资的特点、策略和发展探讨 [J]. 时代金融, 2018 (27): 245, 252.

[17] 潘磊, 王琦, 王丹华, 等. Dual-Thrust 策略在股票量化交易中的实现与应用 [J]. 科技资讯, 2018, 16 (27): 17-21, 23.

[18] 王春丽, 刘光, 王齐. 多因子量化选股模型与择时策略 [J]. 东北财经大学学报, 2018 (5): 81-87.

[19] 马萌. MATLAB 量化金融分析基础与实战 [M]. 北京: 机械工业出版社, 2018.

[20] 苏靖宇, 方宏彬. 基于沪深300成份股的多因子量化选股策略研究 [J]. 福建商学院学报, 2018 (1): 21-28.

[21] 杨育欣. 中国证券市场量化投资研究: 量化择时选股策略 [J]. 中国市场, 2017 (30): 39-42.

[22] 谢合亮, 胡迪. 多因子量化模型在投资组合中的应用: 基于 LASSO 与 Elastic Net 的比较研究 [J]. 统计与信息论坛, 2017, 32 (10): 36-42.

[23] 赵婷, 吴君, 房佩燕. 量化投资: 华尔街爆款到中国为何不红了? [N]. 中国基金报, 2017-09-25 (003).

[24] 李文鹏, 高宇菲, 钱佳佳, 等. 深度学习在量化投资中的应用 [J]. 统计与管理, 2017 (8): 104-106.

[25] 徐景昭. 基于多因子模型的量化选股分析 [J]. 金融理论探索, 2017 (3): 30-38.

[26] 李斌, 林彦, 唐闻轩. ML-TEA: 一套基于机器学习和技术分析的量化投资算法 [J]. 系统工程理论与实践, 2017, 37 (5): 1089-1100.

[27] 江少坤, 李湉湉. 量化投资的历史、现状以及未来 [N]. 中国基金报, 2017-05-15 (9).

[28] Stephen Quance, 姚波. 因子投资的崛起 [N]. 中国基金报, 2017-05-15 (009).

[29] 黄卿. 支持向量机在中国A股市场量化策略应用研究: 基于 Fama-Fench 三因子模型 [J]. 时代金融, 2017 (11): 172-173, 177.

[30] 张学勇, 张琳. 大类资产配置理论研究评述 [J]. 经济学动态, 2017 (2): 137-147.

[31] 刘晶晶, 古晨. 量化投资交易策略研究 [J]. 中国市场, 2017 (2): 201, 223.

[32] 张晓燕. 做空机制在美国量化投资的实践及对中国的启示 [J]. 清华金融评论, 2017 (1): 81-82.

[33] 陈健, 宋文达. 量化投资的特点、策略和发展研究 [J]. 时代金融, 2016 (29): 245-247.

[34] 彭志. 量化投资和高频交易: 风险、挑战及监管 [J]. 南方金融, 2016 (10): 84-89.

[35] 何亚莉. 论量化投资对中国资本市场的影响 [J]. 现代商贸工业, 2016, 37 (19): 120-121.

[36] 徐慧中. 我国智能投顾的监管难点及对策 [J]. 金融发展研究, 2016（7）: 86-88.

[37] 王淑燕, 曹正凤, 陈铭芷. 随机森林在量化选股中的应用研究 [J]. 运筹与管理, 2016, 25（3）: 163-168, 177.

[38] 李姝锦, 胡晓旭, 王聪. 浅析基于大数据的多因子量化选股策略 [J]. 经济研究导刊, 2016（17）: 106.

[39] 余立威, 宁凌. 股市量化投资策略与实证检验 [J]. 统计与决策, 2016（6）: 145-149.

[40] 吴晓灵, 李剑阁, 王忠民. 高频交易对市场的影响 [J]. 清华金融评论, 2016（2）: 16-24.

[41] 田汉卿. 量化投资与程序化交易 [J]. 清华金融评论, 2016（2）: 31-33.

[42] 王彦. 量化投资理论基础概述 [J]. 商场现代化, 2015（19）: 254.

[43] 杨喻钦. 基于 Alpha 策略的量化投资研究 [J]. 中国市场, 2015（25）: 83-84.

[44] 杨斌, 刘小波, 史文璟. 中国 A 股动量交易策略效应实证研究 [J]. 投资研究, 2015, 34（1）: 137-147.

[45] 叶伟. 我国资本市场程序化交易的风险控制策略 [J]. 证券市场导报, 2014（8）: 46-52.

[46] 郭喜才. 量化投资的发展及其监管 [J]. 江西社会科学, 2014, 34（3）: 58-62.

[47] 陈梦根. 算法交易的兴起及最新研究进展 [J]. 证券市场导报, 2013（9）: 11-17.

[48] 严高剑. 对冲基金与对冲策略起源、原理与 A 股市场实证分析 [J]. 商业时代, 2013（12）: 81-83.

[49] 许红伟, 吴冲锋, 张翔. 我国量化（对冲）基金业绩表现的比较分析 [J]. 投资研究, 2013, 32（2）: 72-87.

[50] 方浩文. 量化投资发展趋势及其对中国的启示 [J]. 管理现代化, 2012（5）: 3-5.

[51] 王冰, 李想. 浅议量化投资在国内市场的发展 [J]. 经济视角（下）, 2011（3）: 46-47.

[52] 灰岩金融科技. 一文深度了解 CTA 以及其套利策略 [EB/OL].（2019-10-10）. http://www.360doc.com/content/19/1010/21/31833_866001662.shtml.

[53] 蓝海平. 高频交易的技术特征、发展趋势及挑战 [EB/OL].（2018-01-16）. https://wenku.baidu.com/view/f3eabb7ca55177232f60ddccda38376baf1fe086.html.

[54] 石川, 刘洋溢, 连祥斌. 因子投资: 方法与实践 [M]. 北京: 电子工业出版社, 2020.

[55] 斯波朗迪. 专业投机原理 [M]. 北京: 机械工业出版社, 2010.

[56] 祖克曼. 征服市场的人 [M]. 天津: 天津科学技术出版社, 2021.

教师服务

感谢您选用清华大学出版社的教材！为了更好地服务教学，我们为授课教师提供本书的教学辅助资源，以及本学科重点教材信息。请您扫码获取。

≫ 教辅获取

本书教辅资源，授课教师扫码获取

≫ 样书赠送

财政与金融类重点教材，教师扫码获取样书

 清华大学出版社

E-mail: tupfuwu@163.com
电话：010-83470332 / 83470142
地址：北京市海淀区双清路学研大厦 B 座 509

网址：https://www.tup.com.cn/
传真：8610-83470107
邮编：100084